房地产市场平稳健康发展的基础性制度与长效机制研究

王微　邓郁松　邵挺　等著

中国发展出版社

图书在版编目（CIP）数据

房地产市场平稳健康发展的基础性制度与长效机制研究 / 王微，邓郁松，邵挺等著 . —北京：中国发展出版社，2018.9

（国务院发展研究中心研究丛书 . 2018 / 李伟主编）

ISBN 978-7-5177-0908-4

Ⅰ . ①房… Ⅱ . ①王… ②邓… ③邵… Ⅲ . ①房地产市场—研究—中国 Ⅳ . ① F299.233.5

中国版本图书馆 CIP 数据核字（2018）第 217822 号

书　　名：房地产市场平稳健康发展的基础性制度与长效机制研究
著作责任者：王　微　邓郁松　邵　挺　等
出 版 发 行：中国发展出版社
（北京市西城区百万庄大街 16 号 8 层　100037）
标 准 书 号：ISBN 978-7-5177-0908-4
经　销　者：各地新华书店
印　刷　者：河北鑫兆源印刷有限公司
开　　本：710mm × 1000mm　1/16
印　　张：26
字　　数：309 千字
版　　次：2018 年 12 月第 1 版
印　　次：2018 年 12 月第 1 次印刷
定　　价：80.00 元

联 系 电 话：（010）68990630　68990692
购 书 热 线：（010）68990682　68990686
网 络 订 购：http://zgfzcbs. tmall. com//
网 购 电 话：（010）88333349　68990639
本 社 网 址：http://www.develpress. com. cn
电 子 邮 件：bianjibu16@vip. sohu. com

总 序

充分发挥高端智库作用，努力推动经济高质量发展

李伟

进入2018年以来，我国经济运行总体保持平稳发展态势，同时，国际国内形势出现了一些明显变化。从国际看，美国单方面挑起的贸易摩擦呈升级之势，经济问题政治化倾向加重，各国经济复苏步伐分化，外部环境不确定性明显增加。从国内看，短期总需求面临一定的下行压力，部分地区正在经历转型阵痛，经济处在转向高质量发展的关键时期。

面对错综复杂、稳中有变的形势，必须看到我国经济基本面总体平稳、稳中向好的大局，必须认识到只要各地区各部门坚持以习近平新时代中国特色社会主义思想为指导，坚持稳中求进工作总基调，贯彻新发展理念，落实高质量发展要求，以供给侧结构性改革为主线，坚决贯彻落实党中央去杠杆、控债务、严监管、控房价、强环保等战略政策，充分发挥好我们自身的优势，灵活高效运用宏观经济政策，做好政策协调，我国就完全有能力有条件妥善应对各种风险挑战，继续保持良好发展势头，稳步推进高质量发展。

变化是当前时期经济发展的突出特征。中国经济能否适应变化、

驾驭变化，使其朝着有利的方向发展，以此为契机加快推动经济由高速增长向高质量发展转变，是我们必须高度关注的问题。总体看，我国经济结构正在加快重塑，存量问题和风险隐患正在逐步化解，新一轮改革开放举措正在加快落地，国际经济秩序正在加快调适，发展方式转变和新旧动能转换已经进入承上启下、不进则退的关键时期。2018 年前三季度的情况显示，我国经济发展保持平稳，供需关系更趋平衡，质量和效益明显提升，去杠杆取得积极成效，创新驱动作用持续增强，补短板也有重大进展。综合判断，我国经济在结构深度调整的过程中，延续了过去几年稳中向好、稳中有进的局面，为转向高质量发展创造了稳定的宏观环境。

从长期看，世界经济大变革大分化大调整的趋势还将持续相当长一段时间，这是我国推动高质量发展的世界背景与时代背景。国际上，保护主义明显抬头，政治经济环境更加复杂多变，可能对我国转向高质量发展的进程造成干扰；在国内，结构转型、动能转换过程中经济也可能面临下行压力，存量问题集中处置的阵痛难以避免。但更要看到，变化带来风险，同时也孕育着机遇。经过 40 年改革开放，中国的综合实力大大增强，在国际事务中的代表性和发言权大大增加，经济发展的基础更加牢固，内需空间广阔，政策回旋有余地，抵御冲击的韧性明显提高，完全有能力有条件长期保持高质量发展的良好态势。

具体而言，我国经济增长内生动力增强。一是需求拉动强劲。当前我国拥有约 4 亿中等收入人群，是全球最大的商品消费市场之一。随着消费结构不断升级，高品质产品的需求，医疗、教育、文化、保健、养老、旅游等服务消费需求，都将释放巨大潜力。二是产业升级持续发力。新技术新产业层出不穷，新业态、新模式不断涌现，新零售、共享经济、体验经济等方兴未艾。三是深化改革拓展新空间。全面深化改革破除旧的体制机制约束，清除不适应经济社会发展的制约因素，改善营商环境，提高资源配置效率，激发市场主体活力，将极大增强我国经济增长内生动力。

我国宏观政策回旋空间较大。近年来，面对经济下行压力，我们保持战略定力，坚持不搞“大水漫灌”式强刺激，而是创新宏观调控思路和方式，有针对性地进行预调微调，实现了经济社会持续稳步发展，也为今后一段时期宏观政策预留了空间。2017年，政府负债率为36.2%，较上一年下降了0.5个百分点，政府债务规模相对GDP而言增速较低，财政政策空间潜力较大。2018年，我国主动将赤字率调低到2.6%，财政预算安排地方专项债券1.35万亿元。在去杠杆、控债务、严监管的背景下，资金流动性客观上会出现结构性偏紧，我国广义货币增速一定程度偏低，货币政策也有调整的空间。

我国具有孕育新一轮产业革命的土壤。目前正在孕育的新一轮产业革命，主要以信息技术为基础，信息技术与智能制造、新能源、新材料等领域创新融合发展，提高产品质量和生产效率，提供多样化、智能化、个性化产品，从而满足消费升级需求，甚至创造新需求。催生新一轮产业革命有两个重要条件，一个是强大的市场需求，另一个是信息技术的高度普及。我国是全球最大的商品消费市场之一，2017年我国社会消费品零售总额已与美国大体相当。同时，我国互联网普及程度高，信息技术应用广泛。2017年底，中国网民规模达7.72亿人，互联网普及率达到55.8%，超过全球平均水平4.1个百分点。这都为我国孕育新一轮产业革命培育了肥沃土壤，提供了广阔空间。新旧动力的接续和融合，正在释放出源源不断的动能。

我国具有应对重大挑战的制度优势。几十年来，依靠社会主义集中力量办大事的制度优势，我国取得了经济社会建设的巨大成就。新中国成立初期，我们集中有限的物力、财力和技术力量，集中开展重大项目建设，奠定了社会主义工业化的初步基础。改革开放以来，我们又集中力量完成一大批举世瞩目的项目建设，有效应对了1997年亚洲金融危机和2008年国际金融危机的冲击。当前，我们仍然需要也更有能力发挥集中力量办大事的优势。一是加强宏观政策协调，努力克服部门和地方政策分散、冲突、空白等问题，形成互补有效的政策体系，有效应对内外部冲击。二是集中优势兵力打好防范化解重大风险、精准脱贫、污染防治攻坚战。三是集中资源突破核心技术，打破经济发展的技术瓶颈，增强经济发展的自主性。

高质量发展是一场耐力赛，需要一步一个台阶的推进。面对各类风险挑战，我们既要坚持底线思维，做最坏的打算，做最充分的准备，牢牢守住不发生系统性风险的底线，有序排除风险隐患，有效应对外部不确定性冲击，为高质量发展创造有利条件；也要坚定信心，任何困难都阻止不了中国人民对美好生活的向往，任何外部阻力和遏制都不能削弱中华民族实现伟大复兴的决心。

国务院发展研究中心作为直接服务党中央、国务院的政策咨询研究机构，2015年底被确定为首批国家高端智库建设试点单位后，全面启动实施质量提升、人才优化、国际交流合作、成果传播、支撑保障和党的建设六大工程，积极探索中国特色新型智库的组织形式和管理方式，加快建设国际一流高端智库。去年以来，我们牢牢把握为中央决策服务的根本方向，紧紧围绕党的十九大作出的一系列重大决策部署，深入扎实地开展调查研究，形成了一批政策价值较高、社会影响较大的研究成果。现将其中部分适于公开发表的成果，结集成“国务院发展研究中心研究丛书2018”正式出版。这是该丛书自2010年面世至今连续第九年出版。

今年的丛书共包括13部著作，其中，《百年大变局——国际经济格局新变化》《“一带一路”经济走廊：畅通与繁荣》两部著作是国务院发展研究中心重大研究课题报告，《国际比较视角下的中国发展经验与理论研究》《新工业革命的中国战略》《面向未来的创新型人才发展：制度与政策》等11部著作是各研究部（所）的重点研究课题报告。

在此，我们真诚感谢中央和地方各级领导同志以及各界读者多年来给予我们的肯定和鼓励，同时也热切希望继续得到领导、专家、读者们的关心、支持和帮助，尤其是期待听到对于这套丛书的批评与建议。

推进高质量发展，是实现“两个一百年”奋斗目标的必然选择。紧密团结在以习近平同志为核心的党中央周围，依靠广大人民群众，坚定不移地走高质量发展道路，为实现中华民族伟大复兴的中国梦而不懈奋斗，是时代赋予我们这代人的光荣使命。我们愿与社会各界一道，脚踏实地、努力开拓，共同投身于这一伟大的历史进程。

2018年11月

（作者为国务院发展研究中心主任、研究员）

内容提要

按照党的十九大精神和习近平总书记的系列讲话精神，坚持“房子是用来住的、不是用来炒的”新定位，以建立多主体供给、多渠道保障、租购并举的住房制度为导向，综合运用金融、土地、财税、投资、立法等手段，加快建立符合国情、适应市场规律的基础性制度和长效机制，加快实现全体人民住有所居，满足人民群众对美好生活的向往，促进房地产市场健康平稳发展，是进入新时代我国深化住房制度改革的主要任务和主攻方向。

房地产基础性制度（或称住房制度）是以房地产市场为核心，关于住房生产、流通、分配、消费、监管和保障等的基本制度安排；房地产市场长效机制（以下简称长效机制）是对房地产市场的运行状况及其供求总量和结构进行动态调整和监督的一系列政策措施。房地产基础性制度和长效机制既各有侧重、相对独立，又相互影响、密切联系。房地产基础性制度和长效机制建设需要根据发展阶段变化及住房领域主要矛盾的转变，遵循市场规律，在系统总结借鉴国际经验的基础上，进一步深化我国住房制度改革，构建有利于房地产市场长期稳定运行的长效调控机制。

1998 年进一步深化城镇住房制度改革以来，我国房地产基础性制度的总体框架已经建立，较好解决了住房短缺问题，住房保障覆盖面也显著扩大。这表明现行住房制度的总体方向是正确的，进一步推进住房制度改革宜继续坚持以商品房为主的市场体系和发挥好政府在住房保障中的作用这两个基本点。

当前我国房地产市场已从“总量供不应求”转向“总量供求基本平衡，结构性、区域性矛盾突出”的新阶段，要在坚持“房子是用来住的，不是用来炒的”定位下，适时调整房地产市场发展目标，建立与经济发展水平相适应的现代化房地产市场体系和保障能力；在实现“住有所居”基础上，全面改善住房条件，提升居住品质；实现经济、社会和住房市场协调发展；全面提升防范房地产领域系统性风险的能力。

围绕新阶段我国房地产市场发展目标，进一步完善基础性制度和深化住房制度改革的重点建议放在六个方面。一是完善土地供应制度，构建平等进入、公平交易的城乡土地市场，并以此推动逐步形成城乡统一的住房市场；二是完善规划制度，推进住房规划与城市规划、土地利用规划等有序衔接，实现城乡规划一体化和“三规合一”；三是完善住房金融制度，重点是完善兼顾合理支持住房消费与防范房地产金融风险的制度体系；四是完善住房租赁制度，形成个人、机构投资者、政府等多主体供应的格局，加强对住房相关利益方的平等保护，提升存量住房资源的配置效率；五是完善住房保障制度，适时推进住房保障方式转型；六是完善监管制度。

全面提升防范房地产领域系统性风险的能力，要在深化住房制度改革的基础上，加快构建房地产长效调控机制。建立房地产长效机制并不意味着政策长期不变，而是要建立稳定、可预期和前瞻性的政策调节机制，重点做好五个方面工作。一是建立应对利率变化的对冲机制，防范利率调整对房地产市场的冲击；二是完善用地供应调节机制，合理确定土地供应规模和结构，把握供应节奏；三是进一步完善支持自住型需求、适当抑制投资性需求、坚决遏制投机性需求的分类调控机制；四是建立区域协调发展机制，解决部分中心城市在住房供求方面面临的矛盾；五是研究建立房地产持续稳定健康发展的评价体系，引导各级政府根据市场形势变化及时对相关政策进行前瞻性、可预期的调整。

目 录

主报告

导言 / 1
一、我国住房制度演进历程、成效及需要进一步解决的问题 / 4
二、2020 ~ 2050 年我国房地产市场面临的新形势和新要求 / 21
三、建立我国房地产基础性制度和长效机制的指导思想与目标 / 27
四、完善我国房地产基础性制度的建议 / 30
五、加快建立房地产长效机制的建议 / 38

专题报告一

房地产金融制度

一、我国房地产金融制度的发展历程 / 43
二、房地产金融制度和调控机制面临的主要问题 / 49
三、进一步完善房地产金融制度的建议 / 52

专题报告二

土地供应制度

一、我国土地供应制度的发展历程 / 56
二、现行土地供应制度的主要特征 / 62
三、面临的主要问题 / 64

四、进一步完善土地供应制度的具体建议 / 66

专题报告三

住房保障制度

一、我国住房保障制度回顾 / 71
二、住房保障的成效和存在的问题 / 75
三、住房保障制度目标与框架 / 80
四、进一步完善住房保障制度的具体建议 / 86

专题报告四

房地产税收制度

一、我国房地产税收制度发展历程 / 93
二、现行房地产税收制度框架 / 96
三、存在的主要问题 / 98
四、进一步完善房地产税收制度的建议 / 102

专题报告五

住房租赁制度

一、我国住房租赁市场发展历程 / 104
二、住房租赁市场发展现状 / 113
三、国外住房租赁市场发展的做法 / 119
四、培育和发展住房租赁市场的总体思路 / 122
五、进一步完善住房租赁制度的具体建议 / 124

专题报告六

房地产市场监管制度

一、我国房地产市场监管制度的发展历程和基本框架 / 127

二、房地产市场监管制度存在的主要问题 / 130
三、进一步完善市场监管制度的总体思路 / 138
四、完善市场监管制度的具体建议 / 140

专题报告七

城市规划制度

一、规划制度对房地产市场发展的影响机制与现状特点 / 145
二、我国现行城市规划制度的主要问题 / 149
三、进一步完善城市规划制度的具体建议 / 153

专题报告八

房地产相关法律制度

一、我国房地产法律制度的发展历程 / 155
二、房地产法律体系及其存在的主要问题 / 158
三、完善法律制度的目标和总体思路 / 161
四、进一步完善房地产法律制度的具体建议 / 162

专题报告九

房地产基础性制度的国际比较与借鉴

一、住房金融制度 / 164
二、土地及规划制度 / 166
三、住房税收制度 / 169
四、住房保障制度 / 171
五、住房租赁制度 / 173
六、借鉴与启示 / 175

专题报告十

德国房地产制度及政策的演变与借鉴

一、德国房地产发展的主要阶段与基本特征 / 177

二、德国房地产相关基础性制度的总体框架和内容 / 183

三、德国房地产政策调整的重点和特点 / 202

四、房地产制度和相关政策调整的成效与评价 / 214

五、德国房地产基础性制度及政策措施的借鉴与启示 / 220

专题报告十一

日本房地产基础性制度与借鉴

一、日本住房政策演进的主要历程与阶段特征 / 235

二、日本房地产制度的主要内容、演变历程与效果评价 / 250

三、日本落实住房政策目标的实施路径 / 260

四、借鉴与启示 / 264

专题报告十二

美国房地产制度和政策的演变与借鉴

一、美国房地产制度演进的主要历程与基本特征 / 268

二、美国房地产制度的基本框架和主要内容 / 271

三、美国房地产政策调整的重点和特点 / 273

四、美国房地产制度和相关政策调整的成效与评价 / 274

五、美国房地产制度借鉴与启示 / 277

专题报告十三

英国房地产制度、政策的演进与借鉴

一、英国房地产制度演进和住房建设回顾 / 279

二、英国房价变动趋势及原因分析 / 289

三、英国社会住房私有化改革回顾和评价 / 297
四、住房金融政策及影响 / 302
五、房屋租赁市场管理和规划政策 / 306
六、英国房地产基础制度的启示 / 309

专题报告十四

瑞典的住房制度与政策

一、瑞典住房制度基本情况 / 314
二、瑞典的公共租赁住宅 / 317
三、房价、租金与居民债务 / 319
四、对瑞典的住房政策体系的评价与启示 / 323

专题报告十五

三大国际大都市住房市场与住房政策变化

一、伦敦的住房市场与政策 / 326
二、纽约的住房市场与政策 / 338
三、东京的住房市场与政策 / 351

专题报告十六

德国住房租赁市场发展与政策演变

一、租赁市场基本概况 / 362
二、发展阶段 / 366
三、政策沿革 / 373
四、几点经验 / 381

参考文献 / 391

主报告

导　言

全面贯彻落实党的十九大精神和习近平总书记的系列讲话精神，加快实现全体人民住有所居、满足人民群众对美好生活的向往，坚持“房子是用来住的、不是用来炒的”新定位，以建立多主体供给、多渠道保障、租购并举的住房制度为导向，综合运用金融、土地、财税、投资、立法等手段，加快研究建立符合国情、适应市场规律的基础性制度和长效机制，既抑制房地产泡沫，又防止大起大落，是当前以及未来一段时期我国深化住房制度改革的主要任务和主攻方向。

在市场经济条件下，房地产基础性制度（或称住房制度）是以房地产市场为核心，关于住房生产、流通、分配、消费、监管和保障等的基本制度安排，包括城镇规划制度、土地制度、金融制度、税收制度、住房产权制度、市场交易制度、市场体系与主体制度、监管制度及住房保障制度等，其核心目标是通过合理的制度安排，让市场发挥配置住房资源的基础性作用，更好地发挥政府的住房保障作用，实现全社会的住有所居和居住条件的不断改善。

房地产市场长效机制（以下简称长效机制）是对房地产市场的运行状况及其供求总量和结构进行动态调整和监督的一系列政策，涉及土地供应、金融条件、税收杠杆、监测评估等一系列政策工具及调整措施，其目的是实现房地产市场长期平稳健康发展，防范房地产市场风险。

房地产基础性制度和长效机制既各有侧重、相对独立，又相互影响、密切联系。首先，基础性制度是建立长效机制并使其发挥作用的前提条件。基础性制度是房地产市场形成和发展的基础，长效机制则是针对房地产运行中出现的波动和潜在风险采取的必要调整或干预，如果没有合理和完善的基础性制度，长效机制也难以发挥有效作用。其次，长效机制的建立和完善会促进基础性制度的改革与完善。通过长效机制的运用及其成效检验，可以及时发现基础性制度的短板或问题，有利于加快基础性制度的完善和改革。

纵观世界各国，特别是发达经济体的制度演变和发展经验，房地产基础性制度和长效机制建设有着一系列重要的共性特征。

一是住有所居始终是各国基础性制度的核心目标。居住权是人的基本生存权利之一，解决住有所居不仅仅是个经济问题，更是各国政府最为关注的民生问题、社会问题乃至政治问题。虽然因国情不同，同一国家在不同时期面临的住房问题不同，各国或同一国家不同时期的住房制度存在着较大差异，但核心都是通过不同方式或制度安排实现住有所居，特别是让中低收入人群实现住有所居。

二是基础性制度和长效机制建设是一个持续演进的过程。不同经济社会发展阶段，住房需求和主要矛盾各异，各国政府需要根据发展阶段的要求，适时调整住房政策目标的重点，并据此调整和完善制度及政策。在住房短缺阶段，扩大供给和加快住房建设是各国住房政策的首要目标，制度建设更加关注土地供应、资金筹集等方面，长效机制则主要面对抑制需求、价格管控等问题。在基本住房需求得到满足后，提供居住水平和质量则成为住房政策的主要目标，制度建设重点转向完善制度，更多发挥市场作用和让市场提供多样化供给，以满足社会对更高居住水平的要求，而长效机制则针对市场波动和风险，以促进市场平稳运行。

三是基础性制度和长效机制建设需处理好政府与市场的关系。住房问题不仅与广大居民的日常生活紧密相关，还对各国的经济发展和社会稳定有较大影响，因此，各国在促进住房市场发展的同时，也十分注重发挥政府在住房领域的作用。尽管各国政治制度、文化传统和资源环境等方面存在一定差异，但在处理政府和市场关系方面却总体经历了相似的路径。在住房短缺时期，各国普遍更加强调发挥政府的作用，特别是通过政府直接干预的方式建设了大量的公共住房。而在住房短缺问题基本解决后，各国开始更加重视发挥市场机制的作用，发挥政府作用时也更着眼于制度建设和完善市场机制，实现政府在住房领域中从“主导”向“引导”的角色转变。

四是长效机制建设是市场机制与多种政策工具的协调互动。由于房地产市场运行波动受人口、收入、土地、金融等多种因素变化的影响，因此，要实现市场平稳运行，需要从引起市场波动的主要因素着手，在尊重市场规律和充分发挥市场机制作用的基础上，综合运用多种土地、金融等多种经济杠杆和政策手段，对市场供求总量和结构进行动态调整并让市场回归平稳状态。因此，长效机制建设不是简单的政策干预或行政管制，而是多种主要政策工具与市场机制的结合，利用市场机制实现对市场供求的动态调整。

1998 年进一步深化城镇住房制度改革以来，我国城镇房地产基础性制度框架基本形成，城镇住房市场快速发展，居民居住条件得到极大改善，到“十二五”末，我国城镇居民户均住房套数已超过 1.0 套，较好解决了住房短缺问题，保障性住房覆盖面已超过 20%。特别是党的十八大以来，城镇住房发展取得新的成就，城镇居民住房条件持续改善，低收入住房困难家庭基本实现应保尽保。这表明我国住房制度改革的总体方向是正确的，进一步深化住房制度改革应继续坚持以商品房为主的供应体系和发挥好政府在住房保障中的作用这两个基本点。

随着住房短缺问题的基本解决，我国房地产市场的发展阶段和面临的主要任务都已发生重大变化，未来市场发展趋势和人民群众对住房的需求呈现出一系列新变化、新特征，进一步凸显根据发展阶段变化适时调整完善房地产基础性制度的紧迫性。与此同时，还要清醒地认识到，迄今为止，我国尚未很好地解决房地产市场平稳健康发展问题，房地产市场运行面临着更为严峻的风险挑战。在此背景下，本课题研究将按照十九大报告提出的坚持“房子是用来住的、不是用来炒的”定位，按照“建立多主体供给、多渠道保障、租购并举的住房制度”总体方向，在准确把握房地产市场发展阶段、发展规律和相关制度演进趋势的基础上，适应我国经济社会进入高质量发展阶段和住房市场发展新阶段的新要求，研究提出完善房地产基础性制度和长效机制建设的总体框架和主要内容，为促进房地产市场持续健康发展，更好地满足新时代人民群众对美好生活的向往提供政策支持。

一、我国住房制度演进历程、成效及需要进一步解决的问题

住房制度改革是我国经济体制改革的重要组成部分。特别是 1998 年住房制度全面改革以来，市场机制在配置住房资源中的基础性作用

不断增强，中国特色的住房制度体系框架基本确立，逐步建立起包括多层次住房供应、土地使用、住房金融与税收、产权交易以及中介服务等一系列制度体系，在改善城镇居民住房条件、促进房地产业快速发展及经济持续较快增长、助推城镇化进程等方面都发挥了重要作用。然而，在房地产快速发展过程中，部分城市也出现了住房供求失衡、房价大幅上涨、居民住房支付能力下降、居民金融杠杆率迅速上升等新问题，居住品质离人民群众对美好生活的向往仍有较大差距。因此，迫切需要进一步深化住房制度改革，加快完善住房市场的基础性制度和长效机制，促进房地产市场平稳健康发展。

（一）我国住房制度演进的历程

从新中国建立直到改革开放前的相当长时期内，我国城镇实行的是产权公有（国家及企事业单位所有）、实物分配、低水平租金的福利住房制度。政府和单位承担住房建设、分配和管理的全部责任，个人只需缴纳少量房租。这种福利住房制度是在当时高度集权的计划经济体制下，与职工的低工资制度相匹配的。通过这种住房制度，一定程度上解决了部分城镇居民的基本住房需求。但是，其制度本身的缺陷也导致政府和企业的住房建设投资难以为继，居民住房严重短缺，住房条件改善缓慢。因此，传统的住房制度改革势在必行。伴随着改革开放的进程，我国住房制度改革也逐步推进。

1. 1980 ~ 1993 年：城镇住房改革的初始阶段

随着改革大幕的开启，面对计划经济的福利住房制度的问题和弊病，1980 年 4 月，邓小平同志在讨论经济长期规划时，对城镇住房制度提出了改革的基本思路。他提出："关于住房问题，要考虑城市建筑住宅、分配房屋的一系列政策。城镇居民个人可以购买房屋，也可以自己盖。不但新屋可以出售，老房也可以出售，可以分期付款。要联系房价调整房租。房租提高了，对低工资的职工要给予补贴。这些政策要联系起来考虑。”这一改革思路涉及城镇住房制度改革的一系列问题，包括租与售、分期付款、租金调整和租金补贴等。以这一思路为指引，20世纪80年代初，我国住房制度改革开始起步。

一是开展“提租补贴”改革。20世纪80年代初，试点公房出售补贴改革受阻后，1986年，部分城市开始租金改革试点。1988年，《关于全国城镇分期分批推行住房制度改革实施方案》（国发〔1988〕11号）明确了“提租补贴”的住房改革方案。坚持“多提少补”的租金调整原则，促进租售比价的合理化，鼓励公房出售，力图把由国家、企业统包的住房投资体制，转换成国家、集体、个人三方面共同负担的体制。

二是确立土地有偿使用制度。1988年，国务院决定在全国城镇普遍实行收取土地使用费（税）的改革，并开始试行土地使用权依法转让（包括出让、转让、出租和抵押）制度，标志着土地使用权的商品属性及其流转的合法性得到确立，这是我国国有土地使用制度的重要变革。这一时期国有土地使用权流转多为协议出让方式，为后来土地使用制度改革留下了伏笔。

三是开展住房公积金制度试点。1991年，在借鉴新加坡经验的基础上，结合我国国情，上海市开展了住房公积金制度试点工作。国家支持、单位资助、个人积累的住房金融机制开始起步。但当时公积金还主要用于住房建设项目贷款，居民个人贷款占比很小。

从改革成效看，“提租补贴”改革之初取得了一定效果，但由于20世纪90年代初我国发生了严重的通货膨胀，而且提高租金在落实过程中也遇到一定阻力，因而并未能全面展开。

2. 1994 ~ 1997 年：住房制度市场化改革探索阶段

1992 年，党的十四大通过的《中共中央关于建立社会主义市场经济体制若干问题的决定》，确立了社会主义市场经济体制的改革目标；1993 年，党的十四届三中全会确立了改革的基本框架和主要内容，为住房制度改革指明了市场化的改革方向，促使城镇住房制度改革进一步展开。

一是探索建立多层次的住房供应体系。1994 年，《国务院关于深化城镇住房制度改革的决定》（国发〔1994〕43 号）提出，要建立以中低收入家庭为对象、具有社会保障性质的经济适用住房供应体系和以高收入家庭为对象的商品住房供应体系。要建立和培育房地产市场，将由政府和单位建设、分配、维修、管理的住房体制，转变为社会化、专业化投资、建设和运营的体制。

二是建立商品房预售制度。由于改革之初住房金融发展迟缓，除银行贷款外几乎没有其他房地产开发融资渠道，且房地产开发企业大都规模小、积累少。针对这些问题，深圳市借鉴香港经验，探索试行商品房预售制度，并在之后出台的《城市房地产管理法》中确定下来，此后在全国普遍实行。由房地产开发企业将在建的期房预售给购房人，由其预先支付定金或房款的预售制度，客观上为房地产开发企业提供了有力的资金支持，促进了房地产的迅速开发。

三是普遍建立公积金制度。在上海试点的基础上，1994 年，全国城市普遍建立了“个人存储、单位资助、统一管理、专项使用”的公积金制度。至 1996 年底，全国住房公积金累计缴存额达到 600 多亿元；起步较早的城市缴存率达到 85% 以上。上海市颁布了首个住房公积金地方性法规。公积金不仅提高了居民购买公房的支付能力，也带动了商业性个人住房金融的发展。

在市场化改革的推动下，公房租金改革取得显著进展，公房出售率也不断提高。为全面推进住房制度改革奠定了基础。

3. 1998 ~ 2006年：住房制度改革全面推进阶段

1997年，亚洲金融危机对我国经济形成一定冲击，国家将进一步扩大住房消费需求作为扩大内需、提振经济的着力点，以应对金融危机。同时，随着社会主义市场经济体制的逐步建立，我国经济逐步由供应短缺转变为总需求不足，将房地产作为经济新增长点逐渐成为各方面的共识。在以往改革试点和不断探索的基础上，1998年，以《国务院关于进一步深化城镇住房制度改革加快住房建设的通知》（国发〔1998〕23号）为标志，住房制度改革全面展开。

一是停止住房的实物福利分配，实行货币化分配，建立多层次的住房供应体系。最低收入家庭由政府提供廉租住房；中低收入家庭购买经济适用住房；高收入家庭购买或租赁市场商品住房。至此，已实行了近40年的住房实物福利分配制度基本上宣告结束。

二是推进土地有偿使用制度的市场化改革。在20世纪80 ~ 90年代的改革中，国有土地使用权多为协议出让，为寻租留下较大空间，不利于土地资源的优化配置和使用效率的提高。2002年，国土资源部颁布的《招标拍卖挂牌出让国有土地使用权规定》（2002年第11号）中明确要求：凡商品住宅等各类经营性用地，必须以招标、拍卖或者挂牌方式出让。经济适用住房建设用地则采取行政划拨的方式。

三是住房金融体系改革进一步推进。1999年，《住房公积金管理条例》（国务院令第262号）（以下简称“条例”）颁布，对公积金覆盖面、使用范围、增值收益用途、风险防范、管理机构等进行了规范，标志着我国住房公积金制度进入法治化、规范化发展阶段。《条例》规定公积金只用于个人住房贷款，停止用于单位住房建设贷款。

2002年对《条例》进行修订，进一步规范了公积金决策机制和管理机构设置及监督机制。与此同时，为支持居民购房，1999年，银行等金融机构开始发放个人住房贷款，并建立了住房贷款担保制度，对扩大城镇住房消费发挥了积极推动作用。在开发金融方面，形成了以商业银行信贷为主体，兼有信托和其他方式的房地产开发融资体系。

四是住房供应体系的政策设计发生调整，房地产市场快速发展。随着中国经济走出亚洲金融危机的阴影，2003年起我国经济进入新一轮高速增长周期。城镇住房建设步伐明显加快，地方发展房地产市场、促进经济增长的热情空前高涨，房地产出现过热苗头。2003年，央行发出《关于进一步加强房地产信贷业务管理的通知》（银发〔2003〕121号），对房地产信贷做出一系列严格规定。但与央行的政策取向不同，国务院发出了《关于促进房地产市场持续健康发展的通知》（国发〔2003〕18号），强调房地产的支柱产业作用，提出逐步实现多数家庭购买或承租普通商品住房，经济适用房被定义为具有保障性质的政策性商品住房。这一制度设计的调整与1998年国务院23号文有较大改变，以普通商品住房取代了经济适用住房成为城镇住房供应的主体。政策的转变使各地住房市场快速发展，市场需求加快释放，房地产开发投资增速不断攀升，房价也呈现出迅速上涨的势头，住房市场过热问题开始显现。

五是针对市场过热的短期调控政策频繁出台。针对各地房地产市场快速发展，房价、地价不断攀升的突出问题，2003～2006年，国家有关部门密集出台了以“老国八条、新国八条、七部委八条、国六条、国十五条”等为代表的一系列调控政策[①]。概括起来，主要调控内容

① 关于切实稳定住房价格的通知（国办发〔2005〕8号，老国八条）。国务院常务会议关于加强房地产市场的调控措施（2005年4月27日，新国八条）。关于做好稳定住房价格工作意见的通知（国办发〔2005〕26号，七部委八条）。国务院常务会议关于促进房地产业健康发展的措施（2006年5月17日，国六条）。关于调整住房供应结构稳定住房价格意见的通知（国办发〔2006〕37号，国十五条）。

包括：

第一，严格控制银行信贷规模。央行多次提高存款准备金率和金融机构存贷款基准利率，严格控制房地产开发贷款条件，提高个人住房贷款最低首付，上调公积金贷款利率。

第二，土地供应政策从严。2004 年，国土资源部和监察部在《关于继续开展经营性土地使用权招标拍卖挂牌出让情况执法监察工作的通知》（国土资发〔2004〕71 号）中，强调当年 8 月 31 日后，不得采用协议方式出让经营性土地使用权（史称“831 大限”）。同时，加大对闲置土地的清理力度，严厉制止囤积和炒卖土地行为。

第三，优化住房供应结构。增加普通商品住房、经济适用住房和廉租住房供给，要求套型建筑面积 90 平方米以下住房面积的比重必须达到开发建设总面积的 70% 以上（史称“70、90 政策”）。

第四，加大交易环节税收的征收力度。对个人购买住房不足 5 年转手交易的，销售时按其取得的售房收入全额征收营业税。规范市场秩序，查处违规销售、恶意哄抬房价等行为。

这一阶段，尽管国家廉租住房和经济适用房的管理办法相继出台，但各地保障性住房建设进度普遍较慢，历史欠账进一步积累，廉租住房未能做到应保尽保，经济适用住房的违规申请、不当获利现象也未能得到有效抑制。

4. 2007 ~ 2015 年：加强保障性住房建设，促进市场平稳发展阶段

随着商品住房市场快速发展、房价持续攀升和保障性住房建设滞后，大量中低收入家庭住房可支付能力不断下降，低收入家庭住房困难问题日益凸显，群众反应强烈。针对这一突出问题，2007 年，国务院出台了《关于解决城市低收入家庭住房困难的若干意见》（国发〔2007〕24号），进一步强化住房保障体系的建设和分配。

一是要求完善廉租住房制度，扩大覆盖面，实现应保尽保。保障范围由最低收入家庭扩大到低收入家庭。要求地方将一定比例的土地出让净收益作为廉租住房资金来源。同时，中央对财政困难地区给予预算内廉租房投资专项补助。

二是要求改进和规范经济适用住房制度。明确将城市低收入住房困难家庭作为经济适用住房供应对象，并与廉租住房保障对象衔接。通过严格限制经济适用房上市交易管理和探索封闭运行等方式，抑制违规分配和不当获益的空间。

三是加快城市（工矿、林区、垦区）棚户区改造，综合考虑住房条件改善和困难家庭负担水平，推进旧住宅区综合整治，并提出多渠道改善农民工居住条件，向农民工提供符合基本卫生和安全条件的居住场所。

四是强化保障性安居工程建设力度。在2010年建设580万套保障性住房基础上，“十二五”规划提出3600万套保障性安居工程建设的任务目标。从实际落实情况看，“十二五”期间建设保障性安居工程住房超过4000万套，使城镇更多中低收入以下居民家庭的住房条件得到明显改善。

五是住房保障体系进一步完善。在廉租住房、经济适用住房以及棚户区改造安置住房以外，“十二五”期间又推出了公租房等保障形式。公租房筹资渠道除财政资金以外，还积极引入银行、住房公积金、保险等社会力量参与。重庆、北京等地探索放开公租房的户籍限制，有条件地将非户籍常住人口纳入住房保障体系。

六是加大对自住型和改善型住房消费的信贷支持力度。2008年后，为鼓励和提振城镇合理住房消费需求，应对全球金融危机的影响，在住房金融方面，首次购房贷款购买普通自住房，享受利率和首付比例优惠，购买第二套改善型住房也给予贷款支持。同时，加大对中低价位、中小套型普通商品住房建设贷款的支持力度。

5. 2016 年至今：实施严厉调控，加快长效机制建设阶段

2008 年全球金融危机爆发，为了扩大内需、应对危机，国务院陆续出台了扩大住房消费、鼓励房地产市场发展的一系列政策措施，取得了明显效果。但同时，市场投资过热，开发企业和居民个人杠杆率快速上升，“地王”频现，房价持续攀升，房地产泡沫明显积累等问题也凸显出来。为促进房地产市场平稳健康发展，从 2012 年起房地产调控政策频繁出台，全国 40 多个一、二线城市及部分三线城市实施了住房“限购”政策及差别化利率和税收等政策。加上经济新常态的到来，经济增速换档，市场需求不足等问题显现。2014 年和 2015 年房地产市场进入低迷期，各地房地产销售量下降，库存明显增大，2015 年房地产投资增速回落到 1%。当年 12 月，中央经济工作会议做出了推进供给侧结构性改革，认识、适应和引领经济新常态的重要部署，并将“去产能、去库存、去杠杆、降成本、补短板”作为重要举措。其中，房地产“去库存”作为重要任务。

在一系列“去库存”政策措施实施后，政策效果明显显现，2016 年，全国商品房待售面积明显下降。但与此同时，在货币增发、利率连续下调和房地产信贷规模不断扩大等宽松政策作用下，2016 年一线城市和热点二线城市的商品房销售异常火爆，房价大幅反弹，“地王”频现，泡沫快速积累，市场预期出现严重扭曲。面对这种情况，从 2016 年 9 月 30 日开始，一线城市和热点二线城市陆续出台了严厉的房地产调控措施（称“930”新政），其调控范围，政策密度和调控程度都被认为是史上最严厉的。调控内容主要包括：在需求侧，严格限制投机和投资性需求，重启“限购、限价、限贷、限售”等政策，实行大幅上调首付比例、贷款从紧、利率上调、定向加息等措施，规范开发、销售、中介机构的行为，对违规和不法行为严厉打击。在供给侧，要求房价上涨过快的城市增加住宅用地供给；完善住房保障体系，加大棚户区改造、公租房以及租赁住房的供给能力。到年底，调控政策的效果开始显现。

2016 年底召开的中央经济工作会议提出，“房子是用来住的、不是用来炒的”，从中央层面明确了住房的居住属性和定位。还提出既要抑制房地产泡沫，又防止出现大起大落。要在宏观上管住货币，微观信贷政策要支持合理自住购房，严格限制信贷流向投资投机性购房。中央还明确提出，要综合运用金融、土地、财税、投资、立法等手段，加快研究建立符合国情、适应市场规律的基础性制度和长效机制。2018 年，党的十九大报告中又明确提出，“加快建立多主体供给、多渠道保障、租购并举的住房制度，让全体人民住有所居”。在此背景下，加快推进供给侧结构性改革，加快研究建立符合国情、适应市场规律的住房基础性制度和长效机制成为现实而紧迫的任务。

（二）我国住房制度改革的成效

住房制度改革以来，特别是从 1998 年住房制度改革全面推进以来，我国住房制度改革和市场发展取得了显著成效。

1. 中国特色的住房制度和体制框架基本形成

经过多年的改革和发展实践，市场机制在配置城镇住房资源中发挥越来越重要的作用，住房市场成为实现城镇居民住房需求的主要载体，政府通过多种保障方式解决城镇中低收入居民住房困难的住房制度和体制框架基本形成。

一是多层次的商品住房供应体系基本形成。住房制度改革和住房市场发展明确并保护居民住房产权，调动了居民购房的积极性，促进了住房市场的快速发展，基本形成了适应社会各个阶层住房需求、多层次的商品住房市场供应体系（见表 1）。

表1 中国多层次的商品住房市场供应体系

市场特性	商品特性	供应对象
一级市场	普通商品房、高档公寓、别墅及其他	普通及中等以上收入家庭
二级市场	房改房、普通商品房、高档公寓、别墅及其他	普通及中等以上收入家庭
租赁市场	老旧房、房改房、各类商品房	新就业、新毕业群体，流动人口、无购房能力家庭

资料来源：课题组整理。

二是基本建立起中国特色的住房保障体系。经过多年的改革和探索，我国的住房保障体系基本建立。在租赁型住房保障方面：为城镇低收入家庭提供低租金的廉租住房且基本实现了应保尽保；为新毕业、新就业以及外来务工人员提供低于市场租金的公共租赁住房，增加了对各类“夹心层”的覆盖程度；为低收入住房困难家庭提供租金补贴，减轻其租金支付压力。在产权性住房保障方面：经济适用住房虽仍然存在，但由于制度本身存在的缺陷，正逐渐退出住房保障体系，取而代之的是面向城镇中低收入家庭出售的政策性住房，如限价房、共有产权住房等；针对城市棚户区和工矿区、林区、垦区棚户区提供的棚改安置房（见表 2）。

表2 我国现行的住房保障体系

政策内容	政策特点	产权性质	供应对象
公共租赁房	支付低租金（廉租房）	无产权	最低收入家庭
	支付低于市场租金	无产权	中低收入家庭
租赁补贴金	中低收入家庭	无产权	中低收入家庭
经济适用房	土地划拨，保本微利	有限产权	低收入家庭

续表

政策内容	政策特点	产权性质	供应对象
限价房	对户型、房价、地价有特定要求	有限产权	中低收入家庭
共有产权住房	政府和居民家庭分别占有一定产权	有限产权，封闭运行	中低收入家庭
棚改安置房	棚改拆迁安置或现金补偿	有限产权或完全产权	棚户区居民

资料来源：课题组整理。

三是基本建立了房地产市场运行的监管体系。一方面，加强了房地产监管机构建设。2008 年，住房和城乡建设部成立了房地产市场监管司，负责房地产市场的监督管理，拟定房地产市场监管和稳定住房价格的政策、措施并监督执行，各级地方政府也相应成立了房地产市场的监管机构。还成立了住房保障司，主要负责住房保障的政策和监管。另一方面，逐步构建了由法律、行政法规、地方性法规、部门规章等组成的法律法规体系，还建立了联合检查机制和地方政府问责等制度。

2. 与住房相关的制度建设取得显著进展

一是住房金融制度建设取得成效。第一，建立了房地产开发贷款制度，对房地产开发企业给予信贷资金支持。第二，建立了商品住房预售制度，加快了房地产投资资金回笼的周期，部分解决了房地产开发企业资金不足的问题，进而加快了房地产开发、供给的速度。第三，建立了住房公积金制度。对于提高居民购房、租房的支付能力、改善中低收入家庭居住条件发挥了特有的作用。第四，建立了居民住房抵押贷款按揭制度，对促进住房消费，支持普通百姓购房，促进房地产市场发展起到了重要作用。第五，研究探索房地产信托投资基金（REITs）。

二是房地产土地制度改革和建设逐步推进。第一，建立了以用途管理为核心的总量控制和集中管理制度，同一城市范围内的各类房地产开发用地纳入政府统一供应渠道。且对土地实行“区别对待、有保有压”的供地政策，满足普通商品住房建设合理发展的用地需求。加强开发用地的监管，强化土地市场的治理整顿。第二，建立了土地使用权公开交易制度，全面推行房地产开发用地的“招拍挂”出让制度。建立了土地市场动态监测制度，加强了对土地供应总量、结构、价格等的监测分析和信息发布。第三，培育和发展土地估价、咨询、交易代理等中介机构，市场服务体系逐步形成。第四，党的十八大以后，土地制度改革进一步推进。在租购并举的政策导向下，开展了利用集体建设用地建设租赁住房的试点，拓宽了城镇住房建设的用地渠道。

三是建立并不断完善房地产调控体系。调控体系的政策工具主要包括：金融政策，主要是通过利率杠杆和差别信贷政策影响房地产市场的供给和需求，减小市场波动。税收政策，主要是指通过税率和征收期限的调整来改变利益的分配，进而引导市场合理的交易行为。土地政策，主要是通过控制土地供应规模和进度，加强房地产开发土地的使用和管理。住房保障政策，主要通过多样化的保障性住房供应比例以及住房补贴力度，对中低收入群体的住房给予保障和援助。行政性调控和政府监管政策，主要是各级政府主管部门对房地产市场主体的行为进行行政性管理，如住房限购、限价等；通过约谈和问责制度，加强政府部门监管。

3. 住房市场快速发展，经济带动作用不断增强

一是商品房市场规模不断扩大。随着住房制度改革的不断推进和城市化进程加快，城镇商品住房市场规模不断扩大。根据国家统计局数据，1998 ~ 2017 年，全国商品住宅竣工总规模为 99.6 亿平方米，为改善城镇住房的供求矛盾，满足居民基本住房需求和改善性需求奠定了重要基础。

二是城镇居民住房条件得到明显改善。国家统计局数据表明，2016 年我国城镇人均住房建筑面积 36.6 平方米，比 1997 年提高了 96.1%。住房资产占居民家庭全部财产的平均比重已超过 50%，是居民家庭财产增长最快的部分。住房财产的增加安定了民心，促进了社会稳定。同时，住房成套率也在逐步提高，2016 年国务院发展研究中心“中国民生指数研究”的调查数据显示，随着城镇化的不断推进和基础设施配套不断完善，城市居民的住房条件得到显著改善，调查中受访家庭的住房成套率已达到 87.8%。

三是房地产行业得到快速发展，对经济增长形成较强的带动作用。一方面，房地产投资较快增长直接拉动了固定资产投资和国民经济的发展。自 1998 年以来，房地产投资占固定资产投资的比重均在 15% 以上，不少年份达到 20%以上，客观上成为当期经济增长的重要推动力。另一方面，房地产投资带动了相关产业增长。房地产的产业链长，关联度高，涉及几十个工业部门、上万个产品品种。根据国家统计局投入产出表统计分析，住房建设的诱发系数为 1.93。同时，随着住宅建筑质量和居民居住水平的提高，还带动了一些新兴产业的产生和发展。

四是房地产业快速发展为城镇化进程提供了物质基础。房地产业通过城市功能结构的演化，对城市人口和市场结构进一步扩大、改善居民居住环境、促进城市发展都发挥着重要作用。房地产业的健康运行，建设良好的城市空间，为城镇人口提供了居住、生活和发展的物质保证，为城镇化进程的推进奠定了坚实的基础。2017 年，我国城镇化率已由 1998 年的 33.35% 提高到 58.52%

（三）需要进一步解决的主要问题

我国住房制度推进和房地产市场快速发展过程中，也出现了一些突出的矛盾和问题。一是部分城市房地产价格出现过快上涨，特别是一线城市和热点的二、三线城市房价涨幅过快，房价与当地居民收入严重背离，泡沫在积累，房地产市场波动加大；二是2015年以来房地产开发企业和居民杠杆率快速攀高，由此带来的金融风险值得关注；三是住房制度仍待完善，特别是一些关系到房地产市场持续健康发展的基础性制度和长效机制尚未建立。

1. 房地产业高质量发展的基础性制度尚需进一步完善

十九大报告提出，我国经济已由高速增长阶段转向高质量发展阶段，高质量发展，就是要质量第一，效率优先。在我国已总体解决住房短缺问题的新阶段，未来的高质量发展阶段需要更好满足人民对美好住房的需求，但与此相应的基础性制度体系尚需进一步完善。

2. 加快建立有利于市场稳定运行的住房金融机制

金融信贷制度及信贷供给条件与房地产市场运行密切相关。多年来，由于我国未能形成稳健中性的房地产金融政策机制，因此，伴随着首付和信贷利率的上升或下降，房地产市场也随之出现大幅波动。未来要实现房地产市场持续稳定健康发展，需要加快建立有利于市场稳定运行的住房金融机制。

3. 住房税收尚未形成合理的结构和长效机制

我国的住房税收长期存在“重交易环节、轻保有环节”的问题。在房地产调控过程中，税收往往被作为短期政策工具，发挥刺激市场消费或快速抑制房价过热的作用，但通过税收遏制房价过快上涨的目的并未达到，反而抑制了二手房的合理流转，降低了住房资源的配置效率。与此同时，保有环节的税收缺失且改革推进缓慢，税收对住房资源的合理配置作用尚未得到有效发挥。

4. 土地制度改革滞后，供地机制有待完善

目前，我国城镇房地产用地供应方仍是代表城市政府的土地储备机构。由于供应主体单一，缺乏有效的竞争机制，土地价格不断升高、各地“地王”频出，进一步加大了房价上涨和市场波动的风险。十八届三中全会提出，建立城乡统一的建设用地市场，在符合规划和用途管制的前提下，允许农村集体经营性建设用地出让、租赁、入股，实现与国有土地同等入市、同权同价。但实际上土地制度改革仍比较缓慢，打通城乡土地用地市场仍在探索中。2017 年开始，国土主管部门推动一些城市试点在农村集体建设用地上建设公共租赁住房，是住房用地供应方面的探索和突破。但由于仍在试点阶段，还无法从根本上缓解城镇住房土地的供给压力，特别是大城市的土地供应问题更为突出。供地机制仍有待完善，部分热点城市商品住房用地供应长期偏少推高了地价和房价，也有一些城市短期内土地供应量过大造成库存过多的问题。

5. 多主体供给、多渠道保障的机制尚不健全

从商品住房供应来看，现行的土地供应制度决定了目前只能由房地产开发企业一个主体供应，主体单一、模式单一，其他市场主体难以真正合法合规地介入。从住房保障体系来看，多渠道保障机制尚不完善。一方面，保障覆盖面较窄，相当多的城市没有将“新市民”纳入住房保障体系，“夹心层”群体的住房援助政策也不尽如人意。另一方面，在政策设计上，仍以政府为主、以实物住房分配为主的方式解决住房保障问题，缺乏利用市场机制、吸引其他主体共同做好住房保障的制度设计。同时，住房保障的管理体制仍不够健全，在保障对象审核、保障房分配、保障房的后期管理等环节还存在一些问题。

6. 租赁市场健康发展的制度体系尚未建立

住房制度全面改革以来，商品住房市场快速发展，但住房租赁市场存在发展水平低、市场秩序不规范、政策支持体系不完善等突出问题。租赁房的供应主体主要是居民个人，机构化、规模化的市场租赁尚处起步阶段。目前，全国12个城市正在进行首批租赁住房的试点，也有一些市场主体在一线和热点二、三线城市探索不同类型的规模化的长租公寓和创客空间，但在发展中也面临诸多问题，集中表现在获取房源、融资渠道受限、税收过高和公共服务不到位等问题。

7. 房地产统计和市场监测等基础性制度仍不健全

房地产行业数据统计和监测数据是支撑行业健康发展、政策科学制定和合理调控的基础性制度。在信息技术迅猛发展，大数据、互联网广泛应用的背景下，我国房地产统计制度仍不够健全。全国各地区、各城市的房地产统计数据体系亟待完善，家底不清、数据不实的问题仍然普遍存在，制约着房地产行业的健康发展，也直接影响着政策制定的科学性和调控的精准性。

8. 政府调控和监管制度有待进一步完善

房地产制度改革和市场发展过程中，一直伴随着房地产的调控，相关调控政策也在不断探索和积累经验。一些调控政策措施也取得了成效。然而，总体来看，调控的短期化倾向明显，特别是在较多时期调控采取“一刀切”措施，对市场波动规律把握能力仍有待提高，有些调控政策的负面作用较大，亟需通过建立长效机制来解决短期调控中面临的问题。同时，房地产市场涉及开发企业、经纪中介、房产评估，以及融资、税收等各个方面，维护市场秩序，形成竞争有序、合法合规经营的市场格局，政府的有效监管至关重要。目前，我国政府在房地产监管领域的相关法律法规和规章仍有待进一步健全，依法监管的机制仍待完善。

二、2020 ~ 2050 年我国房地产市场面临的新形势和新要求

随着住房持续大规模建设，我国住房市场由供不应求转向供求基本平衡。“十二五”时期城镇住房户均套数已超过 1.0，2016 年底户均达到 1.1 套，市场正从快速发展阶段向平稳发展阶段过渡。认识到住房市场发展阶段的变化，有利于准确判断当前和未来一段时期住房市场面临的问题和挑战。

（一）房地产市场发展面临的新形势

准确把握未来较长时期内我国经济发展、人口总量和结构等的变化趋势，将有助于更好研判住房市场面临的新形势和新任务，也有利于更好应对和处理面临的新问题和新挑战。

1. 高质量发展阶段经济结构调整步伐加快对住房供应和需求都将产生重大影响

我国经济已由高速增长阶段转向高质量发展阶段，服务业驱动和消费引领特征更加明显。2017 年服务业增加值占 GDP 的比重为 51.6%，消费占 GDP 的比重是 53.6%。参照发达经济体在不同发展阶段的产业结构演变情况，预计 2020 年、2035 年和 2050 年我国服务业增加值占 GDP 的比重分别提高到 53.7%、63% 和 70% 左右，消费占 GDP 的比重分别提高到 56.2%、65.5% 和 75% 左右。

高质量发展阶段的经济结构调整将持续到 2050 年前后，这意味着调整过程中劳动力、土地等要素资源的再配置过程也将持续相当长的时间。劳动力和土地等要素资源的再配置将直接影响到住房供应和需求的变化。随着工业比重回落、服务业比重上升以及产业布局的调整，原有的一些工业用地需要盘活，在符合规划条件下部分工业用地

可以转为居住用地，成为新增居住用地特别是租赁住房用地的来源之一。劳动力从工业部门向服务业部门的转移不仅是劳动力在城市内部进行职业的重新选择，也会有相当一部分会在城市间进行重新选择，这将对中长期的住房需求产生较大影响。

2. 城镇人口总量和结构的变化将对住房需求产生较大影响

2020 ~ 2050 年间，我国人口总量和结构都将发生重大变化，并将对住房需求产生较大影响。

一是城镇化率继续稳步提升，但 2035 年后城镇人口数量将可能出现回落。相关部门预测，我国人口数量将在 2030 年前后达到峰值，峰值数量预计为 14.23 亿人。其中，2020 年、2035 年和 2050 年的人口数量预计将分别达到 13.97 亿、13.68 亿和 12.70 亿。结合国际经验和国内城镇化推进情况，预计 2020 年、2035 年和 2050 年我国城镇化率将相继达到 60%、75% 和 80%。届时城镇人口将分别达到 8.38 亿人、10.26 亿人和 10.16 亿人。

二是城镇家庭户均规模平稳下降。在城镇人口增加过程中，家庭小型化趋势明显。城镇家庭户的户均人口数量由 1998 年的 3.2 人减少到 2010 年的 2.85 人。参照发达经济体户均人口规模变动的一般规律，结合我国人口结构变化情况，预计到 2050 年前家庭户均规模仍将呈平稳下降趋势。预计 2020 年、2035 年和 2050 年城镇家庭户均人口分别降至 2.75 人、2.5 人和 2.3 人。

三是人口年龄结构的优势明显逆转，突出表现为人口老龄化加速和人口抚养比持续上升。初步测算，60 岁及以上老年占总人口的比重在 2020 年、2035 年和 2050 年将分别达到 18%、28.3% 和 36.6%。人口总抚养比[①]

① 人口总抚养比是指人口总体中非劳动年龄人口数与劳动年龄人口数之比。总抚养比可进一步分为老年人口抚养比和少儿抚养比。

在 2012 年降至 33% 的最低水平，此后将逐步上升，预计到 2020 年提高到 40%，2035 年上升到 50%，2050 年将达到 65% 左右（见表 3）。

表3　2020 ~ 2050年间人口和家庭结构变迁情况[①]

	2010年	2020年	2035年	2050年
人口（百万）	1341	1397	1368	1270
60周岁及以上人口占比（%）	13.3	18.0	28.3	36.6
人口抚养比（%）	34.1	40.0	50.0	65.0
城镇化率（%）	50.0	60.0	75.0	80.0
城镇人口（百万）	671	838	1026	1016
城镇家庭户均规模（人）	2.85	2.75	2.50	2.30
城镇家庭数量[①]（百万）	235	305	410	442

人口总量和结构的变化将对住房需求产生重大影响。2020 年前，住房需求主要依靠城镇人口增加带动，2010 ~ 2020 年间，城镇人口预计增加 16700 万人，家庭户均规模仅减少 0.1 人。2020 ~ 2035 年间，住房需求增加将转为人口增加、家庭小型化和住房条件改善等因素共同带动，期间城镇人口预计增加 18800 万人、家庭户均规模将减少 0.25 人。2035 ~ 2050 年间，带动住房需求的主要因素将是家庭小型化和住房条件改善，期间城镇人口减少 1000 万人、家庭户均规模将减少 0.2 人。

购房年龄人口主要集中在 20 ~ 64 岁，其中 20—34 岁以首次置业为主，35 ~ 64 岁主要是改善型需求。由于人口结构变化，2020 ~ 2050 年间处于首次置业年龄段的人口比重总体呈下降趋势，改善性需求在住房需求中的比重将保持旺盛。初步测算，到 2035 年首次置业人口数量占全部人口的比例将下降到 17% 左右，改善型需求的人口数量占比将提高到 45% 左右。到 2050 年，改善型需求年龄占比仍在 40% 以上。

① 城镇家庭数量=城镇人口/城镇家庭户均规模，与统计局公布的城镇家庭户口径有所区别。

3. 金融、土地等相关政策调整取向将会对未来住房市场发展带来重大影响

住房市场是受政策影响较大的市场，特别是金融、土地等政策的调整对住房市场的影响尤为显著。由于“十二五”末我国住房市场已从供不应求转向供求基本平衡、区域结构矛盾突出的新阶段，“十三五”时期乃至 2020 ~ 2050 年间住房金融、土地等相关政策的调整取将会对住房市场的中长期形势产生重大影响。

一是住房金融政策的不同取向将会对住房市场运行产生不同后果。日本、美国、德国等发达经济体住房市场发展历程表明，在解决住房短缺问题后，住房金融政策的不同取向对住房市场的影响截然不同。在经济增速放缓后，低利率、低首付极易引发房价泡沫，而低利率政策转向后，快速加息过程又成为泡沫破裂的直接原因。美国、日本、西班牙等国的房地产大幅波动都与住房金融政策、特别是利率的波动直接相关。德国住房市场相对稳定，与其首付相对较高、利率相对稳定带来的住房金融条件相对稳定有关。2020 ~ 2050 年间我国经济和居民收入增速回落，住房市场供求关系平衡，在这个阶段要特别防范因低利率政策带来的系统性房价泡沫风险，做好房地产金融的宏观审慎管理。

二是新房供应政策的不同取向也会带来市场运行的较大差异。从全球比较看，伦敦、旧金山等城市受规划、土地等政策的影响，新建住房供应十分有限，由此显著推高了这些城市的房价。而休斯顿等城市在土地、规划等方面则实行相对宽松的政策，新房供应较为充足，这一类型的城市房价水平相对较低。由于我国住房市场已进入“总量平衡、结构矛盾突出”的新阶段，未来新房供应既要警惕继续人为刺激房地产投资和住房新开工面积保持在较高水平带来的全局性供给过剩风险，也要注意应对热点城市新房供应不足的矛盾，增加商品房供应，防范化解供给不足带来的房价高企问题。

（二）房地产市场发展面临的主要风险和挑战

20 世纪 70 年代以来，一些发达经济体经历了住房供给过剩、房价泡沫和泡沫的破裂、公共住房带来的社会隔离等问题。由于“十二五”末中国住房市场已从总量供不应求转向供求总体平衡、结构矛盾突出的新阶段，“十三五”时期乃至 2020 ~ 2050 年间住房市场面对的各类潜在风险显著增大，有可能出现发达经济体住房市场发展中曾出现的风险，需要采取有效措施及早应对。

一是城镇户均住房套数已达 1.1，需要警惕出现全局性的住房过剩风险。“十二五”时期是我国历史上住房新开工套数最多、面积最大的时期，也是户均住房套数增长最快的时期。特别是 2009 年以来部分城市新开工规模过大，一些城市已经存在较为明显的供给过剩风险。由于“十二五”时期城镇住房新开工面积较大，“十三五”时期将是住房竣工的高峰期，城镇户均住房仍将保持较快增长。我国正处在由高速增长向高质量发展的转换期，经济增速出现合理回落是正常的。如果将稳定和拉动房地产投资作为防止经济增速下滑的对策，继续人为刺激房地产投资和住房新开工面积保持在较高水平，未来住房市场出现全局性供给过剩的风险将显著增大，对此需保持足够警惕。

二是在经济增速回落、物价涨幅较低的背景下，低利率、低首付造成系统性房价泡沫的风险在增大。从国际经验看，房价快速上涨一般都出现在经济高速增长、住房供不应求的阶段。而在经济增速回落、住房市场供求平衡情况下出现的房价过快上涨通常由低利率政策引发，并极有可能形成房价泡沫。在 2015 年下半年我国新一轮房价上涨周期前，2004年、2005年、2007年和2009年也曾出现房价的较快上涨，但都是在城镇住房总体供不应求（户均套数小于1）和居民收入快速增长的阶段发生的。2015年下半年以来的新一轮房价过快上涨，则是在住房总量平衡、经济增速和居民收入增速回落的阶段中发生的，房价上涨主要是由于利率大幅下调和杠杆率提高的结果（以2015年为例，央行5次降息4次降准后，居民住房支付能力相当于提高了18%），因此蕴含的市场风险显著增大。金融业发达、居民金融意识强的东部发达地区，特别是供应严重不足的北京、上海、深圳等特大型中心城市住房价格显著攀升，且明显超出居民收入增速，已出现较为明显的房价泡沫风险。针对经济和居民收入增速回落、住房市场供求关系变化和低利率的新环境，需要采取有效的应对措施，防范因低利率政策带来的系统性房价泡沫风险。

三是要采取有效措施，防止各类保障房出现社会隔离等问题。截至2017年底，我国保障性安居工程改造超过5300万套，基本建成超过4200万套，显著改善了中低收入住房困难居民的居住条件。2014年《政府工作报告》提出，今后一个时期，着重解决好现有“三个1亿人”问题，其中包括改造约1亿人居住的城镇棚户区和“城中村”。2015年，《国务院关于进一步做好城镇棚户区和城乡危房改造及配套基础设施建设有关工作的意见》（国发〔2015〕37号）提出，2015～2017年改造包括城市危房、城中村在内的各类棚户区住房1800万套，农村危房1060万户。2017年国务院常务会议决定，2018～2020年间再改造各类棚户区1500万户。这意味着未来几年我国保障性安居工程建设规模仍将维持高水平。

国际经验表明，保障房建设不易，管理更难，一些国家因低收入人群聚居带来的社会隔离等问题至今未能得到根本解决。从我国情况看，随着大量保障房陆续建成入住，保障房的维护、租金收取、物业管理、社区治理等一系列后续管理问题日益凸显。一些公租房（包括廉租房）小区租金收取难、物业管理经费严重不足。还有的地方保障房没有缴纳住宅专项维修基金，未来公用设施设备的维修、更新改造都缺乏稳定的资金来源。在东北等部分寒冷地区，部分保障房社区还面临取暖费收取困难等问题。在保障房已开始大规模入住的情况下，需要尽快采取有效措施，应对可能出现的各类问题。

（三）人民群众对美好生活的向往对房地产市场的发展提出新要求

由于城镇户均住房已超过 1.0 套，城镇住房新开工面积峰值已经出现，我国住房市场数量扩张的阶段已经结束，住房施工面积峰值也将在“十三五”期间出现，此后开始正常回落。伴随居民收入水平持续提高，2020 ~ 2050 年间住房市场的主要矛盾是住房质量、居住环境和公共基础设施配套等方面难以满足居民的居住要求，发展重点将从解决数量不足的问题转向提升整体居住品质等方面，提供功能更加合理、建筑质量更加优良、人居环境更加舒适的住房产品，形成节约型、环保型、生态友好型的住房建设模式。

三、建立我国房地产基础性制度和长效机制的指导思想与目标

（一）指导思想和基本原则

全面贯彻落实党的十九大精神，坚持“房子是用来住的、不是用来炒的”定位，以满足人民群众对美好生活的向往为主要出发点，以建立多主体供给、多渠道保障、租购并举住房制度为主要方向，充分发挥市场配置资源

的决定性作用和更好发挥政府作用，实现更高水平的住有所居。

坚持居住属性。在保障基本需求、支持刚性和改善性需求的同时，坚决抑制投机需求。

坚持市场化方向。处理好政府与市场的关系，发挥市场机制在住房资源配置中的决定性作用，更好发挥政府在住房政策、监管和住房保障等方面的作用。

坚持目标导向与问题导向相结合。既要注重解决当前房地产市场发展中面临的突出问题，也要着眼于实现更高水平的住有所居和市场持续稳定健康发展这两个核心目标。坚持目标导向与问题导向相结合的关键是在目标导向的基础上，寻找解决短期问题的方案。

坚持因地制宜。住房市场区域差异性明显，需要合理划分中央和地方在住房领域的事权。中央政府负责制定和执行全局性、战略性、引导性的住房政策。地方政府根据本地经济社会发展情况和住房市场供求情况自主决定住房保障方式，做好住房供给调控，并根据法律法规的要求做好当地市场秩序的监管等。

坚持房地产市场与经济社会协调发展。重视从全局的角度看待房地产市场的发展问题，实现房地产市场与经济社会发展同步协调。

坚持综合施策。按照市场化、法治化原则，处理好行政手段和经济手段的关系，完善土地、金融、财税、规划、监管、区域协调发展等制度体系，增强政策协同性。

（二）目标和主要任务

基于中国住房市场已从“总量供不应求”转向“总量供求基本平衡，结构性、区域性矛盾突出”的新阶段，适时调整中国住房市场和住房政策的发展目标，指导基础性制度和长效机制建设。

建立与经济发展水平相适应的现代化住房市场体系。建立健全有利于提高住房资源配置效率、促进市场平稳健康发展、实现住有所居、推动居住质量稳步提高的制度体系。优化住房供应体系，发展住房租赁市场，完善多主体供给、多渠道保障、租购并举的住房供应制度。建立统一的住房市场体系，简化商品住房和保障房种类，推进住房保障方式转型，实现各类住房平等入市、公平竞争，提高住房资源配置效率。健全住房金融体系，优化住房投融资模式，强化住房金融宏观审慎管理，防范房地产金融风险。改革住房用地供应体系，完善用地供应机制，建立城乡一体化住房用地市场，实现住房用地动态供求平衡。完善住房规划体系，强化规划的前瞻性、系统性和协调性，提高住房规划质量，持续提升居住品质和居住环境。

全面改善住房质量，提升居住品质。在以人为本、保护环境、节约资源、优化生态的基础上，提供功能更加合理、建筑质量更加优良、人居环境更加舒适的住房产品。加快房地产开发建设模式实质性转变，形成节约型、环保型、生态友好型的住房建设模式。

实现经济、社会和住房市场协调发展。从经济社会长期发展目标出发，处理好住房市场发展与国民经济、人口结构、城市规划以及产业布局之间的关系，形成住房政策与短期宏观调控政策、中长期国民经济发展规划、区域城市群发展、城市内部空间布局与功能升级相协调，实现经济、社会和住房市场协调发展。

全面提高防范住房市场系统性风险的能力和水平。随着住房供求关系进入新的发展阶段，我国住房市场面临的潜在风险显著加大。要准确把握住房市场风险的主要类型和成因，调整完善住房金融、土地等公共政策工具，防范可能出现的各类系统性风险，保持住房市场供求总量和结构基本平衡，逐步缓解结构性、区域性矛盾。

四、完善我国房地产基础性制度的建议

1998年进一步深化城镇住房制度改革以来，我国住房制度的总体框架已经建立，并较好解决了住房短缺问题，住房保障覆盖面也显著扩大，这表明现行住房制度的总体方向是正确的，进一步推进住房制度改革宜继续坚持发展以商品房为主的市场体系和更好发挥政府在住房保障中的作用这两个基本点。随着经济发展水平的提高和满足人民群众对美好生活的向往，下一步住房制度改革应重点解决住房“好不好”的问题，并适应城镇户均住房超过1套和人口流动的新形势，着重提升住房资源的配置效率，同时解决人民群众反映强烈的部分大城市房价过高带来的住房支付能力不足问题。

（一）建立和完善住房规划制度

全面、科学、细致的规划体系是提升住房质量和环境的基础和保障。建议进一步完善住房规划制度，并实现住房规划与城市规划、国土规划等有序衔接，实现城乡规划一体化。

一是增强住房建设规划编制的科学性和前瞻性。摸清底数，掌握动态，为住房调控和住房建设有序推进提供科学支撑，既要防止因供给不足造成的房价过快上涨，也要避免造成严重的供给过剩问题。要更加重视根据人口总量和结构变化情况确定住房供应规模，各地要根据存量住房状况和人口总量、结构变化趋势，合理确定年度新增住房供应规模。

二是要加强居住区规划。适时出台《居民和社区发展法》，从城市空间与景观、社会、生态、文化等多角度出发，对居住区的住宅、公共设施、公共绿地、室外环境、道路交通和市政公用设施等做出具体规划，不断提高居住区的居住质量。出台《旧城改造和城市更新》条例，对旧城和中心城区的住房实施保护性的更新改造。根据老龄化社会发展趋势，设计开发和改造适合养老服务需要的高品质、功能全、无障碍“银发住宅”。

三是住房规划与城市规划、土地利用规划等有序衔接，实现城乡规划一体化和“三规合一”。提高规划质量，为城乡住房质量的全面改善和城乡住房市场的一体化奠定基础。

（二）健全宏观审慎的房地产金融体系

一是完善房地产金融宏观审慎管理制度。房地产金融的基本稳定是房地产市场持续稳定运行的前提和基础。要实现房地产金融的基本稳定，需要进一步完善房地产金融宏观审慎管理制度。第一，建议实行更加审慎的首付管理规定。对首次置业，实行 30% 的最低首付要求；对二次购房，最低首付比例提高到 60%；对三次及以上购房，首付比例提高到 80%。第二，对已有贷款未还清的以及拥有两套以上住房的，不再发放新的贷款。即，要严格限制投机投资性购房利用金融杠杆。第三，引入住房贷款固定利率制度设计，提高风险防范能力。2008 年全球金融危机中，德国和法国的住房金融市场受到的冲击并不大，并未发生系统性风险，这跟两国固定利率的住房贷款占贷款总量的比重较大有关，可以有效避免因贷款利率提高带来的断供弃贷情况发生，有助于防范住房金融危机的发生。借鉴德国、法国住房金融体系的特点，我国可在现有公积金贷款的基础上探索住房贷款固定利率的制度设计。第四，建立应对利率调整的对冲机制。

二是加强对房地产开发企业融资行为等的监管，特别是加强对房地产开发企业利用信托等非银行金融机构和非标渠道融资行为的监管，降低房地产开发企业的杠杆，防范房地产开发企业通过过度举债推高地价以及杆杆率过高带来的风险。

三是积极发展以支持居民购买自有住房为目标的政策性住房金融机构。可从两个方面推进以支持居民购买自有住房为目标的政策性住房金融机构在中国的发展：一是将住房公积金制度调整为住房储蓄银行模式的政策性住房金融机构，在制度设计上向首套置业和中低收入缴存职工适当倾斜；二是在总结中德住房储蓄银行试点经验的基础上，在全国推广中德住房储蓄银行模式，政府加大税收和补贴的支持力度。

四是稳健发展房地产投资信托基金（REITs）。随着住房市场发展阶段发生重大变化，以债务融资推动型的房地产发展模式极易引发供给过剩的风险。通过发展 REITs，有利于完善中国房地产金融架构，对以银行为主导的间接金融体系进行有益补充，分散与降低系统性风险，提高住房金融系统安全性，避免间接融资体系下银行信贷政策调整对房地产市场的硬冲击。构建符合中国房地产市场投资特点的 REITs 政策体系，其重点是完善与 REITs 投资相关的法律法规、税收政策和行业管理。

（三）完善土地供应体系

现行住房用地制度存在权利和规划二元化、市场进入不平等、调控机制不完善和有效供给能力不足等缺陷，目标是建立两种所有制土地权利平等、市场统一、统筹规划的住房用地制度，促进土地利用方式转变和住房市场健康平稳发展。

一是构建平等进入、公平交易的城乡土地市场。在规划和用途管制下，农村经营性建设用地与国有土地平等进入城镇住房市场，形成权利平等、规则统一的公开交易平台，建立统一土地市场下的地价体系。在集体经营性建设用地入市的架构下，对已经形成的“小产权房”，按照不同情况补缴一定数量的土地出让收入，妥善解决这一历史遗留问题。

二是完善人地挂钩制度，增强中长期土地规划的引导作用。按照城市常住人口规模和流入情况，合理确定居住用地总体规模，通过公布年度、3 年和 5 年土地供应计划和规划目标，引导社会预期。当前要适应城市产业结构转型新形势，在权属不变情况下，将符合土地、城市规划的非居住用地转为居住用地，优化存量土地供应结构。

三是构建城乡一体化的国土空间规划体系。强化土地利用总体规划实施刚性，依法落实用途管制。加强城乡用地权属管理，建立统一地籍管理体系。

四是推动新型城镇化下农村土地制度与户籍制度的联动改革，完善现有“增减挂钩”政策。加快试点在城镇落户农村转移人口的宅基地处置办法，提高农村住房用地集约化程度。

（四）理清住房税收目标，健全房地产税收体系

一是调整税收政策的目标，将税收政策目标回归到筹集财税收入、完善税制、筹集财政收入等方面，而不宜将其作为房地产调控的主要政策选择。

二是从完善税制的目标出发，稳妥推进个人住房的房产税试点，做好开征房产税的各项准备。开征房产税可减少地方政府对土地出让金的依赖性，逐步使房产税成为地方政府一个稳定的主力税种，有利于地方政府降低对土地财政的依赖程度。房产税也是发达国家筹集地方财政收入的主要来源。建议逐步扩大房地产税收试点范围，

选择适当时机全面开征房产税。由于我国宏观税负并不低，开征房产税的同时需做好相应的减税工作，确保宏观税负和个人总体税收负担不增加。

三是大幅降低房地产交易环节税费，鼓励梯度消费。2005 年以来我国开始将调整住房交易环节征收的营业税等作为房地产调控的重要工具。经济学理论和我国房地产调控的实践都表明，提高交易环节税费的结果是降低交易量，极大抑制了居民换购住房的需求，既不利于居民树立梯度消费的理念，也不利于增加二手房的市场供应，无法充分发挥存量房对房地产市场的调节作用。建议大幅降低房地产交易环节的税费，可将营业税的收取年限从 5 年减为 2 年或取消二手房交易环节的营业税，适当降低契税税率。随着我国住房总量规模的不断扩大，完善有利于居民持续换购住房的税收等方面的政策，不仅有利于不断提高居民居住水平，而且居民换购住房会对房产中介、建材、家具、家电、装修等相关行业形成较大的带动作用，这也会在一定程度上对冲房地产投资增速正常回落的影响。

（五）完善住房保障制度，增强保障可持续性

住房保障是政府的重要职责所在，需要更好发挥政府作用，适时转变住房保障方式，增强住房保障体系的可持续性。

一是更加重视从解决社会问题的角度解决住房保障问题。解决低收入家庭住房困难问题是政府的重要职责所在。要认识到住房保障问题并不是单纯的住房问题，而是与低收入人群就业能力不足等问题密切相关的社会问题，要从经济发展、产业布局、就业培训、社会管理等多方面入手，将解决中低收入家庭住房困难问题与促进其家庭发展和社会融合统筹考虑，不断提高包括住房保障政策在内的各类公共政

策的针对性、系统性和包容性，实现经济、社会和住房保障工作的协调发展。

二是尽快实现住房保障方式的转型。在我国城镇家庭户均住房达到 1.1 套的新形势下，建议尽快实现住房保障方式的转型。在保障目标不变的前提下，综合考虑住房保障对象的需求特点、保障成本和政府保障能力，在目前廉租房、经济适用房、两限房和公租房以及租金补贴、公积金信贷支持等多种保障方式的基础上，进一步调整和优化住房保障供应体系，逐步提高货币补贴在住房保障方式中的比例，在“十二五”时期集中、大规模建设保障性安居工程的基础上，将住房保障方式逐步从实物建房为主转向以货币补贴为主、多种保障方式相互补充的住房保障体系。对数量庞大的存量保障性住房，政府可继续保留一部分实物公租房，用于重点解决没有劳动能力和年龄偏大的住房困难人群。对已经购买了保障房或有意愿购买正在居住的保障房的保障对象，可研究逐步将大部分实物类保障房转成具有共有产权性质的可售型保障房，将保障对象的购房款和政府部门实际补贴款按比例进行量化，在此基础上确定各自的产权比例。在明确产权比例后，可研究允许各类保障房入市交易的政策，保障房入市交易后政府收回的资金可继续投入住房保障工作，这样既有利于增加住房市场供应量，优化住房资源配置，也有利于政府持续做好住房保障工作，提高住房保障和分配的公平性，还有利于降低地方政府因前期建设规模大带来的地方债务风险。

三是要尽快加强对保障房小区的综合管理。针对 2008 年以来形成的 4000 万套各类保障房，要抓紧做好后续管理工作。第一，更加重视现有保障房的日常维护，防止保障房的品质下降。第二，更加重视完善综合配套，提升保障房社区周边的教育、医疗、公共交通等条件，着力提高居民生活、工作、出行的便利性，为保障房社区提供更好的日常生活环境，通过完善综合配套使一般城市家庭与保障对象共享城市公共服务，消除社会阶层之间的隔阂，促进社会和谐稳定发展。第三，更加重视保障房的社区建设，鼓励、引导居民参与社区的日常管理，通过有效的管理不断提升保障房社区的综合服务水平。建立技能培训中心，帮助保障房社区居民提高就业技能，并协助进行就业指导和职业介绍。组织积极健康的文化生活，形成乐观向上的文化氛围。

（六）完善住房租赁制度

建立租购并举的住房制度，需要加快完善住房租赁制度，构建个人、机构投资者和政府在内的多主体供应的格局，不断提升租赁市场发展水平，推动宜居、可支付的住房租赁市场的持续健康发展。

一是构建个人、机构投资者、政府等多主体供应的格局。重视发挥政府、市场与社会三大主体的积极性。合理界定政府、市场与社会在租赁市场发展中的职责，尤其是处理好政府与市场的关系。政府的主要职责是提供基本保障、公共服务以及加强租赁市场监测监管；市场是住房租赁要素配置的基础制度安排，市场主体是租赁住房供应的主角，竞争是租赁市场要素价格的主要形成机制；社会是租赁市场提升规范性、自律度、创新力的主要场域。

二是处理好新建租赁性住房和盘活存量的关系。在我国已总体解决住房短缺问题，住房及商业、办公用房存量较大的条件下，应以盘活存量住房为主发展租赁市场，新建租赁住房应主要建在人口流入的大城市、以建在集体建设性用地或对现有的其他用房进行改造为主。

三是制定支持住房租赁消费的税收优惠措施，降低业主、运营方和租房居民的税费成本，增加租赁住房供给，引导城镇居民通过租房解决居住问题，增强租房选择的吸引力。

四是构建法规、监测、监管三位一体的市场体系。尽快制定出台《住房租赁管理条例》，启动《住房租赁法》的立法调研，提升住房租赁管理的法规层级。构建规范化、智能化、便民化的住房租赁服务平台，提高住房租赁合同登记备案率，为租赁市场监测监管奠定基础。鼓励各城市根据市场发展情况制定出台租金指导，引导市场预期。不断加强对租赁市场的监管，依法依规处理各种违法违规行为。

（七）完善市场监管制度

一是逐步取消商品房预售制。为了更好提升住房品质，规范房地产开发企业经营行为和融资渠道，应尽快推动住房销售从预售制向成品现房销售转型。考虑到预售制已存在多年，短期内取消会对房地产市场造成过大冲击，建议实行“分步走”策略。第一步是在三、四线城市或库存量较大的城市率先开展试点，探索开展现房销售的相关监管办法和给予融资、税费等方面的支持。第二步是明确取消预售制的时间表，制定过渡期政策。在过渡期，在强化预售监管的基础上，严格规定开发商的预售房和现房比例。通过逐步减少预售房的比例、增加现房销售比例，使开发商和购房者都有逐步适应的过程。

二是进一步完善对房屋中介市场的监管。首先，修订和完善《城市房地产管理法》，从立法上明确房地产经纪的管理主体的职责范围、房地产经纪机构与经纪人员的责权利及相关的责任追究机制。其次，加快研究制定《城市房地产经纪（或中介）服务管理条例》等相关配套行政法规。再次，引导地方出台配套的地方法规或配套实施细则，促进法律法规的有效实施。最后，加强行业组织建设，发挥行业组织在行业自律方面的积极作用。

三是进一步完善对房屋综合质量方面的监管要求。建议根据我国房地产市场发展阶段的变化，更加重视对房屋综合质量的监管，在房屋的品质、宜居性、节能环保等方面提高监管要求，并以此促进房地产业从传统的数量扩张向品质提升转变。

（八）推动区域协调发展优化住房市场布局

住房市场的区域差异性在很大程度上是经济发展差异性的体现。由于我国经济结构、产业结构正处于新一轮调整过程中，宜更加重视从区域协调发展的角度解决住房市场面临的各种问题。建议继续推进中心城市劳动密集型产业的疏导；加大中心城市周边城市、中小城镇基础设施建设并适当增加住房供应，推动教育、医疗等公共资源和产业在区域内调整优化布局。通过区域协调发展战略和城市群战略优化住房需求布局，解决中心城市房价过高等问题。

五、加快建立房地产长效机制的建议

住房制度改革重点是解决住有所居和持续提升居住品质问题，但以实现住有所居为目标的住房制度并不能自动实现市场平稳健康发展，还需要通过建立长效机制，对房地产市场的运行状况及其供求总量和结构进行动态调整和监督，以减少市场大幅波动与防范风险，促进房地产市场平稳健康发展。

因此，要准确把握住房制度改革和长效机制建设目标定位的不同，在完善住房制度的基础上加快建立相应的长效机制。

（一）建立房地产持续稳定健康发展的评价体系

房地产市场的波动受人口总量和结构的变化、金融政策的调整、土地供应的多少等多种因素影响，准确判断房地产市场形势，需要在把握房地产发展规律的基础上，研究建立房地产持续稳定健康发展的评价体系，并引导各级政府根据市场形势变化及时对相关政策进行前瞻性、可预期的调整。

一是确定评价体系的主要内容。评价体系要紧紧围绕更好满足人民群众对美好生活的向往、不断提升居住品质和实现房地产市场持续稳定健康发展两大核心目标，重点确立三方面的评价指标。第一，建立与房地产市场高质量发展相应的指标，以实现不断提升居住品质的目标；第二，建立市场供求方面的评价指标，既要关注短期的供求形势，更要重视中长期的供求平衡，防范供给不足带来的房价暴涨和出现严重的供给过剩问题；第三，建立价格波动方面的评价指标。

二是确定评价标准，并建立预警机制。与评价体系的内容相适应，确定相应的评价标准。质量发展方面的评价指标要着重评价居住的安全性、宜居性、便捷性等方面。在供求方面要着重评价户均住房套数、市场交易情况等并将建立相应的预警指标。从户均套数来看，低于 1.0 时表明市场处于短缺状况，当户均住房套数超过 1.1 时，表明市场存在过剩风险。由于户均住房套数和人口总量及结构变化密切相关，因此要重视监测常住人口数量和家庭规模的变化。在房价波动方面，要重在评价房价跟社会经济发展相适应、市场需求与接受能力相适应的评价体系，建议以所在城市的房价收入比的多年均值作为参照基准和预警指标，当房价收入比出现与多年均值的背离时，及时查找原因并进行相应的供求方面的调控。

三是完善考核机制。建议在确立评价体系后，调整完善考核机制，从目前更重视短期的单项考核逐步转向与中长期发展目标相适应的常规性、全面考核。

（二）建立应对利率变化的对冲机制

住房金融政策的变化、特别是利率的大幅波动，是各国住房市场大幅波动的首要原因。要实现住房市场稳定健康发展，需要将完善住房金融政策放在首位。建议实行中性的住房金融政策，通过调节住房贷款的首付比例和利率水平，实现住房市场金融条件的基本稳定。为此，应建立应对利率变化的对冲机制，在宏观经济形势变化和进行利率调整时，进行利率水平和首付比例反向调节，即在贷款利率下调时，适当上调首付比例；在贷款利率上调时，则适当下调首付比例。实行住房首付比例和贷款利率反向调整政策的目的，是防止因利率调整造成购房人支付能力在短期内发生重大变化，进而造成市场需求和房价的大幅波动，诱发系统性房地产风险。基于对 1998 年以来我国利率调整和住房市场波动情况的分析，并在参考美国等典型经济体利率调整对住房市场影响的基础上，建议将 30% 首付（首套房）和五年期以上贷款利率 6.8% 作为首付比例和贷款利率水平反向调整的基准情形。在利率调整时，首付比例反向调整幅度宜与利率变化对购房支付能力的影响程度相当，但坚持首套房首付比例最低不低于 30%。为防止因过度使用金融杠杆带来的房地产风险，建议对已有住房贷款未还清的购房者，不再批准新的购房贷款。

（三）完善土地供应机制

短期的供求失衡往往与土地供应量明显不足或明显过大直接相关，因此要重视完善土地供应机制，特别是重视根据当地房地产总体供求情况和阶段性的供求形势变化，合理确定土地供应规模，完善招拍挂定价机制。

一方面，建议从各地住房市场发展实际状况出发，在科学预测住房需求的前提下，合理确定住房用地供应量，把握供应节奏，既要防止出现短期内供地过多带来的供过于求、库存高企问题，也要避免热点城市严格限制土地供应量带来的土地价格高企、房价暴涨等问题，还要重视住宅、商业和办公用地供应的结构要合理。

另一方面，建议提高对招拍挂保证金的比例要求，可将招拍挂保证金的最低比例要求由 20% 提高到 50%，对热点城市的保证金比例可提高到 100%。同时加强对保证金来源的监管，防止开发企业利用各种不合规资金推升地价。

（四）进一步完善需求分类调控机制

进一步完善支持自住型需求，适当抑制投资性需求，坚决遏制投机性需求的分类调控机制。

一是继续坚持和完善限购政策。限购政策是适当抑制投资性需求、坚决遏制投机性需求效果最好、成本最低、误伤最小的方式，建议继续坚持和完善限购政策。对本地常住人口，继续坚持每户家庭限购 2 套房（可进一步区分本地户籍人口和常住人口），对非常住人口限购 1 套房或不允许购房。具体限购标准由当地政府根据本地城市定位和市场供求情况确定。

二是完善差别化的信贷政策。在前述建议的差别化信贷政策基础上，进一步区分常住人口和非常住人口购房，在允许非常住人口购房的城市，非常住人口最低首付比例要求提高到 60%，限制投资投机性需求利用金融杠杆。

三是建议征收只针对非常住人口购房的特别印花税。特别印花税在我国香港等经济体曾实施过，对抑制短期内非本地居民的投资投机性需求会起到一定作用。

四是取消限售政策。在完善相关政策的基础上，取消限售政策，这样既有利于增加市场供应，也有利于减少政策对绝大多数正常购房群体的误伤，将自由处置资产的权利还给购房人。

（五）建立区域联动调控机制

根据城市化发展阶段的要求，建立面向以特大型城市及部分热点城市为核心的城市群房地产市场调控区域协调机制。

一是建立房地产市场区域协调发展机制，将核心城市与周边中小城市的住房供应和需求以及公共资源配置、产业布局和基础设施建设统筹考虑，从考虑单个城市的住房供求平衡拓展到以中心城市为核心的城市群的住房供求平衡，通过建立区域协调发展机制解决部分中心城市在住房供求方面面临的矛盾。

二是建立调控联动机制，根据区域内中心城市与周边中心城市房地产市场波动特点，采取有“限”有“放”、有“保”有“压”的差别化调控措施，有序引导中心城市或热点城市住房需求疏解，促进周边城市房地产市场有序发展。

专题报告一

房地产金融制度

一、我国房地产金融制度的发展历程

我国房地产金融制度的产生和发展过程是与城镇住房制度改革和金融业的市场化改革紧密联系在一起的，从其演变历程看，大致经历了四个阶段。

（一）房地产金融制度的探索阶段（1978～1991年）

十一届三中全会以后，随着我国经济体制改革的推进，我国投融资体制进行了一系列的重大变革，城镇住房体制也开始进行改革，提出了住房商品化的概念，房地产业作为一个独立的产业部门开始形成，房地产金融业也因改革的需要应运而生。1979 年，中央决定将基本建设投资由财政拨款改为银行贷款，这标志着中国房地产金融的诞生。

1982 年，郑州、常州、四平、沙市四市试行公有住房补贴出售试点。鉴于城镇居民购买能力有限，有关部门设计了三三制补贴售房方案，即房价由政府、单位、个人三方共同负担。随后，这项尝试在全国得到了推广。这段时间房地产金融主要由补贴性售房为主，政府财政承担了房地产金融的重要任务。1985 年，建设银行开始开展土地开发贷款业务，并在深圳发放了首笔个人住房按揭贷款。1987 年，山东和安徽成立了住房储蓄银行，并承担了当地的房改金融业务，至此出现专业的房地产金融机构。

1988 年，中国人民银行把住宅贷款列入消费信贷业务。建设银行和工商银行相继成立了房地产信贷部，专门从事住房信贷业务，承办各个地方政府委托的房地产金融业务，并形成了以建设银行为主、多家银行并存的竞争格局。

在这一阶段，住房商品化改革为房地产金融的发展带来了机遇，房地产金融作为住房制度改革的配套措施开始逐渐导入。住房信贷体系初步确立，并在全国范围内开始开展。信贷规模有所扩大，借贷品种也由单一的生产性流动资金贷款发展到同时开办与住房储蓄存款相结合的消费性个人购建房贷款。但是，由于住房市场化处于起步和摸索阶段，以解决和消化原有的公房租赁为主，房地产金融规模小、种类单一，对房地产市场和金融业的影响都不大，我国房地产金融的市场化程度还不高，仍然处在起步阶段。

（二）房地产金融制度的初步建立阶段（1991 ~ 1997年）

1991 年开始的住房制度改革启动了住房市场，住房建设和住房市场逐渐活跃，为房地产金融的发展打开了空间。1991 年，国务院《关于积极稳妥地进行城镇住房制度改革的通知》和《关于全面推进城镇住房制度改革的意见》出台，提出进一步改革房地产金融体制，发展房地产金融业务。

1991 年，上海市借鉴新加坡的经验，率先建立了住房公积金制度。

1992 年，建设银行首家推出职工购建房抵押贷款业务和公积金个人住房贷款业务，全面进入住房消费信贷领域。1994 年，国务院颁布《关于深化城镇住房制度改革的决定》，对住房制度改革的目的、内容和重点作了原则性规定。同年 11 月，国务院房改小组、财政部和中国人民银行联合下发了《建立住房公积金制度的暂行规定》，提出“全面推行住房公积金制度”。为明确区分政策性和自营性住房信贷业务，中国人民银行先后印发《商业银行自营性住房贷款管理暂行规定》和《政策性住房信贷业务管理暂行规定》等文件。1997 年 4 月，中国人民银行颁布的《个人住房担保贷款管理实行办法》为中国住房消费信贷发展提供了政策依据。

这一阶段初步确立了我国房地产金融的经营管理体系，明确了房地产金融服务住房制度改革的经营方向，自营性和政策性住房信贷业务并存的住房信贷体系基本初步确立。以上海为先导的住房公积金制度开始起步，并向全国推广。

（三）房地产金融制度全面发展阶段（1998 ~ 2006年）

1998 年是我国房地产金融制度发展的转折点。当时出于应对亚洲金融危机，通过扩大内需稳增长的考虑，将深化城镇住房制度改革作为稳增长的重要举措，在金融支持上放开了对个人抵押贷款的限制，促使以住房抵押信贷为主要形式的房地产金融进入了全面发展的通道。1998 年 7 月，国务院颁布《关于进一步深化城镇住房制度改革加快住房建设的通知》，决定停止住房实物分配，实施住房分配货币化改革。按照文件要求，中国人民银行和银监会出台了一系列配套的金融货币政策，先后印发了《关于加大住房信贷投入、支持住房建设与消费的通知》《个人住房贷款管理办法》等文件，从政策上明确了支持与推动商业银行发展房地产金融。住房制度改革深化极大地推动了城镇商品住房建设和居民住房消费的积极性，带动了商业银行房地产信贷业务的大发展，个人住房贷款规模开始迅猛增长。为配合和支持国家深化住房制度改革和居民住房消费，商业银行房地产金融业务经营管理逐步规范，在产品种类、业务范围和经营模式等方面获得了长足发展。

2000 年，建设部、中国人民银行下发的《住房置业担保管理试行办法》为住房贷款担保业务发展提供了政策依据。2002 年，国务院修改了《住房公积金条例》，进一步细化各项规定，规范住房公积金的管理。同时，这一阶段我国还引进了商业性的住房储蓄业务。2004 年，建设银行与德国施豪银行共同出资设立了中德住房储蓄银行，对我国房地产金融的发展模式进行积极探索。随着住房信贷规模的迅速扩大，商业银行迫切需要提高住房抵押贷款的流动性。2005 年 4 月，《信贷资产证券化试点管理办法》颁布实施。2005 年 12 月，建设银行在银行间债券市场成功发行了首单个人住房抵押贷款支持证券，开创了我国房地产金融二级市场的先河，促进了我国住房按揭市场和资本市场功能的完善。

这一阶段，随着住房制度改革的深化和住房信贷政策的完善，我国房地产金融业务进入了全面发展阶段，房地产金融制度框架已经基本形成。

（四）房地产金融政策作为调控手段阶段（2006年至今）

2006 年起，国家对房地产业实施了多轮调控，房地产金融政策成为房地产调控的重要手段。随着调控政策的变化，房地产金融调控机制也不断变化。

2006年，国务院出台了《关于调整住房供应结构稳定住房价格的意见》，明确提出进一步发挥信贷政策的调节作用，要求“严格房地产开发信贷条件。为抑制房地产开发企业利用银行贷款囤积土地和房源，对项目资本金比例达不到35%等贷款条件的房地产企业，商业银行不得发放贷款。对闲置土地和空置商品房较多的开发企业，商业银行要按照审慎经营原则，从严控制展期贷款或任何形式的滚动授信。对空置3年以上的商品房，商业银行不得接受其作为贷款的抵押物”和“有区别地适度调整住房消费信贷政策。为抑制房价过快上涨，从2006年6月1日起，个人住房按揭贷款首付款比例不得低于30%。考虑到中低收入群众的住房需求，对购买自住住房且套型建筑面积90平方米以下的仍执行首付款比例20%的规定”。2007年，中国人民银行与银监会共同发布《关于加强商业性房地产信贷管理的通知》，针对不同的购房套数，首次提出了差别化的房地产信贷政策，成为我国房地产信贷以及房地产调控重要的政策手段。

为应对美国次贷危机引发的全球金融危机，2008年国务院下发《关于促进房地产市场健康发展的若干意见》，财政部和国家税务总局出台了《关于调整房地产交易环节税收政策的通知》以及《关于个人住房转让营业税政策的通知》等优惠政策，中国人民银行发出《关于扩大商业性个人住房贷款利率下浮幅度等有关问题的通知》。金融政策与税收政策的调整显著刺激了房地产市场，房地产市场在2008年经历了一段相对低迷后，2009年的全国商品房平均销售价格较上一年上涨了超过23%。现在回头来看，当时的政策对2008年困难的估计过于悲观。即使在2008年，全国商品房平均销售价格的降幅也不到2%。

2010 ~ 2014年，房地产信贷又进入了新一轮的紧缩阶段。为应对全国房价在2009年的普遍性大幅上涨，2009年年底开始，国务院及相关机构开始出台遏制房价过快上涨的政策。2009年6月，银监会发布《关于进一步加强按揭贷款风险管理的通知》，要求对二套房贷政策严格执行。2009年12月，财政部、国土资源部、中国人民银行、监察部联合公布《关于进一步加强土地出让收支管理的通知》，将开发商拿地首付款比例提高到五成，且分期缴纳全部价款的期限原则上不超过一年，试图增加房地产商拿地成本。2010年1月，国务院发布《关于促进房地产市场平稳健康发展的通知》，明确要求二套房贷首付比例不得低于40%。2010年4月，国务院下发《关于坚决遏制部分城市房价过快上涨的通知》，要求对购买首套自住房且套型建筑面积在90平方米以上的家庭（包括借款人、配偶及未成年子女），贷款首付款比例不得低于30%，要求二套房贷首付比例不得低于50%，贷款利率不得低于基准利率的1.1倍，对贷款购买第三套及以上住房的，贷款首付款比例和贷款利率应大幅度提高（具体由商业银行根据风险管理原则自主确定），并可暂停部分地区第三套及以上住房贷款。2011年1月，国务院发布《关于进一步做好房地产市场调控工作有关问题的通知》，要求将二套房贷首付比例提至60%。2013年2月，国务院提出“国五条”。2013年3月，国务院发布《关于继续做好房地产市场调控工作的通知》，要求进一步提高第二套住房贷款的首付款比例和贷款利率。这一时期调控的主要目标是控制房价。

2014～2016年，为配合“去库存”政策，国家转而采取鼓励住房消费的房地产金融政策。2014年4月，国务院常务会议上推出“微刺激”举措，中国人民银行4月和6月先后两次定向降准。2014年6月起，各地相继出台各类“救市”政策。2014年9月，中国人民银行与银监会放松了“限贷”政策。2014年11月，中国人民银行又进行了降息。2015 年 2 ~ 10 月，中国人民银行数次降息降准。2015 年 3 月，中国人民银行、住房城乡建设部、银监会下发了《关于个人住房贷款政策有关问题的通知》，降低了住房贷款的限制。2015 年 8 月，六部委联合发文，允许有资格的境外机构和个人可在中国境内购房。2015 年 9 月，贷款首付要求被进一步降低。2016 年 2 月，中国人民银行和银监会发布了《关于调整个人住房贷款政策有关问题的通知》，继续实行相对宽松的住房贷款政策。在这些政策的支持下，房地产市场价格与交易量都有较大上升。

2016 年至今，为稳定房价，房地产金融政策调控取向再次转向。这一轮的政策特点是因城施策、因地制宜，国家并未出台全国层面的调控政策，以地方政策为主。2016 年 9 月，北京市发布《关于促进本市房地产市场平稳健康发展的若干措施》，提高住房贷款首付比例。紧接着，全国 20 个城市开始实行新的限购政策。2017 年以来，多部委、中国人民银行的工作会议都提出要坚持收紧住房贷款。

二、房地产金融制度和调控机制面临的主要问题

我国房地产金融制度的产生和发展极大促进了房地产市场的发展，为我国居民住房条件的显著改善提供了重要支持，房地产金融的发展也是 1998 年以来我国经济持续较快发展的重要动力。虽然我国房地产金融制度的建立和发展取得了显著成绩，但也要看到，我国尚未很好解决房地产金融调控机制问题，房地产金融政策的几轮调整在实现了预期目标的同时，也带来较大的负作用。同时，政策性住房金融机构的发展还相对滞后。

（一）房地产金融政策的稳定性差，金融政策的频繁调整成为市场大幅波动的重要原因

回顾住房制度改革以来特别是2006年以来我国房地产市场的几轮调控，金融政策一直是调控的重要手段，并且调控呈频率加快、调控方向经常在短期内出现重大变化，由此造成四个方面的问题。一是政策的稳定性不够，变化过于频繁，市场缺乏稳定预期；二是政策的协调性不够，首付和利率政策的同向变动加剧市场的波动；三是银行资金对购房行为的过度支持，炒房资金中来自银行的比例较高，购房杠杆率偏高；四是利用假收入证明贷款盛行，收入约束制度名存实亡，实质性“次贷”较多。政策的协调性方面，由于金融机构往往较为僵硬地执行中国人民银行的政策，甚至存在地方金融机构执行政策不力的情况，问题比较明显。在政策松绑期间，银行对于炒房的行为往往并没有良好的风险管控机制，使得很多炒房者成功获得银行贷款。利用假收入进行骗贷的问题在政策松绑时会比较突出。理论和国内外金融政策调整的实践都表明，金融政策调整越频繁、幅度越大，房地产市场波动就会越大。要实现房地产市场持续稳定运行，需要尽可能保持金融政策的相对稳定，减少首付和利率频繁调整对市场的冲击。

（二）住房公积金制度的效能尚未充分发挥

建立公积金制度的主要作用是为建房和购房提供一个稳定的低成本资金来源，主要目标是为了支持和解决中低收入家庭的住房问题。但是自公积金制度推行至今仍存在一些问题，住房公积金的效能未能充分显现，尚未能成为重要的住房资金来源。

住房公积金虽然是一种强制性社会福利，但由于公积金贷款的借

款人必须为缴交者，并且贷款发放条件比较严格，能享受到这项福利的人并不占大多数。一方面，公积金的缴存比例不规范、缴存额差距大，全国发展不平衡，制度覆盖面较低；另一方面，在公积金贷款发放的过程中，为了降低违约率，发放条件比较严格，倾向于向高收入群体发放贷款，使得真正需要通过政策性金融支持购房的中低收入家庭，即使有机会缴交公积金也难以通过这个渠道真正享受到政策性房地产金融的优惠利率贷款。因此能够享受住房公积金制度优惠贷款利率的个人基本为能够顺利获得商业性房贷的社会中高收入者，公积金贷款的覆盖人群基本为商业银行的贷款所涵盖，而没能和商业性贷款形成一种互补，同时住房公积金制度也没能实现社会公平、公正的目的，反而为初次分配的不公再添一把火。

（三）间接融资比重过高，直接融资尚不发达

在房地产开发金融方面，间接金融比重过高，杠杆率过高，金融风险较高。房地产开发商利用预售制度融资是非常普遍的现象，而且融资周期较长。目前存在开发商变相通过股市和债市进行项目融资，投资者对承担的风险的认识可能并不充分。

（四）存在绕开金融监管的加杠杆行为

在低利率时期，房价上涨压力较大，房地产开发企业和购房者普遍存在加杠杆的行为，不仅银行的房地产贷款增速加快，而且还存在通过消费贷和各种表外融资方式加杠杆的行为，市场的潜在风险较大。对于中国人民银行和银监会的政策，地方银行可能执行不力。对于部分中介的违规操作，地方银行可能缺乏审查机制。

三、进一步完善房地产金融制度的建议

（一）健全房地产金融宏观审慎管理制度，保持房地产金融政策的基本稳定

实现房地产市场的持续健康发展客观要求房地产金融政策基本稳定。为此，要健全房地产金融宏观审慎管理制度，保持房地产金融政策的基本稳定。

一是完善房地产金融宏观审慎管理制度。房地产金融的基本稳定是房地产市场持续稳定运行的前提和基础。要实现房地产金融的基本稳定，需要进一步完善房地产金融宏观审慎管理制度。第一，建议实行更加审慎的首付管理规定。对首次置业，实行 30% 的最低首付要求；对二次购房，最低首付比例提高到 50%；对三次及以上购房，首付比例提高到 80%。第二，对已有贷款未还清的以及拥有两套以上住房的，不再发放新的贷款。即，要严格限制投机投资性购房利用金融杠杆。第三，建立应对利率调整的对冲机制。目前房地产金融调控利率与首付比例同向使用，放大了房地产信贷对房地产市场的影响。应建立中性的房地产金融制度，首付比例与利率反向使用，在提高利率时降低首付比例，或在降低利率时提高首付比例。

二是加强对房地产开发企业融资行为等的监管，特别是加强对房地产开发企业利用信托等非银行金融机构和非标渠道融资行为的监管，降低房地产开发企业的杠杆，防范房地产开发企业通过过度举债推高地价以及杆杆率过高带来的风险。

三是完善风险防控机制。严控购房贷款的资金额度、增幅、比例，严查收入证明，或将收入证明与纳税记录挂钩。利用大数据，建立完整的收入验证制度和纳税申报记录。

四是完善金融监管制度。部门联合监管和穿透监管，确保既有政策得到落实，遏制资金违规进入房地产行业。应该建立问责机制，对于违规的房地产中介甚至地方金融机构，应该采取制裁手段。对于违规申请贷款的居民，考虑建立申报记录或信用记录，增加今后申请贷款的难度。

（二）规范房地产金融一级市场，发展房地产金融二级市场

规范房地产金融一级市场，一方面严格个人住房贷款发放标准，实现信贷手续的标准化，以有效降低业务成本和规避操作风险。这需要实现个人住房贷款的征信、授信及抵押物的估价、公证、保险、处置等的规范化和可操作化。另一方面，要进一步细分住房信贷市场，研究开发适应不同年龄、不同收入群体、满足不同需要的住房信贷产品，形成适合各类贷款人需要的信贷产品系列，丰富房地产金融市场上的金融产品。

发展房地产金融二级市场，其核心问题是住房抵押贷款的证券化。证券化是一项政策性和技术性都很强的业务，它要求满足诸多条件，并需要多方合作促成，但目前我国金融市场尚不成熟，过于冒进有所欠妥，但待一切条件成熟再发展，又为时晚矣。目前可以考虑加快小范围内试点的脚步，完善外部环境和配套政策，在试点经验基础上，逐步进行推广。

（三）建立多层次的房地产开发金融制度

建立多层次、多元化的房地产开发金融制度，提高直接融资在开发中的比重，降低预售资金的开发融资功能。多层次的房地产金融体系不仅可以增加房地产金融的市场流动性，使得房地产资金来源更加

多元化和社会化，而且房地产金融风险也能从银行系统中分离出来，避免了风险在银行体系的积聚。

推动房地产信托市场健康发展。房地产信托开辟了房地产企业筹资融资的新渠道、新方式，打破了银行信贷这一传统的筹资融资渠道，有利于信用领域的合理竞争和强化资源的优化配置，能有效促进房地产业资金的融通。但目前我国房地产信托产品的功能和形式比较单一，主要是充当“过桥贷款”，基本不具有组合投资功能和期限转化功能，仍需要继续推进房地产信托市场的健康发展。

推动房地产保险市场健康发展。完善房地产金融市场的另一个重要部分就是发展房地产保险市场。房地产金融业务中，涉及财产、人身、责任、信用等多方面的风险，需要相应的保险产品加以分散。

（四）进一步完善住房公积金制度

进一步加强以公积金制度为主体的强制储蓄制度，可适当扩大公积金的缴存范围，提高公积金的缴存比例，保持归集和使用中利率的“低进低出”，扩大资金运用渠道，提高资金的收益率，坚持专款专用，建立全国性的公积金管理中心对资金进行统一管理调配，提高资金的使用效率。

进一步推进住房储蓄项目，从政策层面对住房储蓄制度进行支持。住房储蓄银行封闭式的资金运作模式，可以降低一般商业银行经营住房贷款这一长期贷款品种时经常遇到的利率风险与流动性风险。但也由于采用了这一模式而人为割裂了住房储蓄资金与资本市场的联系，在降低风险的同时，也牺牲了风险收益，因此，应通过政策支持各级政府给予住房储蓄客户奖励及住房储蓄存款利息所得税减免，实行住房储蓄银行营业税、所得税减免和存款准备金少交甚至免交等措施，为住房储蓄银行的发展创造有利的条件。

（五）推进专业性房地产金融机构和房地产金融中介机构的发展

房地产金融的进一步发展需要专业性的房地产金融机构的参与，房地产金融发展比较成熟的国家基本都设有专业的房地产金融机构，如英国的住房建筑公会、德国的住房储蓄银行、美国的联邦国民按揭协会等等。我国目前除了公积金有专门的管理机构和初步试点住房储蓄银行外，总体来说尚无专业的房地产金融机构。随着房地产金融的规模扩大，为了加强住房资金的监控，维持房地产金融市场的秩序，提高资金的运营效率，我国也要逐步推进专业房地产金融机构的发展。

加快房地产金融中介机构的发展，完善房地产金融市场的中介体系。一方面，要重视中介机构的发展，加强对现有中介机构的规范和引导，提高从业人员的职业素养，提高中介机构的业务水平，扩大中介机构的业务范围。另一方面，可以考虑由政府支持组建住房贷款担保机构，为中低收入家庭购买住房提供担保，以提高住房抵押贷款的安全性，降低违约风险，弥补市场力量的不足。

专题报告二

土地供应制度

一、我国土地供应制度的发展历程

我国目前的住房用地供应制度是在经济转轨、土地制度变革的大背景下逐步形成的，市场化是主要取向。总的来看，从 1949 年新中国成立起，住房用地供应制度的基本方向是从“无偿划拨”的计划方式逐步转向“有偿有期限出让”，最终形成目前全面实行“招拍挂”制度的市场化方式。这一制度在充分体现土地资本化价值、防止国有土地资产流失、促进各地区经济社会发展等方面，起到了不可替代的重要作用。但目前这套供应制度也面临非常突出的问题，表面上是体现在供应主体单一、供应结构不合理和供应规模不匹配等方面，其实质是“以地谋发展”的传统增长模式已难以为继，需要借助供地制度在内的土地制度改革，推动经济发展方式的实质性转变。在这一转变过程中，将会对住房用地市场造成深远影响。

（一）计划经济体制下的无偿划拨土地供应（1948～1982年）

1949 年新中国成立以后，我国除了前几年实施过新民主主义经济体制外，等社会主义过渡期一结束，就长期实行社会主义计划经济体制，城镇住宅用地政策经历了从“新民主主义”向“社会主义”的重大转变。新中国成立初期颁布和实施的《共同纲领》和《五四宪法》等重大法律法规条文，都承认和保护“城市居民的土地和私房，允许自住或出租”。当时的城市房屋所有权属于私人，拥有完整的使用权、收益权和转让权。经过三年社会主义改造，大量居民的经租房[①]转归国家所有，但城镇里仍有大量居民的自用房。这些自用房的居民仍拥有住房所有权及其他相关权利。即使在“文革”期间，部分城镇居民拥有房屋所有权的事实也没有得到改变。

（二）市场化改革阶段 I：有偿有限期出让和转让（1982～1999年）

改革开放后，外资和民营企业对于城镇土地使用的需求，凸显出城市土地作为重要生产要素的地位。为吸引外资进来，就必须解决城镇土地的价格问题，不能再采取过去给公有制企业一样的无偿划拨方式。这就逐步产生了土地有偿使用制度。1982 年修订后的《宪法》第十条明确规定“城市的土地属于国家所有”，这是第一次以最高法形式明确我国土地分为集体土地和国有土地。所有权的确定，就为接下来的国有土地使用权有偿出让制度奠定了最高法的基础。

1982 年前，部分城市土地仍然不是国有，但在新建住宅中的所有土地供应都实行政府统一的无偿计划供应，即“划拨土地供应”。当

① 经租房是指城市中的一些私有房产，这些房产在1958年前后由政府统一经营出租、收取房租，于是就称这类房产为经租房。

时的《宪法》规定“任何组织或者个人不得侵占、买卖、出租或者以其他形式非法转让土地”，只有国有单位[①]作为城市土地的使用者，才能无偿、无限期、无流转地占有国家土地。当时的理由是，国有单位和城市土地都是属于国家所有，国有单位占有国家土地是可以“无偿”“无限期”的。形象地讲，就是“肉都烂在一个锅里”，因此不必使用价格机制。当时还规定，即使在国有单位间也不允许“流转”。上述各项规定统一起来看，就会发现，1982年前的城市土地市场是不存在的，当然也就不存在建立在土地市场交易基础上的房地产行业。

1987年，为解决外资企业使用土地的政策困境，我国修订了《土地管理法》，从“严禁土地流转”改为“有条件允许转让”。1987年，深圳市率先实行国有土地有偿使用制度，同年上海市出台了《上海市国家建设征用土地费包干使用办法》。1988年新修改的《宪法》（修正案）增加了“土地使用权可以依照法律规定转让”的条款，土地所有权和使用权正式分离，土地使用权可以依法转让，在最高法上确立了土地的有偿使用制度。1988年12月新修订的《土地管理法》规定，通过征收土地使用费、开展土地使用权有偿出让等形式，逐步将市场机制引入到土地供应过程中来。上述相关法律法规对土地产权的界定和确立，推动了土地有偿出让制度的形成。

1990年，国务院在总结深圳等沿海开放城市土地制度改革的基础上，颁布了《城镇国有土地使用权出让和转让暂行条例》（国务院91号令）（以下简称《条例》）。《条例》规定，国家是城市土地的所有者，各级政府代表国家向各类土地使用者提供城市土地，国有土地

① 当时的国有单位包括国有企业、政府机构和事业单位。1982年前的国有制经济占绝对主导地位，因此，当时土地几乎全部都是以无偿划拨方式出让的。

的使用权可采取“协议、招标和拍卖”等市场交易方式进行出让。这就在全国层面正式开启了城市土地制度及供应的市场化改革。1992 年《划拨土地使用权管理暂行办法》对传统的行政审批用地进行重新规范。1994 年《城市房地产管理法》详细规定了城市土地使用权的取得方式、房地产转让抵押时土地使用权转变等内容。

这一阶段，国家正式确立了两类土地供应方式：一是无偿行政划拨供应，又称为非市场化土地供应方式。这种土地供应方式主要用于行政机构和政府单位的办公用地、城市基础设施和公用设施、绿化等建设项目的土地使用需求。二是有偿出让土地供应，又称为市场化土地供应，主要用于商业、办公、工业、住宅等经营性土地使用需求。

土地有偿出让制度使城市土地的资产、财产、资源三大基本属性逐渐显现，极大促进了我国房地产行业的发展。但总体上讲，这一时期土地供应方式仍以协议出让等市场化程度不高的形式为主，以公开“招拍挂”形式进行出让的比重还不高，寻租空间较大，这也是造成 20 世纪 90 年代初房地产圈地热，以及多头供应、低价出让、圈占土地、寻租炒地皮等现象层出不穷的重要原因。

为避免城镇土地的非市场化配置造成的土地收益流失，国家开始加大招标拍卖出让的执行力度。1999 年《关于进一步推行招标拍卖出让国有土地使用权的通知》（以下简称《通知》）提到，招标、拍卖出让国有土地使用权不仅集中体现了公开、公平、公正的原则，还可以实现政府按规划统一开发、统一供地，以供应引导和制约需求，实现土地优化配置。因此，《通知》强调，要严格限定行政划拨供地的范围，除按《土地管理法》和《城市房地产管理法》规定可以行政划拨供地的以外，其余建设用地必须以有偿方式提供；严格限制协议出让国有土地使用权的范围，除划拨土地使用权转让、国有企业改革中处置划拨土地使用权以及特殊用途等用地外，都不得协议出让国有土地使用权。

这一阶段是住宅用地供应方式从无偿划拨向有偿出让转变的过渡期，无偿划拨比重逐步减少，有偿出让比重逐步增多，总体上是朝着供应市场化的方向在推进。但离全面确立“招拍挂”出让制度仍有很大一段距离。

（三）市场化改革阶段 II：住宅用地“招拍挂”出让（1999年至今）

从实践效果看，1999 年《关于进一步推行招标拍卖出让国有土地使用权的通知》的内容没有得到认真执行，土地出让仍以协议为主。有较强政府背景的开发商通过协议出让获得大量廉价土地，存在大量“暗箱”操作空间。另外，地方政府开始认识到土地资源对当地工业化、城市化推进的重要性，受自身利益驱动，也积极推动土地供给从土地协议出让制度向政府垄断一级开发、土地储备和土地招拍挂出让等制度的转变。

2001 年 4 月，国务院《关于加强国有土地资产管理的通知》规定，土地市场要建立六项基本制度：建设用地统一供应制度、建设用地总量控制制度、土地使用权入市交易制度、基准地价更新和公布制度等。2002 年 6 月，国土资源部发布《招标拍卖挂牌出让国有土地使用权规定》，正式叫停了沿用多年的土地协议出让方式，明确规定“自 2002 年 7 月 1 日起，全国范围内凡商业、旅游、娱乐和商品住宅等各类经营性用地，必须以招标、拍卖、挂牌等方式出让国有土地使用权”。2004 年 3 月，《关于继续开展经营性土地使用权招标拍卖挂牌出让情况执法监察工作的通知》规定：“8 月 31 日起，城市土地市场不能再以历史遗留问题为理由采用协议方式出让经营性国有土地使用权，只能采取公开招标、拍卖和挂牌的方式。”“8.31 大限”后，我国基本停止了经营性用地的土地协议出让，而全部改成了“招拍挂”出让方式。

从“有偿出让”到“招拍挂”，标志着我国住宅用地供应由非完全市场化配置资源向完全市场化的转型，市场化程度显著提高。另外，对协议出让的住宅用地，也作了严格规定，防止两种出让方式之间的巨大利益被非法占有。2003 年 8 月 1 日起实施的《协议出让国有土地使用权的规定》，促进了城市国有土地使用权从“双轨制”向统一、公开的市场化交易转变，完善规范土地协议出让的管理程序、协议出让最低价、土地用途变更等事项。在经济适用房方面，2004 年专门制订了《经济适用住房管理规定》，对经济适用房的协议出让土地作出规范：经济适用住房建设用地以划拨方式供应；严禁以经济适用住房名义取得划拨土地后，以补交土地出让金等方式，变相进行商品房开发。

经过这一阶段，包括住宅用地在内的经营性用地，已全面实行“招拍挂”的市场化出让方式。以后住宅用地供应制度就没有经历大的调整，只是根据每年经济社会和住房市场发展情况，进行供应结构、供应量的调整。

2007 年开始实施的《物权法》第一百三十七条规定：“工业、商业、旅游、娱乐和商品住宅等经营性用地以及同一土地上有两个以上意向用地者的，应当采取招标、拍卖等公开竞价的方式出让。”这使土地使用权“招拍挂”出让方式由国家政策上升为法律规定。

住宅用地全面实行“招拍挂”的市场化配置方式后，最直接的结果是大幅提高了土地成交价格和楼面均价，对住房价格快速上涨也起到间接作用。

二、现行土地供应制度的主要特征

（一）城乡二元的土地权利与配置体系

如前所述，1982 年《宪法》规定，城市土地属于国家所有，并确立中国城市土地国有制和农村土地集体所有制并存的土地所有制架构。在这一所有制结构下，衍生出城乡二元的土地权利体系。

城市国有建设用地允许机构和个人拥有使用权。相比之下，法律规定农民可以用作集体建设用地的土地限于三类：农民集体兴办企业或者与其他单位、个人以土地使用权入股、联营等形式共同举办企业用地，集体公共设施和公益事业建设用地，农民宅基地。农村集体建设用地不允许出租，宅基地以集体经济组织成员身份获得，一户一宅，房地分离，宅基地使用权人依法对集体所有的土地享有占有和使用的权利，但没有收益权和转让权。

城乡二元的土地权利体系决定了城乡建设用地不同配置方式。第一，农地仅限于农地农用。第二，农地转为非农用地时，由市县政府实行征收与转让。第三，国有土地实行划拨供应和有偿使用的双轨制。除国家机关用地和军事用地、城市基础设施用地和公益事业用地、国家重点扶持的能源交通水利等基础设施用地实行划拨供地外，其他各类建设用地一律实行出让、租赁、作价出资或者入股等有偿使用方式。第四，国有经营性土地实行政府独家垄断下的市场配置。工业、商业、旅游、娱乐、商品住宅等经营性用地以及同一土地有两个以上意向用地者的，采取招标、拍卖、挂牌公开竞价的方式出让。城市土地使用权既可以直接划拨给使用者，也可以通过政府和使用者之间达成协议有偿出让给使用者。

（二）集中式土地行政管理体制

从国际范围看，国有土地在任何一个经济体中都存在，差异仅在于，有些经济体的国有土地占比较高，有些经济体则占比较低。但是，绝大多数经济体的国有土地经营利用，都有一个共同点，就是把国有土地的管理权和经营权分开，在市场发挥土地配置的前提下制定用途管制和利用规划。政府作为国有土地的所有者，按照法律赋予相关土地管理部门以管理权，主要在用途管制、规划实施、出售土地等环节制定法律法规。具体的经营活动由市场主体间自主完成，政府只在提供市场交易平台、规范交易流程以及保障正当权益等方面起到辅助作用。

从当初法律的设计上看，我国实行土地用途管制制度，严格限制农用地转为建设用地，控制建设用地总量，对耕地实行特殊保护，其核心目的是保护耕地，但“任何单位和个人进行建设，需要使用土地的，必须依法申请使用国有土地”的规定，却使“用途管制”实际演变成了“所有制管制”——农地只有通过征用（完成集体所有权向国家所有权的转变）才可进入建设用地市场，不仅削弱了集体所有权能，集体经济组织的发展权和受益权也受到极大影响。《土地管理法》规定，“使用土地的单位和个人必须严格按照土地利用总体规划确定的用途使用土地”，但“县级土地利用总体规划应当划分土地利用区，明确土地用途”、“乡（镇）土地利用总体规划应当划分土地利用区，根据土地使用条件，确定每一块土地的用途，并予以公告”，又使得“用途管制”变成了机械的“位置管制”。

从国际上看，世界上实行土地用途管制的国家或地区不在少数，包括欧美、日本等发达国家，有些经济体的具体管制要求甚至严于我国（如美国、英国）。但这些国家土地发展权交易或非农地交换的经验表明，位置互换与用途可以有效融合。实际上，市场经济国家采用的土地用途管制制度，如城市发展边界、分区管制、宗地管理，是在土地资源市场配置基础上采取的土地用途管制，只是管制市场配置做不到、做不好的事情，并不推翻市场配置的制度框架。而我国《土地管理法》制定的土地用途管制制度置于市场配置机制之上，实际上是世界上独一无二的、最严格的土地资源行政－计划配置制度。

集权式行政管理体制的弊端还体现在上下定位目标的不衔接、不协调。如中央以保护耕地、保障粮食安全为首要目标，而地方政府则以增加财政收入，快速工业化、城市化为目标。中央和地方目标的不一致，在实践中就会造成许多冲突和矛盾。

三、面临的主要问题

（一）供应结构不合理

非市场化的建设用地配置方式以及各地利用廉价土地进行招商引资的恶性竞争，导致我国建设用地利用结构不合理。工业用地“粗放式利用”明显，工业和基础设施用地比例过高，而商住用地比例过低。以 2016 年为例，我国新增建设用地中，有 27% 用于工矿仓储，49% 用于基础设施，而商服用地的比重仅为 8%，住宅用地的比重仅为 16%。从发达国家的经验来看，工业用地的比重一般在 10% ～ 15%，而商住用地比重为 60% ～ 70%。所以，我国建设用地的利用结构是较为扭曲的，工业开发区占地过大，土地利用效率极为低下。据国土资源部的调查，即使在很多沿海经济发达地区，工业项目用地容积率也只有 0.3 ～ 0.6。

商住用地则总量不足，开发强度过高，人居环境较为恶劣且城市房价畸高。商住用地的分布也不够合理，往往是城市化程度越高的地区，商住用地就愈加稀缺，但往往供不出地，而部分商业规模与人口规模均较小的城市，则大量供地。此外，工业用地与居住用地供应在空间上配置失当，职住不平衡问题较为突出。在政府规划对市场需求缺乏有效响应与调整的情况下，部分地区商业用地供给过多而居住用地供给不足，开发商通过“商改住”适应市场需求，虽然一定程度上弥补了政府规划的漏洞，但由于住宅与商业用房产权年限、配套设施、容积率、安全级别等方面的差异，商改房的处境实际上较为尴尬。而鄂尔多斯等前些年因为资源价格暴涨而迅速富起来的城市则大兴土木，建设了超过其产业需求的商业设施与住宅，在资源价格回落后，新城成为“鬼城”。

（二）土地供应与地方财政捆绑

地方政府“以地谋发展”的一个结果，就是土地出让收入屡创新高，成为地方政府的重要财政收入来源。土地财政实际上是 1994 年分税制改革的一个非预期结果。1999 ~ 2017 年间，全国土地出让签订总价款从 514 亿元上升到 49900 亿元。出让收入占地方财政收入的比重也从 1999 年的 9.3% 增加到 2017 年的 62.4%。

尽管土地出让收入大幅提高，但是土地出让的净收益同比增幅却始终不高，原因是各类成本性支出的增幅在大幅提高。如果把土地出让收入扣除各类成本性支出，就是土地出让的净收益，也就是政府实际可支配的出让收入，或者称为“土地财政”。“土地财政”占地方财政收入的比重从 2010 年以来就在持续下降，从 2010 年的 30.11% 快速下降到 2017 的 8.32%。这种自由落体式的下降，表明地方政府很难再从土地出让收入中获取足够的净收益。据此判断，在现有征地制度不改变的前提下，拆迁成本等各类成本性支出占比将会刚性上升，在土地出让收入总量不变的情况下，土地出让净收益将大幅下降，未来几年的“土地财政”已经没有可持续性可言。

其次，依赖土地出让收益的民生领域支出具有不可持续性。2008年以来，我国接连出台相关政策调整土地出让收益支出结构，将土地出让收益更多向农村建设、教育、水利、保障性安居工程等民生领域倾斜。2015年末，全国土地出让收益用于教育支出、农田水利建设支出、农村基础设施建设支出、保障性安居工程支出的比重合计为48.1%。

因此，当前依托“土地财政”保障民生等支出的制度安排，面临可持续性的问题：一是土地出让收益的波动性大，而民生领域的支出却是刚性的，一旦土地收益大幅下降，地方政府就难以兑现各项民生保障的承诺；二是征地过程中的各类成本性支出快速上升，导致未来土地出让收益占总收入的比重仍会趋势性下降，将直接影响土地出让收益对民生领域的保障能力。

四、进一步完善土地供应制度的具体建议

（一）城市土地供应规模和结构与产业和人口发展水平挂钩

在城市土地供应总量方面，应该严格按照人均100平方米的规则实施。特别注意不能根据长官意志，过分超前计划供应土地，而是应该采取后验模式，根据实际情况适当补充供地。核心是依据客观发展的规律，以实际人口和产业增长为锚，逐步取代现行的指标分配模式。

在城市土地供应结构方面，应该根据不同城市的发展特点和实际需求，根据需求调整不同类型的土地供应，同时应着力提高存量工业用地的利用效率。特别地，针对住房供不应求的热点城市，应适度增

加居住用地的供应比例。

具体而言，首先，在土地供应计划编制中，应加强事前的需求调研，在统筹的基础上尽可能地考虑不同资源禀赋与不同发展阶段的地区的建设用地需求，在测算中可考虑引入“因素法”，以增强土地供应计划的科学性；与此同时，也需要严格土地执法，增强土地供应计划执行的约束性。

其次，在效率优先的土地出让中要适当兼顾公平。价高者得，是市场经济的核心法则，但土地的社会属性使得保障公民的基本居住权也非常重要。可通过试点的方式，探索可行的保障房、廉租房的土地供应模式。

再次，在供应主体方面，可探索多主体供应方式。在政府总的土地利用规划和供地计划前提下，可鼓励土地利用效率不高的用地主体（例如工业企业）通过补缴部分土地出让金或其他方式增加土地供应，增强城市国有土地供应的灵活性；与此同时，也可在当前各地试点的基础上，积极探索集体建设用地进入城市住宅市场的有效方式。

（二）促进土地集约利用，盘活存量工业用地

对于利用效率较低的工业用地，可以考虑采取包括空地闲置税、规划调整、政府与厂商合作开发等各种手段，推动政府与原工业用地者重新谈判。比如，政府可以直接投资或引导投资者选择开发区的合适地段兴建多层厂房，让既有工业用地者实现无成本转移，这样既有工业区面积就可以大幅度缩小。然后，政府就可以运用规划手段，将节约土地分年转化为商、住用地并收取出让金。从一些发达地区的情况来看，许多工业用地也在悄悄改变用途，以工业厂房名义实质行使办公及总部基地等用途。部分制造业企业也正在积极和政府沟通，试

图盘活企业闲置存量用地，进行商业、住宅业开发。

在实际操作中，地方政府须和原土地权利人进行充分谈判，在分享收益的前提下实现上述用地结构调整。为此，中央则需要在关于商、住用地必须招、拍、挂出让的政策上进行相应调整，允许地方政府与原土地权利人（那些已获低价工业用地的制造业投资者）之间建立一个合理的收益分配谈判机制。其中一种思路，是地方政府可以给原制造业企业留用一定比例商、住用地后，再根据规划统一变更宗地性质后把政府所获得土地通过招、拍、挂等公开出让方式推向市场。另外一种思路是，地方政府考虑以一定溢价将闲置工业用地或者低效率利用的工业用地收回，再由土地储备中心统一收储，然后“招、拍、挂”出让。

（三）兼顾耕地保护与城市化发展，逐步推广“地票”制度

兼顾城市化发展过程中的耕地保护与土地利用效率。在住宅用地适度扩大供应，工业用地集约利用的同时，还应该注重农村建筑性用地的集约和节约。

根据城市化发展的客观规律，城市化发展将有助于提高整体土地的利用效率。人在农村居住时居住与用地都相对分散，人均建筑用地在250～300平方米，而城市用地比较节约和集约，人均为100平方米。因此，当1亿人进城在城市中生活，城市中需要新增加1万平方公里的土地，对应在原居住地的农村可以退出2.5万平方公里土地。不过，中国的农民却存在两头占的现象，造成了土地资源的浪费，所以才会出现逐步逼近18亿亩耕地红线的情况。

因此，推广“地票”制度，促进耕地的转换，其根本目的是使得农村退出来的地，大于进城的地，而且应该扩大空间资源置换和配置

的范围，除城乡结合部的郊区之外，可以让更加偏远的农村，也能够分享城市增值的级差地租。具体而言，就是要把农民进城以后的宅基地，或者集体组织废弃的乡镇企业的土地、废弃的小学土地、废弃的粮站的公共用地，复垦为耕地。包含四个环节：一是复垦；二是有关部门验收；三是地票可以到交易所交易，房产商要买城乡结合部的土地，需要指标，就来买这个指标；四是城郊结合部的耕地转换为城市用地，增加了住宅用地的供应。这个过程中农民进城，农村闲置的宅基地建设用地变成耕地，城郊结合部因为转换为城市用地而减少的耕地，小于农村复垦的耕地，最后增减挂钩，全社会的耕地总量增加。

（四）土地使用权到期后，以土地增值收益共享，补充地方政府的财政来源

住宅用地使用权到期后，政府如果以所有权名义收回土地使用权，并按价高者得的原则将土地使用权再次出售，其结果无异于一场宅地革命，将造成国家不尊重产权的印象，引起公民对产权制度保护的不信任，造成恐慌和不稳。我们认为，土地使用权续期的关键是在权衡改革成本收益的情况下，形成全社会的广泛共识。一方面，要坚定不移地以保护住宅产权人的财产权为核心，稳定民心，保证治理有序。对土地使用者来说，土地的赋权已经很充分，住宅用地使用权人对产权的强度已经很大，他们对产权的认知、权利保护的意识都非常强，实行到期续期是基本制度安排。但另一方面，又要注重现行制度的衔接，即有偿有期限，在保护住宅产权人完整财产权基础上，在续期时，象征性一次性收取土地所有权租金，以实现住宅用地使用权续期的平稳有序。

需要说明的是，到了土地续期时间窗口，我国的城市化进程已经进入成熟阶段，政府不需要靠收取一次性土地出让金来进行大规模的城市建设，那时要解决的主要问题是城市的维护与治理，城市土地问题主要是解决城市更新中土地增值收益的分享。在考虑土地续期时，必须要将此作为改革现行土地供应模式和寻找土地增值收益公平分配制度的契机。对于到期土地，绝不能延续现行土地出让模式，再收取一次性土地出让金，但也不能让住宅产权人独享土地增值，应该采取征收不动产税的方式，一方面解决土地增值收益的公平分配问题，另一方面也解决城市政府治理中的税收来源问题。

专题报告三

住房保障制度

一、我国住房保障制度回顾

我国城镇住房保障制度是伴随住房制度改革建立起来的，根据不同时期住房保障产品和保障侧重点的差异，可分以下阶段。

（一）1998年房改之前的住房保障阶段

1998 年之前，我国住房市场化程度较低，与现代意义上的住房保障有所不同，住房保障主要并不是面向无力通过自身努力在市场上解决住房困难的中低收入家庭，而是面向住房条件非常困难的家庭提供的保障安全和基本生活条件的帮助。

1993 年之前，以解困房为主要形式。1983 年 12 月，国务院发布《关于严格控制城镇住宅标准的规定》（国发〔1983〕193 号），提出要“把解决无房户、严重拥挤户的住房问题放在首位，作出规划，分期分批解决”。1986 年，城乡建设环境保护部要求各地要首先解决人均居住面积在 2 平方米以下居民的住房问题，住房条件较好的城市要考虑解决 2 ～ 3

平方米住户的住房问题，并在上海和广州试点。以此为标志，我国住房保障进入了解困房时代。1991 年 6 月，国务院发布《关于继续积极稳妥地进行城镇住房制度改革的通知》（国发〔1991〕30 号），提出大力发展经济实用的商品住房，优先解决无房户和住房困难户的住房问题。

1994 ~ 1997 年，以安居房为主要形式。1993 年 11 月，第三次全国房改工作会议提出加快民用住宅建设，重点解决部分企业职工和教师的住房困难。1994 年，《国务院关于深化城镇住房制度改革的决定》（国发〔1994〕43 号）颁布，提出要“建立以中低收入家庭为对象、具有社会保障性质的经济适用住房供应体系和以高收入家庭为对象的商品房供应体系”，并要求“各地人民政府要十分重视经济适用住房的开发建设，加快解决中低收入家庭的住房问题，房地产开发公司每年的建房总量中，经济适用住房要占 20% 以上”。这份文件首次提出住房保障的概念，同时要求全面推行住房公积金制度。1995 年，《国家安居工程实施方案》（国发〔1995〕6 号）发布，以此为标志，我国住房保障进入了安居房保障阶段。安居工程计划从 1995 年到 2000 年新增 1.5 亿平方米住房，用于解决中低收入家庭的住房困难问题，逐步建立具有社会保障性质的住房供应体系。安居工程资金按国家贷款 40%、城市配套资金 60% 的比例筹集，城市配套资金主要指房改资金。国家安居工程住宅建成后直接以成本价向中低收入家庭出售，并优先出售给住房困难户及危房户，在同等条件下优先出售给离退休职工、教师中的住房困难户、危房户。

（二）以经济适用房为主的阶段（1998 ~ 2002年）

1998 年 7 月 3 日，《国务院关于进一步深化城镇住房制度改革加快住房建设的通知》（国发〔1998〕23 号，简称 23 号文）颁布，提出对不同收入家庭实行差异化住房供应政策，重点发展经济适用住房（安居工程），加快解决城镇住房困难居民的住房问题，最低收入家庭租赁由政府或单位提供的廉租住房，中低收入家庭购买经济适用住房，并规定经济适用住房利润控制在 3% 以下。23 号文提出，建立和完善以经济适用住房为主的住房供应体系。

1998 年全国城镇住房制度改革和住房建设工作会议提出建立新的城镇住房供应体系，重点发展经济适用住房。此后，国家各部委颁布了一系列行政法规和管理规章。例如，1998 年 7 月 14 日，建设部等部委颁布《关于大力发展经济适用住房的若干意见》（建房〔1998〕5 号）。9 月 18 日，国务院办公厅转发建设部等部门《关于支持科研院所、大专院校、文化团体和卫生机构利用自用土地建设经济适用住房若干意见的通知》，以改善科教文卫机构职工的居住条件。

这一阶段处于从住房实物分配向住房市场化转变的过渡阶段，也是经济适用房大量建设的阶段。以经适房为主的保障性住房的建设，不仅对解决居民住房困难发挥了重要作用，也积极推动了住房市场化改革。但是由于处于发展初期，相关规划建设、准入审核、分配使用等制度不完善，也遭到了不少的批评。

（三）以廉租住房为主的阶段（2003 ~ 2007年）

2003 年 8 月 31 日，国务院颁布《国务院关于促进房地产市场持续健康发展的通知》（国发〔2003〕18 号文，以下简称 18 号文），该文件对 1998 年确立的“建立和完善以经济适用住房为主的多层次城镇住房供应体系”进行了调整，提出“调整住房供应结构，逐步实现多数家庭购买或承租普通商品住房”。18 号文也明确提出房地产业是国民经济的支柱产业。18 号文还对廉租住房的补贴方式作了调整，最低收入家庭住房保障原则上以发放租赁补贴为主，实物配租和租金核减为辅。2003 年 11 月 15 日，建设部、财政部和国土资源部等部门审议通过了《城市最低收入家庭廉租住房管理办法》（第 120 号令）。

2006 年 3 月 29 日，住房和城乡建设部发布了《关于城镇廉租住房制度建设和实施情况的通报》（建住房〔2006〕63 号），通报指出截至 2005 年底，全国仅有 32.9 万户最低收入家庭被纳入廉租住房保障范围，廉租住房保障水平低，保障房供应仍然不足，保障方式不尽合理，如实物配租仅占廉租房保障总户数的 14.3%。2006 年 6 月，国务院办公厅转发九部委《关于调整住房供应结构稳定住房价格的意见》（国办发〔2006〕37 号），提出 2006 年年底前，各地都要安排一定规模的廉租住房开工建设，国家对地方政府建设保障性住房有了量化的约束指标。37 号文要求地方政府将土地出让净收益的一定比例用于廉租住房建设，并通过各种渠道落实廉租住房资金和土地储备。国家着手完善廉租住房和经济适用住房制度，禁止和惩罚住房保障中的违规、违法和不公平的行为。

2007 年 8 月 7 日，面对房价过快上涨和低收入家庭住房困难加剧，国务院颁布《关于解决城市低收入家庭住房困难的若干意见》（国发〔2007〕24 号，以下简称 24 号文）。24 号文的指导思想是“加快建立健全以廉租住房制度为重点、多渠道解决城市低收入家庭住房困难的政策体系”，要求“进一步建立健全城市廉租住房制度，改进和规范经济适用住房制度，加大棚户区、旧住宅区改造力度”。24 号文把住房保障覆盖面进行压缩，经济适用住房供应对象由原来的城市中低收入住房困难家庭压缩为城市低收入住房困难家庭，并与廉租住房保障对象衔接。24 号文提出重点加快建立健全城市廉租住房制度，住房保障制度也逐步走向规范化。

（四）保障性安居工程大规模建设阶段（2008年至今）

为应对2008年国际金融危机的冲击，2008年12月，国务院办公厅发布《关于促进房地产市场健康发展的若干意见》（国办发〔2008〕131号），提出到2011年年底基本解决747万户城市低收入家庭的住房问题，基本解决240万户现有林区、垦区、煤矿等棚户区改造问题。2010年4月17日，《国务院关于坚决遏制部分城市房价过快上涨的通知》（国发〔2010〕10号）要求确保完成2010年建设保障性住房300万套、各类棚户区改造住房280万套的工作任务。之后，在“十二五”规划中，提出了“十二五”期间，全国建设筹集3600万保障性住房的任务，进入了我国最大规模的保障性住房建设阶段。

在大规模建设的同时，住房保障制度不断完善。各地根据实际情况，探索出各种类型的保障性住房，包括公租房、限房价、安置房等保障方式纷纷推出。同时，住房保障管理制度逐步建立和完善。根据《国务院办公厅关于保障性安居工程建设和管理的指导意见》（国办发〔2011〕45号）文中提建立健全分配和运营监管机制，包括规范准入审核、严格租售管理、加强使用管理和健全退出机制，正式提出建立考核问责机制。这一时期是我国历史上各类保障房建设规模最大的阶段，对解决中低收入居民家庭住房困难发挥了重要作用。

二、住房保障的成效和存在的问题

（一）住房保障的成效

一是制度建设取得显著成效。我国在住房保障实践中，自上而下推动住房保障制度建设。从住房保障的规划和建设、保障房的资金来源和使用、保障对象的准入和退出、保障房入住后的管理和服务等方面建立了相对完善的制度，相关的土地、规划、财政、信贷和金融等制度也逐步健全。此外，针对廉租房、经适房、限价房、公共租赁住房等不同保障产品建立了相应的管理法规和制度。

二是多层次住房保障体系不断完善。经过30多年的发展，我国已经形成了租售并举、多层次的住房供应体系。按照“保基本、多层次、广覆盖、可持续”的原则，推出了针对不同人群的住房保障产品，形成了包括廉租住房、公共租赁住房、经济适用住房（含解困房、安居房）、限价房和共有产权房在内的多层次住房供应体系，保障性住房的类型在不断增多，保障对象涵盖范围也越来越广。

三是管理体制机制不断完善。我国住房保障管理体制机制从无到有建立起来。第一，自上而下建立了完善的住房保障管理机构，国家住房和城乡建设部成立住房保障司，大部分城市成立了住房保障管理部门。第二，建立了相对完善的住房保障建设规范，包括套型面积和建筑质量规定等。第三，建立了相对完善的住房保障审核机制，表现在申请程序逐步完善，资格审核逐渐严谨，退出机制逐步健全。第四，建立了住房保障目标责任制，使住房保障事业推进有了重要抓手。第五，形成了五年建设规划和年度建设计划相结合的规划引导手段，使得住房保障建设更加有序。

四是中低收入家庭住房困难问题得到显著改善。“十一五”期间，我国开工建设各类保障性住房和棚户区改造住房1630万套，基本建成1100万套。截至2010年底，全国累计用实物方式解决了近2200万户城镇中低收入家庭的住房困难，近400万户家庭享受廉租住房租赁补贴。“十二五”期间，累计开工建设城镇保障性安居工程4013万套，基本建成2860万套，超额完成“十二五”时期开工建设3600万套的任务；累计开工改造棚户区住房2191万套、基本建成1398万套；累计开工建设公共租赁住房（含廉租住房）1359 万套，基本建成 1086 万套。2016 年，棚户区住房改造 600 多万套，农村危房改造 380 多万户。截止 2017 年 5 月，我国棚户区改造已经累计开工 3287 万套，其中城镇棚户区 2592 万套，国有工矿棚户区 302 万套，国有林区（场）棚户区 164 万套，国有垦区危房 229 万套。

（二）存在的主要问题

1. 定位模糊：住房保障困局的根源

住房保障政策在实践中混淆了福利和保障的关系。从层次上来看，福利可以分为保障型福利、发展型福利和享受型福利，保障是最低层次的福利，主要为解决低收入家庭的住房困难。在实际工作中，“住房保障是个筐，什么都能往里装”，模糊了保障房定位。例如，一些地区将单位自建房和人才公寓纳入住房保障；一些单位打着“集资建房”旗号，力图绕过土地“招拍挂”政策门槛，把公务员住房纳入免交土地出让金的“经济适用房”范围；一些地区采取“委托代建”或“定向开发”的方式给职工建实物型住房。这些冠以“保障房”名义的住房享受多种税费优惠，销售价格远低于市场价格。巨大价差容易刺痛民众的敏感神经，引发社会矛盾和冲突，也诱使部分居民通过造假方式骗取保障房。

2. 种类过多：影响保障政策和管理机制的延续性

在住房保障发展进程中，我国形成了包括解困房、安居房、廉租房、经适房、限价房、公租房、自住型商品房和共有产权房等在内的住房保障产品体系。多样化的住房保障产品虽然有利于采取多种方式满足居民住房需求，但也增加了管理难度、影响了保障政策的延续性和稳定性。每种新保障产品的推出，政府部门都要制定相应的管理法规和规章，从而出现住房保障管理规章过多、衔接性和连续性不强、立法层次低等现象。典型国家和城市住房保障经验显示，住房保障类型均相对稳定且具有持续性，例如新加坡的组屋、英国的社会住房、日本的公营住宅和公团住宅等。住房保障政策目标是解决居民基本居住需求，未来应重点考虑住房保障管理机制创新和制度完善，而非产品类型创新。

3. 准入不严：审核的真实性和公开透明难以保证

住房保障准入机制不健全，违规享受住房保障现象较突出。国家审计署《2012 年城镇保障性安居工程跟踪审计结果》显示，由于相关部门审核把关不严，全国有 10.84 万户不符合保障条件的家庭违规享受住房保障实物分配或领取租赁补贴；2015 年审计报告指出，全国有 19 万套保障房闲置，有 5.89 万户家庭骗取保障房。

住房保障准入问题涉及准入标准和准入程序两个方面。从准入程序看，存在两方面的困难：一是难以保证审核信息的真实性，二是难以保证审核过程的透明性和公开性。

难题之一是申请信息的真实性审核问题。影响审核真实性的因素至少有如下方面：一是各地区和各部门之间的信息难以实现共享，例如房产交易、税务、公安、工商管理、银行等相关部门没有实现信息联网，部门之间的信息分割影响了审核的真实性；二是收入和资产的评估成本过高，资产价值往往由申请人自行填报，审核部门没有委托专业评估机构进行评估，审核流于形式；三是一些企业和单位在本单位职工申请保障房时，开具收入证明具有随意性；四是审核任务繁重，加之一些审核人员待遇较低、流动频繁，影响了审核工作的严谨性和延续性。

难题之二是审核过程的透明和公开问题。一方面，审核过程缺乏外部监督。住房保障审核仍是一个相对封闭的过程，存在审核过程不公开、审核主体间信息不对称等问题。另一方面，住房保障审核机关之间的纵向联系或隶属关系也使其缺乏内部监督。在缺乏内外监督的情况下，违规问题难以避免。例如，2010 年武汉经济适用房超过 5000 人参与摇号，摇号结果出现六连号；2012 年广州市一名合同制工作人员伪造材料骗取经适房，收受贿赂为 36 户家庭违规骗取经适房准购证，为 18 户家庭骗取廉租房补贴。这些案例突出反映了住房保障审核体制与机制的问题。

难题之三在于信用体系和监管体系不完善。我国的住房保障工作还普遍面临着社会信用体系缺失、各种监管体系不健全、基层工作人员业务水平不高、专业素质有待提升等问题。因此，需要建立完善的监管机制，保证住房保障资源的合理使用。

4. 退出不畅：缺乏有效的退出机制造成住房保障固化

保障房退出机制是各国面临的普遍性难题。由于缺乏有效的动态管理和退出机制，住房保障容易形成福利固化。按照国内保障房管理规定，保障对象只要在一定时期内达到了准入标准就可以购买或租赁，购买以后即使经济条件发生了变化也不需要退出。尽管一些城市禁止保障房违规转租并回收空置保障房，但由于政府部门管理人员不足，缺乏制度化和常态化的住户跟踪和退出机制，违规行为认定存在困难等，保障房的违规处置现象不仅未能得到有效遏止，而且呈现日趋严重的趋势。国家审计署审计报告显示，2016 年全国有 2.63 万套保障房被不符合条件的家庭违规享受，有 5949 套住房被违规转借、出租、销售或用于办公经营。各地保障房实践也有类似反映，例如 2008 年杭州某经适房小区已经出租和即将出租的经适房占住房总量的 60%，2012 年宁波某经适房小区的 947 套住房中 30% 被转租。

5. 混居不易：社区治理滞后和阶层冲突加剧影响社区和谐

一是保障房社区后续管理隐患大。保障房社区贫困孤老、重症、残疾、精神病和失业群体集中，保障房后续管理和服务问题值得重视。目前，保障房社区治理仍采用普通商品房小区的管理模式，没有考虑到保障房社区居住人群的特殊性，社区服务内容有限、服务水平较低，难以满足低收入家庭的需要。在物业管理方面，考虑到住房保障对象的负担能力，保障房社区按最低标准收取物业管理费。由于缺乏足够的利益驱动，优秀的管理团队不愿入驻，服务意识和能力欠缺的物业服务公司得不到住户的认可，保障房社区治理水平低下。一些保障房社区在条件不成熟的情况下成立社区业委会，业委会和物业服务公司长期关系紧张，业委会成员间内讧严重，严重影响社区的稳定和谐。

二是不同保障产品住户强行混合居住造成阶层隔阂和冲突加剧。在市场经济条件下，不同阶层的收入差异通过商品住房价格差异形成居住分异。由于保障房和商品房价格差异巨大，两种差异明显的住房产品和居住人群共处同一社区，容易引发社区纠纷和社区冲突。2017年，北京西宸原著高档小区和配建两限房玉璞家园小区，在是否推倒小区围墙上产生的纠纷就是例证。因此，混居型社区应该在土地出让、规划设计和保障产品类型方面做出合理安排，避免日后的社区纠纷。

三、住房保障制度目标与框架

（一）住房保障政策定位：重要的社会政策

住房保障是实现居民住有所居、促进经济社会持续发展的德政工程，是国家新型城镇化战略和跨越“中等收入陷阱”的重要举措。住房政策是一项重要的社会政策而非经济政策的补充，住房政策的核心是保障居民的居住权利，基本要求是政策公平。住房保障政策是住房政策的重要组成部分。住房保障的持续发展需要建立平稳有序的财政投入机制、土地供应机制、准入退出机制、社区服务与治理机制以及法律保障机制。

尽可能保证住房保障政策的独立性。住房政策的核心是能够根据中低收入居民的需求，提供符合基本标准的住房保障。住房保障政策的特殊性决定其不应与其他经济社会政策目标相捆绑，难以完成经济增长、稳定就业、收入分配以及财产积累等目标。

（二）住房保障政策目标：保障住有所居

坚持“房子是用来住的，不是用来炒的”这一定位，有赖于完善的住房保障政策，因此城市住房保障目标是实现“居者有其屋”。人们对“居者有其屋”有两种不同的理解：一种观点认为应保障“有房住”，另一种观点认为应保障有“有房产”。

保障“有房住”是欧洲各国家城市住房保障的主要目标，例如瑞典、德国和丹麦住房自有率分别为41%、46%和49%，超过50%的居民租住私人住房或社会住房。保障有房住也是符合当下中国经济社会发展状况的做法。中国经济社会发展存在严重失衡和严重失调的现象，地区之间、城乡之间和城市内部贫富差距大，保障有房产的目标难以实现。美国次贷危机的教训也表明，为原本没有能力从市场购房的低收入群体提供信贷支持，容易引发系统性金融风险。

住房保障首要目标是保障城市居民的基本居住权利，是保障“有房住”而不是“有房产”。一些国家如新加坡从居民分享经济发展成果角度，提供产权型保障房，但对交易对象和价格进行严格限制。在解决“有房住”问题的基础上，住房保障政策可以通过共有产权、租售结合等方式促进“有房产”，让居民分享城市发展成果。

（三）住房保障政策框架：构建租售并举的住房体系

国际经验表明，住房市场是住房体系的基础和主体，政府不仅要保障住房市场的有效运行，也要在市场失灵或私营部门无法提供社会所需住房产品的领域，进行有效干预并提供相应的保障。

居民收入水平高低决定着在住房市场的支付能力，也是各国政府制定住房政策的主要依据。住房政策框架体现为“中等和高收入家庭通过房地产销售市场解决住房问题，低收入家庭通过房屋租赁市场解决住房问题”。鼓励中高收入家庭依靠积蓄或借助金融体系，通过房地产市场实现住房需求，发展房地产市场；为中等收入家庭尤其是年轻家庭提供适当的支持和补贴，如购房补贴和税收减免等，支持他们依靠储蓄和贷款在住房市场购房；为低收入家庭提供社会住房、租赁补贴及其他援助，通过房屋租赁市场或保障房解决基本住房需求。

（四）住房保障与市场边界：建立相融相通的住房供应体系

住房保障是政府的重要职责所在，各国政府都高度重视住房保障问题，但在住房保障方式以及如何处理好住房保障与市场边界方面，却经历了曲折的过程。二战结束后，为解决住房短缺问题，西欧等国家曾大量建设社会住房。如 1945 ~ 1951 年，英国政府新建住房占新建住房总量的 85%，1952—1959 年为 65%，1960—1969 年仍占 45%；1950 ~ 1959 年，德国政府财政投入占住宅建设资金的 33.5%。大规模社会住房建设虽然有效解决了住房短缺问题，但也让政府的财政负担显著加大，一些低收入人群聚居的小区还带来很严重的社会问题。因此，从 20 世纪 70 年代前后开始，各国开始逐渐调整住房保障政策，政府直接建设的“保障房”数量开始减少，英国还大规模出售了社会住房，各国在住房保障方面越来越重视发挥市场机制的作用。

英国等国住房保障发展、演变的历程表明，住房保障覆盖率过高会产生一系列问题，例如增大财政负担，低收入家庭对政府产生过度依赖，住房质量和户型难以满足未来需要。各国政府在住房保障覆盖率达到一定水平以后，通过住房私有化降低社会住房比重。英国和荷兰在社会住房比重分别达到33.1%和40%时启动私有化改革，我国香港在公屋居住人口占38%时推出“居者有其屋计划”销售居屋。私有化改革后新建保障房比重下降，如英国1980～1989年下降为25%，2015年下降为17.6%，荷兰则从20世纪90年代的41%下降到2010年的32%。

各国住房市场发展历程表明，住房市场与住房保障并非毫无关联。在过快上涨的房地产市场，中等收入家庭会被房地产市场抛离，政府有限的资源往往难以应对急遽增加的住房保障需求。住房保障政策能够有效发挥作用，需要有一个平稳有序、运转有效的住房市场。这依赖于有效的土地和住房供应，以及住房金融条件的相对稳定。在房价高涨时期，试图将住房市场与住房保障割裂开来、分别运行并不是一个理想方案，封闭运行的结果往往造成“商品房供应不足—房价继续上涨—住房保障压力加大—增加保障房供应减少商品房供应—商品房供应不足”的恶性循环。因此，政府设计住房保障政策需要将住房保障和住房市场运行统筹考虑，着眼于建立相融相通的住房供应体系。在这方面，德国的住房模式有许多值得借鉴之处。德国住房保障覆盖率仅为5%，但由于社会市场经济模式强调建立统一的市场，鼓励成本型租赁住房与营利型租赁住房在统一的市场进行竞争，使得租金被保持在接近成本型租赁的水平，而住房金融条件的相对稳定也为德国房价的相对稳定奠定了重要基础（见表 3–1）。德国社会市场经济模式打破了住房保障与房地产市场相互割裂的状态，实现住房保障与房地产市场相融相通，不仅有效解决了居民的住房问题，也较好实现了住房市场的稳定运行。

表3-1　　欧洲各国存量住房构成　　单位：%

类别	国家	年份	社会住房比重	前十年变化率	私人租赁住房	业主自有住房	其他
高	荷兰	2010	32	–4	9	59	
	苏格兰	2011	24	–6	12	64	
	奥地利	2012	24	1	16	50	10
	丹麦	2011	19	1	17	49	18
	瑞典	2008	18	–3	19	41	22
中	英格兰	2011	18	–2	18	64	
	法国	2011	16	–1	21	58	5
	爱尔兰	2011	9	1	19	70	3
	捷克	2011	8	–9	10	65	18
低	德国	2010	5	–3	49	46	
	匈牙利	2011	3	–1	4–8	88–92	1
	西班牙	2011	2	1	11	85	2

资料来源：Social housing in Europe（2015）。

（五）政府角色与作用：房屋租售市场秩序的建立者和维护者

典型国家和地区政府在住房保障方面的角色，可分为政府主办（政府是唯一角色）和政府主导（政府是主要角色）前后相继的两个阶段。例如，英国、德国和我国香港等在战后采取政府投资的方式大力建设社会住房，解决了大量中低收入家庭的住房问题；住房短缺问题解决以后，通过住房协会、住房合作社和房屋委员会等机构继续提供社会住房。国际经验显示，从政府“主办”到“主导”阶段大概需要 20 年以上时间。例如，英国从大规模建设住房到私有化改革的时间分别为 34 年，荷兰为 44 年，我国香港为 25 年。当前我国城镇住房保障覆盖率接近20%，政府大规模建设保障房的时期基本结束。政府的角色应逐步转向建立规范的房屋租售市场秩序，维护房屋租售市场的健康发展，包括鼓励社会力量参与保障房的建设、管理和运营，维护房屋租赁市场秩序，完善房屋租赁市场相关制度。

政府住房开支水平占GDP和财政支出的比重，是评价政府在住房保障方面作用的重要指标。国际经验表明，政府住房开支一般不超过GDP的2%，大部分国家在1%左右。例如，2004年美国政府住房开支占GDP的比重为1.4%，欧洲国家政府住房开支水平在0.5% ~ 1%之间。国际经验显示，受经济发展水平、住房市场发展程度和政府财力等因素影响，各国政府的住房开支种类也不断变化。

（六）中央与地方责任划分：与财政资源相匹配的分级负责制

国际通行做法显示，解决中低收入居民的住房问题需要各级政府的共同参与，住房保障开支采用中央政府、省或州政府以及城市政府共同分担的形式。例如，美国83%的政府住房开支由联邦政府承担，其余由州政府和市政府承担，多数欧盟国家的住房补贴是由中央政府和地方政府共同承担。英国联邦政府占各级政府住房开支比重，1950年为72%，1974年占79%，1979年占76%。20世纪80年代代英国政府不再定位为社会住房的直接供给者，而是充分发挥市场调节作用促进住房供应。

各级政府在住房保障的责任分担和财力安排，既要考虑国家的财政体制、中央和地方的事权划分规则、以及地区或城市间的财政平衡等因素，也要考虑各级政府的政策和资源优势。我国地方政府的资源优势主要是土地使用、城市规划和房屋建设等方面，省政府主要是住房补贴的转移支付，中央政府有全国性金融体系、税收体系以及预算安排和转移支付等资源。在制定住房政策时，既需要统筹使用中央的财政资源，也要通过良好的制度设计和有效的激励机制，调动地方政府的资源和积极性。例如，英国政府在二战后将住房补贴配额和建设完成量挂钩，通过增大财政补贴的方法充分调动各地区政府建设社会住宅的积极性。

四、进一步完善住房保障制度的具体建议

住房保障的持续发展应建立完善的住房保障供应和管理体系。住房保障供应体系应在考虑成本与效益机制的基础上，准确预测住房保障需求，形成合理的住房保障类型。住房保障管理体系应建立系统完善的建设、审核、分配和管理体系，包括长期持续的财政投入机制和土地供应机制，以及平稳有序的产权归属与流转机制。应根据住房保障发展阶段和各地实际，区分轻重缓急，持续推进住房保障建设与管理体系构建。

（一）完善城镇住房供应体系

1. 明确住房保障对象与住房保障产品定位

城镇住房保障应有明确保障对象，即城镇低收入家庭和棚户区家庭。当前住房保障主要针对本地户籍居民，没有将新市民纳入住房保障，形成新市民住房需求突出和保障房空置率高双重困境。从长远来看，城镇住房保障应与新型城镇化战略相结合，除超大型城市外应将基于户籍身份的住房保障向基于工作身份的住房保障转变。在明确住房保障对象基础上，明确住房保障产品定位为保障型福利品，单位自建房、高端人才公寓不建议纳入住房保障，或者在纳入时特别注明为

人才公寓，从而避免社会产生误解。

2. 制定住房保障长远建设规划

以往保障房建设任务由中央到地方逐级下达，各地政府再根据 GDP 对所辖区域住房保障任务进行再分配，这种并非基于居民住房需求的任务分配方式，容易造成住房供给的区域错配。住房保障规划应根据城镇化发展规律，结合城市人口迁移和增长趋势、住房保障需求和政府财政实力等因素综合决定。中国移民群体主要包括农民工为主体的乡城移民，以及高校毕业生为主体的知识移民。人口迁移呈现区域阶梯迁移规律，即劳动力首先从农村向附近乡镇转移，随后从较发达的乡镇向城市迁移，最终目标是大城市迁移。城市住房保障规划应在对人口迁移趋势进行有效预测的基础上，根据住房保障需求进行编制。

3. 根据城镇发展阶段提供合适的住房保障方式

各国解决中低收入居民住房问题的通行做法，主要是通过住房补贴的形式帮助低收入家庭获得与其支付能力相适应的、相对体面的住房。住房保障有两种形式：一是向低收入家庭提供租赁补贴，俗称“补人头”；二是向住房建设者或非盈利机构提供补贴，促进保障房的建设和供给，即“补砖头”。“补砖头”与“补人头”政策各有利弊，应根据住房发展阶段和政府财政能力综合使用两种政策。租赁补贴比实物补贴更加公平和透明，也更有针对性和灵活性，但存在管理工作复杂、不能有效增加出租住房供应，以及可能给住房租金带来上升压力等问题。实物补贴能有效增加出租住房供给，但也存在一些缺陷：一是补贴的整体效率较低。根据美国公共政策评估，政府每补贴 100 美元给住房建设者，低收入家庭能获得的服务仅为 37 美元。二是补贴范围难以确定。由于保障房租金难以调整，补贴过高可能形成对低收入家庭的过度保障，补贴过窄则影响保障范围，具有产生贫民窟的风险。三是增加政府长期债务负担和信用风险。

发达国家在城市化和住房市场发展的不同阶段，两种补贴方式的政策力度有较大差异，大多经历了从“补砖头”为主向“补人头”为主的转变。20 世纪 80 年代以前，城镇化进程持续发展造成住房供求矛盾突出，欧洲发达国家的补贴政策以“补砖头”为主。80 年代后期发达国家城市化达到较高水平，住房市场出现供过于求的局面，“补人头”的政策力度不断加大，成为政府住房开支的重点。例如，德国在解决住房短缺问题以后减少“实物补贴”，通过“租金补助”和政府购买“住房分配权”等方式解决低收入家庭住房问题。1998 ~ 2000 年，德国公共资金资助建造的保障房建设量减少了将近一半，公共建设资金也由 130 亿欧元减少到 82 亿欧元。值得注意的是，租赁补贴和实物型保障房不能相互替代，只提供一种保障形式是不合适的。

2013 年我国城镇户均住房已达到 1.0 套左右，城镇住房总量不足矛盾基本解决。“十一五”期间我国新开工建设城镇保障性安居工程 1630 万套，“十二五”期间开工建设 4013 万套，全国范围内住房保障总量不足情况大大缓解。因此，建议住房保障方式从“补砖头”为主向“补人头”为主转变，由当地政府根据本地实际确定具体的保障方式和不同保障方式的比例。

（二）健全住房保障财政投入机制

各级政府财权事权不匹配、缺乏持续稳定的财政投入是住房保障面临的重要问题。中央政府住房保障转移支付机制不健全是住房保障水平不均衡的重要原因。英国等西方典型国家住房保障经验表明，中央政府持续资助地方政府，鼓励和支持社会力量兴建住宅是成功解决中低收入家庭住房问题的重要因素。美国和英国政府住房开支占各级政府住房支出的 83% 和 72% ~ 79%。政府财政投入是不同阶段住房保障发展的重要保障。1944 ~ 1953 年，英国政府将住房补贴配额和建设完成量挂钩，增大财政补贴，充分调动地方政府建设社会住房的积极性；1954 年以后，政府财政补贴从社会住房建设转移到贫民区清拆；1974 年后，资助住房协会成为社会住房建设主体。

（三）健全住房保障准入审核和轮候机制

1. 健全住房保障准入机制与审核流程

有效的准入机制是政策公平性的基础，应建立严格的住房保障准入机制，重点做到程序公开、信息透明、审核严格、监管有效、惩罚严厉。首先，制定严格的住房保障准入标准，明确申请者住房、收入和其他资产状况的量化指标，在保护申请人隐私的情况下定期公布辖区住房保障申请和审核情况。其次，建立严格的资产和收入审核制度。成立跨部门的收入审查机构，利用跨部门信息对申请人的资产和收入情况进行核对，确保审核资料的真实性。建立针对申请人和审核工作人员的内外部监督制度，使审核过程的重要环节受到有效监督。再次，应规范审核程序并公开审核流程，严格规定从受理、初审、再审到配屋整个轮候程序，实现住房保障申请和资格审核动态化。最后，改变住房分配时才进行住房申请及条件审核的临时做法，进而使住房申请及条件审核常态化。

2. 建立住房保障信息公开与共享机制。

信息公开与共享机制，一方面，是指住房保障信息通过网络或媒体公开并接受社会监督。政府部门可利用网站、报纸和电视等媒体对保障房轮候信息和配屋信息等进行公告或公示，使保障房轮候在社会监督下有序进行。另一方面，是指住房保障信息通过网络实现相关部门共享，从而防止重复申请等现象。在这方面，可借鉴我国香港和新加坡的做法：在初审阶段，申请人在提交申请表时，须同时提供申请者车辆、定期存款、股票、现金以及经营状况、婚姻状况等方面情况的声明书；在再审阶段，申请人须授权住房保障部门向掌握申请人信息的有关机构获取信息进行核对，掌握申请人信息的有关机构在申请人授权下为住房保障部门提供相关信息。在信息共享方面，应建立基础性综合服务管理平台，完善住房保障社会信用体系，优化分散在各系统的信息和资源，将条块分割的行政服务进行有效整合。建立多部门联审机制，使家庭收入、住房等分属不同部门的信息实现互通共享，提高审核的准确性和有效性，实现按照中低收入家庭住房困难程度有序纳入保障。

（四）完善住房保障退出机制

1. 完善住房保障有序退出机制

国际上有几种相对成熟的退出机制：例如新加坡规定每人名下只能拥有 1 套组屋，新组屋住满 5 年、转售组屋住满 2 年后才能卖或者出租；我国香港规定在公屋住满 10 年而收入又超过公屋收入限额的租户，都必须申报所有资产，资产净额超过标准限额或不申报资产的住户，按照市场租金水平缴交租金并于 1 年内迁出所住的公屋；英国采取私有化形式鼓励租户购买所居住的公屋。

住房保障退出机制的建立和完善应从如下方面入手：一是减少产权性保障房建设，逐步建立以货币补贴和租赁房为主的住房保障体系，在保障产品的设计上以满足基本居住需求为标准。二是建立资格审核的回溯和跟踪制度。在保障房分配入住一段时间内（譬如 2 年）跟踪家庭收入情况，如果短时间内家庭收入剧增就应该对其资格重新审核，以确定“是否”继续提供住房保障。三是在收入审核基础上，建立租赁保障房住户的资产审核机制。此外，保障房租住权不能自动继承，当租房主人及其配偶去世后，其成年家庭成员必须接受全面的经济状况审查后方可获批新租约。

2. 加强和完善违规惩罚机制

各地住房保障的违规甚至欺骗现象较为严重，建构系统、严厉的制裁与惩罚机制是住房保障顺利并健康开展的重要保证。无论是住房保障的准入还是住房保障的退出，无论是住房保障的申请者还是住房保障的管理者，违规都将会遭到严厉制裁或惩罚。应建立违规行为的常态受理机制，定期公布申请审核中的违法违规行为，对违法违规行为进行严厉处罚。例如，香港房委会要求公屋申请人雇主提供收入资料，申请人若故意提供虚假材料的，按《房屋条例》规定应判处最高罚款 5 万港元及 6 个月监禁，并终止租约。

（五）健全住房保障后续管理和服务机制

1. 加强社区服务与社区融入

由于低收入家庭集中，保障房社区存在社会隔离和社会排斥风险，可能引发贫困代际延续等问题。保障房的性质使政府在社区管理中不能缺位，应建立政府（部门）主导、居民参与、物业公司和社工组织提供服务相结合的社区治理制度。在政府主导下有效引导保障房居民参与社区治理，有利于促进社区融合，提高居民安全感，建立积极健康的社区文化。政府应支持保障房社区成立社区慈善组织，或以购买服务的方式吸引社工组织提供相关服务。在实际运作中，由政府负责规划和引导、提供经费并进行服务监督，社工组织为居民提供相应的服务。政府、社区、居民和社会组织的多元参与，将有效提高保障房社区的社区治理水平，营造积极向上的社区文化，促进社区和谐稳定。

2. 健全保障房产权归属与流转机制

当前很多城市的保障房面临退出难的问题，如果不能解决产权归属和流转问题，保障房有可能演化为另一种形式的福利住房。可考虑建立保障房—公有产权房—商品房的转换通道，合理确定保障对象和政府的权益，促进统一住房市场体系的形成。政府建设大量保障房会形成沉重的财政负担，建立保障房与商品房市场相融相通的住房供应体系，形成成本型租赁住房与营利型租赁住房有序竞争的市场应该作为未来的发展方向。

专题报告四

房地产税收制度

一、我国房地产税收制度发展历程

新中国成立以后，我国的税收制度以1994年的分税制改革为界限，分为两个大的阶段，相应地房地产税收制度也可分为两个阶段。

（一）分税制改革前的房地产税收制度

1950年1月27日，国家颁布了《全国税收实施要则》，由此开始执行新税制。该要则中明确了14个税种，其中与房地产相关的税种有：房产税、地产税以及印花税。随后于4月3日，《中华人民共和国契税暂行条例》出台，契税开始正式征收。同年6月，国家决定将原来的房产税与地产税合并为房地产税，同时为进一步明确其适用范围，在“房地产税”前加标“城市”二字，即全称为城市房地产税。1951年8月8日，政务院正式发布《中华人民共和国城市房地产税暂行条例》，规定了城市房地产税的征税对象、税率及免税政策等。1973年税制简化，把城市房地产税中对国营企业和集体企业征收的部分划入工商税，而我国公民、外国侨民以及外国企业、外商投资企业仍然保留作为城市房地产税的征税对象。

1978 年国家开始新一轮税制改革，但主要是针对改革开放、吸引外资和对外经济合作等新形势需要，构建了涉外税制，包括设立外商独资企业所得税、中外合资企业所得税和中外合作企业所得税以及专门对外籍人员征收的个人所得税（本国居民征收个人收入调节税）。1978 ~ 1981 年，国家没有涉及房地产税收的改革。1982 ~ 1983 年连续两次实施国营企业“利改税”，到 1984 年全面完成利改税的同时，房产税、土地使用税以草案形式发布试行。1986 年 9 月 15 日，国务院颁布了《中华人民共和国房产税暂行条例》，房产税于当年 10 月 1 日起转入正轨，开始正式征收。在该条例中，农村地区及个人非经营用房被纳入免税范围。1987 年、1988 年、1993 年国家分别出台《耕地占用税暂行条例》《城镇土地使用税暂行条例》《土地增值税暂行条例》，至此，我国房地产业涉及的税种有：城市房地产税、房产税、土地使用税、耕地占用税、土地增值税、契税共 6 个税种，构成了相对健全的房地产税收体系。

（二）分税制改革后的房地产业税收制度

1994 年我国开始实行分税制财政管理体制，把我国各项税收划分为中央税、地方税、中央地方共享税三大类。这一举措对协调中央与地方分配关系、加强税收征管、增强宏观调控能力以及保证财政收入都发挥了十分重要的作用，我国房地产税收体系架构也在这一阶段基本形成。1997 年，国家发布了新版《中华人民共和国契税暂行条例》，1950 年的旧契税暂行条例也就随之废止。2009 年 1 月 1 日，国务院正式废除《城市房地产税暂行条例》，外籍个人、外国企业以及外商投资企业统一转征房产税。自此，我国实现了房地产税收制度的内外统一。

2011 年，国家将上海、重庆两直辖市作为试点进行房产税改革，分别对两市居民的个人非经营性住房有针对性地开征房产税。2015 年 3 月 1 日，我国开始实施《不动产登记暂行条例》，这为在全国范围内推进房产税改革提供了必要条件。随后几年，按照“立法优先、分步实施”的原则，相关部委开始加快房地产税立法工作。

在分税制改革后，税收政策开始作为调控工具参与房地产市场调控，主要包括营业税、个人所得税和契税。

一是营业税。2005 年 5 月 9 日，《关于做好稳定住房价格工作的意见》规定，个人购买住房不超过 2 年，销售时按其取得售房收入全额征收营业税；居民个人购买的普通住房超过 2 年（含 2 年），对于售房收入与购房价款的差额征收营业税。2006 年 5 月 24 日，《关于转发建设部等部门〈关于调整住房供应结构稳定住房价格意见〉的通知》将个人转让住房营业税免征时间从 2 年延长到 5 年。2008 年 12 月 20 日，《关于促进房地产市场健康发展的若干意见》（国发办〔2008〕131 号）将个人转让住房营业税免征时间从 5 年缩短至 2 年。2010 年 1 月 7 日，将个人转让住房营业税免征时间从 2 年延长到 5 年。2015 年 3 月 30 日，财政部和国家税务总局联合发布《关于调整个人住房转让营业税政策的通知》（财税〔2015〕39 号），规定从 3 月 31 日起，个人住房转让免征营业税的期限由购房超过 5 年（含 5 年）下调为超过 2 年（含 2 年）。2016 年 5 月，按照国家“营改增”的税收制度调整，房地产业的营业税调整为增值税。

二是个人所得税。2005 年 10 月 7 日，国家税务总局《关于实施房地产税收一体化管理若干具体问题的通知》（国税发〔2005〕156 号）规定，个人出售自有住房取得的所得，应按“财产转让所得”项目计征 20% 的个人所得税。2006 年 7 月，国家税务总局《关于个人住房转让所得征收个人所得税有关问题的通知》不能查询原值的，按成交额的 1% 征收，对“转让个人自用 5 年以上，并且是家庭唯一生活用房”的免征个人所得税。2010 年 9 月，财政部、国家税务总局、住房和城乡建设部《关于调整房地产交易环节契税、个人所得税优惠政策的通知》规定：居民个人出售自有住房并且 1 年内重新购房的将不再减免个人所得税。2013 年 2 月 26 日，国办发 17 号文，对个人转让住房按规定应征收的个人所得税，通过税收征管、房屋登记等信息系统能核实房屋原值的，应依法严格按照个人转让住房所得的 20% 计征。

三是契税。2010 年 9 月 29 日，财政部、国家税务总局和住房和城乡建设部联合发布《关于调整房地产交易环节契税个人所得税优惠政策的通知》（财税〔2010〕94 号），对个人购买普通住房，减半征收契税；对个人购买 90 平方米及以下普通住房，且该住房属于家庭唯一住房的，按 1% 税率减征契税。2016 年 2 月 17 日，财政部、国家税务总局和住房和城乡建设部联合发布《关于调整房地产交易环节契税营业税优惠政策的通知》（财税〔2016〕23 号），对个人购买家庭唯一住房、面积为 90 平方米及以下的，按 1% 的税率减征契税；面积为 90 平方米以上的，按 1.5% 的税率减征契税。对个人购买家庭第二套改善性住房，面积为 90 平方米及以下的，按 1% 的税率减征契税；面积为 90 平方米以上的，按 2% 的税率减征契税。

二、现行房地产税收制度框架

目前我国城镇涉及房地产的税种总共有 10 个，同时还有 1 个相关费用。其中直接涉及房地产的税种有房产税、城镇土地使用税、耕地占用税、土地增值税，增值税（2016 年 5 月前为营业税）和契税 6 个税种。间接涉及房地产的税种有企业所得税、个人所得税、城市维护建设税和印花税 4 个税种。相关费用为教育附加费。

房产税。新中国成立初期就有该税，后被并入他税，1986 年 10 月 1 日恢复开征。该税以房产余值或房产租金收入为计税依据，税率分别为 12% 和 1.2%。

城镇土地使用税。1988 年 11 月 1 日开征。开征此税的目的是为了保护土地资源的合理利用和开发，调节土地级差收入，提高土地的使用效益，加强土地管理。征税范围为城市（包括市区、郊区）、县城、建制镇、工矿区。纳税人为在以上范围内使用国家所有和集体所有土地的单位和个人。该税实行四档幅度定额税率，按年征收。该税的纳税人专指国内的单位和个人，外商投资企业、外国企业和外国个人不缴纳该税。2007 年 2 月《国务院关于修改〈中华人民共和国城镇土地使用税暂行条例〉的决定》实施，对 1988 年发布施行的《中华人民共和国城镇土地使用税暂行条例》作出修改：提高城镇土地使用税税额标准，将每平方米年税额在 1988 年暂行条例规定的基础上提高 2 倍；将征收范围扩大到外商投资企业和外国企业。

耕地占用税。1987 年 4 月 1 日开征。这是为了保护农用耕地、限制对耕地的占用而开征的一个新税种。该税以占用耕地建房或从事其他非农业建设的单位和个人为纳税人，一般以县为单位，按人均耕地亩数实行差别幅度税率，实行一次性征收。

土地增值税。1994 年 1 月 1 日开征。这是为加强对房地产开发企业的管理，规范房地产交易市场秩序，调节土地增值收益，维护国家权益而出台的一个新税种。纳税人为转让国有土地使用权、地上建筑物并取得收入的单位和个人，以转让房地产所取得增值额为课税对象，实行 30% ~ 60% 的四级超率累进税率。2007 年 12 月 1 日，为统一内、外资企业耕地占用税税收负担，国务院公布修改以后的《中华人民共和国耕地占用税暂行条例》，并将原条例规定的税额标准的上、下限都提高 4 倍左右，自 2008 年 1 月 1 日起施行。

契税。现行契税于 1997 年 10 月 1 日开征。该税是因不动产买卖、典当或交换而订立产权转移变动契约时向产权承受人征收的一种税。纳税人为转移土地、房屋权属的承受人，包括各类企事业单位和个人。计税依据为：出售土地使用权和房屋的按成交价征收；赠予土地使用权和房屋的按市场价格核定；交换土地使用权和房屋的按交换差价征收。实行 3% ~ 5% 的幅度比例税率。

增值税。增值税是以商品（含应税劳务）在流转过程中产生的增值额作为计税依据而征收的一种流转税。2016 年 3 月 31 日，国家税务总局公告 2016 年第 18 号发布《房地产开发企业销售自行开发的房地产项目增值税征收管理暂行办法》，自 2016 年 5 月 1 日起施行。

三、存在的主要问题

（一）税收种类过多

我国房地产税收体系涉及流转税、所得税、财产税、特定目的税等多个相关税种。例如，对土地课税有城镇土地使用税和耕地占用税。这些税种在形式上虽相互独立，但实质上却有内在联系，甚至造成对同一税基的重复征税。例如对房屋租金收入，不仅要征收营业税，还要征收房产税，等等。税种过多，既不符合简化税制的原则，还会导致纳税人的地下交易行为增多，偷逃税行为普遍，造成税款流失和税负不公。

（二）税负结构不合理

房地产市场的运行过程主要包括四个阶段：土地批租阶段、房地产开发阶段、房地产交易阶段和房地产保有阶段。从理论上讲，在土地批租阶段不应课税，因为土地批租是国家将国有土地使用权依法出让给受让者的一种政府行为，土地受让者为取得土地使用权已交纳了土地出让金。如果再行课税，一方面会导致土地供给成本的上升，影响土地资源的流通；另一方面对土地的出让者和所有权人——国家征税，也毫无意义。房地产开发阶段也不宜课税，因为这一阶段实际上是房地产商品的生产过程，如果课税，必挤占开发资金，影响房地产商品的供给。房地产交易阶段是房地产价值的实现环节，国家应该利用税收手段参与价值的分配。但我国现行税制对这一领域的调节力度过大，导致税费负担过重，影响了房地产资源的正常流通。而在房地产保有阶段课税，则可以起到促进节约和合理利用房地产资源的作用，但我国针对房地产保有期间设置的税种很少。流通环节和保有环节的税负结构失衡，不仅使新建商品房价格逐年高额度增长，而且导致了房地产资源的闲置和利用的低效率，阻碍了土地有偿使用市场的建立与健全，抑制了土地的正常交易。

（三）重流通轻保有

我国房地产在开发流通阶段设置了营业税、土地增值税、耕地占用税、契税、企业所得税、个人所得税等税种，另外还要缴纳各种收费，这些税费一般占房产价格的30% ~ 40%。而在房地产保有期间设计的税种只有房产税和城镇土地使用税，税负低，且免税范围大，通常情况下只对一部分企事业单位征收，私人拥有住房一般无须缴税。这种典型的重交易轻保有的税制模式造成了严重的税负不公平。一方面，房地产开发流通环节的税费过于集中势必提高新建商品房的价格，从而带动市场价格上扬。例如，在开发前期阶段，土地受让方为了获得土地，不仅交纳了土地出让金，开发完毕前每年还要承担土地使用税（费），再缴纳契税，仅仅为了取得土地使用权就要承担如此之重的税费是不合理的。这种高价格在偏离建安成本、超出居民可承受房价的范围太远时，就会造成商品房的积压和空置，制约房地产市场正常的开发与再生产进程。另一方面，房地产保有环节税费种类相对少，税负较轻，阻碍了土地有偿使用市场的建立与健全。对土地的保有税负过低，使得大多数由使用者无偿取得的土地仍然近似无偿地被持有。与此形成鲜明对比的是，进入市场流通的土地却要因其流转和交易而承受过高的税负。这不仅抑制了土地使用权的正常交易，助长了隐性流动的蔓延，还直接阻碍了划拨存量土地步入市场的进程，使得土地的要素作用无法得到发挥，土地闲置与浪费并存的现象日趋严重。

（四）征税范围偏窄，税基覆盖不全

现行的房产税和城镇土地使用税的征税范围仅限于城市、县城、建制镇和工矿区，而把广大农村的一些应税对象排除在外。目前我国城乡差别逐渐缩小，尤其在城乡接合部、经济发达地区的农村，房地产规模急剧扩大，经营用房快速膨胀，完全可以纳入征税范围。此外，耕地占用税只对占用种植农作物土地的单位和个人征税，却没有向涉及其他农地的单位和个人征税，漏征明显。土地增值税只对转让国有

土地使用权、地上的建筑物及其附着物征税，而对发生在土地使用权出租、土地使用权和房屋作价入股、联合建房、以地换房、房屋出租和自用商业性房地产等方式上产生的土地增值不征税，对房地产的自然增值也不征税。客观上造成的课税区和非课税区，既限制了土地税对土地使用的调节，又造成了市场主体间的不平等竞争，不符合公平税负、普遍纳税的原则。

（五）计税依据不科学

现行房地产税涉及的一些税种的计税依据既不科学也不合理，计税依据既有按价值征收，也有按租金、面积征收。如现行的房产税对自用房屋按房产账面价值扣除10%～30%后的余值乘以1.2%计征房产税，房产的账面原值即房产的建造价值，其为固定数额，无法随房产市场价值的变动而变动。对出租房屋按租金收入的12%计征房产税，房屋的租金一般是根据租赁市场的行情予以确认，用两种不同税率计算出的税额标准相差很大。从租计征，其税负明显高于从价计征的税负，且从租计征与营业税有重复课税之嫌。又如土地使用税以固定不变的实际占用土地面积作为计税依据，和土地价格的变动缺乏紧密的经济相关性，很难合理、有效、及时地调节土地级差收益。土地增值税计税依据是土地的全部增值额，未扣除土地使用人对土地的追加投资引起的土地增值、通货膨胀引起的土地增值和交易引起的价格提高。

（六）税率设计不合理

一是现行不动产保有环节的税收负担较轻，交易环节的税收负担过重，不利于不动产的合理流动和土地的集约利用。二是税收调节经济的职能弱化。这集中表现在土地增值税与耕地占用税、城镇土地使用税等三个主体税种上。由于土地增值税采取四级超额累进税率，虽对抑制土地投机有重要作用，但因耕地占用税和城镇土地使用税都采取定额税率，税率较低，整体配合的作用发挥不力。同时，城镇土地使用税定额税率的税额幅度相差较大，税率档次过多，不利于不动产经济活动的发展要求。

（七）制度变动频繁

房地产所有制改革后我国涉及房地产的税种相对比较稳定，但是税率和优惠政策会随着整个房地产政策（参看房地产金融制度变迁）而比较频繁的波动，这在一定程度上影响了整个市场的预期稳定性。

四、进一步完善房地产税收制度的建议

（一）出台房地产税

研究对住房开征房地产税，并考虑差别税率。居民住房的房产税是一个大的趋势，一方面，这为政府带来持续、稳定的税收，提供有效的财政保障；另一方面，这项税收有利于居民稳定地持有房产。

（二）优化房地产税收体系

按照鼓励流动、促进资源合理配置的原则，重新梳理房地产税收体系，降低流转环节税收，提高持有环节成本。建议将涉及房地产的税种，尤其是涉及居民交易和持有环节的税种，尽量简化，可以考虑

将交易税合并为一项，持有环节税收合并为一项。至于税收的用途，由政府提出实施操作方案，进行资金用途的划拨。

（三）保持税收政策稳定性

通过强化税收法定的原则来稳定税制，有关税率、税基、税收征收征管等制度的调整应该遵循严格的程序，由人大批准后实施，限制政府自由调整税制的权力。

专题报告五

住房租赁制度

随着工业化和城市化的推进，以租赁方式获得住房逐渐成为城市居民重要的住房消费选择之一。在推行城镇住房制度改革以来，伴随着我国经济体制转轨和房地产市场的发展，住房租赁市场亦日趋活跃。但由于相关制度、政策以及观念等原因，相比住房买卖市场，我国的住房租赁市场发展总体滞后。为实现全体人民住有所居的目标，立足于建立健全租购并举的住房制度，我国宜进一步完善住房租赁相关制度，培育和发展住房租赁市场。

一、我国住房租赁市场发展历程

回顾我国住房制度的发展与改革历程，大致可将 1949 年以来住房租赁市场的发展分为三个阶段。

（一）第一阶段：住房福利分配时代的公房租用（20世纪80年代初以前）

新中国成立后，我国在城镇逐步形成了住房福利分配制度。这种制度的主要特征是：单一产权、低租金、高补贴、福利分配、实物分配。在当时的城镇中，国家机关的工作人员和企事业单位的职工所住房屋均属于全民所有或集体所有，其产权形式是单一的公有制。解放初期曾经制定以租养房的租金政策[①]。1948 年房屋租金按照折旧、维修、管理三项费用计算，一般每平方米月租金 0.25 元左右，占职工家庭收入的 6% ~ 10%。到 20 世纪 50 年代中期，在片面强调福利制的影响下，各地住房租金逐步降低。20 世纪 50 年代末期，住公房的职工平均每户负担房租 2.1 元，平均占家庭收入的 2.4%，占本人工资的 3.2%。国家收回的租金一般只达到应收租金的 1/3 ~ 1/2。特别是租金水平没有随着职工收入和房屋成本的变化而调整，最终形成低租金、租不养房的局面[②]。

这种住房制度在特定的历史条件下曾经起到了积极的作用，保证了新中国成立初期城镇居民的基本生活条件，维护了城镇社会安定，与当时的计划经济体制相适应。但是，这种低租金福利制不能以租养房，加重了国家财政和企事业单位负担，不能实现住房建设的良性循环，无法从根本上解决城镇居民的住房问题。随着城市规模的发展和人口的增长，造成了我国城镇住房的严重短缺。

针对当时住房制度存在的突出矛盾，1980 年邓小平同志在谈话中

---

① 1948年12月，中共中央发布《关于城市中公共房产问题的决定》。1952年5月24日，内务部地政司印发《关于加强城市公有房地产管理的意见》（草稿），明确提出这一时期的公房管理方针是"统一管理，以租养房"，内有"（实行租赁制）一则限制房屋浪费，一则做到以租养房和建房。合理的租金标准应包括折旧金、维修费、管理费、房地产税和一定的利润。但实际征收要考虑群众的负担能力"。

② 参见周恩来在八届三中全会的《关于劳动工资和劳保福利的报告》。

提出："要联系房价调整房租，使人们考虑到买房合算，因此要研究逐步提高房租。房租太低，人们就不买房子了。繁华的市中心和偏僻地方的房子，交通方便地区和不方便地区的房子，城区和郊区的房子，租金应该有所不同。将来房租提高了，对低工资的职工要给予补贴。这些政策要联系起来考虑。"

随后，逐步展开了对城镇住房制度改革的探索，主要的措施是出售公房、提租发补贴、租售结合、以租促售。

这个时期，由于劳动力流动较少，市场化租赁住房尚未形成规模。

（二）第二阶段：改革公房租用管理，规范房屋租赁市场（20世纪80年代初至90年代末）

这个阶段的住房租赁市场开始出现制度性的"二元化"，一方面是沿袭住房福利分配时代的城镇公房租用，另一方面是随着改革开放出现了私有房屋租赁。

1. 以调整公房租金为切入点推进城镇住房制度改革

1979 年，国家城市建设总局发布《关于重申制止降低公有住宅租金标准的通知》，明确制止一些城市或单位以减轻职工负担或调整租金标准为由任意降低公有住宅租金，减少房租收入。1986 年，国务院住房制度改革领导小组提出了"提高工资、变暗补为明补、变实物分配为货币分配、以提高租金促进售房"的整体房改思路。这个时期，住房补贴支出对财政的压力急剧增加。1988 年住房补贴总额为 583.68 亿元，是 1978 年 47.15 亿元的 11.4 倍[①]，而当年国家财政收入总额才 2587.82 亿元，当年财政赤字达到 80.49 亿元。

① 于思远等：《房地产住房改革运作全书》，中国建材工业出版社1998年，第91页。

20世纪90年代初以后，加快了提高公房租金以推动城镇住房制度改革的步伐。1991年，国务院发布《关于继续积极稳妥地进行城镇住房制度改革的通知》，要求合理调整现有公房租金，有计划有步骤地提高到成本租金。几个月后，国务院住房制度改革领导小组发布《关于全面推进城镇住房制度改革的意见》，明确提出要从改革公房低租金制度着手，将公房的实物福利分配制度逐步转变为货币工资分配制度。1994年，国务院发布《关于深化城镇住房制度改革的决定》，要求积极推进租金改革，稳步出售公有住房。

1998年国务院发布《关于进一步深化城镇住房制度改革加快住房建设的通知》，明确提出停止住房实物分配，逐步实行住房分配货币化；建立和完善以经济适用住房为主的多层次城镇住房供应体系；发展住房金融，培育和规范住房交易市场。由此，中国住房制度进入了全新的市场化时代。

2. 逐步形成私有房屋租赁的管理规范

改革开放以后，大量务工人员涌入城市，尤其是经济特区和其他东部沿海城市。在当时的住房制度中，这些外来务工人员只能通过租赁方式解决居住问题。而且，由于当时城镇中大部分住房都是公有化住房[①]，可供外来务工人员租住的住房数量较为有限，因此这些人员主要租赁郊区农民房屋、“城中村”房屋以及其他非居住房屋。随着房屋租赁市场不断发展，相关纠纷和矛盾日益凸显。为了规范房屋租赁市场，国家和一些沿海城市陆续出台了房屋租赁管理的相关规定。1983年12月17日，为了加强对城市私有房屋的管理，保护房屋所有人和使用人的合法权益，发挥私有房屋的作用，国务院发布了《城市

① 1978年，全国城镇住房中74.8%为公有化住房。参见侯淅珉、应红、张亚平：《为有广厦千万间——中国城镇住房制度的重大突破》，广西师范大学出版社1999年，第11页。

私有房屋管理条例》。其中，对私有房屋租赁从八个方面做出了规范，要求房屋租赁合同报房屋所在地房管机关备案，并且提出机关、团体、部队、企业事业单位不得租用或变相租用城市私有房屋。

由于特区和东部沿海城市面临大量外来人口的涌入，这些城市在房屋租赁方面遇到的问题更早、更紧迫，因此这些城市在全国较早出台有关房屋租赁管理方面的规范。1990 年 6 月，海南省海口市发布《关于海口市房屋租赁管理的暂行规定》，提出对租赁合同要办理验证手续。该年 12 月，广东省深圳市发布《深圳特区房屋租赁管理规定》，要求房屋租赁实行核准登记制度，未经核准登记，不得擅自租赁房屋。

1995 年，公安部和建设部先后发布《租赁房屋治安管理规定》和《城市房屋租赁管理办法》，分别从治安管理和租赁关系管理对房屋租赁进行规范。

3. 成效与影响

通过推行城镇住房制度改革，激活了住房市场，形成了以市场为主满足多样化住房需求的局面，适应了建立社会主义市场经济体制的经济社会发展新形势。但是，这段时期的政策框架以鼓励住房自有为主，对住房租赁市场的发展重视不够，导致“购租失衡”局面不断被强化。

（三）第三阶段：发展保障性租赁住房，规范住房租赁市场（20世纪90年代末至2015年）

这个阶段开始重视住房保障问题，由此住房租赁体系形成了新的“二元化”，即保障性的租赁住房与市场化租赁住房。

1. 逐步形成保障性租赁住房体系

1998 年，国务院《关于进一步深化城镇住房制度改革加快住房建设的通知》（国发〔1998〕23 号）提出“对不同收入家庭实行不同的住房供应政策”：最低收入家庭租赁由政府或单位提供的廉租住房；中低收入家庭购买经济适用住房；其他收入高的家庭购买、租赁市场价商品住房。这是较早使用“廉租住房”名词的政策文件，标志着我国租赁型保障房的正式起步。1999 年，建设部以第 70 号令颁发《城镇廉租住房管理办法》，指导全国建立廉租住房制度。“廉租住房从实物配租开始起步，并从东部向西部发展。在廉租住房的发展过程中，一些城市在实践中不断总结经验，相继探索出租金补贴、租金核减以及房屋置换等多种形式。”①

2007 年，国务院在《关于解决城市低收入家庭住房困难的若干意见》（国发〔2007〕24 号）提出，“加快建立健全以廉租住房制度为重点、多渠道解决城市低收入家庭住房困难的政策体系”。随后，建设部在《城镇最低收入家庭廉租住房管理办法》（建设部令〔2003〕120 号）的基础上出台了《廉租住房保障办法》（建设部令〔2007〕162 号），主要从三个方面健全了廉租住房制度。首先，保障方式从实物配租为主转变为货币补贴和实物配租相结合，以货币补贴为主。其次，明确了以财政预算安排为主的资金来源。其他资金筹措渠道包括提取贷款风险准备金和管理费用后的住房公积金增值收益余额，土地出让净收益中安排的廉租住房保障资金，政府的廉租住房租金收入，社会捐赠及其他方式筹集的资金。再次，进一步明确了廉租住房的申请核准程序。

2010 年，在加强房地产市场调控与稳定市场预期的背景下，为完善住房供应体系，培育住房租赁市场，满足城市中等偏下收入家庭基本住房需求，住房和城乡建设部等七部委印发了《关于加快发展公共

① 文林峰：《中国住房保障发展现状》，载满燕云等编：《中国低收入住房：现状及政策设计》，商务印书馆2011年，第187页。

租赁住房的指导意见》（建保〔2010〕87号），指导全国探索公共租赁住房制度。2011年，国务院办公厅出台《关于保障性安居工程建设和管理的指导意见》（国办发[2011]45号），提出“大力推进以公共租赁住房为重点的保障性安居工程建设”，并且提出“逐步实现廉租住房与公共租赁住房统筹建设、并轨运行”。2012年，住房和城乡建设部发布《公共租赁住房管理办法》（住建部令〔2012〕11号），对申请审核、轮候配租、使用与退出等方面做出了相应规范，基本奠定了公租房的管理制度基础。2013年，住房和城乡建设部会同财政部和国家发改委印发《关于公共租赁住房和廉租住房并轨运行的通知》（建保〔2013〕178号），明确从2014年起，各地公租房和廉租房并轨运行，并轨后统称为公共租赁住房。

2. 进一步规范住房租赁市场

2010年12月，住房和城乡建设部出台《商品房屋租赁管理办法》，取代了15年前的《城市房屋租赁管理办法》。相关规定的调整主要体现在三个方面：鼓励房屋出租，将原来规定的九种不得出租的情形减少为四种情形（属于违法建筑、不符合安全和防灾等工程建设强制性标准、违反规定改变房屋使用性质、法律法规规定禁止出租的其他情形）；加强保护租赁当事人特别是承租人的权利，比如规定在房屋租赁合同期内，出租人不得单方随意提高租金；进一步明确出租人的义务，比如房屋维修以及确保房屋安全以及承租人合理使用房屋等义务。

但是，《商品房屋租赁管理办法》中的一些要求在住房租赁市场发展中没有得到很好的贯彻落实。比如，规定房屋租赁合同在订立30日内应当去办理房屋租赁登记备案，但事实上各城市的租赁合同登记备案率较低。再比如，规定各地主管部门应当定期分区域公布不同类型房屋的市场租金水平等信息，也没有得到很好的落实，致使住房租赁市场的信息发布工作相对滞后。

3. 成效与影响

通过建立由廉租住房和公共租赁住房组成的保障性租赁住房体系，为城镇中低收入住房困难群体提供了保障选择。与此同时，开始探索对商品房租赁关系进行适当管理和规范，为住房租赁市场的发展奠定了基础。

但是，保障性租赁住房与市场化租赁住房之间的分隔被各种政策所强化，使住房租赁市场的“二元化”特征有所加剧。由于保障性租赁住房实行封闭运行，而且覆盖面不够广，大量中等收入群体为了解决住房问题，只有选择到市场上购房。快速城镇化催生了大量住房需求，这个阶段大部分城市的房价呈快速上涨态势，进一步强化了城镇居民的购房意愿。在这样一个循环中，租赁市场被边缘化，租赁被视为一种过渡性甚至是无奈的选择。

（四）第四阶段：探索建立租购并举的住房制度，推进公租房货币化（2015年至今）

1. 加大力度培育发展住房租赁市场，探索建立租购并举的住房制度

从 2015 年开始，发展住房租赁市场逐渐被提上政策议程，并且得到了越来越大的关注力度。2015 年，住房和城乡建设部发布《关于加快培育和发展住房租赁市场的指导意见》（建房〔2015〕4 号），明确提出住房租赁市场发展还不能完全适应经济社会发展的需要，存在供应总量不平衡、供应结构不合理、制度措施不完善等问题，因而明确住房租赁市场是我国住房供应体系的重要组成部分，要求推进租

赁服务平台建设，大力发展住房租赁经营机构，完善公共租赁住房制度，拓宽融资渠道，推动房地产开发企业转型升级。

2016年，国务院在《关于深入推进新型城镇化建设的若干意见》（国发〔2016〕8号）、《国民经济和社会发展第十三个五年规划纲要》、《关于2016年深化经济体制改革重点工作的意见》（国发〔2016〕21号）等一系列文件中都提出要建立购租并举的住房制度。尤其国务院办公厅专门印发《关于加快培育和发展住房租赁市场的若干意见》（国办发〔2016〕39号），明确提出“实行购租并举，培育和发展住房租赁市场，是深化住房制度改革的重要内容，是实现城镇居民住有所居目标的重要途径”，为此提出了住房租赁市场的发展目标和一系列重要措施。

2017年，为了进一步推进住房租赁市场的发展，相关部门先后出台了《关于在人口净流入的大中城市加快发展住房租赁市场的通知》（建〔2017〕153号）、《利用集体建设用地建设租赁住房试点方案》（国土资发〔2017〕100号）等政策，并就《住房租赁和销售管理条例（征求意见稿）》向社会公开征求意见，以加强住房租赁市场的法制建设。

2. 不断推进公租房货币化

《关于加快培育和发展住房租赁市场的若干意见》（国办发〔2016〕39号）提出要推进公租房货币化，要求转变公租房保障方式，实物保障与租赁补贴并举。支持公租房保障对象通过市场租房，政府对符合条件的家庭给予租赁补贴。完善租赁补贴制度，结合市场租金水平和保障对象实际情况，合理确定租赁补贴标准。随后，住房和城乡建设部会同财政部出台《关于做好城镇住房保障家庭租赁补贴工作的指导意见》（建保〔2016〕281号），明确“城镇住房保障采取实物配租与租赁补贴相结合的方式，逐步转向以租赁补贴为主”。2017年，住房和城乡建设部会同国土资源部印发《关于加强近期住房及用地供应管理和调控有关工作的通知》（建房〔2017〕80号），进一步要求各地转变公租房保障方式，实行实物保障与租赁补贴并举，推进公租房货币化。

二、住房租赁市场发展现状

改革开放以来，随着社会主义市场经济的快速发展和住房制度改革的深入推进，我国住房租赁市场得到了长足发展，租赁已成为城镇居民非常重要的安居方式，有关租赁市场管理的政策规范体系也逐渐形成。

1. 住房租赁市场呈现出“二元化”特征

改革开放以后，随着私有房屋出租规模不断增加，住房租赁市场形成了由公有住房租用和私有房屋租赁所组成的二元体系。公有住房租用的对象是城镇单位就业的职工，而私有房屋租赁的对象是外来务工人员和农村进城人员。在20世纪80年代和90年代，有关住房租赁的政策规定都将二者区别对待。比如，1983年的《城市私有房屋管理条例》明确规定，“机关、团体、部队、企业事业单位不得租用或变相租用城市私有房屋”。1994年的《广东省城镇房屋租赁条例》也明确规定，国家机关、企业、事业单位职工租住本单位住房的，不适用该条例。

在推行城镇住房制度改革以后，随着廉租住房和公共租赁住房制度的陆续建立，住房租赁市场又演变为由保障性租赁住房和市场化出租住房所组成的二元体系。保障性租赁住房包括廉租住房和公租房，主要面向城镇中低收入住房困难家庭、部分外来务工人员和新就业者，租金水平一般低于同地段的市场租金，实行封闭运行。市场化出租住房主要包括三大类：第一类是城镇居民家庭出租的私有住房；第二类是部分企业持有并出租的住房；第三类是城中村和城乡结合部用于出租的农民住房。住房市场的租金水平由市场化出租住房的租金所决定。

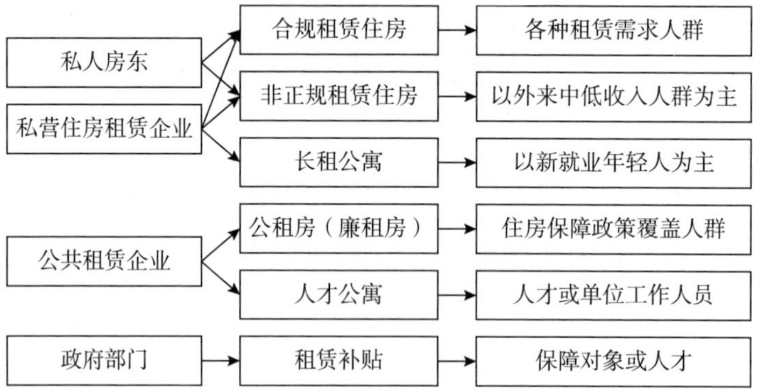

图5-1 我国现有的住房租赁体系

2. 住房租赁的市场化程度显著提升，大城市的租赁比例较高

在 1998 年停止福利分房以后，租用公有住房的家庭户规模不断减少，而通过市场租赁住房的家庭户数量不断增加，住房租赁的市场化程度明显提升。2000 年第五次人口普查中，全国有 6.11% 的家庭户租用公有住房，到 2015 年该比例降至 1.35%。与之相比，2000 年租赁其他住房（主要是市场化商品住房）的家庭户占比为 2.7%，2010 年第六次人口普查时已经升至 10.5%。

相对而言，大城市的租赁比例更高。以上海为例，2015 年租赁其他住房的家庭户占比为 31.75%，是全国平均水平 3.7 倍（见表 5–1）。在第六次人口普查中，北京、上海和天津租赁其他住房的家庭户占比分别是全国平均水平的 3.1 倍、3.6 倍和 1.9 倍。这与大城市的人口结构和住房消费方式密切相关。

表5-1　租赁住房家庭户占比　单位：%

全国				上海			
年份	租用公有住房或廉租房和公租房	租赁其他住房	合计	年份	租用公有住房或廉租房和公租房	租赁其他住房	合计
2000	6.11	2.70	8.82	2000	26.61	5.63	32.23
2005	3.27	5.72	8.99	2005	14.17	22.07	36.24
2010	1.45	10.50	11.95	2010	2.05	37.55	39.60
2015	1.35	8.51	9.86	2015	4.39	31.75	36.14

数据来源：第五次人口普查、第六次人口普查、2005年全国1%人口抽样调查、2015年全国1%人口抽样调查。

3. 住房租赁人群的学历偏低，职业以服务业和制造业为主

根据 2015 年全国 1% 人口抽样调查的数据，在租赁保障性住房和市场化商品住房的人群中，初中学历的占比都是最高的，比例分别为 43.53% 和 46.66%。在租赁保障性住房的人群中，初中及以下学历的人群占比高达 64.61%，比 2005 年增加了 5.2 个百分点。在租赁市场化商品住房的人群中，初中及以下学历的人群占比为 63.65%，比 2005 年降低了 8.85 个百分点。这些变化与城镇住房保障制度的建立健全以及城市外来务工人员的结构变化密切相关。

职业分布方面，在租赁保障性住房和市场化商品住房的人群中，服务业从业人员的占比都是最高的，比例分别为 40.99% 和 47.03%；其次为制造业从业人员，比例分别为 32.01% 和 35.05%。相比 2005 年，在租赁保障性住房的人群中，服务业从业人员的占比增加了 10.96 个百分点，而专业技术人员占比下降了 6.33 个百分点。在租赁市场化商品住房的人群中，服务业从业人员占比增加了 7.42 个百分点，制造业从业人员占比下降了 7.77 个百分点（见表 5-2）。这些变化与城市经济结构调整有密切关系。

表5-2　全国租赁住房家庭户的学历和职业分布情况（2015年）　单位：%

受教育程度	租赁廉租房和公租房	租赁其他住房	职业	租赁廉租房和公租房	租赁其他住房
总计	100.00	100.00	总计	100.00	100.00
未上过学	3.70（-2.14）	1.99（-1.16）	党的机关、国家机关、群众团体和社会组织、企事业单位负责人	2.40（-1.35）	3.16（-0.06）
小学	17.39（1.99）	15.01（-3.09）	专业技术人员	11.15（-6.33）	8.25（1.87）
初中	43.53（5.36）	46.66（-4.59）	办事人员和有关人员	7.53（-3.78）	4.33（0.07）
高中	16.39（-3.48）	15.29（1.59）	社会生产服务和生活服务人员	40.99（10.96）	47.03（7.42）
大学专科	5.42（-2.53）	5.67（3.1）	农、林、牧、渔业生产及辅助人员	5.74（1.86）	1.98（-1.2）
大学本科	7.11（0.47）	8.32（3.57）	生产制造及有关人员	32.01（-1.01）	35.05（-7.77）
研究生	5.53（0.35）	6.18（0.58）	不便分类的其他从业人员	0.18（-0.35）	0.19（-0.34）

数据来源：2015年全国1%人口抽样调查。

注：括号中的数值为2015年与2005年相比的百分比变动情况。

4. 市场化租赁住房的规模化程度较低

在二元化的住房租赁体系中，保障性租赁住房的规模化程度较高，主要由政府及其委托的机构持有并运营。以上海为例，全市的廉租住房都由上海市公积金管理中心持有，公共租赁住房由市级和区级的公租房运营机构持有并运营。

但是，市场化出租住房的规模化程度较低，租约关系不稳定。一方面，房地产开发企业持有并经营的住房数量较少。受房地产开发政策以及住房发展阶段的影响，我国房地产开发企业形成了滚动开发、快速销售的模式，很少持有运营。2015 年，全国房地产开发企业房屋出租收入占经营总收入的比重仅为 2.28%，比 2000 年略增 0.17 个百分点，但 2005 年和 2010 年的比重都低于 2%。相比而言，几个大城市的房地产开发企业出租收入占比更高一些，但最高也没有超过 10%（见表 5–3）。这说明房地产开发企业“重售轻租”的现象较为严重。

表5-3　　房地产开发企业房屋出租收入占经营总收入的比重　　单位：%

年份	全国	上海	北京	天津	重庆
2000	2.11	3.79	5.45	0.74	1.76
2005	1.97	6.53	4.06	0.39	1.88
2010	1.73	7.39	5.54	1.47	1.70
2015	2.28	9.59	8.19	2.10	3.18

数据来源：历年中国统计年鉴。

另一方面，住房租赁企业在近些年快速发展，但目前持有房源数量不多。目前住房租赁市场上有三类专业化的租赁机构：集中式公寓运营企业、分散式代理经租企业、房地产开发企业中从事自持租赁运营的分支机构。以上海为例，这些专业化的机构总共持有房源约 30 万套（间），仅为上海住房租赁市场份额的 10% 左右。

5. 租赁住房的居住品质有待提升

在住房研究中，对于租赁与购买的选择，一般将两者所提供的住房服务完全可替代作为重要前提。但是，如果市场运行中两者所提供的住房服务具有很大差异，租赁与购买的选择就不具可比性。根据 2015 年全国 1% 人口抽样调查的数据，保障性租赁住房中同时拥有厨房和厕所的家庭户占比为 74.88%，而租赁市场化住房的占比为 66.23%（见表 5–4）。这意味着租赁市场化住房的家庭户中有近 1/3 的家庭面临厨房和厕所不全的条件。

居住条件较差，加上租赁关系不稳定，在一定程度上会使得城镇居民被迫通过购买住房获得稳定且舒适的居所，从而导致我国住房市场中的租买选择机制缺失。

表5-4　　租赁住房中同时拥有厨房和厕所的家庭户占比　　单位：%

年份	全国		上海	
	租用公有住房或廉租房和公租房	租赁其他住房	租用公有住房或廉租房和公租房	租赁其他住房
2005	51.21	39.87	41.35	25.99
2010	55.32	51.68	37.92	35.41
2015	74.88	66.23	48.11	45.71

数据来源：2005年全国1%人口抽样调查、第六次人口普查、2015年全国1%人口抽样调查。

6. 住房租赁的政策体系逐渐形成，但法制化程度不高

近年来，按照以建立购租并举的住房制度为主要方向的原则，住房租赁市场的政策体系建设取得了显著进展。国务院办公厅《关于加快培育和发展住房租赁市场的若干意见》（国办发〔2016〕39号）从培育市场供应主体、鼓励住房租赁消费、完善公共租赁住房、支持租赁住房建设、加大政策支持力度、加强住房租赁监管等方面做出了相应规范，涉及土地、金融、税收、租赁关系、基本公共服务、租赁合同登记备案等政策措施。

为了进一步提高相关政策的效力，住房和城乡建设部在2017年起草了《住房租赁和销售管理条例（征求意见稿）》并向社会公开征求意见。该征求意见稿针对住房租赁做了相应的专门规定，涉及租赁关系双方当事人的权利和义务、租赁期限、租赁合同登记备案等。

但到目前为止，我国尚未制定专门针对住房租赁的法律。在处理住房租赁法律纠纷时，主要是适用两个法律文件：一是《合同法》第十三章“租赁合同”，二是《房屋租赁合同司法解释》。有研究者认为，“从形式上看，这两个法律文件均未区分住房租赁与其他租赁，缺乏对住房租赁的专门规制；从内容上看，这两个法律文件在保护租赁合同双方当事人的利益方面并无明显的侧重，无意于将保护承租人的利益作为其立法宗旨”①。

① 周珺：《住房租赁法的立法宗旨与制度建构》，中国政法大学出版社2013年，第29页。

三、国外住房租赁市场发展的做法

住房租赁市场的发展深深嵌入于当地的制度结构和社会文化，展现出多样性和差异性。而从运行较为平稳健康的租赁市场来看，也存在不少共同的做法。

1. 探索适合国情的住房租赁市场发展模式

租赁市场发展较为成熟的国家，普遍都形成了一种适合自身国情的模式，较好地处理了自有住房与租赁住房、公共租赁住房与社会租赁住房及市场租赁住房、租赁市场运行与政府监测监管等方面关系。比如，德国一直坚持将各类租赁住房发展置于统一的政策框架下，形成了所谓“单一化”的租赁市场模式①。在这种模式中，成本型租赁住房与私有租赁住房既获得基本相当的扶持，也在基本相同的条件下进行竞争，因而总体政策对住房所有权的各种形式持中立态度。又比如，新加坡在建国以后，为了践行让成功的公共住房政策成为执政党重要的合法性基础，探索形成了以建屋发展局、中央公积金和组屋为主要内容的住房政策框架，使居民都能利用公积金租赁或购买由建屋发展局建设的组屋。再比如，美国逐渐形成了以市场化租赁住房满足多样化需求为主的体系，对于中低收入住房困难群体，以公共住房、租赁补贴等方式给予保障。

2. 注重通过立法规范租赁市场秩序

租赁市场体系较为健全的国家，都注重根据市场发展状况通过相应法律法规对市场秩序进行引导和规范。比如，德国在20世纪50年代和60年代先后通过两部住房建设法律和一部租赁法律，既促进租

① 参见[瑞典]吉姆·凯梅尼：《从公共住房到社会市场：租赁住房政策的比较研究》，王韬译，中国建筑工业出版社2010年。

赁住房建设和供应，又对租金设定进行适度管控。20 世纪 60 年代中期以后，通过修改相关法律促进租赁市场适应经济发展形势，并且先后通过两部住房解约保护法，加强保护租赁双方当事人的合法权益。在 1974 年第二部《住房解约保护法》实施后，德国开始推行租金比较体系，通过“明镜租金”引导市场租金的设定。在 2010 年以后面临房价和租金较快上涨的情形，德国于 2015 年出台了《阻止住房紧张市场中租金过快上涨的法律》，对住房紧张的市场进行定向施策，限制租金设定不能超过当地典型租金的 10%。

再比如，作为英美法系的国家，美国在较长时间里一直是以判例法作为规范住房租赁关系的主要法律渊源。但 20 世纪 60 年代末以来，美国在住房租赁领域掀起了一股法律成文化的浪潮，至今已有 30 多个州出台了《住房租赁法》，而且美国联邦还通过《统一住房租赁法》指导各州加强相关立法[①]。另外，尽管也有一些国家没有单独颁行住房租赁方面的法律，但大多数都会在民法典中专门规定住房租赁。因而，“在立法中专门规制住房租赁符合国际上的通行做法”[②]。

3. 不断优化住房租赁市场的监测监管

相比其他租赁，住房租赁的显著特点在于承租人是为了满足居住需求，因而需要加强对住房租赁市场的监测监管，保障租赁双方当事人的合法权益。随着经济社会发展以及住房租赁市场的变化，经济发达国家普遍会不断调整监测监管方式，努力促进市场平稳发展。比如，德国在住房短缺时期更加注重控制租金绝对值的设定，并且对不同建筑年代的住房租金做出非常具体的规定。在住房供需关系渐趋平稳后，

① 周珺：《美国住房租赁法的转型：从出租人优位到承租人优位》，中国法制出版社2011年，第4～6页。

② 周珺：《住房租赁法的立法宗旨与制度建构》，中国政法大学出版社2013年，第20页。

德国及时废除了较为严格的住房租金管制方式，注重将租金管控与合理成本测算相结合，避免因租金管控而使租赁住房供应减少。在住房供应相对稳定后，德国更加注重控制租金更新及其涨幅。

再比如，美国住房租赁体系尽管以市场为主要调节方式，但各级政府都意识到住房租赁的经济社会意义，因而先后采取过各种监管措施。以租金管制为例，在二战期间，美国将租金冻结在 1942 年租金水平上，禁止出租人提高租金。战后重建时期，除纽约州外，美国大部分地方都解除了租金管制措施。20 世纪 80 年代以来，除少数几个州的一些城市（比如纽约市）仍然实施租金管制措施外，大部分地区都已放开管制。

4. 培育专业化的住房租赁机构

尽管住房租赁市场普遍以居民个体出租为主，但在租赁市场发育较为成熟的经济体中，一般都形成了专业化住房租赁机构占有一定供应份额的市场格局。比如，1987 年德国租赁住房供应的各种主体中，私人房东占 61.02%，私营住房租赁机构占 14.88%，公共机构占 8.52%，合作社和教堂等机构占 15.58%。到了 2011 年，私人房东占比下降了 0.28 个百分点，私营住房租赁机构占比增加了 3.6 个百分点。再比如，2011 年美国住房租赁市场中，私人房东占比为 71%，各类机构占比为 29%，而且 50 个单元以上的租赁住房主要由各类机构持有。

5. 注重保障租赁双方当事人合法权益

在租赁市场发展过程中，尽管不同国家对租赁双方当事人合法权益的保护程度和保护方式有所差异，但整体上也呈现出一些共性特点。比如，在培育住房租赁市场的时期侧重保护承租人的权益，在租赁住房供应短缺时期更加注重保护出租人权益，以增加供应，而在供需关系较为平衡后，在双方当事人权益保护方面也会更加平衡。以德国为例，在20世纪40年代末，德国当时的相关规定对承租人权益的保护相对较弱，在有关终止租赁合同关系的规定中列举的几种情形都是针对承租人。从1953年颁布《住房管理法》后，对房东终止租赁合同关系的限制开始增多，但由于当时租赁住房供应相对较为短缺，而且部分住房损毁较严重，因而允许房东以改造和拆除重建的理由终止租赁合同。在租赁住房供需关系好转后，终止租赁合同的理由主要包括三个方面：承租人实质性地违反了承租义务；房东由于自身或亲属的原因需要住房；租金不能让房东合理有效地利用住房。这三个方面理由既包括承租人的原因，也包括房东的原因，还包括价格原因，表达了努力平衡房东与承租人权益的意愿。

四、培育和发展住房租赁市场的总体思路

为着力解决住房租赁市场发展不平衡不充分问题，加快建立多主体供给、多渠道保障、租购并举的住房制度，让全体人民住有所居，应理清住房租赁市场的发展思路，探索形成符合中国国情、适应市场规律的住房租赁市场发展模式。

1. 坚持租购并举

补齐住房租赁市场发展的短板，建立健全租购并举的住房制度。通过有效政策手段增强租赁方式的吸引力，鼓励盘活低效利用的存量住房资源，促进房地产企业增加持有运营的房源数量，大幅增加租赁住房供应，提升租赁住房品质，使租房和购房所获得的住房服务可相互替代。

2. 推进租赁市场的融合发展

为避免住房租赁市场二元化带来的一系列问题，应通过制度建设

推进租赁市场的融合发展，不仅使保障性租赁住房与市场化租赁住房不相互隔离，而且要让二者相互竞争来决定市场租金水平。

3. 鼓励多主体参与

鼓励包括政府、企业和社会在内的各种主体参与住房租赁市场的发展。政府更加侧重制度建设、市场监管、保障托底等功能，国资国企可以利用持有的存量土地和住房资源在市场中发挥稳定器和压舱石的功能，市场化主体是租赁住房供应的主角，社会主体可以在房源供应和市场自律等方面发挥重要作用。

4. 坚持分层施策

在以满足新市民住房需求为主要出发点的同时，针对住房租赁需求的多层次特征，在整体框架下应分别采取相应政策措施。

5. 坚持发展与规范并重

针对我国住房租赁市场的发展现状，一方面要采取措施大力培育和发展住房租赁市场，另一方面也要通过建章立制等工作加强对市场的监管，使住房租赁市场实现可持续发展。

通过多主体供给、多方式扶持、规范化管理，进一步培育住房租赁市场，重点发展成本型租赁住房，使质优价廉的租赁住房成为让全体人民住有所居的重要载体。

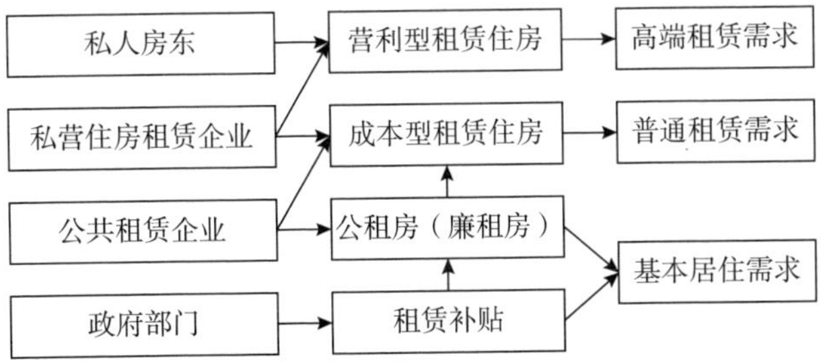

图5-2　以成本型租赁住房为重点的租赁体系

五、进一步完善住房租赁制度的具体建议

1. 统筹居住、安全、价格三大要素，整合住房租赁体系，避免租赁市场分化趋势进一步加剧

充分利用现有的成本型租赁住房，采取有效措施鼓励存量住房供应，着力提升租赁住房品质，为租户提供兼顾居住、安全、价格三大要素的租赁性住房。对于住房困难的低收入人群，主要依靠货币补贴，充分利用市场存量房源；对于部分需要通过公租房（廉租房）实物保障的人群，主要依靠已有的各类保障房房源以及在市场存量房源中代理经租等方式供应，尽量不再大规模集中新建租赁型保障房。

对于新市民的租房需求，建议采取租房券的方式，稳步推进住房保障等基本公共服务覆盖全部常住人口，逐步解决在城镇就业居住但未落户的农业转移人口享有城镇基本公共服务问题。其基本思路是，符合条件的流动人口可向户籍所在地政府申请租房券，券面额度是市场租金的 15% ~ 20% 左右（具体根据申请人的住房情况），租房券可抵租房租金，申请人凭借租房券在就业地租赁住房可享受相应的租金优惠，出租人或机构将收到的租房券交给所在地政府获得租金及税收优惠，申请人就业所在地政府依据租房券的总额向中央政府或省级政府（针对省内流动的情形）申请财政转移支付。租房券的方式，可以视为人口流入与财政转移支付挂钩的具体机制。

对于违法违规出租房屋，尤其是存在严重安全隐患的出租房屋，应建立严格整治的长效机制。公共安全与居住权并不必然对立，两者的公约数在于大量供应合法合规的成本型租赁住房。

2. 统筹政府、市场与社会三大主体，提高各方推动租赁市场发展的积极性

合理界定政府、市场与社会在租赁市场发展中的职责，尤其是处理好政府与市场的关系，是住房租赁市场平稳健康发展的关键。坚持以政府为主提供基本保障，以市场为主满足多层次需求的原则，调动各方面的积极性、主动性、创造性，使政府有形之手、市场无形之手、社会创新之手同向发力。政府的主要职责是提供基本保障公共服务以及加强租赁市场监测监管；市场是住房租赁要素配置的基础制度安排，市场主体是租赁住房供应的主角，竞争是租赁市场要素价格的主要形成机制；社会是租赁市场提升规范性、自律度、创新力的主要场域。

3. 统筹土地、金融、财税三大政策，提高租赁市场发展系统性

坚持政策协调协同，尽量减少政策间的缝隙以及反向作用。在具体实施方面，对于规划租赁住房的用地，建议主要使用集体建设用地或吸引房地产开发企业及其他社会资本利用其已有用地投资租赁住房。

优化公共支出结构，鼓励住房租赁消费。建议缩减保障性住房建设支出，增加保障性住房租金补贴支出。在住房保障体系中，逐步实现实物保障与货币补贴相结合、以货币补贴为主。以此引导住房租赁消费，缓解保障性住房的管理难题。制定支持住房租赁消费的税收优惠措施，引导城镇居民通过租房解决居住问题，增强租房选择的吸引力。具体而言，对个人承租住房的租金支出，结合个人所得税改革，可以作为合理的个人支出纳入个人所得税的税前抵扣范围。这一方面有利于降低承租户的居住成本，鼓励更多居民选择租房方式，另一方面也推动承租户履行租赁合同登记备案义务，获得相应抵扣证明，促进住房租赁市场规范发展。

4. 统筹法规、监测、监管三大手段，提高租赁市场发展的规范性

通过建章立制，构筑租赁市场发展的“四梁八柱”，保护租赁双方当事人合法权益，使相对脆弱的租赁关系有坚实的法规依据。尽快制定出台《住房租赁管理条例》，尽早启动《住房租赁法》的立法调研，提升住房租赁管理的法规层级。构建规范化、智能化、便民化的住房租赁服务平台，提高住房租赁合同登记备案率，为租赁市场监测监管奠定基础。鼓励各城市根据市场发展情况制定出台租金指导制定，引导市场预期。不断加强对租赁市场的监管，依法依规处理各种违法违规行为。鼓励各城市制定出台租赁住房的质量标准，不断提高租赁住房的宜居性。

专题报告六

房地产市场监管制度

一、我国房地产市场监管制度的发展历程和基本框架

（一）市场监管制度的阶段变化

1. 市场监管制度的初创期（2003 年之前）

这一时期，我国房地产处于全面市场化的初步形成阶段，各项制度建设也处于起步阶段。随着我国房地产市场的基本框架在这一阶段正式确立，市场监管的体系初具雏形，目前市场监管的主要法律依据也在这一阶段制定，如房地产市场领域内两部法律《城市房地产管理法》和《土地管理法》，均在这一阶段制定。房地产开发、交易、登记、拆迁和经纪、金融、估价等具体制度规定，也在这一阶段制定，基本上奠定了当前的房地产市场监管格局。由于处于市场化的初期阶段，这一阶段市场监管经验不足，监管力量、监管手段比较薄弱。

2. 市场监管制度的深化期（2003 ~ 2013 年）

这一时期是中国房地产市场发展最快的时期，也是房地产市场调控最为频繁的时期。随着市场的发展和监管经验的积累，市场监管的

基础不断得到夯实，制度建设不断地深化细化，在大的市场监管的基础框架之下，各项具体的制度不断建设和完善。一是信息系统建设不断完善，网签制度在全国地级以上的城市基本推行，个人住房信息系统、开发项目手册、房屋全生命周期平台等广泛推行，信息化为市场监管提供了有力手段，各地依托信息化开发建立市场监管平台或系统。二是一些具体的监管制度不断建立完善，如各地不断地探索和建设符合地方特点的预售资金监管制度、存量房交易资金监管制度、存量房交易房源核验制度、企业信用档案制度等。三是配合房地产市场调控，建立了一系列调控政策实施监管制度，如限购制度，差别化的信贷、税收制度等。由于市场发展快，第一阶段形成的一些监管制度已经不能满足市场监管的需要，但是这一阶段的制度供给相对于市场的发展显得不足，出现了一些市场秩序方面的问题，叠加房价的快速上涨，引发了社会的不满。

3. 市场监管制度的调整完善期（2013 年以来）

首先，市场发展进入新的阶段，市场的区域分化特征开始显现，房地产市场从新房为主向存量为主的城市不断增加，政策和市场监管强调因城施策，同时房地产金融化的趋势越来越明显；其次，市场监管环境发生变化，政府职能转变，强调简政放权、减少对市场的干预，监管手段转变，减少资质类、准入类的监管，强调事中监管、事后监管；再次，互联网等新技术对市场影响不断深入，如互联网金融对信贷政策的调整，互联网营销对传统经纪行业的冲击，互联网手段对房地产销售、估价的影响等。面对新的形势，需要新的监管手段和监管技术的支撑，更需要监管制度的建设。这一时期的市场监管建设，目前的主要做法是强调地方政府的责任，加强信息化建设应对新技术的冲击，加强政府的协同监管，以及加强行为监管能力的建设。由于时间较短，目前监管制度调整的效果尚未显现。

（二）市场监管制度的基本框架

1. 制定了相应的法律法规，逐步完善了监管依据

我国房地产市场监管依据从最初的主要针对市场准入和市场运行的基本要求，到现在已基本涵盖房地产市场的全过程。从目前法律规定来看，我国房地产市场监管体制建立的法律依据主要有《土地管理法》和《城市房地产管理法》。除上述法律外，对我国房地产市场监管体制建立和机构设置具有直接影响的法规依据还有《城市房地产开发经营管理条例》《城镇国有土地使用权出让和转让暂行条例》等。其中，“两法”明确规定了其处理对象所涉及各横向或纵向部门的原则性职能分工和工作程序；而行政法规和部门规章则主要规定其所涉及的纵向各机构职能分工问题，而且细化了相关组织、管理及工作程序问题。

2. 重要领域初步形成了具体的监管制度

针对房地产市场监管中涉及群众利益突出的问题，建立了相应的具体监管制度。一是预售资金监管制度，针对目前住宅销售中预售比重占八成以上的情况，为确保购房者最终能够拿到购买的住房，各地建立了预售资金监管制度，监管部分预售资金以确保住宅能够顺利完工交付使用。二是存量交易资金监管制度，保障存量房交易资金安全，确保卖房人最终能够拿到售房资金。三是开发项目手册制度，针对开发建设周期长、涉及部门多，为加强开发过程中的全程监管，部分地方建立了开发项目手册制度，推动监管过程中的信息共享与环节制约。

3. 探索出了一些有效的联合监管工作方法

针对房地产市场监管涉及部门众多的情况，近年来的市场监管中逐渐探索出一系列的联合监管方式。一是联席会议制度，在国家层面由住房和城乡建设部牵头建立了部际联席会议制度。二是专项整治制度，对房地产市场中某一突出问题，如中介机构执法、开发企业捂盘惜售、囤地囤房，相关部门联合开展专项执法检查和整治活动，共同执法，形成监管合力。三是信息交换制度，通过信息系统建设，交换市场监管信息，共享执法检查成果。

4. 监管执法方式

我国房地产市场领域的监管执法工作主要采取以下几种方式。一是专项性检查，通过对市场中存在的重点突出问题进行集中治理，消除社会隐患，杜绝严重影响市场秩序、扰乱经济发展的典型性违法、违规行为。二是阶段性检查，按月度、季度及年度等时间段对房地产市场进行阶段性巡检，主要对市场中的常见问题进行抽检。三是对举报问题的查处，特别是一些问题多、反应强烈的项目进行重点调查，在查明问题、解决纠纷的同时对市场行为主体进行违规行为通报，并记入不良记录。

二、房地产市场监管制度存在的主要问题

（一）法制建设滞后，监管依据不足

1. 宏观层面，行业专门立法缺失，具体市场监管制度法律位阶偏低

目前，与房地产市场监管相关的直接法律有《城市房地产管理法》和《土地管理法》，这两部法律对房地产市场监管的规定相对简单，且没有配套的实施细则。对房地产市场的管理依据主要是部门规章和规范性文件，由于缺乏上位法依据，部门规章只能从行政管理的角度

对房地产市场主体及从业人员的行为进行规范。带来的问题：一是相关管理制度的强制力不够。如存量房交易资金监管制度，由于缺乏上位法支撑，市场各方受利益驱动认识不一，推进难度较大。二是行政处罚的震慑力不够。部门规章设置的监管手段很有限，处罚的额度也很不够，如对于违规机构最高只能处罚 3 万元、违规个人处罚 1 万元，明显低于其违法违规获取的利益。三是管理的覆盖面较窄。只限于发文部门所管辖的范围，而大量的市场主体通过不在发文部门登记或备案来规避监管，大量从业人员游离于监管之外。四是部门协调力度不够。部门规章的约束力仅限于发文部门，无法协调未参与发文的部门，导致市场监管割裂和空白。

2. 中观层面，立法部门化导致立法不衔接

以土地为例，按照《土地管理法》规定，任何单位和个人进行建设，均可依法申请国有土地，但是只有获得房地产开发主体资格才能实施房地产开发行为。同时，国土资源部出台的《闲置土地管理办法》第八条规定，“因政府、政府有关部门行为造成的土地闲置属于免责情况”，按照行政法理论，政府行为包括行政作为和行政不作为，因此，对于个人取得土地的情况，政府不予办理资质致使土地闲置的情形，行政相对人可提起行政复议或行政诉讼来获得救济。所以，相应的建设主管部门只得为其办理暂定资质进行房地产开发，并且为其延长开工期限，或者调整土地规划用途，使得“违法”行为合法化。房地产开发周期长，涉及规划、建设、国土、城管、人防、环保等诸多环节，各部门的监管、立法重点不同，往往是造成立法不衔接的重要原因，也是造成房地产市场监管不便的重要原因。

3. 微观层面，具体的监管技术标准缺乏，导致监管依据不足

市场监管的依据包含法律法规和具体执行标准两个层面。由于立法性质以及我国区域差异大等因素，决定了法律法规的规定具有原则性和滞后性，可操作性不强，需要具体的执行技术标准来指导市场监管行为，并统一各部门间的执法标准。但实践中，具体的监管技术标准缺乏或不够细致，导致执法的自由裁量权过大、部门间执法冲突等现象。

（二）执法机制落伍，执法力度不足

1. 执法手段及执法方式单一

现阶段我国要采取巡查、检查、专项整治、举报投诉等措施及时发现违规行为，协调处理取证，视情况对违规企业进行约谈限期改正或查处责令改正处罚。针对房地产市场领域的执法工作，基本上采用“违法—处罚”的方式，且以罚款为主。此种方式较为单一，属于被动执法，缺乏对违法违规行为的事前控制。多数违法案件的取证都是由举报当事人提供，取证的来源较为单一和被动，缺乏主动性的监管执法。执法手段主要是行政处罚手段，市场经济条件下诸如市场禁入等经济手段运用不足。

2. 事中事后监管机制亟待确立

随着政府大力简政放权，不断取消行政审批事项，如何加强事中事后监管已成为当前工作重点。特别是房地产经纪行业，取消房地产经纪人准入类职业资格，放开房地产经纪服务收费，对行业管理带来的冲击非常大。现状是简政放权措施大多已到位，新的事中事后监管机制仍在摸索之中，行业监管出现了一段模糊期，诸多政策口径尚待时日明确，影响了行业监管工作的持续性。政府管理由事前审批转向事中事后监管，实行“宽进严管”，已是必然趋势。但什么是事中事后监管，事中事后监管有哪些具体手段，如何落实事中事后监管，还需要各地、各部门结合实际，做进一步的探索。

3. 事前的预警机制未建立

我国房地产市场执法监管过程中，把监管工作的重点放在“查错防弊”上面，偏重于对监管者的事后惩戒，而往往容易忽略对行政行为发生前的预防和进行中的控制工作，仅是一时的惩戒，未能形成长期效应并将其纳入房地产市场中，监管机制缺乏科学性。

（三）部门多头监管，缺乏有效合力

1. 横向方面，多头管理部门职能交叉，监管重叠与监管空白并存

房地产市场行为属于专业市场行为，在受到房地产法规（称为特殊法）管制的同时也受到相应的法律（称为一般法）管制，导致特殊法与一般法的管理冲突。如房地产经纪活动是经纪活动中的一种，它要接受经纪行业主管部门工商部门的监督与管理，同时作为房地产经纪活动必须接受建设（房地产）主管部门的监督与管理。在实践中，房地产经纪活动主要由建设（房地产）主管部门监管，但由于缺乏工商部门在准入端的管理支持而缺乏抓手，监管力度也不够，工商部门在准入端与建设（房地产）管理部门缺乏准入条件上的衔接，导致建设（房地产）主管部门的相关规定无法落地。又如出现欺诈购房者的问题，究竟是由建设（房地产）部门依据《房地产经纪管理办法》“以欺诈等不正当手段招揽业务，诱骗消费者交易或强制交易”的规定，还是由工商部门依据《消费者权益保护法》“经营者提供商品或者服务有欺诈行为”的规定进行查处争论不一。

2. 纵向方面，房地产开发交易环节多、涉及部门多，监管链条断裂

土地获取环节，房地产开发应首先获得房地产开发资格，再取得

建设用地进行开发，而《土地管理法》并未将开发资格作为申请国有土地的前置条件，导致建设部门处于被动状态，开发过程监管断裂。建造环节，涉及的部门很多，单一部门进行的只是节点监管，并不存在对整个开发项目的监管。房地产开发企业需要从不同的部门获得相关证件，这些证件又作为获得下一个证件的要件，各部门间实行的是“串联”监管，一方面导致开发周期长，另一方面同一行为需要开发企业重复申报，加重企业负担。同时，由于缺乏信息交流，下游环节不了解上游环节的监管信息，加大了监管难度。

（四）市场主体监管重资质管理、轻信用管理

1. 准入管理重资质，但资质准入制度未能形成制约机制

一是在项目制的模式下，政府实施监管的主要对象是单个的房地产开发项目，最终行为实施和惩处落在项目公司上，责任无法落到母公司身上。以房地产开发主体为监管对象，所有开发项目构成了房地产开发主体，在仅有资质准入制度的情况下，房地产开发商的各个开发项目在监管中被割裂开来，加之消费者与开发商之间的信息不对称，导致在单个项目中开发商没有动力约束自身行为。二是资质准入制度主要是在进入门槛阶段设置标准，只管进门，进门后没办法管，缺乏事中监管和事后监管的约束能力。

2. 信用管理是趋势，但信用监管体系不完善

2003 年建设部住宅与房地产业司《关于加快建立和完善房地产信用档案系统的通知》，决定建立房地产企业及执（从）业人员信用档案系统。建设部正式开通了一级房地产开发企业、中介服务机构、物业管理企业及其相关人员信用信息网上公示系统，信用主体侵害消费者合法权益的行为，将进入“房地产信用档案”，并由档案系统公开

曝光。但由于起步较晚，管理制度相对滞后，仍然存在多种问题。就目前情况看，住房保障系统规范运行所需的管理制度，如信息征集、使用和更新方法，信息公示和查询内容、范围和保留时限，投诉信息的处理等管理办法尚未出台，制度建设滞后，后续管理困难。目前，信用档案系统覆盖面过小，部分地区入网企业数量较少；系统中的信息内容不全面，尤其是不良行为信息的记录不符合建设系统的要求；一些地区没有按照统一的数据标准进行系统建设。房地产市场信用体系建设滞后，信用的缺失不仅造成了房地产市场混乱、经营成本的浪费，也给房地产业发展带来很大风险。

（五）行业自律组织力量薄弱，未能有效发挥监管作用

1. 自律主体法律地位不明确

当前行业自律组织本质上是政策和法规催生的产物，并不完全是行业主体自我意志的体现，与政府、企业之间的关系未理清。一是大多由政府自上而下主导建立，接受政府的管理和帮助，很难坚持自身决策的自主性；二是往往强调对行政管理的辅助，通过对政府职能的转移，进一步延伸行政管理的权利，忽略了成员利益；三是行业自律体系构建时间较短，对市场的引导作用和对经纪人的服务职能还未充分发挥，入会率普遍偏低。以上海为例，入会率仅 30% 左右，难以真正树立行业和社会公信力。

2. 自律监管手段不健全

行业自律组织对自身的定位，摇摆于“二政府”与“行业利益代表者”之间，作为行政管理的延伸，在监管方面能够承担的责任又十分有限，企业始终保持淡漠态度。究其原因，主要是受管理赋权和行业影响力局限，自律组织对违规行为缺乏惩戒手段，能够采取的有力

措施不多，无论在程度上还是效果上，都很难起到震慑和警示作用；同时，自律组织未深入参与房地产市场纠纷的调处工作，缺乏专业的纠纷调处机构和人员，诸多矛盾不能在同业间及时、平稳地解决，不利于自律组织建立权威性。

3. 自律监管运行机制不完善

行业自律组织制订行业规范，是其对行业主体进行监督管理的主要手段。因此，房地产行业的自律规范应当全面、系统，且具备较强的可操作性，否则将沦为一纸空文。国内除深圳等少数城市外，不少地方的房地产行业自律组织甚至连自律公约都没有。即使是中国房地产业协会制订的《房地产经纪执业规则》，虽有管理规范，却无管理授权，也只能以指导、劝诫为主，对违法违规经纪行为的惩戒较为薄弱。如果行业自律组织只是会员单位的交流平台，经纪企业没有利用这个平台行使自主权利、形成自我约束、实现自我发展的意识，就难以很好地发挥行业自律规制的作用。

（六）互联网时代房地产市场监管面临新的挑战

1. 新思维、新做法提高监管难度

互联网进入房地产行业，不仅模糊了相关行业之间的界限，其习惯性冲破监管的思维和灵活多变的做法，实际上也超出了我们固有的行政监管职责和能力。特别是在实践中，如果不能把下面这几对关系处理好，互联网经纪可能依然会游离在行政监管部门的视线边缘。一是信息平台与经纪业务的关系。信息发布平台是经纪活动中受众面最广的环节，人们很容易通过直观感受形成对整个经纪行业的判断，平台与经纪企业本质上已经捆绑在了一起。二是自营平台与实体公司的关系。三是网络平台与加盟授权的关系。

2. 房源信息泛滥、虚假

在互联网时代，信息的传播方式、生产机制和交互的方式发生了巨大改变。它加大了信息提供的总量，深化了信息价值的开掘，提升了信息使用的效率，但同时也带来了信息过量问题。这一问题表现在房地产经纪行业，主要就是房源信息不完全、重复率高、及时性差、虚假信息泛滥，距离全面、真实、及时的要求相距甚远。实践中，形成房源信息混乱的原因很复杂：一是卖方多为口头委托形式，缺乏必要的约束力，从源头上就难以保证房源信息的全面、真实；二是卖方代理以多家委托形式为主，“垄断”房源才能吸引客源，才能实现经纪人的利益最大化；三是监管部门对信息发布的规范仍以传统媒体通道为主，互联网存在管理盲区，传播虚假信息的违法成本较低；四是尚未建立有效的房源信息查验制度，经纪人没有能力对房源信息做全面审查。

3. 衍生金融服务加大金融风

金融服务与房地产交易的结合一直伴随房地产交易而存在。但随着互联网金融的迅猛发展，使得金融服务与房地产交易的结合更加紧密了，金融化的趋势也越来越明显。但这一趋势也决定了房地产交易的风险，不再局限于房地产行业。金融服务在房地产交易领域的过度应用，可能导致的具体风险如下：对于房地产市场总体而言，场外资金大量涌入，房地产的金融工具属性进一步增强，不仅更难回归房地产的居住本质，而且会将风险反向传导到我国的金融体系，加大了房价剧烈波动的可能性；对于房地产经纪从业者而言，金融服务带来的利润远高于撮合服务，又游离于房地产、金融管理部门的视线之外，在忽视主业的同时，加大了市场风险的不确定性；对于交易当事人而言，无论是通过加杠杆还是短期周转的方式获取交易资金，实际上都是在透支自己的金融支付能力，交易安全壁垒变得脆弱，违约风险大大上升。而从监管层面来看，尚未做好应对房地产交易与金融服务不断融合局面的准备，专业领域互不熟悉，市场动向人为割裂，产品性质难以界定，职责分工边界不清，导致目前的房地产交易制度仍局限于传统领域，对资金的安全和使用考虑不多，资金监管难到位、P2P房贷难掌握、产权保险难实现，对经纪机构从事金融服务也没有明确说法。如果不合规，由谁来惩处；如果合规，又该是怎样的规范。在房地产金融化的进程面前，建立健全房地产交易领域的金融风险转嫁和对冲机制，需进一步研究。

三、进一步完善市场监管制度的总体思路

（一）完善市场监管制度的目标

围绕建立竞争有序、诚信守法、监管有力的现代市场体系；立足于促进企业自主经营、公平竞争，消费者自由选择、自主消费；完善监管制度框架，健全竞争政策体系，初步形成科学高效的市场监管体系，构建以法治为基础、企业自律和社会共治为支撑的市场监管格局，形成权责明确、公平公正、透明高效、法治保障的市场监管制度。具体目标如下。

构建安全的市场体系。一是产品的品质是安全的，通过加强开发建设过程的监管，确保产品的品质。二是交易的资金是安全的，通过加强交易过程的资金监管，保障购房者能够获得所购买的房屋，售房者能够获得出售房屋的资金。三是房屋的产权是安全的，通过交易欺诈行为的制裁和防范，确保权利人合法的房屋产权不受侵害。

形成高效的市场机制。严格市场监管的边界，市场监管不是替代

市场机制，而是保护市场机制更好地发挥作用，坚持放活和管好相结合，做到放而不乱、活而有序。理顺市场监管的环节和流程，清除影响交易的制度障碍和管理障碍，提高市场交易的速度和效率。要强化成本意识，增强效能观念，把提高监管效率作为市场监管的基本要求，改变传统的无限监管理念，改革传统的人盯人、普遍撒网的监管方式，推动市场监管的改革创新。

营造公平的市场环境。通过市场监管制度建设和监管执法，制定公平的市场规则，进行公平公正的市场执法，营造房地产市场参与者能够进行公平竞争的环境，市场主体享有平等的法律地位。对各类市场主体一视同仁，依法依规实施公平公正监管，平等保护各类市场主体合法权益。加强对滥用市场优势地位行为的规制，从横向的角度各市场经营主体能够进行公平有序的竞争，从纵向的角度具有市场优势地位的一方不得强迫另一方接受有违市场公平的条件，保护消费者的合法权益。

（二）市场监管的原则

依法监管原则。更好发挥政府作用，坚持运用法治思维和法治方式履行市场监管职能，加强事中事后监管，推进市场监管制度化、规范化、程序化，建设法治化市场环境。要细化执法标准，规范政府部门自由裁量权。

协同监管原则。科学划分各级政府及其部门市场监管职责，建立健全监管制度，落实市场主体行为规范责任、部门市场监管责任和属地政府领导责任。克服相互分割、多头执法、标准不一等痼疾，推进市场监管领域综合执法，建立综合监管体系，发挥各种监管资源的综合效益。加强信息共享，强化部门上下统筹，建立健全跨部门、跨区域执法联动响应和协作机制，消除监管盲点，降低执法成本。充分发挥新科技在市场监管中的作用，依托互联网、大数据技术，打造市场监管大数据平台，提高市场监管智能化水平。

成本收益原则。监管行为会带来收益也会产生成本，监管收益要大于监管成本。坚持简约监管，按照简政放权、放管结合、优化服务的改革要求，坚持“简”字当头，实行简约高效的监管方式，消除不必要的管制，革除不合时宜的陈规旧制，打破不合理的条条框框，砍掉不必要的监管环节，减轻企业负担，减少社会成本。

社会共治原则。充分发挥法律法规的规范作用、行业组织的自律作用、舆论和社会公众的监督作用、信用体系的约束作用、专业机构的业务制约作用，实现社会共同治理，推动市场主体自我约束、诚信经营。市场监管要改变政府大包大揽的传统方式，明确企业的主体责任，推动市场主体自我约束、诚信经营。

四、完善市场监管制度的具体建议

（一）加强市场监管法制建设

做好房地产行业立法工作，完善市场监管重点领域立法，将房地产行业管理中的制度从部门规章修订上升为行政法规，全面提升加强房地产行业监管的法律支撑，确立房地产市场监管的基本法律制度。推进依法行政，强化执法能力保障，确保市场监管有法可依。

加强立法过程中的部门协调，积极发挥人大等专业立法部门在房地产市场监管立法中的作用，减少立法过程中的“部门化”。通过立法厘定住建（房地产）及其他相关管理部门的职责分工。

加强相关配套规定的制定、修改工作，加大市场监管技术标准的制定力度，推进部门间市场监管标准的统一化，实现监管的专业化、精细化。

（二）完善监管执法机制建设

丰富市场监管和执法手段，适应市场经济的要求，市场监管中增加市场禁入等经济手段。建立奖惩结合的市场监管机制，通过对守法守规企业给予信贷、市场准入方面的便利条件，鼓励企业遵守市场规则的行为。

坚持法定职责必须有为，严格依法履行职责。市场监管部门依照法定权限和程序行使权力、履行职责。建立科学监管的规则和方法，优化细化执法工作流程。建立行政执法自由裁量基准制度，严格限定和合理规范自由裁量权的行使。

完善事中事后监管机制，建立健全事前预警监管机制。注重顶层设计，确保事中、事后监管与事前审批、政府内部运行规则、市场机制正常运行、现行法律框架、社会发展基础条件等有机衔接；强化统筹协调，确立市场监管重点领域，加强监管协调；下沉监管重心，把监管职能、监管手段、监管人员等下沉到一线部门，完善一线部门的管理模式，探索提高监管职能的职业化、专业化，提升监管水平。同时，成立政府事中、事后监管的社会化评估机制。

（三）加强部门协同

按照市场统一性和执法统一性的要求，从完善政府管理架构、强化治理能力出发，加强市场监管体制改革的顶层设计，加强综合执法建设。应对房地产市场发展和监管环境变化，成立多部门协作的联席会议制度，针对房地产市场中出现的新情况、新问题，共同建立信息共享、业务会商和风险防范机制。

建立统一的房地产市场监管信息平台。由住房和城乡建设部牵头，利用现代技术手段，建立高效统一的房地产市场监管平台，对房地产市场进行从土地出让到房屋灭失的全生命周期监管。及时掌握开发建设进度和出现的问题，在项目层面形成预防预警机制。各管理主体根据各自管理职能分工提出需求，并做好各自工作衔接配合接口，通过管理平台协同作业，共同监管，打破各部门之间条块分割的管理格局，保障各部门之间管理的无缝对接，减少管理真空，提升管理效率，节省管理成本。

强化部门联动。依法充分发挥综合监管和行业监管作用，建立综合监管部门和行业监管部门联动的工作机制，形成优势互补、分工协作、沟通顺畅、齐抓共管的监管格局。按照“谁审批、谁监管，谁主管、谁监管”的原则，健全行业监管机构和队伍，充分发挥行业监管部门的作用，履行专业监管职责，进一步规范行业领域市场秩序。完善不同层级部门之间执法联动机制，科学划分不同层级的执法权限，增强纵向联动执法合力。

加强大数据综合分析。整合市场主体、交易和权属等数据资源，研究构建大数据监管模型，加强对市场环境的监测分析、预测预警，提高市场监管的针对性、科学性和时效性。加强对市场主体经营行为和运行规律的分析，对高风险领域建立市场风险监测预警机制，防范行业性、系统性、区域性风险。运用大数据资源科学研究制定市场监管政策和制度，对监管对象、市场和社会反应进行预测，并就可能出现的风险提出预案。加强对市场监管政策和制度实施效果的跟踪监测，定期评估并根据需要及时调整。

（四）建立健全房地产信用信息体系推动主体监管从资质管理向信用管理转变

加强信息化建设，提高政府信用监管的信息化水平。完善市场监管平台建设。依托全国信用信息共享平台和国家企业信用信息公示系统，健全部门信息共享交换机制。按照“全国一体、纵向贯通、横向互联、资源共享、规范统一”的要求，强化顶层设计，结合地方实际，建立完善企业信用信息汇集、共享和利用的国家级一体化信息平台。

健全信用约束和失信联合惩戒机制。发挥企业信用监管的作用，推动企业诚信经营。建立市场主体准入前信用承诺制度，将信用承诺纳入市场主体信用记录。完善经营异常名录、严重违法失信企业名单制度，在各地区、各部门“黑名单”管理基础上，形成统一的“黑名单”管理规范，将信用信息作为惩戒失信市场主体的重要依据。实行跨部门信用联合惩戒，加大对失信企业惩治力度，对具有不良信用记录的失信市场主体，在金融、税收、土地、工程招投标、政府采购、资质审核等方面，依法予以限制或禁止。通过房地产信用体系建设，在房地产企业间形成竞争机制，约束企业行为；公开房地产企业信息评级报告、项目信息，消除消费者同开发商之间的信息不对称，利用房地产市场约束房地产开发主体的行为；通过对房地产项目信息的整合，建立执法预警机制，可有效地加大执法力度，节约执法成本。

（五）加强行业组织建设，增强社会监管力量

行业组织在法律法规框架下，明确行业组织自身发展的框架或发展规划。行业组织发展框架必须明确行业组织未来 3 ~ 5 年发展目标、组织架构、重点职能、发展计划或发展措施与手段、提供的服务等，通过明确未来发展方向，给会员提供清晰的发展预期。

同时，推行行政管理与行业自律并重的监管模式，划清政府与协会的职权界限，通过简政放权，结合实际管理和业务需要，逐步完善自律组织职能，树立自律组织在行业内的权威，充分发挥行业自律组织自我监督、自我管理、自我服务、自我规范的作用。

结合行业组织改革，加强行业组织行业自治功能，鼓励参与制定行业标准和行业自律规范，建立行业诚信体系，充分发挥服务企业发展、规范行业主体行为、维护行业秩序的重要作用。

积极推动社会共治立法，明晰社会共治主体的权利和义务，加强社会公众、中介机构、新闻媒体等对市场秩序的监督。

（六）加强对利用互联网从事房地产业务的监管

对房源信息发布平台区分不同类型实施分类管理，并把重心放在对相关行为的规范上。主体管理上，对综合类和专业类信息平台，制订本信息平台的房源信息发布业务规则，并报建设（房地产）主管部门备案；对自营类信息平台，在本质上与传统房地产经纪企业并无区别，与传统企业一视同仁；对混业类信息平台，要求其从事房源信息发布业务和自营房地产经纪业务的经营主体必须分离。

加强对互联网经纪企业的监管。总体来看，互联网企业从事房地产经纪业务，其主要环节和基本要素与传统房地产经纪企业并无本质上的差异，应适用同样的管理制度。当然，在此基础上，也应结合互联网经济的特征，采取一些有针对性的管理措施。加强互联网经纪企业从事金融等衍生服务的监管，明确规定不得有下列行为：一是利用同一经营主体，同时开展房地产经纪业务和衍生金融业务；二是利用自身控股或大股东控股企业，为所服务的交易当事人提供贷款类金融产品；三是利用关联企业，进行自融、自担保、关联担保等活动。

专题报告七

城市规划制度

一、规划制度对房地产市场发展的影响机制与现状特点

对城市空间资源进行公平、合理的配置是城市规划的本质特征。房地产开发作为一种以城市土地与空间资源的使用为核心的市场行为，市场机制起着重要作用。但国内外的实践都已证明，市场调节并不能解决一切问题，市场参与方对利益最大化的追求，导致“市场失灵”难以避免，城市规划对防止房地产开发中出现市场失灵发挥着重要作用。

虽然各国的规划不尽相同，但基本上都是由“非法律拘束性的城市总体规划”与“有法律拘束性的详细规划”构成的二次城市规划体系，从而充分地控制行政区域内开发项目的位置、质与量，使得地方政府可对地域内的土地价格形成施加影响。以我国城市规划体系为例，宏观、中观、微观层面的城市规划都会对房地产进行调控，不同层级的规划调控的内容侧重不同。

（一）城市规划对房地产市场的控制机制与效果评述

城市规划主要是从“人口规模和环境容量控制”与“对房地产开发建设的控制”两个方面对房地产市场进行调控，人口规模和环境容量控制是房地产市场发展的基础，以此为依据才能制定房地产开发的数量、结构和空间布局。

结合实践效果来看，不论是我国的“四区五线”，还是国外的城市增长边界，实际上都是一种城市空间管治，但二者的出发点有所不同。西方国家城市发展过程中遇到的主要问题是郊区化导致的中心城区衰落、财政难以负担过度蔓延导致的基础设施建设需求、侵占森林草地农田影响生态环境等。我国人多地少，经济发展迅猛，实施城市管治主要是为了控制城市发展规模，统筹城乡协调发展，保护耕地和生态开敞空间，构建区域生态安全格局；推动城市发展方式由外延扩张向内涵提升转变，实现土地高效集约利用，解决基础设施供给不足、交通拥堵、房价虚高、环境污染等城市难题。

从目前来看，“四区五线”面临的主要问题就是“如何划线”。该政策从原则上考虑用地的资源环境、承载能力和发展潜力，但一些划分依据和原则往往过于宏观，且采用的规划技术和方法不同，往往造成划定的范围线不同。国外在划定城市增长边界时，非常强调科学预测、分析城市发展速度、土地需求和空间发展模式。美国波特兰为加强城市增长管理，增强预测的科学性和准确性，建立了一个基于地理信息系统的复杂城市模型——Metroscope 模型，包括经济模块、土地利用模块和交通模块 3 个组成部分。我国今后需要加强信息技术支撑和积累，更加科学、客观地来划定空间管治的范围。

成熟的规划管理体系也保证了西方国家城市增长边界政策的顺利实施。比如在美国，土地利用规划权是州政府的权力，各个州会成立专门的委员会，通过专门的土地利用法律来制定和管理都市区的城市增长边界。但在我国，空间管治边界的制定往往涉及多个部门，有国土部门的土地利用规划、住建部门的城乡规划、发改部门的国民经济和社会发展规划等。各部门之间理念不同、诉求不同，又缺乏相应的法律保障和协调机构，导致空间管治边界的制定未能达到理想效果。

除此之外，我国制定“四区五线”，或者国内一些城市制定城市增长边界时，往往利益博弈和公众参与不够充分。西方国家的多元政治结构为各种社会力量互动、各种利益博弈提供了平台，公众的民主意识和参政能力也普遍较强，公众可通过多种方式和途径参与政治。但在我国，公众参与热情低，开发商出于利益考虑，对城市规划有强烈的参与欲望，导致我国的空间管治，主要是政府和开发商之间进行的博弈，缺乏公众参与。

（二）城市规划对房地产市场的引导机制及其效果

规划对于房地产市场发展还有引导机制。对于规划中需要发展和开发的地区，基于城市规划，还需要配合一系列的政策引导，包括税收、财政和行政等，从而促进该地区的房地产发展。

城市规划引导是指通过立法、制定政策、政府投资分配等方式，控制房地产市场开发的初始条件，从而影响相关房地产建设活动的决策，使之与城市规划的意图和原则相一致。

城市规划的引导需要配合其他手段才能实现，如通过基础设施建设来引导地方的发展，或者通过税收优惠来支持房地产经济行为。规划激励是政府通过使用自己的规划权来给开发商奖励的方式。我国不少城市虽然有实施容积率奖励的想法，但还没形成完善的机制与系统。

国外实行得较早，有很多值得我国借鉴的地方。首先，在控制性规划制定时，要明确“总体设定与弹性预留”，可以借鉴美国容积率激励技术的实施经验，即宏观层面上的总量控制和微观层面的弹性引导。其次，我国目前大多数容积率奖励还是在提供公共空间上，并且对于其他方面给予重视的城市还比较少，尚不全面。而且对于提供的奖励条件、奖励额度也比较粗略，没有详细区分不同性质、不同区位用地、不同质量的公共空间、不同类型公共设施所奖励的容积率的区别。只有当开发商发现自己提供公共设施后，增加的容积率产生的经济价值高于自己的投资才会运用这一机制，而由于这个政策过于粗线条，往往对开发商的吸引力不足。所以，我国的容积率体制还需要进行完善，实行“密度分区”，按不同性质、不同区位条件将城市用地进行密度分区，并规定容积率的基础与调整上限，给予一定的调控区间，严格控制最高容积率限制的稳定性，运用 GIS 等技术绘制合理、科学的密度分区图。同时，扩大奖励范围，细化奖励条件和额度。

（三）城市规划对房地产市场的保障机制及其效果

首先，城市规划需要保障公共物品和低收入住房，对关系到公共物品、基础设施、公用设施、低收入住房的建设活动给予土地资源分配的优先安排。保障房建设中需要发挥政府的作用，英格兰保障性住房的发展表明，即使在崇尚自由市场经济的国家，政府也必须而且能够主动地参与保障性住房的建设。通过中央政府的直接拨款带动社会资金的投入，并对其盈利进行有效监管，能够有效地构建覆盖大多数国民的保障性住房体系。

其次，加强特大、大城市的保障性住房建设，注重空间绩效调控。特大城市、大城市应该是保障性住房的重点投入地区。纵观英格兰的保障性住房建设，人口密集地区以及特大和大城市是保障性住房分布的主要地区。以伦敦为例，全国近1/3的新建保障性住房分布在大伦敦范围内。

最后，发达国家较为重视保障房居住环境的建设。在居住环境建设上，国外住区环境建设充分融入现代先进的住区建设理念。德国、英国的保障房小区公共配置都比较完善，集社会福利、成人教育、职业培训、老年保健、儿童看护、娱乐休闲和信息交流等功能于一体。同时，通过定期开展社区活动，鼓励居民积极参加社区活动，提升社区居民的归属感。我国的保障房建设量虽然很大，但对住区环境规划缺少系统科学的考虑。

二、我国现行城市规划制度的主要问题

（一）法律体系不够完善

从20世纪80年代我国颁布实施《城市规划法》以来，城市规划管理领域法律法规的制定和实施经历了快速发展的时期，目前已经初步建立了以国家法律、行政法规、部门规章、地方法规和地方规章的五层结构为主的、较为完善的法律法规体系。我国的规划法律体系与英国较为相似，但从其功能作用和内容来看，还有较多的欠缺：如在程序性规定、行政主体职责权利关系的界定、规划指标的规范性内容等方面还有待充实；《土地法》、《建筑法》等相关法律也需要进一步完善；城市规划管理法律制度的建立还必须建立在完善的国家基本法律制度基础之上，如《物权法》对个人财产权与公共利益关系的界定、《行政法》等法律对行政权和行政行为的规范等。

（二）规划实施性和科学性不足

1. 总规的实施性不强

城市总体规划实施的严肃性与权威性不够。《城乡规划法》确立了城市总体规划的法定地位，但城市总体规划的实施必须通过下层次规划进行深化和细化，然而《城乡规划法》并未对下层次各类规划编制进行明确，即下层次规划编什么、怎么编没有明确的法律依据，导致下层次规划与后续建设行为与城市总体规划“脱节”。

刚性与弹性内容不够明确和合理。城市总体规划编制内容“大而全”，强制性内容和引导性内容规定笼统或难以实施。例如，根据《城市规划编制办法》，“城市各类绿地具体布局”是强制性内容，但对“各类绿地”“具体布局”的定义不够明确，是否所有绿地的规模、布局、坐标等管控要素均需在城市总体规划中确定？但这在城市总体规划层面难以操作。

部门之间的空间规划存在矛盾和不一致的现象，导致城市总体规划的权威性受到挑战，如城市总体规划与土地利用总体规划的矛盾。城市总体规划和土地利用总体规划的核心内容都是土地的合理利用，但研究的对象、范围、实施年限、方法、步骤各有侧重，规划深度也悬殊较大。在实际规划操作中，土地利用总体规划与城市总体规划在用地分类与划分标准、规划统计口径、规划工作路线以及规划技术方法等许多方面都存在着明显差异，造成两个规划在区域和城市土地开发利用与保护等方面出现较大的矛盾和不协调之处，因而不少规划项目因此难以落地。

城市总体规划成果文字表述不够规范，描述性语言过多，在一定程度上削弱了城市总体规划作为公共政策载体的严肃性和可实施性。

2. 控制性详细规划的刚性和弹性不足

控制性详细规划目前片面强调承接上位规划和遵守相关规范的“按部就班”思路，导致内容千篇一律、缺乏针对性，总体上显得极其笼统。

控制性详细规划的指标也应该有所调整。单个地块的建筑密度、容积率、建筑高度、绿地率等指标在实践中也已被证明无法且不必要全部进行强制性控制。相应机制的不健全（缺乏对应于刚性强弱的程序安排），以及对不同地域不同刚性控制要求的忽视，导致控制性详细规划内容的刚性与弹性相当模糊，使控制性详细规划在实施管理中“刚性不刚、弹性不弹”。

需要提高详细规划内容和控制指标的标准性、规范性和体系化，使得详细规划能够适应规划管理的实际需要，更好地发挥开发控制的作用，真正成为开发审查的有力依据。

（三）城市规划的多目标取向尚未形成

我国规划体系比较重视经济发展，对城市其他方面的重视不够。例如，对传统文化遗产、古建筑保护等重视不足；生态环境保护实施力度不够，城市建设缺少特色，千城一面。从生态保护来看，目前，我国规划在控制性详细规划编制中往往缺少生态环境指标，长期依赖城市总体规划中的环境控制要求。虽然现在《城乡规划法》中规定总体规划要进行专项规划的研究，但在控规层面环境保护规划仍然不多，在控规编制中生态环境指标被忽视的情况也司空见惯。由于缺少生态环境指标的内容，环境评价技术在控规指标体系中的应用也不常见。

（四）规划实施和监督仍需要完善

1. 规划行政体系之间还未建立完善的职能分工

在城市规划管理领域，地方政府在财政、地方立法等方面实质上拥有较大程度的自主权，在政策实施中具有较大的裁量权。但从部门间关系来看，立法、行政、司法的独立运行、相互监督、相互制约的治理结构还未得到有效建立，特别是行政行为的监督和制约机制，无论是从行政体系内部或行政体系外部来看，都仍有待健全和完善。

例如，控制性详细规划的编制、实施和调整都属行政工作，在控制性详细规划编制、实施和控制性详细规划调整的管理中，政府规划部门代表政府扮演着核心角色。尽管在控规调整工作中，规划部门会征求专家和相关部门意见，但这些意见往往不起决定作用。规划部门的决策对控制性详细规划调整起到决定性作用，同时也对控制性详细规划调整得以发挥积极作用起到关键性作用。规划部门“既是对项目进行决策、对决策过程进行监管、制定决策和监管的规则、对规则进行评估和调整等等的管理者，还要成为公共利益的守护者、城市开发的推动者和出现问题时的协调者”。

2. 目前我国城市规划中公众参与还不足，还需要完善公众参与机制

对城市规划各个环节的参与层次较低。我国城市规划中的公众参与大多只停留在规划方案的最终评审阶段，有的甚至在规划审批后才予以公示征询意见。至于规划实施后的评估监督，公众参与更是微乎其微。

公众参与缺乏相应制度保障。《城乡规划法》虽加强了公众参与的制度建设，但只规定了整体性的制度，至于具体工作的展开尚没有一系列明确的法律法规从内容和程序上加以保障。因此，公众参与事

实上大部分还是流于形式，成为象征性的“有行为无反馈、有参与无结果”的形式上参与。

公众参与城市规划的意识不强。由于城市规划领域长期以来对公众参与的漠视，使公众对城市规划的介入一直处于被动和消极状态。

三、进一步完善城市规划制度的具体建议

城市规划主要通过控制机制、引导机制和保障机制对房地产市场进行调控。首先，控制机制主要是从“人口规模和环境容量控制”和“对房地产开发建设的控制”两个方面对房地产市场进行调控。其中，规划制定的人口规模和环境容量是房地产开发的基础，据此，宏观、中观、微观三个层面的规划从不同方面调控房地产供给数量、供给结构、空间形态。其次，城市规划对于房地产市场发展还有引导机制，通常会配合一系列政策引导，包括税收、财政和行政等。比较常见的方式是通过基础设施先行，以及容积率规划奖励来引导房地产项目开发。最后，城市规划还有保障机制，需要保障公共物品和低收入住房，强调公平。

规划调控房地产市场，反过来，房地产市场也会对城市规划有反馈机制。房地产市场主要通过城市空间结构、经济发展来影响城市规划。不同类型房地产开发的空间分布改变城市用地的分布特征，促使形成新的城市功能空间结构。而且，房地产开发会带动或影响城市中许多产业的发展，从而加强或改变城市的性质，由此带来城市规划的改变。

从前文各国城市规划对房地产调控的案例可以归纳出下述五点值得我国借鉴的政策建议。

第一，强调政府的作用。城市规划管理是政府的职能之一。政府履行城市规划管理职能的方式是以法治为核心，实际上是执行法定的规划，并建立相应的规划管理决策和监督机制对政府依法行政进行规范。

第二，完善规划立法。欧美国家在容积率奖励、保障房建设上，都有相关法律法规进行保障。我国城市规划的法律还不够完善，监督监管机制力量弱，从而影响规划对房地产市场的调控效果。

第三，战略性规划的引导性和实施性规划的灵活性。城市规划对房地产开发的管理，是战略层面的规划引导和实施层面的开发控制相结合的。实施性规划一方面要注意对接上层次的规划，另一方面也要注意弹性和灵活性。国外城市增长边界的确定、容积率奖励政策的制定，都体现了实施性规划中的刚性要求和弹性变化的平衡。

第四，以城市规划控制为核心，综合运用各种干预工具。例如，通过政府提供公共物品，影响房地产的开发和使用，利用税收，运用财产税工具调节土地的规划和使用。

第五，充分借鉴国内外经验，结合我国城市化发展的阶段特征与现实需求，重点从城市更新和可支付性住房建设两方面，试点并推广相应的规划激励制度与执行政策。

专题报告八

房地产相关法律制度

一、我国房地产法律制度的发展历程

（一）酝酿期（新中国成立后至1978年）

新中国成立之初，中央人民政府颁布了一系列的法律法规条例，规范城市土地建设。代表性的是：中央人民政府于1949年颁布的《公房公产统一管理的决定》，1950年公布的《土地改革法》《城市郊区土地改革条例》；政务院1951年公布的《城市房地产税暂行条例》，1953年公布的《国家建设征用土地办法》，1956～1965年先后公布的对私房改造的政策性文件。这些文件规定了通过支付租金的方式实现城市私房改造，以国家赎买收回的形式实现对私营企业所占用的土地公有化，从根本上确立了城市房地产的社会主义公有制。这一时期的制度确立了土地国家所有制和公民个人所有权，实现了从农民私有制向集体所有制过渡，建立了农民集体土地所有制。但是在1966～1976年期间，整个法制环境遭到极大破坏，房地产立法处于停顿状态，出现了非法接管、没收城市私房和强占、破坏公房的现象，城市房地产管理处于极度混乱之中。

这一时期《房地产法》的立法特点主要有：一是房地产法制建设很少通过立法的形式实现，主要以部门规章和党的政策的形式出现；二是房地产法经历了一个初创、发展到破坏的过程；三是立法数量过少，立法程序混乱，立法层次较低；四是受极“左”思想影响，人民群众的住房难问题没有成为调整重点。

（二）萌芽期（1979～1988年）

伴随着住房制度改革的探索，房地产法律制度建设开始起步。党的十一届三中全会以后，各项工作开始拨乱反正。为促使房地产业有法可依，在生产、流通和消费各环节顺利进行，国家开始重视房地产法制建设。这一时期颁布的房地产相关法律、法规和条例主要有：1982 年国务院颁布的《国家建设征用土地条例》《村镇建房用地管理条例》；1983 年颁布的《城市私有房屋管理条例》《建筑税征收暂行办法》《城镇个人建造住宅管理办法》；1984 年颁布的《城市规划条例》《关于外国人私有房屋管理的若干规定》；1986 年颁布的《土地管理法》《房产税暂行条例》《城市维护建设税暂行条例》；1987 年颁布的《关于加强城市建设综合开发公司资质管理工作的通知》。

这一时期的房地产立法层次有所提高，最重要的是《土地管理法》，使土地规划开发建设有法可依。但是由于住房制度改革尚处于探索阶段，相应的立法工作与市场经济的要求相去甚远。

（三）初步形成期（1988～1998年）

随着住房制度改革的深入推进，相应的法律制度也逐步形成。

这一阶段，相关法律规定颁布的比较频繁，几乎每年都会出台相应的法律法规或对原有法律进行修改完善。代表性的有：1988 年全国人大通过《宪法》修正案，确立了城市土地使用权可以有偿有期限地依法转让；同年，全国人大通过修改《土地管理法》；1989 年颁布《城市规划法》；1990 年颁布《城镇国有土地使用权出让和转让暂行条例》《城市房屋拆迁单位管理规定》；1993 年颁布《城市国有土地使用权出让转让规划管理办法》；1994 年颁布《城市房地产管理法》；1998 年公布《城市房地产开发经营管理条例》和《土地管理法实施条例》。

这一阶段房地产法律制度主要有四个方面的特点：一是政府高度重视房地产行业的发展，制定了大量的房地产法律法规、条例和政策。《土地管理法》对土地所有权、土地使用权和开发建设用地等房地产关系作出了重要规定。此外，最高人民法院出台了 100 多个有关房地产方面的司法解释，行政主管部门出台了多个规章，保证法律得到实施。二是房地产立法的效力等级提高了，已经上升到法律、法规的层面。这一时期颁布的法律法规对确定房地产产权和调整房地产开发建设、经营等市场活动起到重要的引导作用。三是房地产法律制度调整的范围有所扩大。这一时期的房地产法律法规的调整范围从房地产产权的确定、私房交易和租赁等扩展到房地产审批、开发建设、房地产交易以及房地产经营管理等新的领域。四是这一时期的房地产法律规范没有考虑房地产权利人的合法权益维护，如将土地无偿收归国有，没有对原土地所有权人作出补偿等。

（四）趋于完善期（1998年至今）

随着住房分配制度的全面市场化，房地产市场管理也走向了法制化道路。这一时期的房地产市场迅速发展，相应的法律法规也相继颁布并沿用至今，已经相对成熟。代表性的法律法规有：2001 年《城市房屋拆迁管理条例》《商品房销售管理办法》；2007 年全国人大通过了《物权法》，同年修正了《城市房地产管理法》，结构严谨，体系完备。该法的颁布实施标志着我国房地产市场进入了法制化发展阶段，政策性调整措施作为法律的补充一起构筑了房地产法律制度。2011 年初国务院又颁布了《国有土地上房屋征收与补偿条例》，取代了原有房屋拆迁补偿条例。

总体上看，我国的房地产市场管理法制化不断成熟和完善，但随着市场经济体系的不断完善和房地产市场发展形势的不断变化，现行的法律法规和条例还有一些需要完善。同时，从 2005 年开始，国家启动了房地产市场宏观调控，宏观调控政策基本上是规范性文件，立法位阶低，但对房地产市场的运行以及购房人的权益影响很大，房地产市场宏观调控与法制化的要求并不完全一致。

二、房地产法律体系及其存在的主要问题

（一）现有房地产市场法律体系

在纵向的效力层级上，包括《宪法》、法律、行政法规、地方性法规、部门规章和最高人民法院的司法解释等有关规定都有涉及房地产方面的内容。在横向的内容上，房地产法包括土地、财税、金融等内容。

1. 土地法方面

调整土地关系的法律，目前为《土地管理法》《城市房地产管理法》；行政法规主要有《土地管理法实施条例》《城镇土地使用税暂行条例》《耕地占用税暂行条例》《土地增值税暂行条例》《城市

房地产开发经营管理条例》等；部门规章包括国土资源部及原国土管理局出台的《土地利用年度计划管理办法》《建设用地审查报批管理办法》《闲置土地处置办法》等。

2. 财税法方面

房地产税收有关的法律法规，以及财政部、国税总局关于房地产税收方面的文件。

3. 金融法方面

房地产金融法律法规主要包括《中国人民银行法》《商业银行法》。对房地产金融的调控更多依据中央政府和央行颁布的一系列房地产金融政策，包括开发信贷、消费信贷、住房公积金、土地储备、市场规范和监管、抵押证券、住房置业担保等方面。

4. 规划法方面

我国的《城乡规划法》以及相关的行政法规和规范性文件。

5. 房屋方面

包括房屋的开发、交易、登记、使用等方面的法律规定。

（二）存在的主要问题

1. 立法层次偏低

当前，有关房地产方面的法律法规的制定是以行政管理部门为主，为的是能够更好地进行行政规范、监督管理。房地产法律体系建设过程中，按照法律行使国家权力进行管理，主要是从管理者的范围对房地产有关权利进行规范，而没有从房地产的权利上制定相关法律规定。以房地产税收为例，现行房地产税收法律体系主要是国务院颁布的“条例”或“暂行条例”，都属于行政法规的范畴。目前对房地产税收规章制度的修改，绝大多数是由行政主管部门下发的文件，诸如财政部、国家税务总局联合发布的各种“通知”“批复”“办法”等规章及有规章效力的规范性文件，对房地产税收法律、法规进行不同程度的修正和解释，往往导致房地产税收法律变更频繁，严重影响了法律本身应具有的严肃性、权威性。

2. 审批事项标准不明确

如土地审批部门自由裁量权相对过大，法律法规应用性差会导致土地宏观调控的效力低下。

3. 行政权力与民事权利不分

（三）从法律视角回顾近年房地产市场宏观调控

房地产宏观调控是房地产市场健康发展的保障。从房地产市场诞生之日起就有相应的宏观调控。在房地产市场发展初期，目的主要是鼓励和促进房地产业的发展，拉动国民经济快速发展。在房地产市场快速发展期间，为了保障市场的平稳有序运行，宏观调控手段也发挥了重要的作用。但不必讳言的是，房地产宏观调控的目的、手段、方式仍然存在一定的改善空间。

当前阶段，房地产市场正处于深刻调整时期，在中央的宏观调控下，房地产市场过热局面已经得到控制。但也应该看到，我国城市化、现代化进程方兴未艾，仍然需要房地产业做出相应的积极贡献，要处理好宏观调控与房地产业适度发展的关系，促进房地产业与国民经济协调发展。

法律规则的缺失导致中央政府宏观调控与地方政府具体执行之间出现冲突。法律制度的缺失使得宏观调控类似于“政府刹车”而非“市场自控”。这就需要进一步完善法律制度，规范房地产市场的运行，对市场主体形成明确的监督惩罚机制，从而助推形成更完善的市场资源配置体系、市场传导机制和经济运行机制，让房地产业宏观调控由原来的“刹车降速”转变为“预期管理”，更好地促进房地产业与国民经济持续协调发展。

三、完善法律制度的目标和总体思路

（一）目标

加快构建完善房地产法律体系，形成统一性、权威性、协调性的法律体系，强化法律制度建设对于住房政策实施的制度保障，保障和规范房地产的有序发展。

（二）总体思路

1. 建立系统完整的房地产法律体系框架

在现有一系列法规或部门规章的基础上，构建系统完整的法律框架，统筹协调各类法规和规章的目标，实现法规和规章的系统性和完整性，确保相互配套和有效衔接。

2. 出台系统权威的住房法律，构建多层次、成系统、有权威的住房法律体系

在全国人大实现《住宅法》正式立法，提升房地产上位法律的层级，增强房地产法律制度的权威性和严肃性。在上位法律的指导下，构建形成包括《物业税法》或《房地产税法》和《住房租赁法》等在内的系统性法律和行政规章、地方性法规和管理办法，实现住房问题责任的明确、合理界定，防止各类住房政策之间产生矛盾，以及政策初衷在不同利益的博弈之中被消解。

3. 形成有力的法律监督和执法机制

对人民群众反映较为强烈的住房市场不规范行为形成有力的监督和惩罚机制。强化现有监督机制的法律效力，约束房地产市场中的各类失信行为，提高失信成本。在法律监督和执法环节，统一中央和地方各类法规和规章，提升地方执行效果。进一步明确住房开发、交易、中介服务、物业管理等环节的法律监督机制，依法建立专业的住房执法机构，并赋予一定的权力和职责，切实维护住房法律的权威性。

四、进一步完善房地产法律制度的具体建议

1. 提高法律位阶

总结经验，将符合我国国情、行之有效的住房政策上升为法律或行政法规。对自住型、改善型和投资型住房消费，建立差别化的支持体系，并以法律形式将这种差别化政策确定为国家长期住房市场调控的价值取向。制定我国住房的基本法律，坚持以人为本的法治理念，通过《住宅法》进一步明确“人人享有适当的住宅”的核心目标，强化对“居住权”的法律保护，确保居民基本住房权利，让住房真正回归居住本质。明确规定政府有责任为居民家庭实现居住权提供帮助和支持。同时，政府有义务促进住房市场的健康发展，为其提供良好的体制与政策环境。

2. 完善土地立法

修改现有《土地管理法》，完善土地审批、土地监督等制度和责任。在土地审批方面，明确土地利用年度计划实施的监督主体及对新增建设用地的审批做出明确规定；在土地监督方面，完善土地监督制度，建立健全公示制度，在土地利用总体规划得到批准后，各级行政

主管部门要向社会公示，主动接受社会监督；在法律责任方面，地方各级行政主管部门对土地征收等审批事项涉及的用地情况，负责查验真实性和合法性，建立由上到下的具体责任制；在土地权属方面，科学界定“城市”“城市郊区”“农村”等概念，明确国家土地所有权和集体所有权的权利主体及权利范围，平衡两种土地所有权人的利益。加快农村集体土地的确认发证工作。

3. 建立《土地储备法》

完善土地储备监督管理制度，严格规范土地收购、征用、置换等取得形式。要在《土地储备管理办法》的框架内进行土地的收购、征用和置换，要实现土地开发、整理和储存环节的程序化和法制化。完善土地供应机制，加强对现有土地储备的调节力度。

4. 尽快出台《住房租赁法》

对租房市场进行严格的规范，明确出租人和承租人的权利与义务，就租房合同订立、履行、租金水平确定及涨幅约定，以及解约程序等进行严格规范。

5. 出台《住房保障法》

填补我国住房保障法律的空白。通过立法明确住房保障范围、保障对象和保障标准。充分考虑我国工业化、城市化发展趋势，根据城市新增人口因素，实现对城镇常住居民保障层次之间的有效衔接。对于产权型保障性住房（如经济适用住房），要大幅降低获益空间；对于租赁型保障住房（如公租房），要建立长效、规范的保障性住房支持体系，尽快弥补现行财税、金融以及土地法规中的空白和不足。

专题报告九

房地产基础性制度的国际比较与借鉴

在市场经济条件下，房地产基础性制度（或称住房制度）是以房地产市场为核心，关于住房生产、流通、分配、消费、监管和保障等的基本制度安排，包括土地制度、金融制度、规划制度、税收制度、住房保障制度等，其核心目标是通过合理的制度安排，实现全社会的住有所居和居住条件的不断改善。总结不同经济体房地产基础性制度的异同，有助于为我国完善房地产基础性制度提供有益借鉴。

一、住房金融制度

房地产金融制度，按支持对象划分为消费性房地产金融和开发性房地产金融，按经济目的划分为商业性房地产金融和政策性房地产金融，按运作方式划分为一级市场制度和二级市场制度。各国的房地产金融制度，在上述制度中的差异而形成了各具特色的房地产金融制度。总结各国制度，大体具有以下特点和模式。

（一）商业性住房消费金融制度

商业性住房消费金融制度是各国房地产金融制度的主体部分，主要有建房互助会 / 储贷协会、合同储蓄、专业抵押贷款银行、商业银行等四类主流的制度模式。一是建房互助会 / 储贷协会制度。建房互助会 / 储蓄贷款协会是专门从事储蓄业务和住房抵押贷款的非银行金融机构，为购房提供融资，贷款要以所购房屋为抵押。二是合同储蓄制度。合同储蓄是欧洲普遍的住房融资模式，客户和住房储蓄银行签订合同，缴交合同规定的住房储蓄，达到一定期限和存款总额后，获得优惠住房贷款的资格。三是住房贷款银行制度。住房贷款银行不对外吸储，靠住房贷款担保债券筹集资金，发放住房贷款，收取贷款发行费和服务费。四是商业银行制度。20 世纪 80 年代以来，随着各国央行的流动性支持以及资本充足管理和存款保险等风险管理技术的进步，发达国家的商业银行房贷市场蓬勃发展起来，目前在绝大多数国家商业银行是发放住房贷款的主力。

（二）政策性住房消费金融制度

根据各国政策性住房金融机构类型、政府对住房金融市场干预的范围和程度，目前政策性住房金融体系大致可以分为两种模式。一是直接发放住房贷款。很多国家在商业住房金融不发达时期，都曾建立直接提供住房贷款的政策性金融机构，对商业机构不愿或不能服务的群体提供住房信贷服务。这一模式的优点是，利用政策性住房金融机构资金筹集的优势，满足居民迫切的住房金融需要。缺点是存在政府过度干预市场的风险，影响商业住房金融市场的发展。二是提供融资支持。政策性金融机构承担为住房金融市场提供融资支持的任务，不直接参与住房抵押贷款发放，通过资产证券化、贷款保险、贷款担保、财政贴息、税收优惠等政策工具和手段引导资金流向中低收入群体。这种模式的优点在于：住房抵押贷款融资来源更丰富、风险更加分散，住房金融市场稳定性更高。缺点在于，如果监管不力，容易造成滥用政府信用的担保，过度创新金融衍生品工具，加大住房金融市场整体风险。

（三）住房抵押贷款二级市场制度

住房抵押贷款二级市场，是以抵押贷款或抵押贷款资产池为基础的证券交易市场。按产品分，二级市场包括抵押贷款支持证券（MBS）和资产担保债券（CB）两类。在美国及亚洲地区 MBS 较多，而欧洲地区更多是 CB。抵押贷款支持证券，是以住房抵押贷款还款现金流为基础，由住房抵押贷款担保的资产支持类证券。资产担保债券制度（CB）在不同国家的制度安排有一定差异。在德国，贷款机构发行债券，资产保留在发行机构的资产负债表内。在法国，贷款机构设立子公司，子公司持有抵押贷款，发行担保债券。在英国，贷款机构直接发行担保债券，将抵押贷款转入特殊目的载体（SPV），SPV 以自身资产及抵押贷款资金池担保资产担保债券的支付。

二、土地及规划制度

（一）土地及规划制度的本质与基本演进规律

土地及规划的制度本质是确定土地在空间布局上的不同用途，对城市空间资源进行公平、合理的配置，更好地满足社会经济发展的需要，核心在于建立高效整合的土地市场，在符合规范发展基本要求的前提下，提高土地资源的利用效率。

从国际经验来看，土地与规划制度有着鲜明的阶段特征，在不同的发展阶段，一国土地和规划的相关制度有着不同的侧重点，且与该历史时期中的产业和人口等发展目标高度相关。其侧重点基本符合从农业用地到工业用地再到服务业用地的演变路径；从最初关注农村问题，逐步发展到城市问题，再到整合的城乡问题；从具体工作对象来看，也由增量土地转为存量土地。

以日本为例，最早期的土地制度改革侧重点在于农业用地，后来伴随着城市化进程的快速推进，其重点逐步聚焦于解决城市用地问题：通过土地供给端的政策倾斜配合大规模的公共住房建设，并在地价快速上涨时期建立了专门的“土地交易区域监视制度”和相关的规划限制以及限制区域。其后，伴随着产业结构和城市群（都市圈）布局的调整，相继出台并形成了由《土地基本法》《综合土地政策推进纲要》、《新综合土地政策推进纲要》所组成的稳定制度体系，并不断修改完善以往的《都市计划法》和《建筑基准法》，放宽对空间容积率方面的限制，鼓励建设高层住宅区，提高城市的容积率；创设土地区划整理事业，重新改造利用率低或尚未利用的分散的现有市街地，将工作重点逐步由增量用地转移到存量用地。最终，形成了相对统一且高效的土地市场，不断完善房地产市场的税制、法制和地价公开发布制度，以适应社会和经济结构的发展与变革。

（二）土地及规划制度的主要组成部分

土地与规划制度主要涉及：地籍管理制度、土地整理与征收制度、土地供应与交易制度、地价与供应量监测制度和动态响应机制、统筹规划与相关约束和引导制度等。

地籍管理制度提供了全面而翔实的土地基础信息。土地整理与征收制度对土地整理与征收的工作内容、步骤、相关利益方、补偿标准和实施责任主体作出明确规定，且有详细的法律依据。土地供应与交易制度主要涉及土地交易的法律基础，土地供应和交易的程序，以及对土地供应和交易的限制等三个方面。其中，土地供应部分又包含供应总量、结构和时序等三个最主要的核心内容。具体而言，土地供应总量、结构和时序方面需要特别注意的问题主要有：其一，供应总量是否满足客观发展需要，适度超前的情况普遍存在，但必须要符合城市产业和人口发展的客观规律，而不能仅依据地方政府的美好愿望和一厢情愿的设想。其二，供应结构要符合产业转型升级背景下的社会经济变革规律，统筹协调并合理确定工业用地和服务业用地的比例，以及产业用地和居住及相关配套服务设施用地的比例。总体来看，随着城市化水平的提升，大型城市的服务业和居住用地的比例趋于上升，工业用地趋于下降。其三，供应时序上应该避免顺周期操作扩大市场波动，在实时监测基础上提前预判，客观认识土地供给转化为住房供给的时间差，通过逆周期操作实现干预和引导，保证市场平稳健康发展。

在基本的制度体系基础上，一些国家也形成了对地价和土地供应后利用情况的监测制度，并建立了一系列的动态响应机制。比如通过土地估价委员会来监测和间接调控市场，通过地价信号来调控市场；通过预先购买所需土地来调控市场；通过房地产储备，平抑土地市场价格；通过制定规划，保障土地市场供需平衡等。需要强调的是，从政策的实际效果来看，单纯针对地价的管控措施效果并不理想，更为根本且理想的选择是根据客观需求灵活调整供给——在需求较高的热点城市群或城市内重点区域推进土地的再开发利用，或放宽容积率限制，从而提升土地的利用效率。不过，也必须认识到土地供应无法立即转换为真实住房供应的客观问题。

虽然各国的规划不尽相同，但基本上都是由“非法律拘束性的城市总体规划”与“有法律拘束性的详细规划”构成的两级城市规划体系，从而充分地控制行政区域内开发项目的位置、质与量，使得地方政府可对地域内的土地价格形成施加影响。一方面，建立分层次的住房规划编制体系，分类解决住房发展全国层面的宏观战略性问题与地方层面的具体实施性问题。另一方面，具体到城市内部，通过非常细致的规划约束和激励引导措施，提高土地利用效率，激发市场活力。比如美国和英国城市政府所采取的相关政策，可以利用自己的规划权来给予开发商一些规划激励，引导开发商进行公益投资，或者引导某个地区的开发，例如对控制性详细规划的各项控制指标设置一定的弹性和灵活性，使用奖励容积率等手段。这些规划制度和机制安排，能够在以市场为主导的前提下，实现规划对城市开发和住房市场的良性干预和引导。

三、住房税收制度

（一）持有环节住房税收体系

常见的持有环节税包括房产税、土地税、住宅空置税三个主要税种。房产税和土地税在世界范围内有两种主流的计征模式：一是房产税和土地税分别计征的模式，二是房产税和土地税合并计征的模式，称为“房地产税”。房地产税和房产税的区别在于计税依据中的价格是否包含了地价，如果体现了地价部分，则称之为“房地产税”；反之，如果房价和地价分别独立计征，则称之为“房产税”，对土地单独征税的部分即为土地税。住宅空置税存在于加拿大、澳大利亚、法国等国家，所谓“住房空置”就是住房处于没有进入交易或使用环节的一种状态，一般规定空置6个月以上即为空置房。由于空置房的认定难度较大，造成实际操作性差，在加拿大等国家都是以户主自行申报为主，在法国则是与居住税结合在一起征收。

各国征收房产税的主要目的是为地方政府筹集财政收入，用于当地教育、消防等公共支出。理论研究和各国的实践都表明，房地产税无法起到实现房地产市场稳定运行的作用。美国、日本等国都有比较成熟的房产税体系，但都出现过房地产市场的大起大落。

（二）交易环节住房税收体系

购置环节税主要包括登记注册税、印花税和不动产取得税三种。登记注册税针对的则是行为人（主要是购房者一方）与政府之间的行为关系，登记注册达成后能够在法律意义上对抗第三方。与印花税、登记注册税体现的法律价值不同，不动产取得税更多体现的是政策价值，如调控房地产市场、调节财富分配差距、促进资源有效配置等。世界范围内，购置环节税的设置主要分为东亚模式和欧美模式，以中国、日本、韩国等为代表的东亚国家均三税齐备，而欧美国家则以印花税、登记注册税相对完备而不动产取得税缺失为典型特征。由于缺少专门的不动产取得税，欧美国家在应对房价过热时往往会让印花税临时承担起不动产取得税的职能，开征高昂的“额外印花税”或者“买方印花税”来提高不动产购置的税收负担以遏制炒房需求。例如，2016年7月25日，加拿大不列颠哥伦比亚省针对外国炒房者征收15%的额外印花税。

需要指出的是，理论研究和国际经验都表明，提高交易环节税具有短期抑制需求作用，但最终是造成购房人负担的加重。因此，提高交易环节税，往往是短期措施或有针对性的差别化征收办法，以保护真正的住房需求。

四、住房保障制度

（一）住房保障制度的基本演变趋势

各国政府都高度重视住房保障问题，但在不同的发展阶段，住房保障的重点、方式等存在较大差异。在住房短缺阶段，各国政府普遍注重大规模的公共住房建设，这一阶段的住房保障主要由政府特别是中央政府主导，以实物型住房保障为主；但随着住房短缺问题的解决，公共住房的供给主体普遍由政府主导向重视发挥社会资本的力量转变，住房保障方式也从“补砖头”为主向“补人头”为主转变。

（二）注重发挥多主体和市场机制在住房保障中的作用

在住房短缺问题解决后，发达国家普遍重视发挥多主体和市场机制在住房保障方面的作用。

一方面，荷兰、瑞典等欧洲国家中，住房协会在公共住房体系中发挥着至关重要的作用。以荷兰为例，其社会租赁住房总量占全国住房总量的32%，其规模要远高于其他西欧国家。荷兰住房协会本身属于非营利的私人机构，但履行公共职责，并接受中央政府管控。由于其租金水平可以通过与政府的协商确定，并且依托法律获得社会住房建设担保基金提供的重组资金，在实际运营过程中接受中央住房基金的财务监管与财务重组规定，保证将运营收入继续投入公共住房相关的新建、维修和宜居化改造之中，形成了“循环基金”模式。

另一方面，美国所推行的低收入住房投资税收减免政策，鼓励公私合营共同建设公共住房。具体而言，只要是符合政策条件规定（低收入住户占一定比重）的公共住房项目，就可以获得相当于建筑成本70%或收购成本30%的税收减免。社会资本有意愿获得这些税收减免，即出资支持公共住房项目，可成为名义上的公共住房项目拥有者或成为这类公共住房项目的有限责任合伙人，从而享受相关的税收优惠；而项目开发商则作为普通合伙人进行实际的项目开发和经营活动以换取开发和管理费用。

（三）发达经济体在住房保障政策方面的教训

发达经济体在住房保障政策方面也有过教训，主要集中在以下两点。

一是社会住房集中建设带来贫困集中等社会问题。许多西方发达国家在20世纪60年代都先后经历过大规模建设保障房的阶段，但这一时期建造的保障房社区大都存在建筑质量低下、区位差和公共设施不足等问题，从70年开始陆续出现了贫困集中、社会隔离等其他社会问题，由此许多国家逐渐开始拆除先前建设的保障房社区。

二是住房保障可能会过度“福利化”。由于社会福利住房的补贴性质，易形成福利固化或过度福利化。由于包括收入水平、家庭结构和财产状况等在内的承租人准入条件，只在入住时一次性审核，未形成长期监管机制，导致相当部分人员已经不是低收入群体，却长期居住在社会福利房中，继续占用社会福利资源。而其他低收入家庭或年轻家庭尽管收入水平较低，却难以获得社会福利住房，或者被挤入住房市场。

五、住房租赁制度

发达经济体普遍较为重视租赁市场的发展，并在住房租赁制度方面有一些相同或相似的特征。

一是探索适合国情的住房租赁市场发展模式。租赁市场发展较为成熟的国家，普遍都形成了一种适合自身国情的模式，较好地处理了自有住房与租赁住房、公共租赁住房与市场租赁住房、租赁市场运行与政府监测监管等方面的关系。比如，德国一直坚持将各类租赁住房发展置于统一的政策框架下，形成了所谓“单一化”的统一租赁市场模式。又比如，新加坡在建国以后，探索形成了以建屋发展局、中央公积金和组屋为主要内容的住房政策框架，使居民都能利用公积金租赁或购买由建屋发展局建设的组屋。再比如，美国逐渐形成了以市场化租赁住房满足多样化需求为主的体系，对于中低收入住房困难群体，以公共住房、租赁补贴等方式给予保障。

二是注重通过立法规范租赁市场秩序。租赁市场体系较为健全的国家，都注重根据市场发展状况通过相应法律法规对市场秩序进行引导和规范，其重点主要体现在租金管制和承租人权利保护两大方面。比如，德国在 20 世纪 50 年代和 60 年代先后通过两部住房建设法律和一部租赁法律，既促进租赁住房建设和供应，又对租金设定进行适度管控。再比如，美国已有 30 多个州出台了《住房租赁法》，联邦政府还通过《统一住房租赁法》指导各州加强相关立法。

三是完善住房租赁市场的监测监管体系。随着经济社会发展以及住房需求的变化，经济发达国家都非常重视住房租赁市场的监测和监管，并不断调整和完善，以促进租赁市场平稳发展。比如，德国在住房短缺时期更加注重控制租金绝对值的设定，并且对不同建筑年代的住房租金做出非常具体的规定。在住房供需关系渐趋平稳后，德国及时废除了较为严格的住房租金管制方式，注重将租金管控与合理成本测算相结合，避免因租金管控而使租赁住房供应减少。在住房供应相对稳定后，德国更加注重控制租金更新及其涨幅。

四是住房租赁普遍形成多主体供应的格局。世界各国住房租赁市场普遍以居民个体出租为主，但在租赁市场发育较为成熟的经济体中，一般都形成了专业化住房租赁机构占有一定供应份额的市场格局，且主要有重资产模式的租赁持有运营和轻资产模式的房屋托管（或包租）服务两大类。比如，1987 年德国租赁住房供应的各种主体中，私人房东占 61.02%，私营住房租赁机构占 14.88%，公共机构占 8.52%，合作社和教堂等机构占 15.58%。再比如，2011 年美国住房租赁市场中，私人房东占比为 71%，各类机构占比为 29%，而且 50 个单元以上的租赁住房主要由各类机构持有。

五是注重保障租赁相关各方的合法权益。在租赁市场发展过程中，尽管不同国家对租赁双方当事人合法权益的保护程度和保护方式有所差异，但整体上也呈现出一些共性的演变规律。随着社会经济发展阶段和住房市场供求关系的变化，住房租赁相关的法律和制度都从最初强调保护承租人权利，逐步发展到兼顾出租人和承租人双方的权利对等，明确各自的权责划分。以德国为例，在 20 世纪 40 年代末，当时的相关规定对承租人权益的保护相对较弱；1953 年颁布《住房管理法》后，对房东终止租赁合同关系的限制开始增多；在租赁住房供需关系好转后，注重平衡房东与承租人的权益。

六、借鉴与启示

发达经济体在长期的实践中，对住房制度不断调整完善，总体较好解决了住有所居问题，居住品质不断提高。总结各经济体住房制度的主要内容、特点和演变历程，有如下启示。

一是住有所居始终是各国住房制度的核心目标。居住权是人的基本生存权利之一，解决住有所居不仅仅是个经济目标，更是各国政府最为关注的社会目标甚至是政治目标。虽然因国情不同、同一国家在不同时期面临的住房问题不同，各国或同一国家不同时期住房制度存在较大差异，但差异的主要表现是通过不同方式或制度安排实现住有所居，特别是让中低收入人群实现住有所居。

二是住房制度是一个持续演进的过程，是目标导向与问题导向相结合的产物。根据发展阶段变化、住房需求的重点和面临的主要问题，各国政府都需要适时调整住房政策目标的重点，并据此调整和完善住房制度。在住房短缺阶段，加快住房建设是各国住房政策的首要目标，并在土地供应、资金筹集等方面建立起与加快住房建设相应的制度和政策，部分国家在这一阶段曾实施过租金管制政策。在基本住房需求得到满足后，各国开始更加重视提升居住品质，并通过完善和提高规划、建设等方面的标准来实现更高水平的住有所居，同时对住房金融等方面的制度进行相应调整，逐步减少对租金的管制或取消租金管制政策，更加重视发挥市场的作用。在住房市场进入成熟阶段后，美国、日本等国房地产泡沫出现和破裂的教训值得警惕，各国开始高度重视房地产市场的风险防范问题，并据此对住房金融等制度进行调整完善。可见，住房制度建设需要从解决住有所居的总目标出发，针对住房领域的变化和突出问题，不断进行改革和创新，实现目标导向和问题导向的有机结合。

三是住房制度设计和改革需处理好政府与市场的关系。住房问题不仅与广大居民的日常生活紧密相关，还对各国的经济发展和社会稳定有较大影响。因此，各国都非常重视住房制度和相关政策的设计，而各项住房制度和政策的关键，实际是界定政府和市场的边界，发挥好政府和市场的作用。尽管各国政治制度、文化传统和资源环境等方面存在一定差异，但在处理政府和市场关系方面却总体经历了相似的路径。在住房短缺时期，各国普遍更加强调发挥政府的作用，特别是通过政府直接干预的方式建设了大量公共住房。政府直接介入的优点是可以在较短的时间内动员各种力量提高建设效率，快速增加供给；但政府过度干预也造成公共资源的错配和浪费，许多政府建设的公共住房存在面积小、质量差、居住环境不能满足需求等问题，一些地方还出现了贫困聚居等问题，政府的财政负担也较重。因此，在住房短缺问题基本解决后，各国开始更加重视发挥市场机制的作用，发挥政府作用时也更着眼于制度建设和完善市场机制，并将政策资源更多投入到低收入住房保障方面，政府在住房市场中的角色完成了从“主导”向“引导”的转变。比如，一些国家住房保障实现从“补砖头”为主向“补人头”为主的转变，进而打通住房保障与市场的边界，充分发挥市场作用，促进住房统一市场的形成，也给住房保障对象更多的选择权。

专题报告十

德国房地产制度及政策的演变与借鉴

德国全称为德意志联邦共和国，位于欧洲中部，是欧洲邻国最多的国家。面积约为 35.7 万平方公里（1999 年 12 月），全国人口约为 8200 万人（2014 年）。德国分为联邦、州、地区 3 级，共有 16 个州，包括 13 个联邦州和 3 个联邦直辖市（柏林、汉堡、不莱梅），14808 个地区。德国是高度发达的工业国家，经济实力居欧洲首位。德国是商品出口大国，工业产品的一半销往国外，主要出口产品有汽车、机械产品、电气、运输设备、化学品和钢铁。进口产品主要有机械、电器、运输设备、汽车、石油和服装。从二战后至今，德国房地产市场发展经历过住房供应不足、房价飙升、租房市场混乱的阶段。在不同发展阶段，面临不同影响因素的冲击，德国政府通过不断调整和完善相关制度、政策，实现了房地产实际价格的相对稳定。

一、德国房地产发展的主要阶段与基本特征

1945 年二战结束后，德国房地产市场经历了二战导致的住房严重

短缺，战后生育高峰及民主德国到联邦德国的人口迁移带来的人口数量大幅增加，两德统一和政局巨变，以及次贷危机和欧债危机等一系列冲击。德国政府通过一系列的住房调控政策，应对和调整住房市场，使得德国房地产实际价格保持在一个相对稳定的水平。进一步剖析德国房地产市场的发展历程，可将二战以来德国房地产的发展大致分为四个阶段。

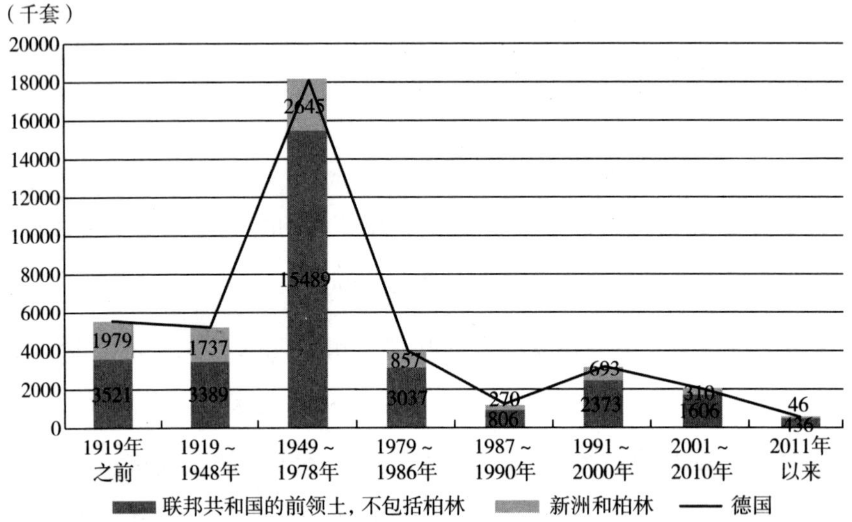

图10-1 二战以来德国住房建设数量

资料来源：德国统计局。

（一）第一阶段：扩充住房总量（二战后至20世纪70年代）

二战结束时，住房严重短缺，二战几乎摧毁了一半以上的德国住房存量。数据显示，1947 年，西德只有 1060 万套住宅存量，有 230 万套住宅全部被毁，相当于存量的 21%，另外的 230 万套被严重破坏。东德大约 10% 的住宅，约 51 万套被毁。从供需来看，西德地区，包括临时房屋在内的 940 万套住宅要提供给 1460 万户家庭使用，平均 5 个人分到 1 套住宅，人均 15 平方米的住宅面积，在许多大中型城市中通常两三户人家合住 1 套住房。

该阶段的住房政策重点在于解决供给总量不足的问题。从发展阶段看，建设高峰期出现于二战后重建的前 30 年。1949 ~ 1978 年，两德合计年均建成 61 万套住房，存量得以迅速增加，居民住房困难情况大为缓解。

（二）第二阶段：减少住房建设总量，重点提高房屋质量（20世纪70年代至90年代初两德统一）

根据德国统计局的数据显示，1979 ~ 1990 年期间，包括东西德在内，居民住宅建设总量锐减。1979 ~ 1990 年，共建设居民住宅约 497 万套，不到 1949 ~ 1978 年期间建设总量的 30%。该阶段，原西德房地产发展的重点从增加住房总量逐步转向提高房屋质量。该时期的住房政策没有延续二战后计划经济大背景下的福利住房政策，而是大力鼓励房地产公司和私人从事房地产行业，建造公寓别墅出售或出租。政府仍然主导建设“福利住房”，由房地产公司和私人建造房屋，以满足低收入者对住房的需求，并对租金和其他相关房地产税制进行修正，以完善市场化的住房制度。

两德统一之前，民主德国与联邦德国差距非常大，在住宅供给数量和质量上都远远落后于联邦德国。1990 年，民主德国人均住宅面积为 27.5 平方米，相当于联邦德国人均住宅面积（35.5 平方米）的 75%（见表 10–1）。在民主德国的全部住宅中，多数是二战之前建造的，约有 35% 需经过大修才能勉强居住，约 15% 的住宅有重大的建筑损耗，甚至已经完全无法居住（见图 10–2）。

表10-1 德国统一时东西部住房状况对比

具体指标	东德与西德的差距
每千人拥有的住房数量	东德与西德接近
住房质量	东德拥有的约700万户住宅中，约170万（24%）没有内部厕所，130万（18%）没有浴缸或者淋浴，约100万住宅有重大的建筑损耗，甚至无法居住
人均居住面积	东德为27.5平方米，西德为35.5平方米。但东德数据中包含了有严重建筑损耗的住房
租金以及固定住房附加费用（水电、暖气等）	东德极低，但能源极大浪费，当政府部门将实际的热水以及暖气供应成本分摊到租户头上的时候，每平方米附加的热水以及供暖成本经常是西德的2～3倍
居民居住成本	东德地区为每月每平方米9.5～11马克，西德地区每月每平方米10马克，前西德居民享受的是高得多的住房质量

资料来源：约翰·艾克豪夫：《德国住房政策》，中国建筑工业出版社，2012年。

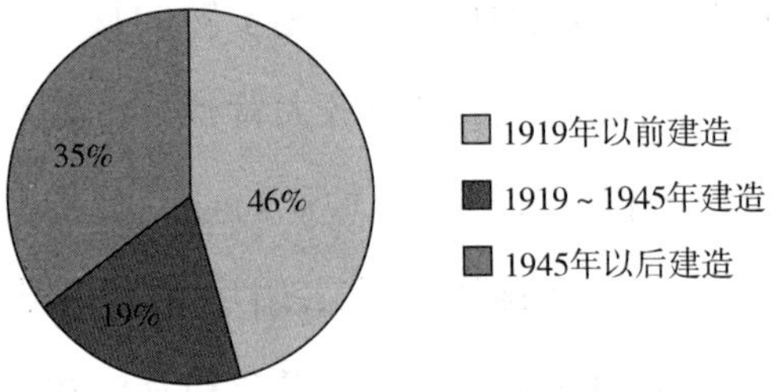

图10-2 20世纪90年代民主德国居住房屋基本状况

资料来源：贾生华，《德国住宅政荒的演变和效果分析》，外国经济与管理，1996年第3期。

该阶段住房政策重点在于扩大社会保障的覆盖面。在德国统一（1989～1990年）的过程中，德国住房政策出现了很大的动荡。新联邦州向老联邦州的内部人口流动造成了西德租房市场的严重扭曲。第一，加大社会保障住房建设，促使社会保障住房建设在德国西部再次短暂繁荣，德国东部的联邦州也曾短时间兴建社会保障住房。第二，对原东德地区第一批住房项目进行拆除。第三，将在德国西部适用的《住房补助金法》扩展到德国东部各州。

（三）第三阶段：二战后住房建设“第二次”小高潮（20世纪90年代两德统一至2010年）

1990 年两德统一后，德国住房重新出现较大短缺，住房建设数量出现了二战以来的第二次小高潮。

该阶段的政策重点包括：第一，加大住宅建设，满足市场需求。由于出现了一人一户的趋势，出生率高的年份正是房屋建设期；移民流入人口数量不断上升，而 20 世纪 80 年代末的房屋数量没有增加，住房市场也没有房屋储备了。面对新房荒和不断上涨的租金（尤其是人口密集区），德国采取了积极的政策来应对，先是提高出租房屋的使用率，促进私人住宅和福利性住房建设。第二，改善东德住房条件。两德统一后，为改善德国东部地区的住房条件，联邦政府的住房和社区设施投资逐年增加，从 20 世纪 90 年代的每年支出 24 亿欧元，增长至 2004 年的 72 亿欧元。

（四）第四阶段：2010年以后总体平衡阶段

从 2010 年开始，德国住房建设规模大幅度缩减。从总量上看，2011 ~ 2015 年，德国共建设住房 48.2 万套，年均建设 9.64 万套，仅为 21 世纪头 10 年年均 19.16 万套的 50%。2011 ~ 2015 年，住宅存量小幅上升至 410 万套（见表 10–2）。从区域结构看，原东德地区建设数量下降幅度更加明显。2011 ~ 2015 年，年均建设 9200 套，不到 21 世纪头 10 年年均 3.1 万套的 30%。

该阶段的政策重点是：用现有的房屋存量来解决住房问题。政府不仅要促进新住房建设，还要对老式建筑进行改造，租房子的人可以拥有房屋的占用权，或者是政府通过促进措施，使他们能够买得起房屋。目标群体不再是民众中的广大阶层，而是那些在房屋市场上买不起房子、需要支持的群体。随着20世纪90年代新一轮住房短缺的逐步解决，居民普遍居住水平提高后，政府的资助对象缩小，联邦政府公共支持中住房支出的占比逐渐下降——从1999年的29.36%下降到2012年的8.37%（见表10–3）。

表11-2　　2011～2015年德国住宅存量及结构

规范	单元	2011年	2012年	2013年	2014年	2015年
住宅（住宅和非住宅建筑）	1000	40630.0	40805.8	40995.1	41221.2	41446.3
按每套房间数来区分						
1	1000	1297.2	1307.0	1318.7	1334.2	1348.6
2	1000	3717.3	3732.4	3750.7	3776.6	3805.1
3	1000	8893.6	8916.7	8945.2	8983.8	9024.8
4	1000	10430.6	10457.9	10486.9	10526.1	10565.3
5	1000	6886.7	6923.1	6960.6	7001.2	7039.9
6	1000	4434.7	4466.5	4498.6	4532.4	4564.5
七间以上	1000	4970.2	5002.2	5034.5	5067.0	5098.0
房间，总共	1000	178563.5	179410.4	180298.6	181360.4	182295.7
生活空间总计	百万平方米	3699.5	3720.9	3743.5	3769.4	3795.0
住宅库存结构数据						
每1000居民的住房	数	506	507	508	508	504
每个住宅的生活空间	平方米	91.1	91.2	91.3	91.4	91.6
居民生活空间	平方米	46.1	46.2	46.3	46.5	46.2
每间客房	数	4.4	4.4	4.4	4.74	4.4

数据来源：德国统计局。

表10-3　　德国联邦对住房的财政支出金额及其占比

年份	公共财政支出（亿欧元）	公共财政支出：住房（亿欧元）	占比（%）
1999	218	64	29.36%
2000	231	63	27.27%

续表

年份	公共财政支出（亿欧元）	公共财政支出：住房（亿欧元）	占比（%）
2001	228	62	27.19%
2002	223	61	27.35%
2003	238	62	26.05%
2004	237	62	26.16%
2005	235	59	25.11%
2006	230	52	22.61%
2007	236	42	17.80%
2008	234	34	14.53%
2009	285	37	12.98%
2010	255	31	12.16%
2011	237	24	10.13%
2012	227	19	8.37%

资料来源：陈洪波：《全球房地产启示录》，经济管理出版社，2015年。

二、德国房地产相关基础性制度的总体框架和内容

从二战后至今，德国房地产也经历过住房供应不足、房价阶段性上涨、租房市场混乱的阶段。在各个发展阶段，面临不同影响因素的冲击，德国房地产总体上显现出相对稳定的发展特征。德国房地产的相对稳定，并不简单是某一两项政策手段的结果，而是在“社会市场经济理论”指导下，对包括金融制度、财税制度、土地制度、城镇发展制度等在内的重大基础性制度进行合理安排的结果，着力以消费者为服务对象，采取市场经济为主导，辅助以社会福利性住房保障的总体目标，实现了房价的长期相对稳定，并使得居民对住房状态相对满意。

（一）金融制度

德国金融体系发达，是一个以中央银行为核心，商业银行为主体，专业银行和其他金融机构并存、共同发展的金融服务体系。截至 2012

年底，平均每千人就有一个营业点，密度要高于同等的发达国家。

1. 货币政策相对独立，并以稳定为首要任务

德国的中央银行是德意志联邦银行，主要负责管理国家经济活动中的货币流通和信贷供应，保证货币稳定，并负责国内外财政金融往来的结算业务。

《德意志联邦银行法》赋予央行的独立性与欧洲各国相比是最大的。根据《德意志联邦银行法》第十四条，德国央行拥有独立的货币发行权，首要目标是维持货币稳定。在维持货币稳定的前提下，德国央行有责任支持联邦政府的经济政策。经费的独立也保障了德国央行的独立性和权威性，在制定执行货币政策的过程中不受外来因素，特别是政府行政部门的干扰。不过，德国央行与联邦政府之间相互合作，但二者相对于对方只有提议权，没有决策权。这就在法律上保证了德国央行在制定货币政策方面的独立性。长期以来，德国的通货膨胀率都控制在较低水平上（见图 10-3）。

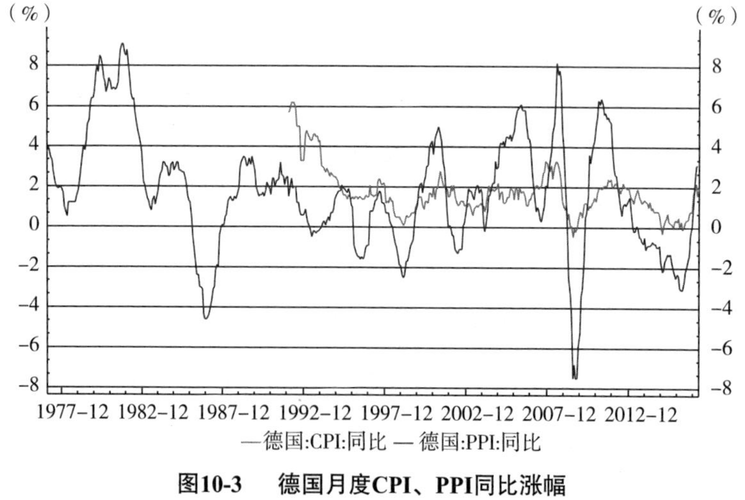

图10-3　德国月度CPI、PPI同比涨幅

2. 与住房相关的主要金融机构及工具

在德国从事住宅信贷的金融机构很多，主要包括储蓄银行、抵押银行、住房与互助储蓄银行、信贷合作社、保险公司、商业银行和特别信贷银行等。除储蓄体系的机构外，众多金融机构都参与房地产金融业务。2011 年末，德国住房贷款余额为 1.1 万亿欧元，储蓄银行、信用互助银行、地区银行、大银行和建设贷款协会是主要的房贷发放人，合计住房贷款余额占 2011 年全部余额的 60%（见表 10–4）。承办银行（抵押银行）、商业银行（特别是德意志银行、德累斯顿银行和联邦德国商业银行三大商业银行）、保险公司等都积极开展房地产金融业务。

表10-4　　德国住房金融机构贷款余额（2011年）

银行机构	贷款余额（百万欧元）	份额（%）
全体银行机构	1114049	100
储蓄银行	325161	29.2
信用互助银行	220032	19.8
地区银行	155033	13.9
大银行	117219	10.5
建设贷款协会	111504	10
按揭银行	79992	7.2
特殊目的银行	55601	5
州立银行	47853	4.3
外国银行分支机构	1384	0.1
信用互助银行地区机构	269	<0.1

资料来源：Deusche Bundesbank and vdp Statistics。

住房抵押贷款的融资安排别具特色，特点在于很少有人能从一家金融机构获得购房所需的全部贷款。通常，居民购房贷款是这样组成的：55% 来自抵押银行或储蓄银行，15% 来自住房互助储蓄银行，20% 来自商业贷款，其他来自家庭积累。主要金融工具包括如下。

（1）由抵押银行和储蓄银行提供的抵押贷款，多为可调整利率，贷款房产价值比为 50% ～ 60%，期限为 20 ～ 30 年，银行对抵押资产拥有第一处置权。

（2）由住房储蓄协会提供抵押贷款，一般期限为 6 ～ 18 年，平均期限为11年，贷款利率低且固定不变。这主要得益于会员较低的储蓄利率。

（3）浮动利率的短期抵押或无抵押贷款。由于德国不允许金融机构向购房者提供100%的抵押贷款，因此当购房者个人资产和储蓄不足，以上两种抵押贷款仍不能满足需要时，人们可以借助于这种短期的辅助贷款。这种贷款由商业银行和保险公司提供，利率随行就市，常常不需要抵押和担保。

（4）低息、无息贷款。主要由公营抵押银行和储蓄银行向低收入者、残疾人、多子女家庭提供。

德国住宅金融工具多样化和多种融资安排尽管看起来有些复杂，但是它促进了各金融机构在住宅抵押市场上的公平竞争，不断改善金融服务。如德国的抵押银行、住房互助储蓄银行、商业银行和保险公司之间均有密切的协调与合作，并为客户提供“一揽子”住宅金融服务（见图10-4）。客户只需进一家银行，提交一份申请，接受一次审查和签署一个合约，即可从几个相关金融机构同时获得所需的全部贷款。一般贷款人的首付比例是30% ~ 40%，实行的按揭利率为

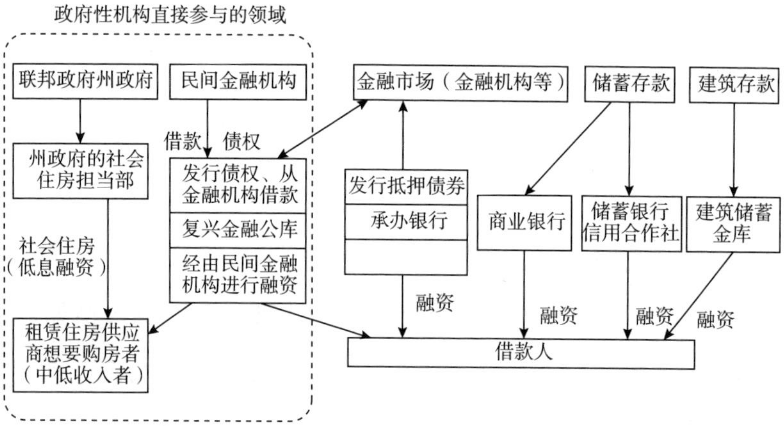

图10-4 德国住房金融体系

资料来源：世界住房政策与金融、住房普及协会：《中国住宅金融报告》，中信出版社，2003年。

3.5% ~ 5%，成本不高；按揭还款额不高于贷款人 40% ~ 50% 的月薪。

3. 向住房合作社发放低息贷款制度

住房合作社被称为德国房价的稳定器。120 年来，德国的住房合作社是其住房市场上的重要房屋供给方。住房合作社是德国住宅建设的主要组织形式。早在 1867 年，普鲁士出现了第一个住房合作社。到 19 世纪 70 年代初，德国只有 3 个住宅合作社。但是到了 1874 年，住房合作社的数量达到了 52 个。2012 年，德国有 2000 个住房合作社，其下拥有 210 万套住房，占出租房屋数量的 9%，为约 500 万德国人提供良好、安全的居住场所。统计显示，住房合作社建造的住宅占德国新建住宅总数的 30.9%。在柏林就有 80 个合作社，提供了 18 万套住宅，占所有住房的 10%。

住房合作社房屋的拥有者、使用者或是拥有永久居住权的人，可以通过住房合作社获得很多益处。住房合作社是一种中间形式，一方面可以供自己使用，另一方面也可以出租。由于合作社建房价格便宜，新建社区人际氛围良好，希望加入合作社的人越来越多，致使合作社扩建住房不断增加。这种合作方式充分、较好地解决了国民（社员）住房问题。该机制较好地处理了国家、集体、个人利益的关系，实现了在互利共担的原则基础上集约改善人民住房条件（见表 10–5）。

由于合作社的目的是解决社员的住房问题，因此充分体现了住房问题由国家、集体和个人三者共同承担的原则。由于合作社资金来源直接，减少了中间环节，可以降低住房成本，因而能够向社会提供价格低廉的住房。同时，德国政府也向住房合作社发放无息建房贷款，额度通常占建房费用的 60% ~ 70%，有的甚至高达 90%。贷款的期限一般在 20 年左右。

表10-5 德国住房合作社的基本内容

细节	内容
方式	德国住房合作社成立的目的很明确，就是通过合作的方式（而不是开发商垄断的方式）实惠地解决参与合作社的社员的住房问题
制度	合作社有自己的章程、组建委员会、管理委员会和重要议事问题全体社员大会共同决定制度
合作社成员	合作社成员有公司白领、普通工人、学生、退休老人等不同社会人群
操作过程	建房前，每个成员必须缴纳一次性会员费（根据住宅面积、400欧元/平方米、建造款不足部分由政府提供低息或免息贷款，似首付款）；住房建好后，每户房客再按月支付房租（类似月供款），大约是8.2欧元/平方米；若期间退出、搬迁，合作社将向其退还至此为止的全部房款（会费+全部租金），再将该退出的房子转给新加入的会员
政府给予的政策扶持	（1）提供贷款。长期的低息贷款和给予借款保证。 （2）提供土地。合理价格的土地供应（大多地处郊区、荒地、城市中的废旧住房等）。 （3）减少税收。所得税、财产税、土地转移税、交易税均以低税率向合作社征收。 （4）补贴租金。合作社住房若出租给社员，政府必要时补贴部分租金，房租降到社员能够负担的水平

资料来源：陈洪波：《全球房地产启示录》，经济管理出版社，2015年。

4. 住房互助储蓄制度

住房互助储蓄制度是德国住房金融的重要特色，住房互助储蓄实行自愿、平等、互利互惠的原则，即保障了所有需要购房者都有机会参加住房低息储蓄，并按其对住房储蓄的贡献来确定获得贷款资格，这保障了储蓄与贷款的权利与义务对称，以及储户之间机会均等。1885年，德国建立了第一家住宅互助储蓄银行。其最初的理念就是大家共同集资建房购房。这种自愿、互助储蓄的融资优势是显而易见的。如一栋房的价格是1000马克，10个人每人年储蓄100马克，所集资金不仅可以保障10年内人人都拥有自己的住房，还可以使人均资本积累等待的期限从10年降低至5.5年。政府希望通过住宅储蓄制度发挥住房储蓄者的积极性，筹集建房资金。

住房储蓄银行体系是德国主要的住房融资体系。住房储蓄体系由专业的住房储蓄银行（也称为住房储蓄信贷社）经营运作，住房储蓄是最稳定的资金，约占住房融资总额的50%。德国共有35家住房储蓄银行，其中22家是采取股份公司形式的私营住房储蓄协会，13家是州立住房储蓄银行。该体系的目的是通过政府政策促进居民积极参与住房储蓄来实现建房筹资的自助、社会互助和政府资助。它承担了市场融资和社会保障的双重职能，其运行机制是商业性和福利性有机结合。

住房储蓄融资体系运行模式可以简要地概括为：先存后贷、专业经营、专款专用、利率固定。它是一个参加者互助合作性质的封闭式储蓄融资体系。在办理住房储蓄上，规定凡计划购建房的年满18岁的德国公民都要参加住房储蓄，并与住房储蓄银行签订一定数额的“购建房储蓄合同”（即存款总额合同），储户如每月按照“合同金额”的5‰储蓄存款，7年左右存满“合同金额”的50%左右时，就可以向住房储蓄银行申请到相当于“合同金额”总数的购建房贷款。存贷款利率是固定不变的，一般低于市场利率。还款方式是所购建住房开始使用后，按月以全部合同金额的6‰（或3‰）还款。一般情况下是存款7年之后开始贷款，贷款偿还期为12年。只有住房储蓄银行才可以开展住房储蓄业务，其他银行不得从事该项业务。住房储蓄银行不得开展有风险的业务，只能购买国债等有价证券，信贷资金只用于为参加住房储蓄的居民提供购建住房贷款。

德国住宅储蓄制度的三大要件如下。

一是固定利率、低息互助。在德国，普遍成立了房屋互助储蓄信贷社。凡加入该社的社员，必须履行先储蓄后贷款的义务，当储蓄达到所需贷款额的 40% ~ 50% 时，才有资格贷款。住宅储蓄制度是一种封闭运转的融资系统，独立于德国资本市场，存贷款利率不受资本市场供求关系、通货膨胀等利率变动因素的影响，采用长期稳定的低存低贷固定利率制度。多年来，住宅储蓄利率保持在 6% 以下且贷款实行固定利率，居民还贷额固定、明确，因而对居民有相当大的吸引力；而且国家对中低收入的住房贷款者根据储蓄额进行奖励。

二是政府的储蓄奖励。对低收入居民来说，参加住宅储蓄可以得到政府的奖励，是促进他们参加住宅储蓄的一个重要原因。住宅储蓄奖励分为两种：（1）储蓄奖励，任何 16 周岁以上、年收入 5 万马克以下的单身家庭，每月不超过 1000 马克的住宅储蓄，可以得到政府每月 100 马克（即 10%）的储蓄奖励；年收入 10 万马克以下的单身家庭，每月 2000 马克以下部分的住宅储蓄，可以得到政府每月最高 200 马克（即 10%）的储蓄奖励。德国政府设立住宅储蓄奖励金和雇员储蓄奖金以及职工资产积累奖金，如 1997 年年收入 5 万马克的个人储户（夫妻储蓄 10 万马克），可获得住宅储蓄 10% 的住宅储蓄奖励金，个人住宅储蓄奖金的最高额为 800 马克，夫妻为 1600 马克。此外，雇主还要在雇员的住宅储蓄账户里每年存入 936 马克作为职工资产积累奖金。国家还要对职工积累（936 马克）给予 10% 的雇员储蓄奖金。（2）购房奖励，对通过住房储蓄进行的建房活动，政府还给予贷款总额 14% 的贷款补助。此外，政府对住宅价格的有效调控，以及相应的住宅价格稳定，保证储蓄的住宅购买力不发生大的变化（贬值），也是住宅储蓄制度得以发展的一个重要外部条件。为了鼓励这种民间发起的住宅互助储蓄，德国政府通过多种奖励和税收政策的运用，调动了居民参加住房储蓄的积极性，吸引了大量的社会闲散资金流向住宅储蓄。

三是严格的借款人资格评定标准。在资金的运用上，德国住宅互助储蓄银行为了保障住房储蓄资金在使用中的公平性和安全性，除了按照常规审查借款人的支付能力外，还有一套严格的借款人资格评定标准，具体包括：（1）最低存款额。凡需要获得低息的贷款者，必须按储贷合同定期缴纳储蓄金，先履行储蓄义务并满足最低存款额要求，即只有当储蓄达到所需贷款额的 40% ~ 50% 时，参加储蓄至少 2 年，才有资格得到所需的贷款。（2）评估值。德国住宅储蓄银行每月对住房的奖金积累状况和对住房储蓄的贡献进行评估，并以评估值的高低来确定借款人的资格和贷款的分配顺序。这样保证每个储户都能得到公正、平等的配贷机会。

（二）财税制度

中央与地方财权事权的合理划分，形成合理的财力分配体制，是各级政府依法行政、实现其管理职能的重要经济基础，也能从根本上确保地方政府不依赖房地产等资产价格的上涨，带来本级政府税收增加。德国是世界上最早实行分税制的国家，针对事权划分财权，对各级政府的支出范围作出明确的界定，在主要税种实行三级政府共享的基础上，对其他税种在三级政府间进行分配，形成各级政府的专享税（见表 10–6、表 10–7）。实行分税制以来，德国政府对共享税的分配比例进行过多次调整，除重型运输卡车税外（原为州享税，2009 年调整为联邦专享税），专享税中的其他税种没有进行过重新划分，由此可见，针对事权而设计的专享税的分配基本是合理的（见表 10–8）。

表10-6　　德国三级政府事权与责任权的分配

联邦政府	联邦州政府	地方政府
国家安全与防卫、外交事务与国际组织机构、基本社会保障、造币与货币发行管理、海关与边境管理、国家级科研项目开发、基础性科研项目资助、由联邦政府承担的交通运输基础设施建设与管理（包括铁路、水运、航空、邮电、高速公路、远程公路等）、跨区域综合经济协作与开发（包括资源性开发）、农业补贴及经济结构调整等政策性支出、国有企业与国有资产的经常性支出、联邦一级政府机构行政事务性支出等	社会保障（部分）、高等教育、专业中等教育、治安警务与司法管理、文化体育事业、卫生防疫与环境卫生、健康医疗体系建设、住房保障、科学研究与技术开发应用、州级公路建设与维护、区域经济结构与农业结构调整及改善、河湖海岸养护与管理、州级政府机构行政事务与管理、承担法定的联邦政府委托的基础经济建设项目（如能源开发利用、交通基础设施建设等）	本区域基础设施建设、区域内治安保护、社会救济与社会援助、幼儿园与小学教育、地市级公路建设、区域内公共交通网络建设与运营、公用事业建设与发展（包括供水、供电、供煤、能源利用、垃圾与污水处理等）、公共福利、文化设施、成人教育、社区服务、地市一级政府机构行政事务与管理、承担法定的联邦以及州政府委托的具体工作项目（如人口普查、突发事件处理等）

资料来源：中国财政科学研究院：《世界主要国家财政运行报告》，载《经济研究参考》，2016年第68期。

表10-7　　德国三级政府共享税收入的分配

共享税包括公司所得税（即法人税、公司税）、个人（工资收入）所得税、增值税（原营业税）、利息税和清偿债务及出售转让（财产等）税费			
公司所得税	个人所得税	增值税	利息税与清偿债务及出售转让税费
公司所得税中的50%属联邦政府所得，50%属各联邦州所得，地方政府不分享公司所得税	个人所得税由三级政府共同分享。其中联邦政府享有42.5%，州政府享有42.5%，地方政府享有15%	增值税分配特殊。有专有的分配制度与方式。按最终分配比例，联邦政府分得增值税的53.9%，州一级政府分得44.1%，地方政府分得2%	按联邦政府44%、州一级政府44%，地方政府12%的比例进行分配

注：以上分配比例是当前具体实行的标准，一般情况下，联邦政府每隔3～5年会就各州与地方政府的税收能力、财力状况进行评估测算，并依据评估结论、各级政府的财政状况以及总体经济景气形势对分配比例做出调整。每年的税收分配具体方案都会在年初以文件的形式确定并公布出来，一经公布即成为具有法律效力的文件，如特殊情况下需要调整（包括微调）均需报经联邦议会讨论通过，方可调整。

资料来源：中国财政科学研究院：《世界主要国家财政运行报告》，载《经济研究参考》，2016年第68期。

表10-8　德国三级政府及欧盟专享税

联邦税	联邦州税	地方税	欧盟税
能源税、电税、烟草税、咖啡税、烧酒红酒税、保险税、大型运输卡车税、团结统一税	遗产赠与税、土地购置税、啤酒税、赌马彩票税、赌场税、消防保护税	营业许可税、工商税、土地税、娱乐税、狗税、第二居所税、自动赌博游戏机税、饮料税	增值税特别基金、海关税、糖税、BNE特别基金

注：由于各州人口与经济发展不平衡，州和地方政府所属的专享税是否开征、税率高低由各州或地方政府自行确定。因此各州之间存在一定的差异。

资料来源：中国财政科学研究院：《世界主要国家财政运行报告》，载《经济研究参考》，2016年第68期。

在德国，房地产相关税收属于财产课税。财产课税的具体项目中明确列示不动产，包括建筑物、土地。不动产一般需要估价，规定每6年估价1次。房地产税主要包括土地税、土地交易税和房产税。

1. 土地税

土地税是一种地方（市镇）直接税，由土地所有者缴纳。土地税的课税标准是土地的标准价格。基于土地涨价归公的基本原理，并维护税收正义的理念，德国对其境内占有土地的人设置了土地税，法律依据为1973年《联邦土地税法》及其修定案。目前，德国土地税实行一年一缴制，纳税人为土地所有者，征税对象为各企业、农业、林业等土地占有者，具体划分为农林生产用地和非农林用地（指可建不动产或有建筑物的不动产）。对农林生产用地征收土地税A，对非农林用地征收土地税B。

根据《德国资产评估法》，在计税依据上，不同土地的课税价值的计算方法不同。农林生产用地的计税价值为产出价值，非农林用地的计税价值为市场价值。在土地税税率上，按照地产的种类各有不同，如联邦统一税率对农业生产用地为6‰，对建筑用地为2.6‰～3.5‰，但是德国各市镇仍有较大的土地税调控空间，可以制定适合的税率。在税收豁免上，公共土地（如公园、墓地）、当局公共的土地及建筑物、联邦铁路、教堂、医院、科研和教育机构以及军用设施和市政公司等，享受土地税豁免政策。

（1）农业土地产出价值的单元价值以国家统一的土地评估调查评定的价值作为纳税价值。根据土地的不同质量，可以将土地分为六等，一等土地的调整系数为 100%，六等土地的调整系数为 600%。单元价值乘以土地面积即为土地纳税额总价值。德国第一次土地价值评估发生在 1935 年，第二次在 1964 年。目前使用的纳税地价以 1964 年评定的单元价值为依据。由于土地产出价值的评估多年不变，所以纳税的土地价值只是现行市场价值的一半。

（2）建筑用地的税率和城市的经济发展状况有关系。城市的经济发展速度越快，该税率就越高。有关资料显示，在联邦德国，柏林和德累斯顿两城市的土地税征税税率是最高的。巴特霍姆堡是个人口不足 5 万人的小城，它的税率就较低（见表 10–9）。另外，从人均土地税来说，法兰克福（美因河畔）是最高的，2003 年达到 239 欧元，柏林尽管该税率高，但人均仅为 175 欧元。另外，建筑用地的土地市场价值由各州的专家评审委员会评估得出。专家评审委员会的任务是收集成交土地的价格，根据成交土地的价格作出非成交的同类土地的纳税价值。

表11-9　2005年联邦德国部分城市土地税征税税率　单位：%

城市	土地税税率	城市	土地税税率
柏林	660	幕尼黑	490
德累斯顿	635	杜塞尔多夫	465
不来梅市	580	法兰克福（美因河畔）	460
汉堡	540	斯图加特	420
不来梅港	530	美因兹	400
汉诺威	530	路得维希堡	380

续表

城市	土地税税率	城市	土地税税率
格尔森基尔欣	530	腓德烈斯合芬	340
弗赖堡	500	康斯坦茨	310
杜伊斯堡	500	巴特霍姆堡	240
莱比锡	500		

注：以柏林为例，假设土地价格为20万欧元，征税总价=200000欧元×0.35%=700欧元，征税金额=700欧元×征税税率（660%）=4620欧元。

资料来源：中国商务部。

2. 土地交易税

土地交易税作为一种特别流转税，属于财政交易税范畴。纳税主体为土地转让方与受让方，征税对象为德国境内地产的转让交易。计税依据一般为交易价格，若交易价格不存在或无法确定，则应按照德国资产评估法的相关规定以地产评估值为基准，一般为市场价值的60%～80%。为鼓励居民拥有自己的住宅所有权，并打击炒房者的投机行为，德国政府多次调整土地交易税税率，2010年土地交易税的普通税率为3.5%～5%，土地所在州政府可以具体确定适用税率，如柏林和汉堡的税率为4.5%。

3. 房产持有税

长期以来，德国政府高度重视居民对房地产的基本需求，对房地产的买卖和经营予以严格的区别对待，对自有自用的第一套住宅（不包括度假村）不需缴纳房产税，只是对房基地征收土地税。德国普通居民在购置住宅时，也未将房基税列为重要的考虑因素。对于房产土地税的具体设计，德国制定了专门的《房产税法》，房产税由德国地方市政府负责对不动产征收，采用比例税率，税率范围为0.98%～2.84%，平均税率为1.9%。在计税依据上，采用从价计税方式，即按照市场价值和年租值作为房地产税税基和评估依据。

（三）土地管理制度

德国是以私有制为主的多元化土地所有制。全德土地资源中，约60% 为私人所有，近 20% 为联邦政府所有，20% 左右为州及以下地方政府和法人团体所有。德国土地管理制度的总体框架是由欧盟相关法规、德国《基本法》以及《民法》《公法》共同构建形成。作为欧盟成员国，德国的《土地管理法》首先要受制于欧洲的相关空间规划框架（Europe Spatial Planning Framework）。欧洲空间规划是与共同体、有关成员国及地区和地方当局的相关政策相配套的政策框架，以实现欧洲地区的平衡发展和可持续发展为宗旨，即所谓超越国家层面的法律框架（Supra- National Law/Principles）。其次，德国的土地管理法律法规还受德国基本法，即德国《波恩宪法》（Basic Law）的制约。此外，在德国整个的土地管理过程中，土地管理法律法规还会与其《民法》（Civil Law）、《公法》（Public Law）及《行政法》（Administrative Law）等三大类法律法规有所关联和交叉。以上所有法律法规适用于德国整个国家范围，且其制定与实施的全过程遵循公开、透明原则。

德国土地管理的基本制度主要包括地籍管理制度、土地交易制度、土地整理制度和土地征收制度。

1. 地籍管理制度

地籍管理制度的基本法律依据是联邦基本法，即《波恩宪法》。由于地籍管理涉及面广，在具体管理过程中涉及最多的是《民法》《地籍法》《邻居法》及相关的测量法律。此外，还有一整套行政技术法规和规定，如《建立地籍的规定》《日常地籍管理规定 I：地籍册的更新》《日常地籍管理规定 II：地籍图和数据的更新》《控制测量规范》《地籍测量规范》《埋设界址点规定》《地籍资料应用规则》《地籍管理工作岗位责任制》《收费标准》《绘图规则及地籍图图式》《不动产测量管理条例》《土地登记簿条例》等。

2. 土地交易制度

德国是土地私有制国家，土地是私有财产，可自由交易。围绕土地的交易管理，德国政府制定了一系列政策和有利于执行的配套程序。联邦层面的土地法律有四个：（1）《波恩宪法》第十四条将土地所有权作为《宪法》基本权利予以保护，土地买卖自由，但不能影响公共利益，若涉及公共利益的，地方政府有权行使优先购买权或强行征购。（2）《民法手册》和《土地交易法》对地产的交易必须办理哪些手续，在哪些部门办理，做出了明确规定。（3）《土地登记规则》对土地交易的登记内容、方法、作用、效力等方面做出了详细阐述。（4）《联邦建设法》规定地产的估价由估价委员会组织开展，地产交易的标准价格（购买价）由估价委员会做出。该法还对地产估价的具体方法、工作开展形式和成果形式做出了相应规定。此外，还有一些其他州和地方法规构成了土地交易和管理的法律体系，有力地保障了土地交易的正常执行。

第一，土地交易的法律基础，主要包括《波恩宪法》、《民法》、《土地交易法》《土地登记规则》和《联邦建筑法》。《波恩宪法》规定，德国的土地买卖是自由的，但不能影响公共利益。如果影响公共利益，地方政府有权行使优先购买权，直至强行征收。《民法》和《土地交易法》对地产交易的内容、形式、程序、办理机构都做出了明确的规定。《土地登记规则》对土地交易的登记内容、登记方法、登记效力等方面进行了详细的规定。《联邦建设法》规定，地产的估价由估价委员会组织开展，地产交易的标准价格（购买价）由估价委员会给出，该法还对地产估价的具体方法、工作开展形式和成果形式等作出相应的规定。

第二，土地交易的程序，分为三个阶段。第一阶段是洽谈阶段，主要是买主在调查市场交易价格行情和查询相关资料后，与卖主对土地交易的价格进行洽谈，或委托经过批准营业的土地经纪人进行。第二阶段是公证阶段，主要包括起草交易合同，审查、公证，登记注册，征询政府是否行使优先购买权，缴纳有关税费等内容。第三阶段是登记阶段，主要包括签订转让证书、申请变更登记、审查、变更登记册等内容（见表10–10）。

表10-10　德国政府确保土地交易正常运行的调控措施

手段	具体内容
通过土地估价委员会来监测和间接调控市场	土地估价委员会所制定的标准地价，虽然不一定等于实际土地交易价，但对实际地价有指导作用。交易地价一般都围绕着标准地价波动，在客观上限制了地价的暴涨。同时，土地交易价格的变化，通过估价委员会的监测，能够及时报告给政府，以利于政府适时地采取措施
通过地价信号来调控市场	根据土地市场不同时期所发出的不同地价信号，预测土地供求关系，进行城市建设用地整理，提供社会所需的建设用地
通过预先购买所需土地来调控市场	在进行大型项目工程建设时，政府为防止集中购买大量土地，引起地价上涨，出现土地投机的现象，主要采取预先在所需用地的附近购买足够的土地，届时通过整理，将所买土地集中到工程建设的地方，以满足需要
通过房地产储备，平抑土地市场价格	政府开发一些房地产，并有目的地以低于市场价格，将熟地或以房屋的形式投入市场，以平抑市场土地价格
通过制定规划，保障土地市场供需平衡	制定科学、合理的地方发展规划，宏观安排和协调不同时期各方面的用地利益，以保证土地市场的供需平衡
通过税率调节市场交易量	以调节土地交易税的税率，或调节银行抵押借贷的利率作为调节市场交易量的手段
通过法律法规对某些用地进行限制	制定有关法律规定，限制对某些特殊用地的占用

资料来源：国土资源部土地整治中心编著，《德国土地整理研究》，地质出版社，2016年。

第三，土地交易的限制，德国在承认土地所有者合法权益的同时，为了公共利益和保护他人的合法权益，国家通过立法程序对土地交易中的某些行为或权力加以限制。例如，严禁农用耕地在产权转让后变为地产经营，限制本来就具有一定规模的农场主为了更大面积的扩张而购买超过300公顷的土地，建设用地交易后的用途必须符合规划等。

3. 土地整理制度

早在中世纪，德国就开始了局部的土地整理。19世纪初，德国就有了见诸法律条文之中的土地整理。1953年，在过去帝国和各公国土地整理法规的基础上，联邦德国颁布了第一部《土地整理法》。1976年，对《土地整理法》进行了第一次修订。现行的《土地整理法》是2008年修订的版本。该法规定，联邦德国土地整理的执行机构，由各州自行设立。目前，除了城市州（柏林、汉堡、不莱梅）未设外，其余的州都设立了土地整理专门机构。例如在巴伐利亚州的7个地区，都设立了土地整理局。

4. 土地征收制度

德国土地征收的具体措施主要由《联邦建筑法》规定。根据该法，土地征收的补偿范围主要有实体损失补偿、其他财产损失补偿与负担损失补偿。实体损失补偿指的是被征收土地以及其他征收的“标的价值”的补偿。其他损失补偿指的是实体补偿之后，财产权人仍有的损失补偿。负担补偿主要是指因征收而解除的租赁契约，或该契约的解除是因为该房屋即将被整建或强制更新，以致无人承租或闲置，这将使财产权人短暂失去租金收入，应给予补偿。

对于土地征收补偿标准，德国《联邦建筑法》也给出了相关规定。先是实体损失，实体损失是指被征收土地以及其他征收的“标的价值”。《联邦建筑法》第九十五条规定，实体损失的补偿标准是征收官署决定征收计划时的“市价”。该法同时在第一百四十二条规定，所谓市价是指在通常交易的情况下，该被征收的土地与其他标的具有的法律权利、事实特征、其他状况及其所在的地点，而具有的价值；特殊与个人关系，在计算该被征收土地与其他标的时不予考虑。

对于其他财产损失补偿的标准，一是对于营业损失的补偿最高额不能超过将另一块土地重建为原来品质的必要花费，也就是不能超过重建费用。二是对于残余地的补偿，依照德国法院判例，若是对于已征收部分的市价补偿已经超过原有整块土地的实际价值很多的时候，就不可以另外提出独立的残余地补偿。德国土地征收的补偿方法以金钱支付补偿费，是目前德国征收法律的主要规定。

值得指出的是，为了增加财政收入和防止土地投机行为，德国政府规定，凡因预期土地将变为公共用地而引起的价格上涨，都不计入补偿价格，而收归国有。对补偿金额有争议的，应依照法律途径向辖区所在的土地法庭提起诉讼，以充分保障被征地所有权人的合法权益。同时，各类补偿费由征地受益者直接付给受补偿人，且各类补偿应在征收决议发出之日起 1 个月内给付，否则征收决议将被取消。

（四）城镇化发展制度

早在 1910 年，德国已经基本实现城镇化，全国总人口规模在 6000 万人左右，而城市人口占比已经达到 60%。有关数据显示，到 2010 年，德国城镇人口超过 6000 万，城镇化率高达 73.8%（见表 10–11）。德国城市体系的整体特点是多核心均衡发展，共有 11 个城市群，形成了南部慕尼黑，西南部斯图加特，西部法兰克福、科隆、波恩，西北部的鲁尔区、汉堡，东部的柏林、德累斯顿、莱比锡等大型中心城市，众多中小城市围绕这些中心城市形成了连片的城市群（见图 10–5）。德国不乏经济、人口非常集中的大城市和工业区，比如柏林、慕尼黑以及莱茵－鲁尔区，但德国也非常重视均衡发展。中小城镇是城镇化的主体。目前，德国有接近2600万人居住在人口10万人以上的大城市，而多达4970万人生活在人口在0.2万～10万人的小城镇。

表10-11　德国城镇化的历史进程

年份	总人口（万人）	农村人口（万人）	城镇人口（万人）	城镇化率（%）
1871	4105.9	2623.7	1482.2	36.1
1880	4523.4	2650.7	1872.7	41.4
1890	4942.8	2842.1	2100.7	42.5
1900	5636.7	2570.3	3066.4	54.4
1910	6491.6	2597.0	3895.6	60.0
1960	7254.3	2076.2	5178.1	71.4
2010	8180.2	2141.6	6038.6	73.8

资料来源：陈洪波：《全球房地产启示录》，经济管理出版社，2015年第一版。

表10-12　德国各联邦州面积及人口数量（截至2014年12月31日）

州名	面积（平方公里）	面积占比（%）	人口（人）	人口占比（%）
Baden-Württemberg	35751.33	10.00	10879618	13.24
Bayern	70550.07	19.74	12843514	15.63
Berlin	891.68	0.25	3520031	4.28
Brandenburg	29654.36	8.30	2484826	3.02
Bremen	419.84	0.12	671489	0.82
Hamburg	755.3	0.21	1787408	2.18
Hessen	21114.90	5.91	6176172	7.52
Mecklenburg-Vorpommern	23213.74	6.50	1612362	1.96
Niedersachsen	47592.82	13.32	7926599	9.65
Nordrhein-Westfalen	34112.52	9.55	17865516	21.74
Rheinland-Pfalz	19854.46	5.56	4052803	4.93
Saarland	2568.69	0.72	995597	1.21
Sachsen	18449.39	5.16	4084851	4.97
Sachsen-Anhalt	20451.74	5.72	2245470	2.73
Schleswig-Holstein	15802.49	4.42	2858714	3.48
Thüringen	16202.38	4.53	2170714	2.64
Germany	357385.71	100.00	82175684	100.00

资料来源：德国统计局。

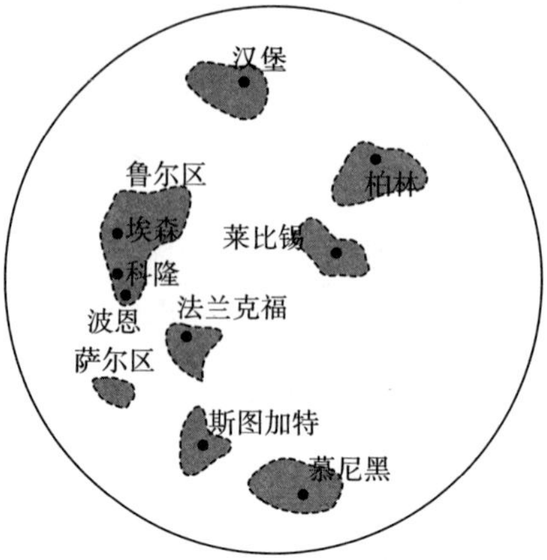

图10-5　德国主要城市群分布示意图

资料来源：陈洪波：《全球房地产启示录》，经济管理出版社，2015年。

德国的城市和小城镇发展，严格按照空间规划体系进行建设。德国的空间规划分为联邦区域规划纲要（国土利用规划）、州市发展规划、地区区域规划和县乡镇规划四个层次。德国的空间规划重视从人的发展状况、需求变动趋势和产业发展要求出发，统筹兼顾城乡发展和经济、社会、资源及生态等相关制约因素。规划建立在广泛的公众参与基础上，一旦确定会严格执行。20 世纪 80 年代末至 90 年代初，城镇发展中的环境问题被提升到更加突出的地位，空间规划都明确将环境问题作为关注焦点。1992 年以来，德国有超过 2000 个自治市启动了《21 世纪议程》，将可持续发展纳入全民发展的框架。

三、德国房地产政策调整的重点和特点

二战以来，由于不同阶段经济、社会发展水平和对住房的供需状况存在明显差异，政府在每个阶段的适应性调控政策也出现了阶段性特点。纵观德国房地产政策调整历程，可以发现，《住房建设法》（1950 年、1956 年）、《住房补助金法》（1965 年、1970 年）、《住房租赁法》

（1971 年、1974 年）和《私有住房补助金法》（1995 年）四部联邦法律，分别为社会保障住房供给、中低收入阶层的房租补贴、市场租赁行为规范和私有住房促进提供法律框架，成为德国住房政策的“四大支柱”。

（一）二战以来德国房地产政策调整历程

为了针对性适应房地产发展的不同阶段，德国房地产相关政策措施的重点及调整路径也存在明显的差异。更为特殊的是，从二战结束到两德统一，西德与东德之间走出了截然不同的两条路径。但总体而言正是由于政策措施与发展阶段相适应、相协调，确保了德国房地产的平稳健康发展（见表 10-13）。

表10-13　　二战以来各阶段德国房地产政策调控的总体观察

时期	名义住房价格	房价收入比	房价房租比	重要事件	房价变化动因	阶段内重要房地产政策	
						西德	东德
二战后至上世纪70年代	上涨	波动下降	波动上升	二战结束	房地产供给不足人口增长（婴儿潮、移民潮）导致需求增加经济增长加快	1920年，住房储蓄制度 1945年，住房统治经济，1960年废止 1950年、1956年，《住房建设法》 1953年，《住房经营法》 1965年、1970年，《住房补助金法》 1971年、1974年，《住房解约保护法》 1971年、1974年，《住房租赁法》	租金增长冻结与国家住房供给
20世纪70年代至90年代初两德统一	小幅波动	下降	下降		房地产供给相对充足	1989年，《住房建设促进法》 1990年，《住房补助金法第八次修正法》	

续表

时期	名义住房价格	房价收入比	房价房租比	重要事件	房价变化动因	阶段内重要房地产政策
20世纪90年代两德统一至2010年	小幅波动	下降	下降	两德统一	政府大力补贴东部地区原民主德国住房建设；人口迁移导致需求增多；房地产市场机制逐步形成；房地产供给数量较为充足	1995年，《私有住房补贴法》 2000年，重新制定《住房补助金法》 2001年，《社会居住空间促进》 2001年，《租赁法改革案》 2003年，《私有住房补贴法修正案》 2006年，废止《私有住房补贴法》
2010年以后总体平衡阶段	小幅波动后上涨	小幅下降	持平	金融危机	国外冲击，外来移民	政策微调2016年3月6日，德国《租房法修改案》获得通过，被称为“限制房租法”

资料来源：（1）约翰·艾克豪夫：《德国住房政策》，中国建筑工业出版社，2012年；（2）李稻葵、罗兰·贝格：《中国经济的未来之路：德国模式的中国借鉴》，中国友谊出版公司，2015年；（3）作者整理。

1. 二战结束至两德统一，西德房地产政策调整历程

（1）二战后至20世纪70年代，西德从“政府管制”向“市场经济”有控制地逐步过渡。二战后，联邦德国住房严重不足，战争结束初期，实施了市场管制（统制经济）的房地产政策。《住房统制经济》（1945年出台）管制政策下，政府规定租金数额，事实上禁止现有租赁合同的解除，国家机构分配住房给贫困者。《住房统制经济》于1960年废止，住房缺口基本得到缓解，逐步开始实施住房市场经济。西德于1960年开始有条件地逐步取消租金管制。当年实施的《关于废除住宅配给以及实行社会化租房》的法令规定，缺房率在3%以下的城市和乡镇全部取消住房配给和房租限制。此后房租普遍上涨了15%～35%。有些大城市住房问题解决得较慢，对房租的限制也相应延长。如汉堡和慕尼黑直到1975年才取消房租管制，而西柏林直到

德国统一前仍未取消这一限制。

住房统制经济废止后，住房价格相对以前有所波动，有些中低收入者买房、租房仍然有困难，联邦德国政府于 1965 年颁布《住房补助金法》，帮助不能独立获得与家庭规模相适应的合适住房的家庭获得住房，使得住房补助金的数额与上涨的房租和消费价格相适应。20 世纪 60 年代开始，战后生育高峰和民主德国移民、外来务工移民数量大幅增长，从 1950 ~ 1970 年的 20 年间，联邦德国人口总量从 5000 万飙升至 6000 万，对住房市场造成新的冲击。1971 年，联邦德国颁布《住房租赁法》，为住房租赁市场的完善提供了法律框架，为后来租房市场的繁荣奠定了基础（见表 10–14）。

表10-14　　二战结束至20世纪70年代西德房地产政策措施

1946年	1946年，由联合军事政府引进，并且在1950年由联邦议院确认的老式住房范围内的统制经济给予地方房管局分配权，可以制定最高租金的额度，并且不允许房东随意解约
1950年	德国颁布了第一部《住房建设法》，意在加强住房供应。联邦或者州可以为符合条件的开发商或者居民家庭提供30～35年的无利息的住房建设贷款，以此促进住房建设
1951年	鉴于德国老式住宅的数量庞大，促进私有住宅的建设变得越来越重要，必须通过政策对私有住宅建设注入发展的新动力。1951年，政府规定，如果投资建设供自己使用的房屋，可以得到税费上的优惠政策，自此开始了促进自住房建设的阶段。同年，德国颁布了《房屋建设津贴补助法》，使得“房产权属于私人财产的一部分”这个论断越来越清晰化
1956年	随着第二部《住房建设法》的一致通过，1956年促进私有住宅的目标在《社会福利性住宅法》中确定下来
20世纪50年代末	20世纪50年代末，通过逐步废除住房统制经济，引进社会租赁权利，德国的住房市场得到了整治。这种整治的后果是导致租金增长，许多家庭承担不起
20世纪60年代	20世纪60年代，为了有利于中等收入家庭的发展，政策将重点放在促进第二套住房的发展上
1965年	德国开始引进的，与收入、家庭人口数、租金高低相关的住房补贴金制度，成为其住房市场经济的核心支柱
1971年	1971年颁布的《解约保护法》，禁止通过解除合同的要挟，达到收取高租金的目的。同时，租金在法律上也有明确的限制，租金必须与当时当地的普遍房租情况相适应。

资料来源：作者对相关资料整理。

（2）20 世纪 70 年代至 90 年代初两德统一，西德侧重促进房屋供给。西德方面，20 世纪 70 年代房地产政策重点开始转变，通过税费优惠政策由直接促进变成间接促进私有财产发展，先后通过了《城市建设促进法》（1971 年）、《房屋现代化法》（1976 年），政策转向为民众提供高质量的房屋。为鼓励私人建房，政府通过减免税和其他奖励措施予以鼓励。《联邦所得税法》规定了几个方面的优惠：建房费用可在最初使用住宅的 12 年内折旧 50%（后又改为在最初 8 年内折旧 40%），从而降低房主应纳税的收入；申请建房的贷款也可从应纳税的收入中扣除；免征 10 年地产税，并在构建房地产时免征地产转移税。此外，财政还给予收入较低的购房人不同程度的购房补贴，绝大部分的德国人都可以享有不同额度的补贴。通过上述措施，可以看出财产政策目标和家庭住宅政策目标得到了极大的协调。

1989 年，联邦德国政府颁布了《住房建设促进法》，从政策法规上推动住房建设，保证住房供需平衡和价格稳定。政策法规颁布后，联邦德国新建住房规模上升，1993 年达到 42 万套，住房建设数量增加和存量房数量提升，使联邦德国每千人新建住房的拥有率大幅提高，从 1989 年每千人拥有 3.4 套新建住房增加到 1993 年每千人拥有 5.6 套新建住房。

2.“二战”结束至两德统一，东德延续租金增长冻结与国家住房供给

东部地区，二战后基本处于政府集中管理下，是一种“中央集中管理经济”。住房方面，政府虽然没有将存量的私人住房没收，但是采取了租金上涨冻结和行政式管理。

（1）冻结租金上涨，统一租金标准。东德政府基本限制了租金的上涨。同时，法律规定房主必须负责房屋维护与保养。通过住房协会与房客联合会的谈判，根据房屋建造年代、设施、地段等因素的考虑，在每个社区制定一个统一的房租价格表。

（2）住房行政式管理。居民大多数居住成本被直接从其工资划走。根据统计，从事生产的职工，平均每人必须向国家的社会基金缴纳 850 马克（约 70% 的工资）。这些受政府预算管理的资金，被用于补贴食品生产、服装生产以及政府拥有的住房经营管理等企业，以保证基本食品、住房租金等社会供给品的低廉价格。私有住房的出租者得不到补贴，但不能将租金定价高于国有企业提供的租赁房。

3. 二战后住房建设“第二次”小高潮（20 世纪 90 年代两德统一至 2010 年）

两德统一后，德国政府对民主德国地区的住房建设投资不断加大，促进民主德国地区房地产市场化进程。1991 ~ 1992 年间，德国政府共拨款约 15 亿马克，对 88 万套紧急待修住宅进行了维修和改造。与之相配合的还有长期低息贷款政策，德国政府向重建相关银行拨款 600 亿马克，专款专用，用于住房改建和住房现代化项目。其中有 100 亿马克用于改造民主德国地区亟需修复的板材建筑住房。除直接投资外，政府还对私人整修住房给予税收优惠。

德国政府在大规模投入住房改造建设资金的同时，还促进将社会主义计划经济体制下民主德国的房地产模式与社会市场经济下联邦德国较为成熟的市场化房地产模式并轨。实施了租金改革，将民主德国不合理的低房租调整到较为合理的程度，建立统一的国家调控下的市场化租金体制；并完成了住房所有制的调整，将部分国有和住房合作社所有住房私有化。

为促进民主德国地区住房市场化和私有化进程，以及应对 20 世纪 90 年代中期出现的房荒和家庭小型化趋势，1995 年德国政府颁布了《私有住房补贴法》，对私有住房补贴政策模式进行调整，原先的税收扣减模式不再延用，通过提前计算好的津贴数额的发放，使得中等收入水平的家庭和多子女的家庭能够顺利拥有私人住宅。1997 年开始采用直接补贴模式，由私有住房购置或自建人向政府申领退税及相关补贴。1996 ~ 2005 年，德国对于自用住房给予住房补贴的支出数额每年最高可达 110 亿欧元，是德国进行国家补助最多的支出之一。

进入本世纪后，根据形势的变化，德国政府又相继对房地产政策进行了调整。2000 年，重新制定《住房补助金法》；2001 年，制定《社会居住空间促进法》《租赁法改革案》；2003 年制定《私有住房补贴法修正案》；2006 年，废止了《私有住房补贴法》。

4.2010 年以后总体平衡阶段

德国住房建设、住房交易、住房租赁、保障房建设等房地产市场制度框架已经基本形成，以住房储蓄制度为核心的住房金融体系也相对完善，德国政府调控下的房地产市场经济体制已经基本建立。

由于现阶段德国人口总数保持相对稳定，德国住房市场来自需求方的压力相对较小。而且德国城镇化率较高，并形成了“多中心”的城市格局，不同规模的城市之间，城乡之间的基础设施和工作机会等条件差别不大，使得居民的住房需求不会过度集中于某些大型城市而对其住房造成较大压力。因此，现阶段房地产调控主要是根据一些特有事件对市场的冲击进行相应的政策微调，保证房地产市场的稳定发展。

（二）德国房地产政策的四大支柱

纵观德国房地产政策调整历程，可以发现，《住房建设法》（1950 年、1956 年）、《住房补助金法》（1965 年、1970 年）、《住房租赁法》（1971 年、1974 年）和《私有住房补助金法》（1995 年）四部联邦法律，分别为社会保障住房供给、中低收入阶层的房租补贴、市场租赁行为规范和私有住房促进提供法律框架，成为德国住房政策的“四大支柱”（见表10–15）。

表11-15　联邦德国住房政策的四大支柱

政策、年代与性质	政策内容	修订内容或废止原因
《住房建设法》（1950年、1956年出台）国家供给政策	国家财政优惠或补贴大型住房企业承担住房建设，适用“成本价房租”，与政府约定20～30年期限，期满后，房租可以市场化	2001年废止。受资助的保障房基本到期转为市场房，且政府无须再新建保障房。后改由《社会居住空间法》来规范
《住房补助金法》（1965年、1970年出台）需求政策	帮助那些不能独立获得合适的、与家庭情况相宜住房的家庭；补贴经济学意义上的“无市场能力的家庭”	2001年修订，使住房补助金数额与上涨的房租和消费价格相适应
《住房租赁法》（1971年、1974年出台）市场政策	因20世纪60年代“婴儿潮”导致德国人口扩张，住房需求增加。出台该法为房东和承租人签订住房租赁合同确立法律框架，具有强烈的承租人权益保护导向	租赁法改革案（2001年），将已签约住房的房租限涨上限从3年累计涨幅不得超过30%下调为不得超过20%；自2013年5月1日起，3年累计涨幅不得超过15%。2016年3月6日，德国《租房法修改案》获得通过，被称为“限制房租法”。“限制房租法”与以往不同的是，对房租上涨限制得更为彻底，由3年内涨幅不得超过20%改为不得超过10%。超过各地政府的“指导价格”的20%，房客有权将房东告上法庭。很多老房要进行改装而花费部分资金，这种情况下允许在可承受的范围内调整租房价格
《私有住房补助金法》（1995年出台）需求政策	一是宣布原先个人所得税法案中的住房购置税扣减模式适用至1995年底结束；二是1997年起采用补贴申请模式，国家按照特定的标准给予补贴，只有收入低于某个特定界限以下的人才能享受补贴	2006年废止。私有住房促进具有广泛的争议性

资料来源：（1）陈洪波：《全球房地产启示录之稳定的德国》，经济管理出版社，2015年；（2）作者整理。

1.《住房建设法》

德国1950年颁布《住房建设法》（第一部），新政府决定在住房领域加大国家供给政策的市场干预。1950 ~ 1959年底，在财政资金的支持下，德国累计建成住房330万套。此外，还有270万套住房在没有国家资助的情况下竣工。由此，基本缓解了二战后德国住房短缺问题。1960年之后，接受德国国家资助的住房建设申请量也开始下降。至1990年两德统一时期，德国人口流动加剧，住房相对短缺，德国政府又进行了一次供给支持。1996年之后，受政府资助的住房供给行为越来越少，直至2001年，联邦政府取消了该法律，政策不再支持财政直接补贴住房供应。

2.《住房补助金法》

该法于1960年初期颁布，主要目标就是完成从支持住房供应向支持住房需求的转变，即向“社会竞争力较弱的家庭”提供货币补贴，以资助他们能够支付完房租后还可以维持基本生活。这一政策成为了德国现代住房补贴制度的典范，并且在德国一直得到了很好的执行。

2009年，450万户租房家庭获得了不同形式的政府住房补助金，合计金额166.2亿欧元，补助金的83%发放给了失业家庭。

对租金进行补助已经成为德国住房政策的核心内容，对于买不起住房的人，德国政府主要是通过发放租房补贴的方式帮助其租房，而不是通过信贷扶持刺激买房需求。由于经济原因无法满足个人或者家庭基本住房标准的，政府通过给予“租房补助”政策，直接给予目标群体金钱上的支持。

根据德国的《租金补助法》，租金补助目标是从经济上保障一个适当的以及适合家庭的居住条件，租金补助的形式是租金补助金的发放（租金的补贴）或者自有住房费用分担。每个租赁居住的自然人均拥有租金补助权。在资金来源上，根据德国的《租金补助法》，由州支付的租金补助，一半由联邦政府返还。由各地的社会福利局进行具体行政操作。有需求的贫困人口可以提出“租金补助”申请，行政部门根据其收入、家庭人数，以及所在地的房屋租金价格水平，制定“租金补助”标准及金额。租金补助的额度为最多 12 个家庭成员计算，未四舍五入的租金补助额为 1.08 • [M–（a+b • M+c • Y）• Y]，其中，M 指应考虑的月租金或费用的欧元金额，Y 指每月总收入的欧元金额，a、b、c 分别为根据家庭成员数目产生的不同参数（表 10-16）。有关数据显示，德国的房租补贴政策已成为解决居民住房的主要措施。

表10-16　德国租金补贴最高补助额

应考虑的家庭人数	租金梯次	最高补助额（欧元）
1	I	292
	II	308
	III	330
	IV	358
	V	385
	VI	407
2	I	352
	II	380
	III	402
	IV	435
	V	468
	VI	501
3	I	424
	II	451
	III	479
	IV	517
	V	556
	VI	594

续表

应考虑的家庭人数	租金梯次	最高补助额（欧元）
4	I	490
	II	523
	III	556
	IV	600
	V	649
	VI	693
5	I	561
	II	600
	III	638
	IV	688
	V	737
	VI	787
每增加一位家庭成员而增加的补助额	I	66
	II	72
	III	77
	IV	83
	V	88
	VI	99

资料来源：德国《租金补助法》，2008年9月24日颁布，约翰·艾克豪夫：《德国住房政策》，中国建筑工业出版社，2012年出版。

3.《住房租赁法》——成为确保德国庞大的租房市场运转良好的制度保证

1971年颁布的《住房租赁法》具有强烈的保护承租人权益的特征。该法出台的背景是，1960年住房统制经济被废除，允许居民在市场上自由租赁，对于收入水平较低的家庭制定了《住房补助金法》，以支持他们能够租到适宜的住房。但是，德国在20世纪60年代出现生育高峰，人口每年以1%的速度增长，使得住房需求快速上升。在没有法律约束的条件下，承租人普遍受到房东随意解除合同、随意收取高租金的困扰。因此，该法律的适时出台，对租房市场进行了严格的规范，就租房合同订立、履行、租金水平确定及涨幅约定，以及解约程序等进行了严格规范。

二战后至20世纪60年代初，德国住房市场已经基本恢复，政策部门开始考虑逐步使住房市场政策向市场化方向发展。但政策制定部门的担心是，经济增长、货币政策和住房市场之间存在紧密联系。要使住房市场成为供需关系决定的自由市场而且正常运转的前提是：必须保证市场上有足够的住房供应，使得房东不能形成卡特尔以控制相关的市场。私人部门能够形成足够的住房供给的前提，是有足够的投资回报率，而高房租是获得高回报的必然手段。另外，政策制定者们又需要有足够的住房供应以保障居民的住房条件，特别是那些社会弱势群体。因此，从20世纪60年代起，德国一方面用财政资金鼓励私人住房建设，另一方面房租管制有所放松。因此，《住房租赁法》对承租人的保护持续加强，比如房东不得随意将房租上涨到超过其可比区域的价格水平。

2001年，《住房租赁改革法案》的出台背景在于深受德国《宪法》的影响。《法案》主要涉及三个方面：一是房东的知情权，比如未经房东允许，不得随意改装房屋；二是房东的平等待遇权，对房租的收取可以向不同人群收取不一样的房租；三是对婚姻和家庭的保护力度有所下降，比如配偶已经过世，另一半不再享有房屋的续租权。总体上看，该法案对出租人的权益有了一定程度的改善，以利于进一步增加出租房屋的供给，并赋予房东适当的物业处置权利。

针对租金的规定：一是已签约情况，房租标准由当地房管局根据建筑年份、现代化水平，联合当地市政部门、承租人协会、房地产企业制定并定期更新。根据该可比标准，房东可在3年内累计租金涨价不超过20%。但如果签约租金已经高于指导租金标准，则不允许涨价。二是新签约情况，房租可自由协商，房东与新承租人签约的租金水平可以高于指导租金标准，但如果在合约存续期内再上涨，则适用可比价原则。实际上，房租连续上涨且3年内上涨幅度超过20%的情况几乎没有。因此，该法则是一个上限法则，实际房租还是根据市场供需原则来定价。

4.《私有住房补助金法》

1995年底，《私有住房补助金法》颁布，标志着德国政府对私有住房补贴政策模式的转变，原先的税收扣减模式不再沿用，1997年开始采用直接补贴模式，由私有住房购置或自建人向政府申领退税及相关的补贴。从政府的支出结构上可以看出，财政对住房及社区设施支出占比显著提升。1995年支出154亿欧元，占财政支出比重的1.52%，持续提升至2004年的238亿欧元，占财政支出比重的2.3%。此后，由于市场住宅需求回落，财政支出金额和比重都有所下滑。

从“四大支柱”的演变进程来看，《住房建设法》由于历史使命的完成，于2001年废止，并由《社会居住空间法》替代。《私有住房补助金法》旨在鼓励和促进私人购买和自建房屋，其出台本身具有一定争议性，后经2003年修订，降低了对受资助人的最高收入上限的规定，但于2006年被废止。《住房补助金法》和《住房租赁法》经过不断修订和完善，继续成为德国住房市场政策的基石。

四、房地产制度和相关政策调整的成效与评价

（一）积极效果

1. 实现了房价长期保持相对稳定

从20世纪90年代至今，德国房地产价格指数长期保持相对稳定。以1990年1月为基期100，德国房地产价格指数维持在120上下

窄幅波动（见图 10–6）。到 2014 年，德国房地产价格指数上涨不到 60%。同时期，美国房地产价格指数呈现出快速上升、大幅下调的宽幅震荡态势。以 1990 年 1 月为基期 100，到 2014 年，美国（OFHEO）房屋价格指数上涨超过 100%（见图 10–7）。可以说，德国住房市场在长达 20 年的时间内保持了相对稳定均衡发展的态势。

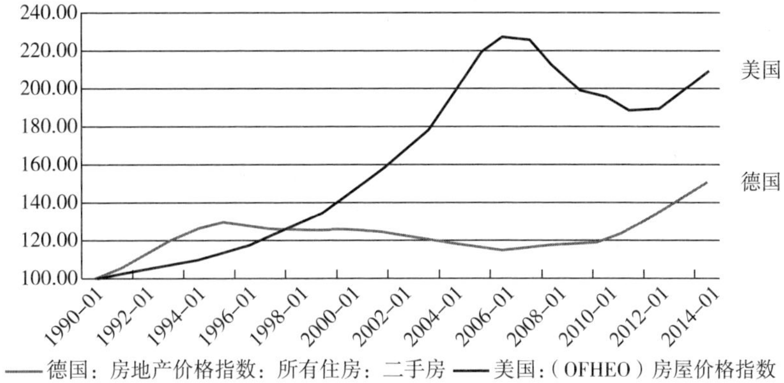

图10-6　德国与美国房地产价格指数对比

资料来源：WIND，作者整理。

注：（1）德国房地产价格指数数据来源于国际清算银行；（2）美国（OFHEO）房屋价格指数数据来源于美国联邦住房企业监管办公室；（3）两个指数均调整为以1990年12月为基期100；（4）美国（OFHEO）房屋价格指数由季度数据调整为年度数据。

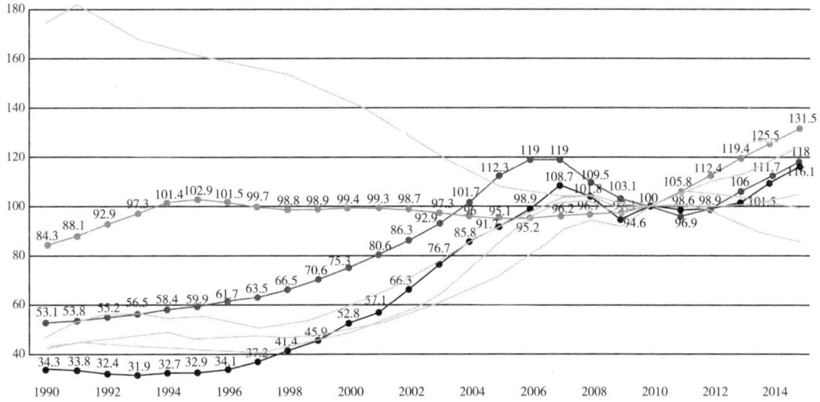

图10-7　1990～2015年G7国家住房价格指数（以2010年为基期100）

资料来源：OECD。

2. 形成了自有住房与租赁住房相对均衡的良好格局

总体看来，德国住房政策取得了明显效果。德国住房供给包括家庭自有住房、私人租赁住房、政府或社会住房管理机构提供的社会租赁房三个部分。有关资料显示，2013 年初德国人口总数约 8052 万人，德国购房和租房的家庭各占一半，其中约 50.4% 的德国家庭居住在自有住房中（低于欧盟 60% 的住房自有率水平），49.6% 的家庭租房居住，其中 45.4% 的家庭租住私人租赁住房，4.2% 租住政府或社会住房管理机构提供的社会租赁房。其中，值得注意的是，租金相对于房价而言，较其他国家也明显偏低。OECD 数据显示，在 G7 国家中，德国房价与租金的比例始终保持在较高水平，结合德国房地产价格指数上涨速度明显弱于其他成员国，德国的租房成本要远远低于 G7 其他成员国（见图 10–9）。

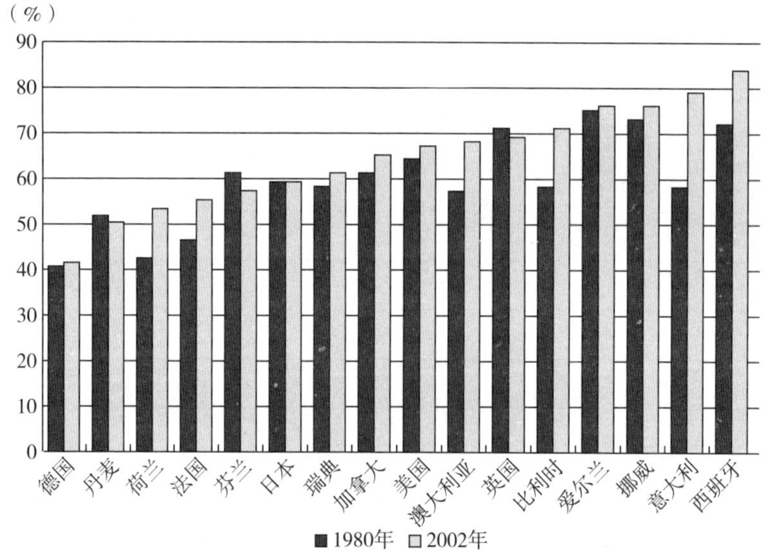

图10-8 1980年、2002年主要经济体房屋自有率

资料来源：OECD（2004）；查尔斯·古德哈特（2010）；作者整理。

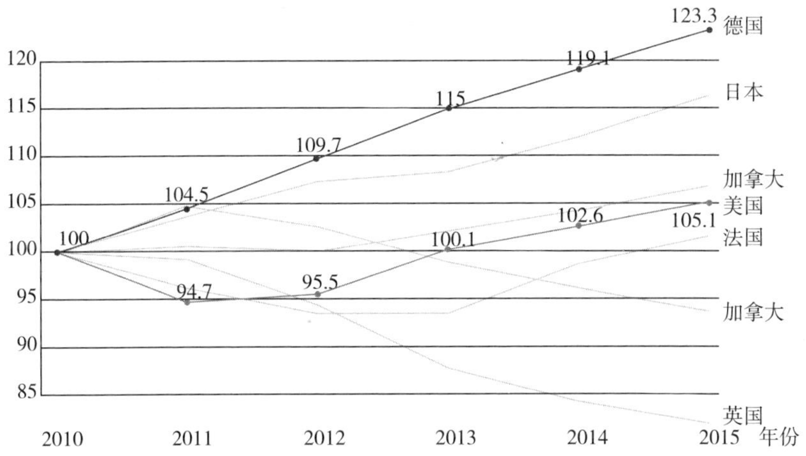

图10-9　2000～2015年G7国家房价与租金比例

资料来源：OECD。

（二）消极影响

应该说，德国二战后以“实物补贴”为主的住房政策，适应了德国战后的实际情况，让更多的家庭获得住房。但近年来，民众对政府资助社会福利住房建设的质疑越来越广泛，认为政府资助社会福利住房建设并没有达到预定的目标，而且引发了系列问题。

1. 社会福利住房不仅没有增加总供给反而提升了总需求

社会福利住房只是政府对市场的替代，并未增加总供给水平。正常市场状态下，在周期性短缺时期，即需求大于供给的时候，私有资金同样会投入这个市场，最后达到平衡点。政府资助社会福利住房建设，只是替代了这部分私有资金投入，并没有实现总供给的增加。真正需要住房的贫困人口，在社会福利住房“抽奖游戏”中没能获得住房。因为社会福利住房建设对私人投资的挤出，反而减少了贫困人口获得住房的机会。另外，1971 年，由于普遍收入水平的提高，德国政府调高了社会福利住房的收入准线，导致当时 75% 的家庭持有住房准入证明。但社会福利住房的产权也是私有的，房屋所有人仍然有权比较不同申请人的条件而拒绝弱势群体家庭的入住申请。部分社会弱势群体家庭尽管持有公共住房许可证，但受特定的宗教信仰或收入水平较低等因素，往往受到出租人的歧视，不能顺利地得到社会福利住房，也无力进入自由住房市场。与此同时，由于社会福利住房建设标准的逐步提高，传导至需求端，给承租人带来了租金压力。由于标准过高，产权拥有者自身投入也大，最后造成租金价格的增加，导致“即使社会福利补贴后的”租金也处于较高水平，满足的只是贫困群体中的相对“高收入群体”。

2. 社会福利住房扭曲了住房需求结构，导致“需求过度”

由于社会福利住房的补贴性质，固化了部分群体的不当受益，相当部分人员已经不是低收入群体，仍然继续居住在社会福利房中，继续占用社会福利资源。由于包括收入水平、家庭结构和财产状况等在内的承租人准入条件，只在入住时一次性审核，未形成长期监管机制，导致长期住在租金低廉的社会福利房中的家庭，即使由于家庭结构的自然变动，比如子女长大并且搬出去独立生活或者伴侣过世等，原占用住房的使用面积已大大超过结构变动后家庭的居住面积需求，仍然占用大量社会福利老房。而刚刚成立家庭的年轻人尽管收入水平较低，却不得不承租新建的租金较高的社会福利住房，或者被挤入自由住房市场。为了使较高收入家庭退出社会福利住房，德国政府出台了“退租规定”。对收入超过规定标准的福利房住户取消成本租金优惠政策，收取市场租金，差价部分的资金收入用于今后的社会福利住房建设。试图通过租金压力，使收入水平明显提高的家庭在市场中获得更好的住房，把释放出来的社会福利住房租给真正需要政策保障的低收入阶层。相关资料显示，现阶段，德国约 14%的社会福利住房租住家庭是按照市场租金交纳房租的。

3. 社会福利住房租金“区域差异低、年代差异大”影响承租人更新换代

第一，社会福利住房城市间的差异过低。相关资料显示，大城市的社会福利住房租金仅比经济落后地区的社会福利住房租金多出 0.5 欧元（平方米·月），导致地段越好、面积越大，承租人获得的实际补贴价值越高。承租人就越倾向于获得并持有更大面积、更好地段的房子，大城市紧俏地区的社会福利住房的租户，即使已经因为收入增加而不需要社会福利住房，仍然愿意继续保持福利住房的租赁。第二，社会福利住房年代间的差异过大。为了平衡和弥补较高的经营建造费用、不断升高的利息率和随时间递减的公共运营管理津贴，社会福利住房的租金随着建造年代而逐渐提高，但不同年代建造的社会福利住房之间的租金差距已经大到与住房使用价值间差距无关的地步。即使新建住房完全可以满足承租人的居住面积需求，大多数人仍然愿意留在一直生活的老房子里，不愿意舍弃租金便宜的老房子，去租住昂贵的新建住宅。尤其是 20 世纪 60 年代中期建造的住房，其租金水平更是停留在整个市场的尾端。

4. 社会福利住房有可能引发贫困聚居

二战后，社会福利住房的收入规定标准被定在较低的水平，目的是为所有阶层家庭供应住房，解决住房紧缺问题。老的居住区和传统公共租赁房地区，尤其是 20 世纪 60 ~ 80 年代间建造的社会福利住房社区都存在建筑质量低下、区位差和严重社会阶层隔离等问题，再加上“退租规定”的施行，较高收入家庭从社会福利住宅区中置换出来，空房再租给低收入家庭和弱势群体，加剧了社会福利房社区中的贫困聚居现象。

五、德国房地产基础性制度及政策措施的借鉴与启示

（一）我国房地产发展需要顶层设计

1. 德国二战后逐步形成的社会市场经济理论对各类基础性制度的指引至关重要

德国住房市场长期保持相对稳定的背后，是政府在“社会市场经济理论”指导下采取的调控手段。二战后，德国一直以“社会市场经济理论”指导经济与社会协调发展。德国“社会市场经济理论”介于“自由市场经济”与“集中管理经济”两种理论之间，前者由市场价格机制调节，后者则由政府通过中央计划和行政命令进行管理，历史上一切经济制度都是二者不同程度的体现。“社会市场经济理论”的核心是克服漫无限制的自由放任和严酷无情的政府管制之间的矛盾，在绝对自由主义和极权主义之间寻找一条中间道路。并且，“社会市场经济理论”认为，社会市场经济的基本目标是实现全民福利，经济发展只是社会发展的一部分，经济发展最终是要为社会发展服务的。社会的发展，不能不考虑那部分无法通过个人力量获得生活尊严的人。达到目的主要采取自由市场机制调节为主、国家有限干预为辅的手段，完善市场机制但不干扰市场机制，救助需要帮助的贫困群体但同时激励他们尽快通过自身的努力走出贫困，是德国社会稳定、经济发展的基础。

在“社会市场经济理论”指导下，德国政府采取的主要经济政策以消费者为服务对象，认为只有消费者才是一切经济政策的度量员和裁判员。只有使消费者从自己不断增大的劳动努力和不断提高的劳动生产率中得到好处的经济政策，才是“社会的”经济政策

2. 德国政府的住房政策已经成为“社会市场经济理论”的重要组成部分

在总体思路上，德国政府将住房界定为满足居住需求的消费品，采取市场经济供给方式为主导，辅助以社会福利的住房保障，使居民对住房状态相对满意。具体做法如下。

（1）尽可能保证住房政策的独立性。住房政策的核心是能够根据居民的偏好，提供质量以及数量满意的住房。同时，给予贫困人口基本标准的住房保障。住房政策的特殊性决定其不应与其他经济社会政策目标相捆绑，住房政策难以实现经济增长、稳定就业、收入分配以及财产积累等目标。

（2）将政府对住房市场的干预控制在合理范围。德国政府认为，随着经济的发展，大部分人能够通过自身努力获得住房。对于大多数人，市场机制是唯一手段，由供需决定价格。政府对租金、房价、地价的干预控制在合理范围内，不因“社会福利”计划的实施干扰市场；并通过法律规范市场秩序，实现住房市场的完全竞争，维护投资者对住房投资环境的信任，确保市场良性运转。

（3）政府的着力点应该聚焦于为弱势群体提供“有尊严的”居住环境。德国政府认为，市场经济环境下，弱势群体通过个人努力，长期或者暂时性地无法获得“有尊严的”居住环境，政策的主要目标就是满足弱势群体的住房需求。对于低收入者，德国政府通过社会保障制度，初期通过建设社会福利住房对低收入者进行“实物补贴”，后期不断优化，通过出台《租金补助法》对低收入者发放租房补助等方式，满足低收入阶层的住房需求。

（二）“均等化”城镇布局只能辩证吸收

经过长期的发展和完善，德国城镇体系形成了相对“均等化”的发展格局，客观上表现为“多中心”或“去中心”。德国“均等化”的城镇体系的确成为维护德国房价稳定的重要因素。但也应该看到，“均等化”绝不意味着“去中心”。中国与德国在历史渊源、发展基础、文化传统等方面存在明显的差别，现阶段推进新型城镇化不能过度借鉴德国“均等化”发展模式，而是需要从空间和时间两个维度，对德国经验辩证吸收，走出一条具有自身特色的城镇化发展道路。

1. 德国“中小城镇”发展并非最好，或许是因为德国（德意志）大城市的发展明显落后于欧洲其他大城市

保罗·巴洛赫（1988）认为，到1500年，欧洲人口超过4万的城镇有25个，主要集中在意大利、西班牙、法国、比利时等国，包括巴黎、布拉格、伦敦等首都城市，鲁昂等首府城市，佛罗伦萨、科隆等商业中心以及威尼斯、热那亚、马拉加和里斯本等港口城市（见表10–17）。特别是早在中世纪，在各自国家范围内，巴黎、伦敦已经开始处于城镇体系中的金字塔塔尖。而同时期，现代德国地理范围内的科隆、纽伦堡等城市，虽然集聚了一定人口，但与人口超过10万人的巴黎、那不勒斯、米兰、威尼斯等城市相比，仍然存在明显的差距。而柏林作为首都城市，建立于18世纪初，明显晚于伦敦、巴黎等欧洲首都城市。到1800年，柏林拥有人口数量约17万，仅约为伦敦的20%和巴黎的30%（表10–18）。在俾斯麦1867 ~ 1871年建立德意志帝国之前，德国没有作为国家中心的首都。德国统一后，柏林作为首都城市迎来了快速发展阶段，工业和金融快速兴起。有关数据显示，1925年柏林有10万人（约5%的劳动力）供职于银行和金融机构。但实际上，柏林从来也没有获得类似巴黎、伦敦的领先地位，特别是二战后的德国分裂对柏林地位产生了严重的影响。以西门子为代表的工业企业从柏林迁移到了慕尼黑，以大银行总部为代表的金融业态则逐步集聚在法兰克福，另外波恩则集聚了大量行政管理和政治职能，“多中心”格局进一步显现。

表10-17　1500年的欧洲主要城市人口数量　单位：千人

城市	人口	城市	人口	城市	人口	城市	人口
巴黎	225	那不勒斯	125	米兰	100	威尼斯	100
格拉纳达	70	布拉格	70	里斯本	65	热那亚	58
佛罗伦萨	55	巴勒莫	55	根特	55	罗马	55
博洛尼亚	50	伦敦	50	安特卫普	50	维罗纳	50
布雷西亚	49	科隆	45	塞维利亚	45	费拉拉	42
马拉加	42	巴伦西亚	40	克雷莫纳	40	鲁昂	40
布鲁日	40	纽伦堡	38	里昂	38	科尔多瓦	35
图尔奈	35	布鲁塞尔	35				

资料来源：彼得·克拉克：《欧洲城镇史》，商务印书馆，2015年。

表10-18　1800年的欧洲主要城市人口数量　单位：千人

城市	人口	城市	人口	城市	人口	城市	人口
伦敦	950	巴黎	550	那不勒斯	430	莫斯科	300
维也纳	250	圣彼得堡	220	阿姆斯特丹	220	都柏林	200
里斯本	195	柏林	170	马德里	170	罗马	150
巴勒莫	140	威尼斯	140	米兰	135	汉堡	130
里昂	110	哥本哈根	100	马赛	100	巴塞罗那	100
波尔多	95	塞维利亚	95	热那亚	90	曼彻斯特	85
爱丁堡	85	利物浦	85	都灵	80	佛罗伦萨	80
鲁昂	80	巴伦西亚	80				

资料来源：彼得·克拉克：《欧洲城镇史》，商务印书馆，2015年。

2. 从历史维度来观察，德国（德意志）中央政权长期相对偏弱是形成“均等化”发展模式的重要因素

在10世纪，由于中央政权相对薄弱，德意志皇帝奥托一世给许多城镇颁发了市场特许优惠状，赋予了各城镇一定的自治权利。11世纪，以科隆、美因茨为代表的城镇利用皇帝与教皇的矛盾，逐步扩展自身权力边界。到1250年，霍亨斯陶芬王朝垮台后，部分城镇权力大增，为了保护城市商人的利益，反对封建主的掠夺，城镇间构建了如莱茵同盟（Rhenish League）的形式，并通过统一的组织加强各城镇间的联系。到1381年，莱茵同盟与与士瓦本（Swabia）同盟合并，势力增强，最多时有80多个城镇加入，具有强大的政治、经济势力。到15、16世纪，德意志帝国改革和建立帝国层级的自治机构都没有取得成功。1618 ~ 1648年的“三十年战争”使哈布斯堡王朝形成至上权威的努力最终以失败告终。其结果是订立了《威斯特伐利亚和约》，这是一次重大的历史妥协，以奥地利、普鲁士、萨克森、符腾堡和巴伐利亚为代表的第一批官僚制国家发展起来。18世纪末，在德意志地区又出现了莱茵邦联（Rheinbund）的政治实体，最初有16个前神圣罗马帝国的邦国，随后又有23个邦国加入（见表10-19）。根据条约，邦联平常由一个宪法权力的组织管理，但邦联各邦国都拥有独立的主权。1867年，俾斯麦建立“北德意志联盟”，可谓现代德国联邦制度的起源。1871年，南部德国各邦加入，并改称“德意志帝国”。但实质上，帝国是一个地方性政府的联盟，在帝国的最高机构“联邦国会”中，保留各邦国的外交代表，立法权也大部分留给了各邦国。在魏玛共和国时期（1918 ~ 1933年），地方性政党的力量难以抗衡国家性政党，但到联邦德国时期（1949 ~ 1990年），德国国家性政党的优势地位逐步缩小，基督教民主联盟、基督教社会联盟均与地区性政党形成松散联系，地方性政党的领导人在联邦政党体制中扮演着重要角色。而社会民主党与地方性政党的关系也逐步由舒马赫（Schumacher）和奥伦豪尔（Ollenhauer）时期的对立转向勃兰特（Willy Brandt）时期的互动。有观点认为，20世纪90年代社会民主党执政期间，德国大部分州中政党领导权的“地区化”达到顶峰。

表10-19　　莱茵邦联（Rheinbund）创始成员及加入成员

1806年7月25日的创始成员			
巴伐利亚王国	符腾堡王国	美因茨选侯国，1810年后为法兰克福大公国	巴登大公国，前身为巴登选侯国
贝格大公国	阿伦贝格公国，1811年并入法兰西帝国	拿骚-乌辛根侯国，1806年8月30日与拿骚-魏尔堡合并为拿骚公国	拿骚-魏尔堡侯国，1806年8月30日与拿骚-乌辛根合并为拿骚公国
霍亨索伦-黑钦根侯国	霍亨索伦-西格马林根侯国	萨尔姆-萨尔姆侯国，1810年并入法兰西帝国	萨尔姆-基尔堡侯国，1810年并入法兰西帝国
伊森堡-比尔施泰因侯国	列支敦士登侯国	黑森-达姆施塔特领地伯国，1806年8月14日升格为黑森-达姆施塔特大公国	莱延伯国，1806年7月12日升格为莱延侯国
后加入成员			
维尔茨堡大公国（1806年9月25日加入）	萨克森王国（1806年12月11日加入）	萨克森-魏玛-艾森纳赫公国（1806年12月15日加入）	萨克森-哥达-阿尔滕堡公国（1806年12月15日加入）
萨克森-迈宁根公国（1806年12月15日加入）	萨克森-希尔德堡豪森公国（1806年12月15日加入）	萨克森-科堡-萨费尔德公国（1806年12月15日加入）	安哈尔特-德绍公国（1806年12月15日加入）
安哈尔特-贝恩堡公国（1806年12月15日加入）	安哈尔特-科滕公国（1806年12月15日加入）	利珀-代特莫尔德侯国（1807年4月18日加入）	绍姆堡-利珀侯国（1807年4月18日加入）
罗伊斯-格莱茨侯国（1807年4月18日加入）	罗伊斯-施莱茨侯国（1807年4月18日加入）	罗伊斯-罗本施泰因侯国（1807年4月18日加入）	罗伊斯-埃贝尔斯多夫侯国（1807年4月18日加入）
施瓦茨堡-鲁多尔施塔特侯国（1807年4月18日加入）	施瓦茨堡-宗德斯豪森侯国（1807年4月18日加入）	瓦尔德克侯国（1807年4月18日加入）	威斯特法仑王国（1807年12月7日加入）
梅克伦堡-施特雷利茨公国（1808年2月10日加入）	梅克伦堡-什未林公国（1808年3月22日加入）	奥尔登堡公国（1808年10月14日加入，1810年12月13日并入法兰西帝国）	

资料来源：（德）迪特尔·拉夫:《德意志史·从古老帝国到第二共和国》，1987年波恩Inter Nations出版。

（三）完善住房保障体系

1. 社会保障住房应由“实物补贴”逐步转向“货币补贴”

在过去多年中，德国不断完善社会福利住房的支持措施。新的《住房支持法》目标是减少“实物补贴”，通过“租金补助”以及政府购买“住房分配权”直接解决弱势群体的住房问题。建设社会福利住房的数量已经不是主要问题。有关资料显示，1998 ~ 2000 年，完全由公共资金帮助建造的公共住房建设量减少了将近一半，联邦和州为社会福利住房提供的公共建设资金也由 130 亿欧元减少到 82 亿欧元。另外，由于现存住房的维护和保养费用大大少于新住房的建设费用，政策考虑的重点已经转向如何更好地利用现存住房，有针对性地满足低收入家庭的住房需求，特别是部分群体即使自身（或在政府的资助下）有能力支付住房租金，但由于他们被看作“风险群体”，往往也难以（或者说比其他群体难得多）租到住房。

反观国内，从国务院公布的各类文件以及地方政府实践来看，包括经济适用房、限价房、廉租房、共有产权房、公共租赁房等在内的社会保障住房主要以实物补贴的方式进行。如城市廉租住房保障实行货币补贴和实物配租等方式相结合，主要通过发放租赁补贴提高低收入家庭的承租能力。经济适用住房、双限房、共有产权房等则往往是通过限制地价、限制户型和限制房价的形式来进行补贴。从各省市地方政府具体工作来看，部分地区仍然在准备或强化实物补贴部分。根据部分重点城市已经公布的 2017 年政府工作报告，政府主导保障房建设仍然是工作重点。例如，北京提出“加大中低价位、中小套型普通商品住房供应比例，保障房建设筹集 5 万套、竣工 6 万套。棚户区改造 3.6 万户，完成 1.5 万套自住型商品住房供地。培育和规范发展住房租赁市场。以城六区为重点，继续推进老旧小区综合整治”。

天津提出，“加大棚户区、老旧小区改造和保障性住房建设力度，建成保障性住房3万套，改造棚户区40万平方米，翻建修缮农村危房5000户”。

应该看到，政府积极筹建保障房，在现阶段对满足低收入群体住房需求仍然具有重要的作用，但也要防范可能出现的问题，特别是德国历史发展过程中，“实物补贴”监管难以系统化、常态化、动态化调整，监管成本相对较高，准入门槛难以清晰界定，政府投资“挤出”私人资本，中高端收入人群“挤出”低收入人群，公共资源的浪费与不合理分配，以及引发贫困聚居等问题。从长远看，随着国家综合实力的进一步提高，“租金补助”将成为满足低收入群体住房需求的重要方式。

2. 探索组建住房合作社

通过合作的方式（而不是开发商垄断的方式）实惠地解决参与合作社的社员的住房问题，充分体现了住房问题由国家、集体和个人三者共同承担的原则，在互利共担的原则基础上集约改善人民住房条件。在具体设置过程中，配套构建合作社运行章程、组建委员会、管理委员会和重要议事问题全体社员大会共同决定制度。政府给予一定的长期低息贷款或给予借款保证，并以合理的价格供应土地，减少相关税费，并补贴房屋出租过程中产生的租金。

3. 建立多层次的住房金融市场

目前我国住房融资主要通过商业信贷＋公积金＋居民自有存款完成。商业银行信贷利率水平较高，给中低收入阶层带来较大还款压力。公积金则是针对具有稳定收入的城镇居民的强制性住房保障，起到一定的补充作用，但在购房款中的占比不大。而德国的住房储蓄模式是一种政府引导下的市场化的住房融资体系，提供固定利率，覆盖更广泛的人群，对中低收入阶层的住房融资起到较好的补充作用。

4. 优化现有公积金制度，探索互助储蓄制度

相比之下，我国的住房公积金制度实行强制性储蓄，强制让一部分人参加住房储蓄，但将另一部分人（如城镇个体劳动者、自谋职业者等非国有单位职工）排斥在政策性融资体制之外，这既不符合经济转型期的多元化经济结构、多元化消费需求，也有碍公平原则的实现。

现阶段，建议开辟灵活多样的储蓄品种，实行多种利率，并辅助以储蓄奖励、税收减免等多种措施，调动居民参加住宅储蓄的积极性。政策性住房储蓄应根据居民不同的需求设计不同利率、优惠政策的储蓄品种。如对需购房的储户，设立市场化利率的储蓄，保证居民参加住房储蓄可以得到与其他储蓄等额的利息收入或设立减免利息税的住房储蓄。对需要扶持的收入群体，政府还可以用住房基金设立专项利息补贴，为购房提供低息贷款，或为开发商兴建面向中低收入的出租房提供长期贷款，改变目前低存低贷、利息暗补对象不明确以及对收入分配产生的负面效应。

（四）借鉴德国《租金补助法》，发放租房补贴帮助租房，而不是通过信贷扶持刺激买房需求

2016 年 3 月 6 日，德国《租房法修改案》通过，被称为“限制房租法”。“限制房租法”与以往不同的是，对房租上涨限制得更为彻底，由 3 年内涨幅不得超过 20% 改为不得超过 10%。超过各地政府“指导价格”的 20%，房客有权将房东告上法庭。很多老房要进行改装而花费部分资金，这种情况下允许在可承受的范围内调整租房价格。此法对租房市场进行了进一步的规范。联邦司法部部长马斯在

议会通过重新修改的《房屋租赁法》后高兴地说，新法通过的那天“是德国租房者幸运的一天”。据有关部门统计，德国现有约500万套出租房，实施新法后，将有40万租房者受惠，每年可为他们减少约8.57亿欧元的支出。

但应该看到，德国住房体系与国内住房体系存在较为本质区别，如果简单套用“控制租金上涨”的做法，或将会造成“出租房品质变差、挤出高端人群、购房意愿提升、房价上涨”的恶性循环，对住房体系产生扰动与冲击。与此同时，两德统一之前，联邦德国与民主德国也都采取过“限制房租上涨”等做法，但实际效果并不完全一致，甚至产生了较多副作用。

1. 德国住房租赁市场与国内存在本质的区别

德国是在租赁住房市场相对成熟的情况下对供需进行微调，限制房租上涨并不会大量挤出供给，而国内短期内面临的是扩大供给数量、提升供给品质的问题。

联邦德国在二战后的经济腾飞期，周期性地面对住房紧缺问题，政府给予机构或者个人补贴，开展社会福利住房建设，机构或者个人必须承诺以“社会福利价格”出租住房。私人租赁住房市场的房屋质量好、租金价格稳定，租房者社会阶层较高，成为德国租赁市场健康发展的主要特征。在此背景下，德国居民租房比例大大高于其他国家。有关资料显示，在德国，业主自住率较其他发达国家要明显偏低。1980～2002年，维持在40%左右。现阶段，德国购房和租房的家庭各占一半，约50.4%的德国家庭居住在自有住房中（低于欧盟60%的住房自有率水平），49.6%的家庭租房居住。其中，45.4%的家庭租住私人租赁住房，4.2%租住政府或社会住房管理机构提供的社会租赁房。单身家庭年收入低于1.7万欧元、两口之家的家庭年收入低于 2.5 万欧元，即可申请政府的“福利住房”，德国 41% 的家庭享受“福利住房”。值得注意的是，租金相对于房价而言，较其他国家也明显偏低。

与德国相比，国内私人租赁住房供给严重不足、品质严重偏低。国内现阶段迫切需要培育和发展住房租赁市场，短期的关键是扩大供给数量、提升供给水平。根据链家研究院发布的报告，我国住房租赁市场规模为 1.1 万亿元，房屋交易市场大约 15 万亿元，房屋租赁占交易市场比重仅有 7%，这与德国相比存在较为明显的差距。从结构看，北上广深等大城市住房交易额近 6 万亿元，但这 4 个城市住房租赁规模仅 2500 亿元左右。租房人群在城市人群中占比很低，而且在租赁供给中，供给结构较为单一，老公房、经济适用房等中低端供给较多，很难满足租房人群对高品质住房的需求。因此，现阶段，仅仅采取“限制房租涨幅”等手段，只会对租赁住房的供给方造成影响，减少对现有租赁住房品质的提升，反而造成“出租房品质变差、挤出高端人群、购房意愿提升、房价上涨”的恶性循环。

2. 在供给不足的情况下，“限制房租涨幅”可能大大打击私人住房租赁的积极性

民主德国虽然没有没收存量私人住房，但采取了租金增长冻结的方式，限制租金上涨。同时，法律规定房主必须负责房屋维护与保养。通过住房协会和房客联合会的谈判，根据房屋建造年代、设施、地段等因素，在每个社区制定一个统一的房租价格表。私有住房的出租者得不到补贴，但不能将租金定价高于国有企业提供的租赁房。前东德极低的租金，并不意味着前东德居住成本低。在东德，居民同样要承担居住的“整体”成本，只是通过不同的方式承担成本。由于经济体系的低效率，同等质量的居住环境，成本甚至远高于西德地区。根据约翰·艾克豪夫（2012）的测算，加入考虑一系列其他成本，包括国家对住房建设的利率补贴等，根据这一系列的数据进行比较，东德地区的居民居住成本为每月每平方米 9.5 ~ 11 马克，西德每月每平方米 10 马克，但是西德居民享受的是高得多的住房质量。

3. 建议充分借鉴德国《租金补助法》

对租金进行补助已经成为德国住房政策的核心内容。对于买不起住房的人，德国政府主要通过发放租房补贴的方式帮助其租房，而不是通过信贷扶持刺激买房需求。由于经济原因无法满足个人或者家庭基本住房标准的，政府通过给予“租房补助”政策，直接给予目标群体金钱上的支持。

根据德国的《租金补助法》，租金补助目标是从经济上保障一个适当的以及适合家庭的居住条件，租金补助的形式是租金补助金的发放（租金的补贴）或者自有住房费用分担。每个租赁居住的自然人均拥有租金补助权。在资金来源上，根据德国的《租金补助法》，由州支付的租金补助，一半由联邦政府返还，由各地的社会福利局进行具体行政操作。有需求的贫困人口可以提出“租金补助”申请，行政部门根据其收入、家庭人数，以及所在地的房屋租金价格水平，制定“租金补助”标准及金额。

4. 着力增加租赁房屋的供给

德国政府本身不从事房地产业，但鼓励私人房地产公司和私人从事房地产业，建造买卖公寓及别墅出售或出租。为鼓励房地产企业开发建设更多用于租赁的住房，德国税收体制对企业建设用于出租的房屋，比建设用于出售的房屋得到更多的税收优惠。如规定对企业建设出租用的房屋的建筑成本在 50 年内折旧完毕，规定的折旧率要高于普通住房，这对于刺激租赁房市场的投资起到了非常重要的作用。

5. 着力培育和发展国内住房租赁市场

从租房需求来看，通过设置“租金补助”，增强承租方的租房能力；从租房供给侧来看，探索通过减免相应税收，增强房地产开发企业开发租赁类住房的动力，加快发展规模化的租赁企业，同时增强私人住房租赁的积极性，增大住房租赁市场的供给数量和供给质量，才能够有效发展住房租赁市场。与此同时，“减轻租房成本”还包括“搜寻成本”“维护成本”以及“纠纷处理成本”等配套成本与费用。探索通过构建维护出租者与租房者共同利益的法律法规，完善租房市场的相关秩序，对租房合同、期限、房租等纠纷处理给予明确规定，以及通过构建租赁住房的信息网络化，减轻租房的搜寻成本，提高中介服务质量，促进中介机构依法经营、诚实守信、公平交易，以及通过提高房屋的持有成本降低住房的空置率。

（五）采取多种措施，综合防治房地产投机

1. 大力发展租房市场

德国租赁住房可对买房起到明显的替代作用，对稳定房价、缓解住房市场压力起到重要的平衡作用。而德国公共租赁住房和私人租赁住房并不分开，两者价格可以相互影响，房租很难出现暴涨。

2. 形成独立的房地产价格评估体系

德国对地价、房价、房租都有独立于政府和企业的评估机构进行评估决定，这就形成了当地房地产的基准价格。评估机构对评估结果负有法律责任，同时指导价格也有法律效力，市场成交价格只能在合理范围内波动，否则将会受到处罚。

专题报告十一

日本房地产基础性制度与借鉴

日本作为东亚人口大国，在文化传统、人口规模、人多地少等基本国情上与我国具有一定的可比性。本章首先从政策后评价的视角出发，初步梳理了日本住房政策目标的演进历程，细分房地产制度专题探讨，以及其实施路径的特点，总结归纳了对我国现阶段建立房地产基础性制度的借鉴与启示。具体而言，第一，在住房政策演进和阶段梳理部分，研究认为与城镇化发展阶段及经济发展水平相对应，日本住房政策经历了住房卫生政策、住房社会政策萌芽、发展型住房政策建立、精细化乃至多样化等五个阶段，不同阶段住房政策目标具有显著的差异。第二，针对不同房地产制度专题，我们重点讨论了日本战后至今在金融、土地、税收、住房保障和住房租赁等五个方面的制度。第三，日本在法律、规划、技术、要素等四个层面探索建立了支撑住房政策的实施路径，确保了住房政策的落实。第四，上述经验梳理对我国住房政策的制定与实施，在理念、重点、实施路径，以及具体细分领域政策的制定方面，均具有一定的借鉴意义。

本章内容的主要逻辑框架和结构安排如图 11–1 所示。全部分析的基础是关于日本战后的社会经济发展历程（主要关注人口与城镇化进程）的梳理，涉及人口总量和结构的变化、空间结构演变、产业结构调整、城市规划与基础设施建设等五个方面，相关内容详见本章的附录。主体内容中，第一部分是对日本住房政策演进历程和阶段特征的总结，整体上的时间范围为 1898 年至今，特别地，本章重点分析讨论了战后 1945 年至今的住房政策演变历程与阶段特征；第二部分是针对不同细分专题的房地产制度演变及其效果的初步判断，细分考察了金融、土地、税收、住房保障和住房租赁等五大重点领域；第三部分在前文分析基础上，对日本落实住房政策目标实施路径进行了简要总结；第四部分是在前文的分析基础上，给出日本的经验和教训中，最值得国内借鉴的若干要点。

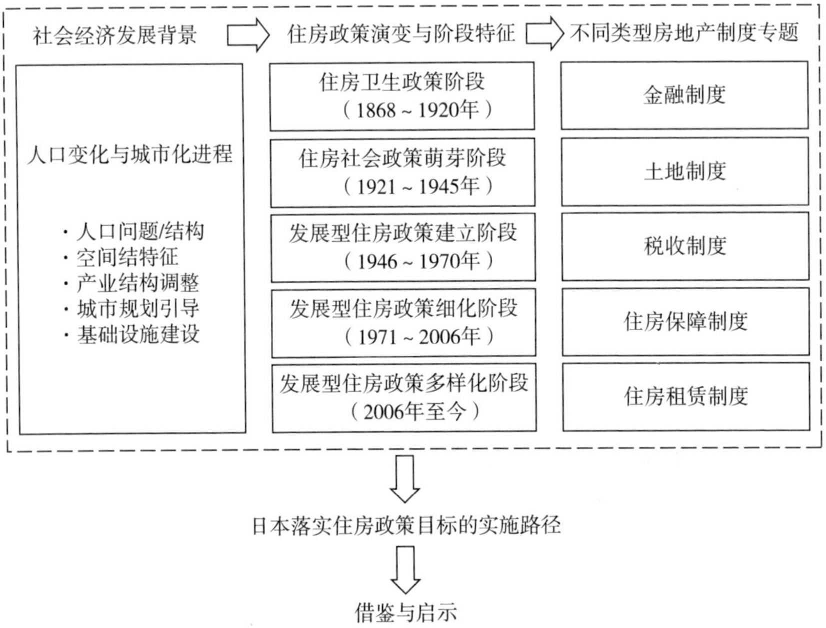

图11-1　本章内容的主要逻辑框架

一、日本住房政策演进的主要历程与阶段特征

与城镇化发展阶段及经济发展水平相对应，日本住房政策经历了住房卫生政策、住房社会政策萌芽、发展型住房政策[①]的建立、精细化乃至多样化等五个阶段，不同阶段的住房发展重点不同，住房政策目标也具有显著的差异（见图 11-2）。

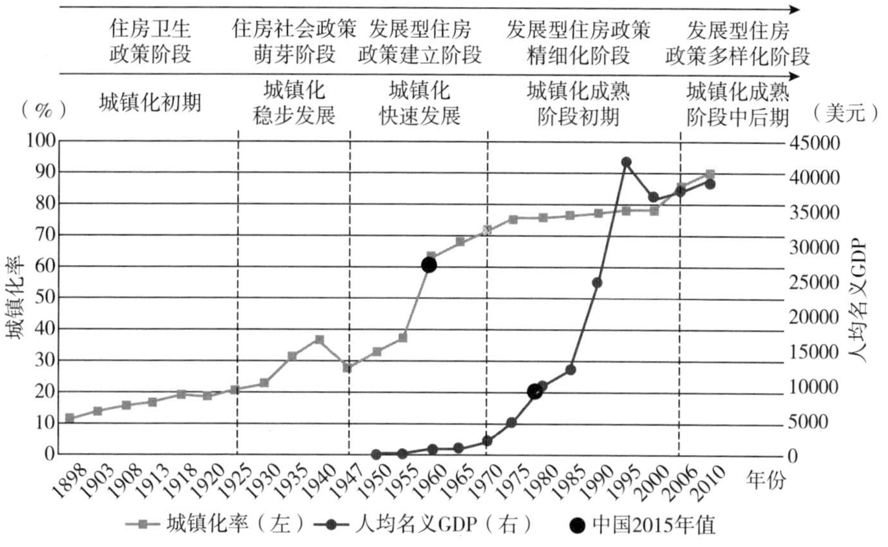

图11-2　日本城镇化、经济发展水平与住房政策阶段划分

资料来源：经济数据来源于日本内阁网；城镇化数据参考（王建军，2009；《城镇化发展阶段划分》）；我国2015年城镇化水平及人均GDP（同期美元计算）数据来自国家统计局。

（一）城镇化初期（1868～1920年）：住房卫生政策阶段

日本明治维新后城镇化水平由 1889 年的 10% 增至 1920 年的 18%，相继出现东京等人口超百万的城市。同期，住房供应格局急剧变化，住房供给短缺严重、居住高度拥挤、贫民窟、卫生等住房问题

① 该政策具有如下两点特征：在理念上认为住房政策不仅是解决住房短缺的手段，而且是重建新社会和再造产业与经济的手段；在政策目标上鼓励民众购买住房，支持发展自有住房。

不断恶化。

针对上述住房问题，该阶段住房政策聚焦于改善居住环境卫生、保障基本公共安全等方面，具有鲜明的“住房卫生政策时代”特征。政府重点采取加强疾病管控、改造重点城市市政管网、提供清洁饮水等一系列公共卫生政策。

（二）城镇化稳步发展阶段（1921～1945年）：住房社会政策萌芽阶段

该时期日本城镇化处于稳步发展阶段，城镇化水平从 18% 提升至 37%。在经济萧条、二战战时管制等影响下，住房短缺、贫民窟等仍是住房政策所要解决的首要问题。

该时期日本政府通过有计划的城市规划与建设等住房干预政策，继续推动住房基础设施、卫生条件等方面改进，同时制定了包括《房租管制法》《住房政策纲要》和《住房营团法》等一系列具有社会政策性质的住房政策，以缓解城镇住房供需矛盾。

（三）城镇化快速发展阶段（1946～1970年）：发展型住房政策建立阶段

1945 ～ 1970 年是日本快速城镇化阶段，该时期城镇化年均增速约 1.5 个百分点。至 1970 年，城镇化水平超过 70%，城镇化进入成熟阶段。该阶段的核心是战后初期的日本住房危机及其缓解——在经济增长提供的物质基础保障以及住房政策强力干预的共同影响下，日本基本解决了住房数量短缺问题，住房政策进入新阶段。

这一发展阶段的主要背景是二战后到 20 世纪 50 年代中期，日本经济在美国的帮助下，通过“道奇路线”等开始对财政支出和收入进行改革，在50年代中期恢复到战前水平。战后日本面临严重的住房危机。据估计，1945年日本需求420万套住房，这相当于住房总存量的20%。日本政府于1950年根据《住宅金融公库法》成立了“住宅金融公库”。次年又颁布了《公营住宅法》，1955年颁布《日本住宅公团法》，成立日本住宅公团。“公库”“公营”“公团”三大体系成为了日本公共住宅制度的三大支柱。1952年开始实施的“公营住宅建设三年计划”共持续了5期共15年，为解决严重的住房短缺问题做出了巨大贡献。

具体而言，该阶段的住房政策可分为战后恢复（1945～1950年）和高速城镇化（1951～1970年）两个时期。前期着重应急性的解决住房数量短缺问题，后期重在建立系统化的住房供应干预政策。

1. 战后恢复期（1945～1950年）

二战结束后，日本面临严重的住房危机。一方面，存量住房遭受巨大损失，例如1944～1945年间全国损失了1/6以上的住房。另一方面，战后回国公民、军人以及城市人口的增长又增加了住房需求，进一步恶化了住房的供需矛盾。

该时期住房政策以“应急为主、标本兼治”，政策重点是缓解住房极度短缺的问题。日本先后制定了《灾区城市应急简易住房30万户建设纲要（1945年）》《住房紧急措施令（1945年）》《灾区城市借地借家临时处理法（1946年）》《特别都市计划法（1946年）》等政策以缓解住房供应短缺问题。

2. 高速城镇化时期（1951～1970年）

1950年日本进入高速增长阶段。在经济增长提供的物质保障以及战后住房极度短缺问题初步缓解的背景下，政府逐步建立了住房政策体制，并从住房政策理念、目标、制度、组织等方面进行了全面规划。

该时期日本城镇住房干预政策实现了向发展型住房政策方向的转变，突出了以国家为主导、经济政策和社会政策相结合、住房商品化程度高等政策特征。

日本逐步建立了旨在推动住房供给的相关法律制度。1950 年制定《住房金融公库法》，设立住房金融公库，为建设住房、购买住房提供长期低息住房资金融资。1951 年制定《公营住房法》，地方公共团体从国家获得补助，向低收入阶层提供低租金的租赁住房（公营住房）。1955 年制定《住房公团法》，成立住房公团，向大都市地域的中等收入者提供借贷住房、按揭住房和宅地。上述三部法律，共同构成了日本住房政策的三大支柱。以此为制度基础，日本基本形成了国家、市场、社会之间有计划协作的住房供应体系。

依据《公营住房法》，政府编制了 5 个三年公营住房建设计划（自 1952 年起）。其后依据《住房建设计划法案》编制了侧重建设规模的第一、第二个综合性住房建设五年规划（表 11-1）。在上述目标的指导下，日本的住房建设量从 1955 年年均 25 万套提升到 1973 年 190 万套的历史峰值。

表11-1　日本第一期、第二期住房建设五年计划发展目标

时期	住房政策所要解决的基本问题	政策目标
第一期综合性住房建设五年计划（1966 ~ 1970年）	应对人口向大城市集中导致的住房需求	“一家一宅”
第二期综合性住房建设五年计划（1971 ~ 1975年）	应对婴儿潮家庭带来的住房需求	“一人一室”

资料来源：中国城市规划设计研究院：《住房发展规划国际比较研究》。

3. 该阶段的住房政策重点

该时期主要是建立公共住房体系来对缓解战后的住房短缺。1950 年，为了向建造或购买住宅的家庭提供长期低利贷款资金，设立了住宅金融公库。1951年，制定了《公营住宅法》，由接受国家补助的地方公共团体来建设面向低收入家庭的低租金公共住宅。1955年，为解决城市区域人口集中引起的住宅不足，设立面向大城市低收入家庭提供住宅的日本住宅公团，确立了以公共资金提供住宅的体制三大支柱。

第一，面向低收入家庭的租赁住宅建设。针对中低收入家庭购房困难和租赁住宅的房源极少问题，制定建设措施，大力建设面向租房家庭为中心的优良住宅。以面向低收入阶层的租赁住宅供给为中心，不仅在直接供给的住宅上也包括间接供给的民间住宅方面都要承担适当的任务。特别是大城市的住宅建设，公团和地方公社要承担自己的任务。

第二，面向低收入家庭直接供给的公共住宅。这是由公共住宅的供给主体本身来直接供给的住宅，以公营住宅和公团住宅为代表。这类住宅对于面向低收入阶层的住宅供给和优质租赁住宅建设，发挥着重要作用。公共住宅在技术标准的制定和日本全国性普及等方面，也做出了很大贡献。

第三，面向低收入家庭间接供给的公共住宅。这是由公共住宅的供给主体向民间住宅的供给主体提供资金或支持而建设的住宅，以公库融资的住宅为代表。在公库融资的住宅中，由地方住宅供给公社建设的住宅，由于公社本身也是公共制度主体，被归为直接供给的公共性住宅类型中。

4. 该阶段住房政策实施效果评述

一方面，公共住房的推行有效地解决了住房短缺问题。大部分欧美国家是在城市化完成之后才最终解决城市住房问题的。在日本，由于战后强有力的住房社会政策干预，城市住房问题在城市化完成之后不久就基本上解决了。三大公共住宅发挥了巨大的作用。1952年起开始实施公营住房建设计划，共实施了5个三年计划。上公库住宅迅速发展，成立初期，每年提供约8万套住宅，随后规模发展很快，1970年时达到25万套。同时，1955～1970年，也是公团住宅发展的高峰时期。从1968年起，日本住宅总套数超过了居住总户数，在总量上实现了“居者有其屋”。到1973年，日本各个州道府县都达到了“一人一室”目标，从而基本上告别了城市化进程中的住房数量短缺时代。

另一方面，前期建造的住宅室内面积小、设施不全，难以满足经济高速发展后日本国民的居住要求，后期改造任务繁重。战后相当长时期，日本以满足国民对住宅数量需求、解决住房严重短缺为首要目标，对其他方面考虑不够。例如，在建筑质量上，早期典型的日本住宅是由4～10层的楼房构成，建筑形式单一，楼高5层以下建筑没有电梯，楼房入口处窄小昏暗，公寓内部平均面积只有42平米。房屋供热差，且很多住房都没有浴室。日本自1968年起出现了住宅套数超过家庭户数、空房率逐渐上升的现象。空房率1968年为5.5%，1988年为9.4%，2008年为13.3%。加上个人收入的不断增长，人们已不愿居住在以前建造的低质量住宅中，这些前期建造的老住宅的改建问题一时难以解决。此外，早期的公团住宅在选址上都倾向于去地价相对便宜的远郊，户型上以小户型为主，给公团住宅带来了“高（价格高）、远（距离市中心远）、狭（面积狭小）”的恶名。偏远的距离和较差的居住环境，也使得日本政府在住房改造和交通以及公共服务设施配置上花费巨大。

（四）城镇化成熟阶段初期（1971年～2006年）：发展型住房政策精细化阶段

1970 年后，日本基本进入城镇化成熟阶段。随着住房建设计划的落实，1968 年全国住房总数超过家庭户数，1973 年各都道府县的住房数超过家庭户，基本实现了“户均一套”的住房目标。从总量上看，城镇化快速发展阶段住房供应不足的问题基本得到解决。日本住房政策的重点发生了调整和转变。

1. 该阶段住房政策的现实背景与概况

日本经济在 20 世纪 60 年代进入高速发展时期。日本实施了“国民收入倍增计划”，要求加强对外贸易，并且提高高生产率部门在产业中的比重。因此，日本确立了“贸易立国”战略。由于 20 世纪 50 ～ 60 年代，正值国际市场扩大趋势，原料、燃料等初级产品的国际价格异常低廉，对以加工贸易为典型发展模式的日本极其有利。自 60 年代中期起，日本的对外贸易开始保持出超势头，推动了经济的发展。与此同时，在产业上，日本采用“倾斜性生产方式”，即重点发展煤炭和钢铁这类重工业产业，在这个领域集中投入物资并采取各种措施，以此来恢复经济。在这些策略的推动之下，日本经济在这个阶段以 10% 的增速猛增。经济发展和工业集中带来了都市人口过密、房价上涨、热点地区住宅供给不足问题。

进入 20 世纪 70、80 年代，最重要的国际经济背景是石油危机导致的世界性经济萧条，加上美元危机的影响，日本经济也进入了一个低速增长期。日本转向“技术立国”战略，产业的升级一定程度上激活了日本的经济，经济增速变慢，进入稳定增长阶段，年均增速 5%。但进入 90 年代后，由于“泡沫经济”崩溃，再次造成日本经济萧条局面。伴随着国内经济形势的剧烈变化，日本的住房建设也在这个阶段不断变化。

2. 该阶段住房政策的重点

该时期住房政策的重点目标旨在逐步提升居住环境及居住水准[①]。

第一，1966 年制定《住宅建设计划法》，明确了政府在住宅供应方面的责任。

法律规定地方政府要经常注意管辖地区的住宅状况，为低收入者建设公营住宅，国家在必要时必须从财政上、金融上及技术上给予援助。国家成立住宅都市整备公团，通过财政融资拨款和民间融资，以综合开发的形式，成片改造旧城区和开发新区，推进城市建设与住宅建设一体化。

《住宅建设计划法》的目的是，通过对住宅建设综合性计划的制定，力求保证其合理实施。因此，在国民住宅处于一个合适而稳定的标准之前的时期，应制定相应的住宅建设规划。在该法关于住宅建设的五年计划中指出，既要考虑住宅需求和居住者的承受能力，也要考虑具有合理的规模、结构和设备等良好环境的要求，以此来确定五年期间住宅建设的目标。

第二，在上述法律制度的基础上，制定“住宅建设五年计划”。

依据《住宅建设规划法》，制定了“住宅建设五年计划”，具体提出五年内新建住宅的总量和改善居住质量的指标。此后，“住宅建设五年计划”一直作为日本住宅供应的指导性标准和阶段性目标。日本共实行了 8 期“住宅五年计划”，该计划的目标也逐渐从住房数量转变为住房质量的提高。具体如下。

---

① 规划将日本的居住水准划分成最低居住水准、平均居住水准、诱导居住水准三级，不同等级的居住水准通过居住用房（包含卧室、餐厅等具体要求）、性能及设备（卫生间、市政设施等）、住户面积等三类指标予以划分。从政策目标上看，最低居住水准是政策设定中一定时期全国所有家庭需要达到的最低住房标准，平均居住水准是全国众多家庭需要达到的居住水准，诱导居住水准则体现中远期居住水准的发展目标与愿景。

（1）1966年以保证“每户有一套住宅”为目标，开始拟定正式意义上的第一个住宅建设五年计划。在1961～1966年间政府正处于住宅计划的摸索期。1961年以实现每个家庭都有一套住宅和缓解住房老朽化及城市居住过密问题为目标，提出了一个过渡性的住宅计划——“新住宅建设五年计划”，在这年，日本最早的新城——千里新城，在大阪动工，同年9月第一批入居者喜迁新居。这种当时被誉为田园中的都市的新城模式在日本风靡一时，后来相继在各大城市圈建成为数众多的新城，新城建设为日本公共住宅事业做出了巨大贡献。

（2）1971年的第二个住宅建设五年计划里，以保证每个人拥有自己的房间为目标，提出了“一人一房间”的口号，1968年日本住宅总数终于超过家庭数。由于实现了每个家庭都有一套住宅的目标，政府提出了“一人一间房”的口号，希望扩大人均居住面积。同时，住宅政策的主要问题开始由提高住宅数量转向提高住宅质量，在住宅建设五年计划中制定居住标准，并以此为基础，将向居民提供优质住宅作为计划目标。

（3）1981年的第四个住宅建设五年计划，制订了居住环境标准。进入20世纪80年代，人们不仅仅关注住宅本身，开始关注居住环境，并制订了居住环境的建设目标和建设标准。1981年，第四期住宅建设五年计划制订了居住环境标准。1986年，制订了第五个住宅建设五年计划。

（4）1991年开始制订第六期住宅建设五年计划，满足多重需求。为了满足越来越个性化、多样化的社会居住需求（如老龄化、信息化、环境卫生等）。1993年制订了旨在促进特定优质租赁住宅建设的相关法律，1994年制订了针对长寿社会的住宅设计方针，1996年开始制订第七期住宅建设五年计划。为了加强对老龄化社会的考虑，推出了住宅“高质量高房租”的政策。2001年，制订了第八期住宅建设五年计划，同年成立了国土交通省，制订了确保老年人安定居住的相关法律（见表11-2）。

表12-2　日本第三至第八期的综合性住房建设五年计划比较

时期	住房政策所要解决的基本问题	政策目标
第三期（1976～1980）	在充实存量住房的基础上，从长期视角出发，提升居住水准	确保全体国民达到“最低居住水准”、确保多数家庭达到“平均居住水准”
第四期（1981～1985）	以大都市地域为重点	设定“居住环境水准”
第五期（1986～1990）	在面向21世纪，安定、舒适的居住生活的基础上，形成优质住房存量	到2000年半数家庭达到“诱导居住水准”
第六期（1991～1995）	重点解决大都市地域的住房问题，应对高龄化社会	到2000年全国半数家庭、都市圈中半数家庭达到“诱导居住水准”
第七期（1996～2000）	实现长寿社会、增加住房和居住环境整备	继续执行居住环境水准，切实改善居住环境
第八期（2001～2005）	支持少子高龄社会、增加地域活力、继续推进住房和居住环境整备	到2015年，全国2/3家庭及都市圈半数家庭达到“诱导居住水准”，20%的存量住房改造为无障碍设施住房，新建住房中无障碍住房占比不低于20%

资料来源：中国城市规划设计研究院：《住房发展规划国际比较研究》。

第三，经济高速发展时期的住宅政策及住宅供给措施。

20世纪80年代后半期，住宅价格和地价飞速上涨，在大城市购买住宅变得极为困难。住宅价格与工资收入相差甚远，成为日本住宅政策上的一个新课题。对此日本的住宅政策及在住宅供给方式上采取了以下应对措施。

其一，通过提高建筑容积率降低土地成本。引起住宅价格过高的最大原因是土地费用的上涨。为了控制土地费用，降低住宅每平方米的土地成本是非常关键的。因此，日本以高效利用土地为前提，提高建筑容积率——从根本上调整城市规划，根据每个具体项目，对其所规定的建筑容积率进行调整，并放松对建筑容积率的限制。

其二，通过非购买方式获得建设用地，降低土地成本。针对很多情况下住宅开发承负不起土地的价格，日本政府采取了如等价交换方式和租地方式等来解决这一问题，即不管地价高低，优先评价住宅的收益，并且从售价或租金来计算出所负担的土地费用可承受的额度。此外，还有一种方法是由土地方来经营租赁住宅，以避免地租和地价过高。

其三，利用国家的资金补助来降低造价。这与控制土地费用的方法不同，主要是通过采取措施来降低成本的方法。这种方法利用国库补助制度，对住宅开发所需费用中的公共设施部分实行资金补助。对补助资金的使用有明确的要求。公共住宅、面向家庭的优质租赁住宅和公共性的建筑等一些有特点的改建项目，都能够以某种方式获得国库补助金。

3. 该阶段住房政策实施效果评述

一方面，日本的住宅建设五年计划已经很好地完成了自己的历史使命，解决了“住宅不足问题，从量的确保转向质的提高，以及重视市场和存量房优化利用”等三大任务。

日本住宅建设计划确定了国民的居住水平、建设户数等住宅建设目标。从已经实施的五年计划来看，政府制定的目标大部分都能实现，建成套数一般占计划指标的 80% ~ 90% 以上。二战后 35 年内，日本共建住宅 3231 万套。20 世纪 70 年代起，日本人均住房面积已达到 14 平方米。目前，每户住宅数平均达 1.1 套，人均居住面积 25 平方米，位居世界前列。

另一方面，20 世纪 70 年代起，地价暴涨致使大城市房价过高，但公共政策未能有效加以干预和抑制，导致对普通日本国民居住状况的改善以及政府住房五年计划的落实造成了很大冲击。

二战后日本地价不断上涨，尤其是进入 70 年代，日本出现了多次大幅度的地价上涨。70 年代初期，随着经济的发展，人口向大城市及其边缘集中，住宅问题日益严重。同时，土地需求总量增加，加上土地投机活动加剧，致使地价开始大幅度上涨。1973 年，地价上升 32.4%。第一次石油危机后，日本政府对内采取抑制总需求的经济政策，并改革土地税制，加强对土地的利用规划，使地价涨势回落，地价相对稳定了一段时间。70 年代后期，日本地价再度明显上涨。1979 ~ 1980 年，日本政府调整金融政策，地价曾一度回落。但进入 80 年代，日本地价又出现了一次大幅度上涨。由于经济结构的调整，东京商业用地地价大涨，波及东京地价全面上涨，并引发大阪及其他主要城市地价全面上扬。

日本政府的住宅计划也因地价过高、征地费用昂贵而受影响。例如，1976 ~ 1980 年第三个住宅建设五年计划原计划建造住房 860 万套，实际只建成 769.8 万套；第四个住宅建设五年计划原计划建造 770 万套，实际只建成 610.4 万套；第八期住宅计划实际仅完成了计划的一半（见表 11–3）。

表11-3　　日本住宅建设五年计划实施成果　　单位：万户

住宅五年计划	第一期	第二期	第三期	第四期	第五期	第六期	第七期	第八期
建设总目标量	670	957.6	860	770	670	730	730	640
实际建设总量	673.9	828	769.8	610.4	835.6	762.3	681.2	349.3
公共住宅建设目标量	270	383.8	350	350	330	370	352.5	325
公共住宅实际建设量	256.5	310.8	364.9	323.1	313.8	401.7	348.7	99.6

（五）城镇化成熟阶段中后期（2006年至今）：发展型住房政策多样化阶段

1. 该阶段住房政策的现实背景与概况

2006 年以来，日本的住宅现状发生了较大的改变，住宅供应量相对充足，家庭构成呈现少子女高龄化趋势，住宅市场向存积型转变。从图 11–3 可以看出，住宅开工的面积和户数在 2006 年前后又开始进一步下降，住宅需求情况进入高水平、多样化的发展时期（见图 11–3）。日本还颁布了“居住生活基本计划”来面对新的住房挑战（见表 11–4）。

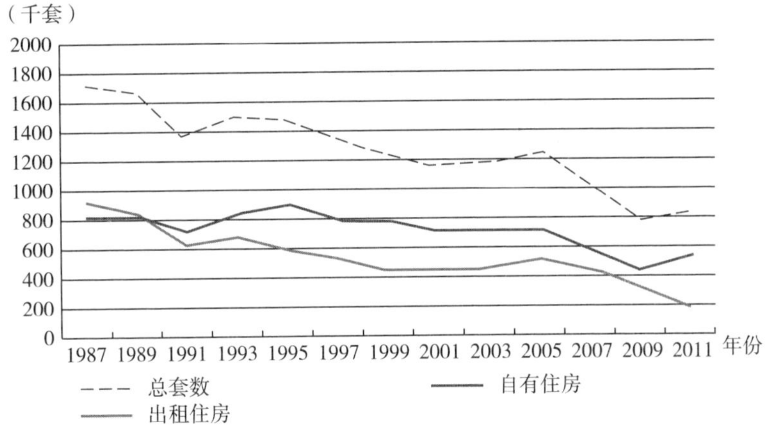

图11-3　1987 ~ 2011年日本新开工住房概况

数据来源：《国外住房发展报告》。

表11-4　《日本居住生活基本计划（2006 ~ 2015年）》的细分目标

总体目标	分类目标
形成可留给下一代的优良住房社会资产	（1）新抗震基准的合格率：从75%提升至90%； （2）集合住房公共部分的无障碍设计率：从10%提升至25%； （3）具有节能措施的现有住房比率：从18%提升至40%； （4）旧房改造率：从2.4%提升至5%
打造良好的居住环境	（1）重点密集市区的防火安全措施整备率：从0提升至100%； （2）地震时有危险的现有人工场地：从1000处降至500处

续表

总体目标	分类目标
建设多样化的住房市场	（1）延长住房使用寿命：从30年提升至40年 （2）有孩子家庭的住户推荐居住面积达标率：从37%提升至50%（大城市）
解决困难人群居住问题	（1）消除未达到最低居住面积的情况：（3人40平米，4人50平米）； （2）高龄人、残疾人的住房无障碍化比率：29%提升至75%

资料来源：根据《国外住房发展报告》整理。

需要指出的是，这一时期在重点关注住房质量、居住环境水准的同时，日本住房建设仍然继续推进，但年均住房建设量相对快速城镇化时期逐渐趋于平稳并呈缓慢下降趋势（图 11–3）。同期，人均住房建筑面积得到稳步提升（图 11–4）。

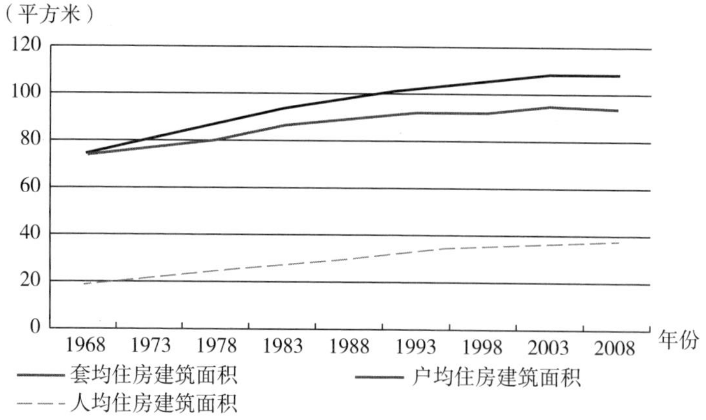

图11-4　日本1968～2008年人居住房面积变化

数据来源：《国外住房发展报告》。

2. 该阶段住房政策的重点

第一，实施“居住生活基本计划”，满足日渐升级的居住需求。日本在 2006 年制定颁布了《居住生活基本法》，根据其精神制定了从 2006 年到 2015 年的“居住生活基本计划”，同时也结束了自 1966 年开始实施了 40 年的“住宅建设五年计划”。居住生活基本计划里，首先设定了作为目标的“住宅性能水准”“居住环境水准”和“居住面积水准”，然后制定了具体的成果目标和必须采取的政策。居住生活基本计划的成果目标如下：其一，形成可留给下一代的优良住宅社会资产，主要从抗震合格率、集合住宅共用部分的无障碍化率、节能措施拥有率、旧房改造率以及建立合理修缮基金的住宅比率等来反映；其二，打造良好的居住环境，提高重点密集市区的防火安全措施的整备率，同时降低地震时有危险的人工填地的比率；其三，建设多样化的住宅市场环境，提高既有住宅的市场投入率，延长住宅的可使用寿命；其四，确保有困难人群的居住问题，早期消除未达到最低居住面积水准的比率以及提高高龄者、残疾人的住宅无障碍化率。

第二，调整与改革公共住宅政策以提高住房质量。在“居住生活基本计划”实施前后，日本原有的三大公共住宅政策也相继发生了调整和改革。一方面，强调存量住宅的翻新和改建，提高住房质量；另一方面，政府的介入度也逐步降低。因为日本公共住宅近年来供应量减少，住宅金融公库在2007年被废止——住宅金融公库的存续已不利于整体住宅金融市场的公平竞争。对于公营住宅，国家财政补贴力度有所减弱，保障对象收入分位从之前的33%下降到现在的25%，但是针对高龄者收入分位可适当调整为40%。同时，由于早年公营住宅在规模、设施上的缺陷，近年来，政府重在对其进行改造和翻新。对于公团住宅，1999年，日本改组成立“都市基盘整备公团”，停止了分售住宅，按照商品住宅应由民间单位供给的原则，不再进行分售住宅的新建项目。2004年，日本成立了“都市再生机构”，对老旧的租赁住房进行整治。

3. 该阶段住房政策实施效果评估

在对住宅老龄化和住宅再生改造方面，日本的最新政策取得了较为乐观的成效。不过因为这一阶段仍在进行之中，有关的批评或负面总结并不多见，尚不能完全定论。但值得肯定的是，日本积极推出住宅与福利挂钩的发展策略，并且针对特殊群体（残疾人和老年人）开展专项住房升级改造。一方面，住宅建设公团把面向老年人的住宅作为一个专项问题，与地方自治团体的老龄福利政策相互配合。另一方面，公团住宅开始对过去的老年人住宅和残疾人住宅设计进行整理和综合，统一调整为面向老年人的住宅户型（考虑到无障碍设计的亲和设计），还确定了包括残疾人在内的关照方针，使适应未来长寿社会需求的设计样式得以发展。与此同时，也针对住宅区的公共空间和室外空间（特别是集会场所进行了适应老年人需求的改造，并设置了室外门球），进行有利于老年人和残疾人活动的改造。

二、日本房地产制度的主要内容、演变历程与效果评价

（一）金融制度

表11-5　日本房地产相关的金融政策演变历程及其效果

时期	具体政策	政策效果
20世纪50年代（二战后初期）	1945～1953年日本采取一系列金融管制措施。严格分离商业银行和投资银行业务；严格控制利率；压抑证券市场，少有股票发行；实施严格的外汇管制。 1960年出台贸易和外汇自由化基本计划	在税收增长较慢、扩张性财政政策和社会保障体系扩大的共同作用下，日本积累了巨额的财政赤字，政府不得不加大政府债券的发行，进而引发了利率自由化
	1950年，成立住宅金融公库； 1950年，成立日本住房贷款合作社（JHLC）	住宅金融公库作为日本三大住房保障支柱之一（另两大为公营住宅和和住宅公团），在促进日本住宅建设、改善居民居住水平上发挥了巨大的作用，截止到2002年，累计给予1909万户共计180兆日元的融资支持，在住宅金融总量中的占比在1997年达到30%左右（其中1996年3月高达46.80%）

续表

时期	具体政策	政策效果
20世纪70年代	20世纪70年代初成立了8家住宅金融机构——住宅专门金融公司（住专），这些公司是由于银行的住房资金供应不足，为了促进住房金融而设立的，从事住宅贷款业务。住专的母体虽然是银行，但这些公司不是银行，而是根据特例，由大藏省直接监管的金融公司。 逐步完善了住宅储蓄制度，建立了住房储蓄信贷操作规程。区分社团、居民购买、建设住房的不同情况，建立了一套住房信贷的申请、发放、运用、收回的监督制度。同时条件成熟时制定有关的法规和标准，政府加强对信贷业务的引导	住专成立初积极地进行了住房资金的融资，对居民住房消费起了一定的促进作用，是住宅金融公库的重要补充。但从20世纪80年代中期开始，银行逐渐进入面向个人的金融领域，特别是积极从事住房贷款。由于银行积极促进已从住专借贷的个人改换为银行贷款，因此住专与银行之间的竞争频频发生。为此，住专从80年代后半期开始从原本的提供住房贷款，积极地转向一般房地产投资，这就背离了设立时的初衷，结果随着日本泡沫经济的破灭，留下了巨额坏帐
20世纪80年代经济复苏时期	日本银行在1979年引进了自由利率存款证。 1980年大幅修订《外汇法》。 1985年引进了货币市场存单（MMC）。 1989年日本完全放开了欧洲日元和日元计价的外国债券市场	20世纪80年代末，除了一些活期存款和储蓄存款，几乎所有利率都开始了利率自由化
	1985年"广场协议"一致决定五国联合干预外汇市场，各国开始抛售美元，继而形成市场投资者的抛售狂潮，导致美元持续大幅度贬值。 采取"硬着陆"的政策，通过5次提高公定利率（3.25%到6%），出台硬性的地价税（不论地价涨跌，凡是持有地产的人都要向政府缴纳地价税）	对其出口产生巨大的冲击，1986年日本GDP增速由上年的6.33%下滑到2.83%，史称"升值萧条"，致使经济减速。 严重地打击了房地产投资，房地产泡沫爆炸了，地价猛跌（日本大城市的商业地价指数从103.0下跌到71.4，跌幅在30%以上）。以地产作抵押的债券也爆炸了，银行和金融机构都爆炸了。由于昂贵的地价、地租，还有劳动力价格上升，竞争激烈的传统制造业企业开始分分外迁，去其他成本更低的国家建厂，因此日本出现产业空心化。
	1987年2月"卢浮宫协议"，为防止美元的过度贬值，各国同步降息	在1987年中，日本从"升值萧条"中脱身，进入新一轮景气周期，日本地价和股价出现上升

续表

时期	具体政策	政策效果
20世纪80年代后期房价泡沫时期	（1987年美国纽交所爆发“黑色星期一”，股票和债券价格暴跌，金融市场利率跳升，美元加速贬值。） 为此，日本银行动员了各种金融手段，压低市场利率，并且大量购入美元卖出日元来支持美元汇率。 1985～1989年，日本调整了货币政策和财政政策：增加国内投资、连续多次调低法定再贴现率，增加货币的供应，央行大幅降低利率，并增加银行信贷。	1988年各国降息对刺激经济产生了巨大的作用，各国经济恢复明显，日本的经济增长率由上年的4.3%回复到6.2%。地价和股价暴涨。 日本国内货币供应量显著扩张，M2增速从1985年初的7.9%上升到1987年末的12.4%，过量流动性和低利率助长了房地产泡沫。 出现了由于日元升值导致的通货紧缩等负面影响，出于担心日元升值影响经济的考虑，央行迟迟没有动手调整利率，这次政策调整的迟滞致使“永久低利率神话”的产生，这正是日本资产泡沫产生的根本原因。
	日本央行从1989年开始连续5次加息，商业银行向央行借款的利息率从1987年2月的2.5%上升到了1990年8月的6%。与此同时，货币供应增速大幅下滑	从1990年1月起日经指数开始暴跌，同时日本汇率由升转跌，形成债券、股票、汇率三类金融产品价格齐跌的局面，直到第四次加息后，同年5月债券和股票价格稍微稳定
20世纪90年代至今泡沫破裂后的经济停滞时期	1990年出台了《关于控制土地相关融资的规定》；1992年日本政府出台对土地持有者征税的政策，遏制投机性持有土地。 1992年6月日本通过《金融改革法案》①。 1993年放开定期存款利率。 1994年放开活期存款利率。 1997年金融“大爆炸”改革。 1998年6月成立了新的金融监管机构——金融厅，从财政部和日本央行手中接过监管权	日本的利率自由化完成，实现了外汇的完全自由化。 人们对房地产的信心开始动摇，国内外资本开始快速逃离房地产市场，从而造成持有者大量抛地，日本房地产市场泡沫彻底破灭，日本由此进入“失去的十年”。 1990年房地产公司贷款下降，对土地交易和土地价格有很大的影响。1990年下半年大阪某些地区的地价大幅下降

① 消除了一些传统障碍：银行和证券公司都可以通过附属公司进入对方的业务领域；允许扩大交易的证券种类，银行和证券公司都可以交易新型的证券；专业银行获准可以收购或合并不同类别的银行。

续表

时期	具体政策	政策效果
20世纪90年代至今泡沫破裂后的经济停滞时期	1997年公库融资制度改革：引进了第11年以后可变更利率的制度，利率下限设定为4%，与此相对应，引进了可在第11年后可变更利率的财政投融资借款。财政投资信贷把一部分贷款转化为住宅建设投资；另一部分贷款采取间接金融方式为住宅金融公库提供住宅信贷资金	住宅投融资方面的一系列改革，使财政投资性信贷所占比重越来越高。政府通过财政投资性贷款计划，由财政机构吸收和筹集资金，已成为住宅信贷的重要资金来源，住宅已成为财政投资性贷款计划的重点
	2001年4月起实施新的财政投融资计划，计划的要点有：废止邮储、养老金交由资金运用部预托制度；财投机构按市场原则筹措资金；引进政策成本分析。考虑到改革对市场造成的影响，设置了过渡性措施，即自2001年开始的7年间，邮储及养老金接受一部分财投债的承销	财政投融资改革带来了公库资金筹措方式的多样化，在原有财投资金的基础上，公库开始发行住宅金融公库债券。2000年度住宅金融公库债券发行额共计6500亿日元（贷款债权证券化500亿日元，政府担保债券6000亿日元），同时为应对临时性的资金周转还可引进短期民间资金
20世纪90年代至今泡沫破裂后的经济停滞时期	2007年4月，成立“住宅金融支援机构”，主要开展证券化支援业务、融资保险业务和直接融资业务等，全部资本金截止到平成二十四年（即2012年）预计达到6706.21亿日元。日本住宅金融支援机构在改革后不再直接向个人提供住房贷款，而是将证券化作为主要的金融服务业务	证券化等一系列住房保障政策性金融的创新手段可以帮助政府、社会和市场提高投融资的效率，解决渠道单一的垄断困境，发展多元化的住房保障政策性金融体系

（二）土地制度

表11-6　日本房地产相关的土地政策演变及其效果

时期	具体政策	重点特点	政策效果
1945～1985年土地制度改革摸索阶段	1945年，进行了“农地制度改革”。国家低价赎买不在村地主的佃耕地和在村地主的超过一定面积的佃耕地，以低价卖给世代耕作的佃耕农	对土地资源的再分配	推进了日本经济民主化，一定程度上缓解了土地占有和经济收入上的差距

续表

时期	具体政策	重点特点	政策效果
1945～1985年土地制度改革摸索阶段	1952年，制定了《农地法》。以自然人或以家庭经营为中心，保护耕作农民权利。并且规定农地的买卖仅限于农业经营者之间	限制农地只在农业经营者之间流通	保护并提高了农业经营者的收益
	1974年，《国有土地利用规划法》中规定了“限制区域”。 限制区域一经确定其时效一般为5年，过了5年后，或者重新确定该地区仍然为“限制区域”，或者自动取消	利用行政手段控制地价	试图通过“限制区域”这样的行政手段来抑制地价上涨，但效果并不显著
1985～1994年土地制度变迁完善阶段	1987年，制定“土地交易区域监视制度”。对地价飞涨（或有可能飞涨）区域一定面积以上的土地交易，必须向都道府县知事申报。对于监视区域内土地交易行为，知事得进行调查	通过政府管制来控制地价	区域监视制度也是为了解决地价上涨问题，也未能实现预期效果，1987年之后，日本地价继续飙升
1985～1994年土地制度变迁完善阶段	1989年日本制定了《土地基本法》。 制定了有关土地的基本政策，包括：制定土地使用计划；确保土地合理使用的措施；土地交易的监管措施；税制上的措施以及公共土地评估的合理化等	开始利用税收手段来控制地价	在《土地基本法》实施后，加强了土地税收制度的调整。配合其他税收制度改革，打破了“土地神话”，抑制土地价格泡沫
	1991年制定《综合土地政策推进纲要》。提出了加强土地税收和加强对土地的合理评估的要求	完善土地的税收制度	
1995～2005年促进土地的高效使用	1997年，出台《新综合土地政策推进纲要》。将土地理念由所有改为利用，提出土地政策的目标由抑制地价转为促进土地的有效使用。鼓励高层住宅，提高容积率	改革重心由地价控制变为土地利用	兴建高层住宅和提高建筑容积率解决了大城市中心用地紧张的问题
	2003年对土地市场进行了大幅度的减税	降低土地税收	通过减税一定程度刺激了日本经济发展

续表

时期	具体政策	重点特点	政策效果
2006年至今，形成高效的土地市场	2009年提出“土地政策的中长期展望”。今后的土地政策将以提高国民生活水平为目标，以房地产的使用价值为根本，综合且战略性地制定促进房地产业发展的中长期政策		

（三）税收制度

表11-7　日本房地产相关的税收政策演变历程及其效果

时期	具体政策	重点特点	政策效果
1945～1985年税收制度初期阶段	1952年，创设“居住用财产置换更新特别优惠措施”。规定家庭利用出售居住10年以上的住宅和宅基地而获得的全部金额购入新住宅、新宅基地时，不对原房地产的转让与收益征税（准确地说是延期征税），但是如果购入金额小于出售所得的金额，那么对超出部分的金额（超出部分收益减去必要经费）需要征税	鼓励居民改善住房条件	该措施的目的是促进居民家庭改善居住条件，但后来却是造成城市周边地价上涨的重要原因之一，该政策到1988年房地产价格大幅高企时被原则上废止
1985～1991年加快税制改革阶段	20世纪80年代以来，政府以低税和免税优惠促进私人住宅的兴建与购置。在不动产取得税、固定资产税等方面，对住宅用地实行优惠，不动产取得税率一般用地为4%，住宅用地为3%，优惠了1/4；固定资产税率对住宅用地面积在200平方米以上的减半，200平方米以下的只缴纳1/4	鼓励私人住宅的发展	
1985～1991年加快税制改革阶段	1991年，制定并通过了《综合土地政策推进纲要》，要求加强土地税收调控作用 1991年，日本税制调查会总结提交了题为《土地税制改革的基本课题》的咨询报告，一改以往的态度，提出“土地税制是解决土地问题的极为重要的手段之一”	加强土地税收对土地价格的调控	税收在土地调控中的作用受到重视，较为成功地抑制了地价的上涨

续表

时期	具体政策	重点特点	政策效果
1991～1993年增税抑制土地价格阶段	1991年实施的土地税制改革的核心仍是增加土地税负来抑制土地价格，其中，开征地价税和特别土地持有税被视为强有力的调控手段	增收土地税	由于政策实施时房地产泡沫已经破裂，宏观经济环境开始发生重要变化，政策实施后加剧了房地产市场在泡沫破裂后的急剧下跌，在总体上造成了“雪上加霜”的实际效应
1994～2005年减税促发展阶段	1994年，为了减轻住宅用地的税收负担，政府采取一系列降低课税标准额和调整课税标准额的特别扣除措施。另外，对一定的新建住宅、长期优良住宅、既有住宅的耐震改造、既有住宅的残疾设施改造以及节能改造等实施了减税措施。 1998年，停止地价税的征收。 2003年，在税制改革中大幅度减轻了土地流通环节的课税，停止了特别土地保有税	减少征税	以减税为核心，作为抑制房地产泡沫强力手段的地价税和特别土地保有税都被彻底停止
2005年至今，新土地背景下的税收制度	2009年，提出“土地政策的中长期展望”，再次提及完善房地产市场的税制、法制和地价公开发布制度		

（四）住房保障制度

表11-8 日本住房保障相关制度的演变历程及其效果

时期	具体政策	重点或特点	政策效果
1945～1964年	1948年国土交通省设立住宅局，专门负责住宅方面工作，可以说住宅局是中央政府有关住房政策的制定者与调控中心。 1950年制订了《住宅金融公库法》，并设立住宅金融公库，其性质为政府全额出资的政策性住房金融机构，属于独立企业法人，隶属	制度体系初步建立：政府主导直接参与开发，快速增加住房实物供应	正面：加速住房供给，效果显著。1951～1955年期间受惠于政府的金融支持，每年自有住房的建设都在15万套以上，租赁住房每年的供应量从2万多套增至1955年的5万套以上。

续表

时期	具体政策	重点或特点	政策效果
1945～1964年	于国土交通省住宅局。住宅金融公库面向居民个人建房、购房、维修住房提供长期（25～30年）、低息（5.5%）贷款。平均利率比商业银行低30%左右，利率差额部分由国家财政部门承担给予补贴。 1951年制订了《公营住宅法》，公营住宅是由政府拨款补贴地方行政主体（包括都道府县以及市町村），建造管理的低标准公共住宅，以较低租金向本地区低收入居民出租。 1955年设立住宅整备公团，隶属于国土交通省，非营利性质，专门建设由国家财政补贴的公团住宅，向中低收入家庭出租、出售。 1956年又颁布了《日本住宅公团法》，公团住宅是由国家投资成立住宅公团为城市中等收入者建造的住宅，并给予租、售优惠，政府向公团提供低息贷款和部分周转金	制度体系初步建立：政府主导直接参与开发，快速增加住房实物供应	政府直接出资建设住房、政府为居民和企业提供住房建设优惠贷款的一揽子政策体系形成，使得政府灵活干预住房供给，保持市场房源的相对充足；有效遏制了住房投资投机性需求扩张，以及房价、地价过快上涨。 负面：虽然公营住宅集中解决了低收入群体的住房问题，但是对于城市间处于高收入和低收入之间的“夹心层”人群的住房没有具体的保障措施
时期	相关法律及政策	重点/特点	效果评价
1965～1990年	1965年制订《地方住宅供给公社法》，设立住宅供给公社，主要是为了向各都道府县等非大城市的住宅不足区域，为那些地区的骨干劳动者（中等收入者）提供优质住宅及其用地。 1981年，住宅整备公团的主业由住宅开发转为城市的整备，并更名为“住宅·都市整备公团”。 1993年，日本政府制订了《促进提供特定优质出租住宅法》	转型调整： （1）由中央政府主导，转向鼓励地方机构参与； （2）由住宅建设开始向城市内地块的整备开发转型； （3）制定标准，引导市场参与	日本的住宅市场开始从“满足基本住房需求”阶段，步入“不断提升住房品质和居住环境”阶段。公营住宅的建设出现减少趋势。政策导向开始从保障性向宜居性过渡，政策开始考虑到不同类型使用者的要求

续表

时期	相关法律及政策	重点/特点	效果评价
1991年至今	1999年“住宅·都市整备公团”又改称为“都市基盘整备公团”，隶属于国土交通省。 2004年，都市基盘整备公团改组为都市再生机构，其职能由原来建设公共住宅为主转向土地储备、整理和再开发。 2007年住宅金融公库被改组为住宅金融支援机构，全部为政府注资，业务范围由原来对住宅建设和购买的直接资金支持，转变为对金融机构的住宅贷款提供支持。具体职责是收购私人金融机构住房贷款资产进行证券化，在资本市场上发行房贷支持债券，为住房金融市场提供稳定的资金来源	持续更新：政府方面主导的城市更新职能得到进一步巩固和明确；金融方面的支持由直接转为间接	政策持续更新，不断适应住房市场发展的新阶段特征。 2000年以后，越来越多的房屋供给任务交给了民间，很多地方政府减缓了建设进程，东京地区的新建数量多年为零

（五）住房租赁制度

表11-9　　日本住房租赁相关制度的演变历程及其效果

时期	政策	重点特点	政策效果
1898～1921年基础制度	1898年颁布《民法典》，其中将房屋租赁分为定期与不定期两类。对于不定期的租赁关系，出租人或承租人均可随时提出解除；买卖可以解除租赁；除非出现房屋部分灭失的事情，不得要求增减租金	贯彻了契约自由但忽略了对社会弱势群体的关注	正面：提供了明确的法律依据。 负面：并没有考虑处于弱势地位的房屋承租人的特殊利益。缺乏对住宅租赁关系中房东与房客社会地位和交涉能力差别的重视，导致了房屋租赁双方利益的失衡，从而引发了房屋租赁立法的不断修正

续表

时期	政策	重点特点	政策效果
1898～1921年基础制度	1921年制定《借家法》，确立了“买卖不破租赁”的原则（即房屋的所有权交易不影响租约）；将民法典规定的解约通知时限延长到6个月；设定了租金增减请求权，赋予了承租人调整租金的权利；赋予承租人工作物收买请求权	强化租赁权、利用对租金价格自由的干涉一定程度上保护了承租人的权益	正面：在一定程度上侧重维护承租人的利益。 负面：关于存续期间并没有创设新的制度，而是仅仅将民法规定的解约通知时限稍作延长
1941年后日益健全	1941年修订《借家法》，对出租人解约和拒绝更新的自由进行限制——规定出租人“非有自己使用的必要或其他正当事由，不得拒绝契约之更新或终止契约”	以“正当事由”为条件限制了出租人的解约权	正面：此次修正进一步限制了出租人的契约自由，所导入的“正当事由”制度加强了对承租人利益的保护
1941年后日益健全	1941年修订《土地房屋租赁法》《建筑物租赁法》，加强了对租户利益的保护。 1946年公布了《物价统制令》，限制租金上涨幅度（该法令的主要内容是规定政府统制物价的种类和范围，确定政府制定商品价格的依据和程序，决定各种统制物价的调整方法和调整幅度等）	侧重维护租户的利益，严格控制租金的增长	正面：1898年民法典中的绝对所有权和契约自由原则在住宅租赁领域已经被彻底突破——租赁关系在事实上成为半永续化的权利，在不动产价格飞涨的同时租金的增加受到严格限制，住宅承租人的权益受到比较充分的保障。 负面：实践中出现了与立法目标相背离的后果，由于租赁权近似“永续化”，反而鼓励了承租人为谋取高额收益而私下转租的情况发生

续表

时期	政策	重点特点	政策效果
1990年至今持续更新	1991年通过了《借地借家法》：该法在房屋租赁相关内容中沿袭并进一步明确了传统，且吸收了最近一段时期内的有关判例。 1994年开始，逐步推进并完成了“定期房屋租赁”的创设，支持中长期租地运营	回归契约自由原则，平衡租赁双方权益；便利土地流转，促进土地有效使用	（1）在延续对承租人权益保护的同时，也适当放宽了对房屋所有权人（出租人）的限制，恢复了契约自由，提高了土地房屋的利用效率； （2）对当时新增判例及其原则的吸纳与立法加以明确，有效规范和维护了住房租赁市场的秩序；定期房屋租赁制度支持了机构化出租人的发展
*住房租赁市场发展现状	以私人住宅租赁为主导的市场：截至2013年，日本住宅总量达6063万套，其中出租房屋1777万套，占住宅总量的30%左右。 （1）租赁类住房的存量中，归属于私人的占比高达79%，归属于政府的比例为10%，而归属于UR（UrbanRenaissance，独立行政法人都市再生机构）或企业的比例仅为5%，其余6%为社会保障性住房。 （2）从增量角度，历年的新开工住宅中租赁类住房占比稳定在40%左右。		

三、日本落实住房政策目标的实施路径

政策的价值与核心有赖于执行。日本政府为保障住房政策目标的落实，探索完善了法律、要素、规划、技术等四个维度的实施路径体系，以确保住房政策落实。

（一）法律层面：建立系统、完善、可动态修订的住房法律体系，确保住房政策的合法性、严肃性、针对性

作为现代法治国家，日本十分重视法律制度建设对于推动住房政

策目标落实的重要性，表现为以下三点：一是强化法律制度建设对于住房政策实施的制度保障，法律制度建设先行，先后编制了《住房建设计划法》等数十部法律（表 11-10）。二是结合住房发展新阶段与新问题，及时调整现有法律法规，以提高法律的适应性。以日本《公营住房法》为例，迄今已经历 20 多次修改。三是针对城镇化与住房发展重点的阶段性转变，通过实施新的法律，以针对性地解决住房发展中的突出问题。例如，2006 年通过《居住生活基本法》取代《住房建设计划法》，推动从单纯注重住房数量向提升整体居住生活环境的政策方向转变。

表11-10　　日本主要住房法律一览

编号	法律名称	时间
1	《住房协会法》	1921年
2	《住房营团法》	1941年
3	《灾区城市借地借家临时处理法》	1946年
4	《特别都市计划法》	1946年
6	《住房金融公库法》	1950年
7	《公营住房法》	1951年
8	《日本住房公团法》	1955年
9	《住房建设计划法》	1966年
10	《促进特定优良租赁住房供给的相关法律》	1993年
11	《有关确保高龄者居住安定的相关法律》	2001年
12	《居住生活基本法》	2006年

（二）规划层面：建立分层次的住房规划编制体系，分类解决住房发展全国层面的宏观战略性问题与地方层面的具体实施性问题

日本建立了全国（区域）、都道府县等两个层面的住房规划体系。全国（区域）层面的住房规划重在宏观目标、分区指引；都道府县层面的住房规划重在落实战略、解决问题。

全国层面的住房规划负责全国住房建设相关事宜，重点制定全国住房建设五年计划，提出各类住房的建设规模。全国层面的住房规划获内阁审议通过后，以其为基础，制定地方层面的住房建设五年计划。2006年《居住生活基本法》实施后，日本全国住房规划的内容更为战略性、原则性，突出对国家住房发展的宏观指引。

都道府县层面的住房规划（即“都道府县住房建设五年计划”）重在解决地方层面住房的具体实施性问题。主要内容包含制定五年间住房的建设目标、明确公营住房及其他地方公共团体的住房建设规模、管辖区域民众住房生活水平。都道府县住房建设五年计划完成之后，必须向国家主管部门进行报告。

（三）技术层面：重视住房调查、住房政策实施评估等基础性工作，以详实、准确的基础数据为支撑，确保住房政策制定的科学性

在住房调查内容上，根据《住房建设计划法》的要求，在开展编制每一个“住房五年计划”期的前两年，都要开展一次全国性住房调查，其后又不断完善相应的住房调查内容。

在住房调查方法上，采取全国和地区（全国分10个地区）层面自上而下、都府县与市町村协商的自下而上两种编制方法，确保政策目标明确可行，建设量符合实际需求。

在住房发展指标体系上，注重建立细化、量化、可执行的指标体系。从国家到地方层面的住房规划均对住房发展目标制定了明确、量化的指标体系，以进行检测和评估（表11-11）。同时，住房规划评估贯穿规划实施全过程，以便对规划目标中的偏差进行及时反馈和调整。

表11-11　东京地方住房规划部分指标体系

分类	细化指标	
良好居住环境指标	（1）住房抗震率	
	（2）木造住房密集地的不燃率	
	（3）共同住房公用部分的无障碍程度	
	（4）住房的能源节约程度	按照新一代节约能源标准建设的住房的比率
		讲究一定的节约能源策略的存量住房的比率
	（5）市中心的住房建设户数	
整备住房环境指标	（1）新建住房的住房性能实施率	
	（2）理想居住面积标准达标率	全体居民
		有未成年子女家庭
	（3）二手房交易比例	
	（4）翻修实施率	
	（5）住房平均使用年限	
	（6）使用特定地区建材产品的住房比率	

资料来源：根据2007年《东京都住房基本规划》整理。

（四）要素层面：采取多种方式，落实住房政策制定与实施中的人、财、地等要素资源的保障

一是调动政府、社会、市场等多方力量，确保住房供应，落实住房政策。在国家层面，设立高层次的住房决策协调机构——建设省（2001年后为国土交通省），承担制定日本全国层面住房政策和长期发展计划，协调资金、物资等职能。在地方层面，注重发挥地方政府在住房发展目标落实中的积极作用。此外，先后成立住房公团、地方公共团体、地方住房供给公社等机构，落实参与住房建设的主体。

二是采取民间金融机构与官方金融机构相结合等多种方式为住房建设提供资金支持。日本建立官方住房金融机构——金融公库，鼓励民间金融机构运用多种融资手段，开拓混合型融资方式。民间与官方机构相结合，较好满足了日本住房产业的资金需求，促进了住房产业

发展和政策目标的实现。

三是采取灵活多样的土地利用方式，满足住房建设的土地需求。日本政府采取类似土地银行的做法购置大片用地，通过都市整备公团采取等价交换制度、特借制度等妥善处理私有产权制度下的土地要素，保障住房建设用地需求。

四、借鉴与启示

（一）住房政策的理念：平衡促进经济发展与满足基本社会保障两种定位的关系

二战后日本住房政策具有鲜明的“发展型住房政策”特征，在取得重要成绩的同时，也存在公共住房保障落后[①]、不同社会群体居住水平差异较大[②]等问题。因此，审视日本住房政策理念中对住房促进经济发展与满足基本社会保障两种不同定位的取舍与得失，从而为进一步明确今后我国住房政策的理念与定位具有一定启示。

（二）住房政策的重点：识别不同时段住房政策目标的重点与核心问题

日本在城镇化发展的不同阶段，结合经济发展水平，先后将重点放在解决住房卫生及安全问题、增加住房数量、改善居住环境等不同

---

① 日本的公共租赁住房仅严格限定于低收入者及有特殊困难的对象，如老人、单亲家庭等，公共租赁住房在全社会住房总量中的比重始终未达到10%。根据2008年家庭住房构成情况统计数据，日本住房自有率大约为61.2%，租赁住房比率约为38.8%（其中租赁中央及地方政府的公共住房比例为6.06%，租赁公司住房2.82%，其他主要为租赁私人住房，比例约为29.92%）。日本用于出租的公营住房比例偏低，因此供需矛盾十分突出，符合政府规定条件的家庭需求与供给比例一般在35:1左右，低收入者想要获取一套廉租住房十分困难。

② 根据2008年统计数据，日本租赁住房（特别是租赁私人住房），居住状况较差。日本自有住房面积可达110平方米以上，但租赁住房的面积普遍不到50平方米。

领域，具有明显的阶段特征。反观我国住房政策所面对的重点问题，具有阶段性、复杂性及地域性。东中西不同区域、大中小不同城市、不同城市各区域之间，所要急迫解决的重点问题差异很大，需要在住房政策制定的机制上既要从国家层面进行总体把握和引导，也要为各地有针对性解决自身面临的问题留有灵活性。

（三）住房政策的实施路径：注重长远系统的实施体系建设

日本先后建立及完善了法律、规划、技术、要素等四个层面的住房政策实施路径，从系统及长远视角切实保障了住房政策的落实。我国住房政策多以短期应急性的政策或策略为主，在保障住房政策实施体系的系统性方面[①]仍有较大的改进空间。

（四）不同类型住房政策的取舍：客观认识其差异化作用机制和影响效果

结合本章第二部分的梳理可以发现，不同细分类型的住房政策，其对规范和引导住房市场的发展，发挥着不同的效果。

第一，金融政策方面，其短期内的影响效果最为直接而剧烈，且难以独立于宏观经济的大环境。20世纪90年代，日本房价地价的泡沫及其破裂均受到金融政策剧烈变化的影响，而该时期金融政策的调整又是国内外宏观经济环境变化影响下的应对措施。从吸取经验教训

① 1998年城市住房制度改革后，我国出台了多部有关住房保障的法律、行政法规、规章。目前有关公民住房权的规定分散于法律、法规及其他政策性文件中。在法律层面有《城市房地产管理法》《土地管理法》《城乡规划法》《物权法》等；在法规与规章层面有《城镇住房保障条例（征求意见稿）》《住房公积金管理条例》《经济适用住房管理办法》《廉租住房保障办法》《城市房屋租赁管理办法》等；此外，针对不同时期的具体形势，出台了若干政策性文件，集中于房地产价格调控、住房保障两个方面，如“国八条”“国六条”“新国十条”“新国八条”等政策。上述法规体系及政府规范性文件共同构成了目前我国实现公民住房权的法律制度基础。

的角度，我国应维持相对稳定的金融政策，避免短期内大幅度调整；或者建立相对独立的住房金融政策体系，比如针对购房贷款的首付比例与利率对冲措施。

第二，土地政策方面，针对地价的管控措施效果并不理想，更为根本且理想的选择是根据客观需求灵活调整供给。在需求较高的热点城市群或城市内重点区域，推进土地的再开发利用，或放宽容积率限制，从而提升土地的利用效率。不过，必须认识到土地供应无法立即转换为真实住房供应的客观问题。

第三，税收政策方面，其对住房市场的影响相对有限，需要与其他政策组合使用才能更好地发挥作用。尽管在短期内税收政策的调整可以作为政府宏观调控的信号，起到引导预期、影响市场参与者行为的效果，但单独的税收政策无论从理论角度，还是从日本的实践经验角度，均无法真正实现调控和干预住房市场的目标。

第四，住房保障政策方面，伴随经济发展与城市化进程的不断推进，从实物补贴转向货币补贴，从政府主导转向引导市场和民间非营利性组织参与，是日本的主要经验和发展脉络，尤其值得中国借鉴。

第五，住房租赁政策方面，日本最重要的经验就是通过明确的法律制度，切实保护承租人的权益，促进住房租赁消费，并且及时更新判例，持续完善并提高法律对市场环境的适应程度，发挥规范和引导作用。同时，通过法律保障和约束长租期（10 ~ 20 年）的租赁合约，也有效地支持了机构出租人的经营活动。

参考文献

[1] 张磊，江丽.发达国家公共住房金融模式借鉴[J].中国物价，2016（12）：45 ~ 48+55

[2] 谢福泉，黄俊晖.日本住宅金融公库的改革及其启示[J].亚太经济，2013（2）：79 ~ 84

[3] 吕晖蓉.美、日住房金融体系的功能比较及启示[J].财经科学，2012（2）：29～35

[4] 汪利娜.日本住房金融公库住房保障功能的启示[J].经济学动态，2010（11）：126～130

[5] 孔维文，张含鹏.日本住宅金融体系及其借鉴[J].西南金融，2001（09）：53～55

[6] 邓耀东，朱才斌，张旻冶.日本住房金融回顾[J].中国房地产金融，2000（7）：42～46

[7] 晓渡.日本住宅政策与住宅金融及其启示[J].中国房地产，1996（5）：70～72+5

[8] 董裕平，宣晓影.日本的房地产税收制度与调控效应及其启示[J].金融评论，2011（3）：104～113+126

[9] 徐寅.日本住宅租赁立法的启示[J].法制与社会，2014（21）：156+169

[10] 陈慧君.日本住宅租赁市场特征与成因浅析[J].住宅科技，2003（06）：33～35

[11] 包振宇.日本住宅租赁特别立法研究——以承租人权利保障为中心[J].日本研究，2010（03）：92～97.

[12] 李浩.城镇化率首次超过的50%国际现象观察[J].城市规划学刊，2013（1）:43～50.（International Phenomenon Observation of Urbannization Rate Exceeding 50% Threshold: Implications for China. 2013（1）：43～50

[13] 郑宇. 战后日本城市化过程与主要特征[J].世界地理研究，2008（6）:56～63（The process and main features of urbanization in Japan after the war，2008（6）:56～63

[14] 中国城市规划设计研究院. 住房发展规划国际比较研究（日本新世纪的住房政策——第八个住房建设五年计划的要点）[R].2014

[15] 倪虹等. 国外住房发展报告[M].北京.中国建筑工业出版社，2014

[16] 张伟.日本住房政策发展历程和实施路径（经验）借鉴. 中国城市规划设计研究院住房与住区研究所，2017

专题报告十二

美国房地产制度和政策的演变与借鉴

一、美国房地产制度演进的主要历程与基本特征

（一）美国建国初期联邦土地分配的管制逐渐放松

建国伊始美国面临的主要问题是领土扩张。从1785年《土地条例》开始的一系列法律逐渐降低获得联邦土地的成本。房地产制度由解决政府财政转为力求最大限度推动民众殖民的积极性。由于直到19世纪中期农业人口仍占多数，现代金融业也不发达，房地产制度主要协调分配联邦土地，这种状况一直持续到20世纪20年代。

（二）1929～1933年大危机与提高房地产信贷与补贴

美国当代许多房地产制度的设计可以追溯到1929～1933年大危机时代。大危机前的美国工业化、人口及城市化率都稳步增长，住房金融以高风险的住房抵押贷款为主。1928～1933年间房价下跌近30%，住房抵押的止赎率不断上升，大量金融中介机构倒闭。为了应对这次危机，美国政府第一次进行了房地产金融领域的制度创立。

美国政府的应对措施主要是为金融中介机构提供信用和保险。1934年《国家住房法》创建了“联邦住房管理局”使市场有更多的住房抵押信贷。1938年又创立了“联邦全国住房抵押贷款协会”来形成住房抵押贷款的二级市场。另一方面，1937年《国家住房法》对低收入家庭的住房需求采取更为直接的政府补贴。

（三）二战后的新城市运动

1945年战后美国经济迅速发展，人口和城市化率都在增长，但是低收入家庭的住房没有市场的解决办法。政府希望建设一个“更伟大的美国”，一个重要的房地产问题就是贫民窟和旧城改造。1949年《国家住房法》提出由联邦财政来支撑一个全国范围的城市重建，包括一系列贫民窟清理项目，增加对联邦住房管理局抵押保险的授权，以及一个庞大的公共住房计划。

（四）民权运动中出台的反歧视房地产法律

20世纪50年代中期经济增长开始放缓，种族问题开始激化，在住房领域，对以少数民族为首的弱势群体的歧视问题也成为焦点问题。为了解决这个矛盾，在民权运动高潮期政府出台了一系列反歧视法律。1968年《公平住房法》是《民权法案》的一部分，旨在保护住房的买家或租客不受卖方或房东的歧视。1974年《平等信用机会法》对被认定有种族、肤色、宗教、民族血统、性别、婚姻状况或年龄歧视的金融机构施加严重制裁。1977年《社区再投资法》鼓励银行与储蓄和贷款协会向低收入少数群体或小型企业提供信贷。

（五）房地产借贷为主的“储蓄和贷款”危机的制度因素

“储蓄和贷款”机构的主营业务是住房抵押贷款和汽车抵押贷款，在住房抵押贷款的一级市场占有重要位置。20世纪60年代其行业的主要竞争手段是高利率吸储，随后的金融监管不当和70年代的通货膨胀使行业状况严重下滑。政府希望通过放松对这类金融机构的管制来扭转局面。1980年《存款机构放松管制和货币管理法》、1982年《格圣日瓦存款机构法》、1986年《税收改革法》都在这个背景下通过。然而在缺乏监管的宏观环境下，1986～1995年，1043家“储蓄和贷款”机构倒闭。为了解决危机，美国政府又通过了1989年《金融机构改革复原和执行法》，彻底重组了“储蓄和贷款”的监管机构，同时要求“两房”即房利美与房地美两公司对中低收入家庭增加住房抵押贷款。

（六）次贷危机后的新一轮房地产制度改革

自1990年初至2006年初，美国房地产市场经历了一轮漫长的价格上涨，居民住房消费不断增加，住房抵押贷款市场对次级贷款越来越容忍，政府的金融监管也开始放松，房地产开发不断增加，导致了2007年的次贷危机和2007～2009年的经济大衰退。

政府通过了一系列的紧急措施，包括对合格的住房拥有者提供“房主负担能力和稳定性计划”援助。美联储收购总额超过1万亿美元的住房抵押贷款证券，“两房”进入政府特殊保护。2008年通过了《经济刺激法案》，2009年通过了《美国复苏与再投资法案》，2008年还通过了对金融机构进行紧急支持的《紧急经济稳定法》。

长期解决方案是一系列强调金融系统监管的法案。以2010年《多德弗兰克华尔街改革和消费者保护法》为代表的法律所建议的改革，涉及消费者保护、行政薪酬、银行金融缓冲或资本要求、扩大影子银行系统和衍生工具的监管，并成立了“消费者保护局”。

二、美国房地产制度的基本框架和主要内容

（一）房地产金融制度

在房地产金融市场的供给端，采取了市场和政府机构相结合的方式。大部分盈利性房地产开发的金融，由以银行为代表的金融机构来承担，以市场调节为主。保障性住房提供，政府干预很强。“联邦住房管理局”为首的政府机构，为修建公共住房提供庞大的资金支持。

住房金融的需求端包括住房抵押贷款的一级市场和二级市场。在一级市场中，公共住房和退伍军人住房等保障性住房由以“联邦住房管理局”和“退伍军人事务部”为首的政府机构来提供金融服务保障。而非保障性住房主要通过市场调节。在二级市场中，保障性住房由“政府国民住房抵押贷款协会”来提供担保服务。二级市场的“常规”抵押贷款由“两房”等政府支持企业来提供担保服务。其他高端抵押贷款产品则主要由市场进行调节。

在房地产投资领域，流动性较强的投资包括“房地产投资信托”的债权和以住房抵押担保证券为基础的债权。这些债券于1960～1970年开始出现。

（二）土地税收与规划制度

美国的土地税收与规划以地方调节为主。大多数情况下土地税收与房地产税没有不同，从殖民时期开始就是由地方政府自行征收，法律规定联邦政府不得征收土地或房产税。同一州内不同的郡往往根据实际情况来征收房产税，人口密集的地区往往税负较重，而人

口稀少的地区往往通过低税率来吸引居民。比如2014年的纽约州，各郡的有效房地产税最高的超过6%，而最低的不到0.5%。在同一个郡内，政府可以对不同房产区别对待。比如在华盛顿特区，房产税一般以评估价值的0.85%征收，对于闲置的住宅则按照评估价值的5%征收。

规划制度在美国各地也有很大差别。纽约与波士顿以复杂的分区规划著称，而休斯顿则以没有分区条例和其他大城市形成鲜明对比。

（三）保障制度

联邦政府主导一系列的住房保障计划。“住房和城市发展部”和“退伍军人事务部”等部门都有直接修建保障房或者为保障房的修建提供金融支持的计划。1974年通过的《住房和社区发展法》等法律，支持为少数民族和低收入家庭提供住房抵押贷款金融服务。1937年通过的《房屋法》第八节为少数民族和低收入家庭提供租赁住房援助和住房券等。在州和地方政府，除了负责实际操作联邦保障项目在各地的子项目，也有单独的保障项目，比如纽约市就有租金上限的规定。

（四）市场监管制度

美国房地产市场的监管主要体现在联邦的金融监管上。房产的交易监管主要是以地方对交易合同的法律监管为主。房地产金融系统的监管体系较为庞大复杂。在供给端，“联邦住房管理局”监督市场的正常运行。在需求端，一二级市场中的国家机构可以直接执行政府政策。而一级市场中的市场性机构，比如银行等金融机构的监管，涉及“美联储”“货币总监办公室”“联邦存款保险公司”“美国证券交易委员会”以及各州的银行监管机构等。二级市场中的市场性机构，比如“两房”等机构的监管涉及“美联储”“联邦住房管理局”“联邦住房金融局”等。次贷危机后设立的“消费者金融保护局”的权限几乎可以覆盖整个需求端的金融机构。

（五）法律制度

房地产交易、税收、规划等立法在州和地方政府，而金融市场的机制设计权在联邦。联邦政府的三权分立在房地产制度上的体现非常明显。立法权在国会，本文中提到的所有立法均由国会通过。而狭义的政府，以“住房和城市发展部”为首的国家机关执行复杂的法律。最后，法院负责司法。

三、美国房地产政策调整的重点和特点

（一）调整房地产领域的最主要矛盾，周期约为10～20年

历次房地产政策的大调整多源于房地产危机。这种危机可能是1929～1933年式的经济危机，也可能是人权运动中的社会危机。因为立法改革牵涉面广，所以通常比较注重必须的改革，尤其是社会关注的主要矛盾。房地产市场的周期往往是10～20年，每个周期中都可能暴露一些体制中深层次的问题，所以立法改革的周期与房地产周期也有一定联系。

（二）制度改革包括短期和长期手段

一方面，房地产制度改革注重法律性的、制度性的长周期调控。因为法律的调控具有稳定性和持续性。法律改革往往并不是大一统式的，而是多项法律分别面对一个问题的不同方面。同时，房地产制度

改革又包括一些应急性措施，这些措施在危机来临时可以给政府解决问题提供更快捷的工具。

四、美国房地产制度和相关政策调整的成效与评价

（一）美国建国初期联邦土地分配的管制逐渐放松

因为注重解决土地需求的根本性问题，这些制度基本达到了政策目标，支持了美国领土的扩张，提高了政府财政收入，分配了联邦土地。同时也建立了公共土地调查制度。由于没有找到稳定市场的办法，出现了土地投机所引起的如 1796 ~ 1797 年的一系列金融恐慌。

（二）1929 ~ 1933年大危机中对住房金融制度的改革

1934 ~ 1938 年的立法改革为购房者提供了更便宜的住房抵押贷款，达到了活跃房地产市场和稳定房价的政策目标。联邦住房管理局之后推行的 30 年期住房抵押贷款成为行业标准。联邦国家住房抵押贷款协会创立了住房抵押贷款的二级市场，有力地推动了美国金融系统的创新。美国的住房拥有率也从不足 50% 上升到二战后的 60% 左右。1937 年《房屋法》第八节（“第八节”住房）经过多次修改，成为保障房体系的重要环节。

1934 ~ 1938 年改革成功首先得益于对经济规律的尊重。美国当时的政策制定者没有盲目地制定不切实际的目标，而是让政策和旧体制适应房地产发展的实际需要。另一方面，我们在 80 年后再来审视这场改革，当时的政策没有为公共住房找到合适的市场机制，依然以政府财政支持为保障，给后来的“储蓄和贷款”危机以及次贷危机埋下了伏笔。

（三）二战后的新城市运动

新城市运动中政府的公共住房建设远低于立法时提出的目标，对住房短缺的城市几乎没有帮助，某些城市实际上销毁的住房比建造的更多。这次改革耗资巨大，建设了大批巨大的公共住房项目，却引发了巨大的社会公平问题。少数民族和低收入家庭集中的贫民窟是这次改革拆迁的首要目标，并被更为昂贵的住房或非住宅公共工程所取代。由于新项目的价格高于原居民自身的承受能力，很多被迁走居民的利益受到了损害。

这次城市重建大改革的首要问题在于它忽视了根本性的问题。贫民窟的出现根本上是收入不均的问题。政府一味拆迁贫民窟而不解决少数民族和低收入家庭的教育、收入等深层次问题，其结果必然是原有问题无法得到解决。

（四）民权运动中出台的反歧视房地产法律

这次立法改革的效果并没有达到政策设计的目标，歧视和反民权行为仍然以各种各样的形式在美国房地产业存在。在住房租赁市场，歧视更加严重。

这次立法改革影响到社会很多部门的行为。住房特别是租赁市场通常会明文规定歧视行为违法，这在客观上提高了公众的反歧视意识。住房抵押贷款一级和二级市场都有更明确的反歧视做法，通常的做法是加大对少数民族和低收入人群的贷款力度。

这次立法改革和新城市运动有相似之处。政府并没有清楚地认识到歧视的根本性问题是教育与收入的不平等。此时开始，政府越来越强硬地要求住房抵押贷款一级和二级市场提高对传统高风险家庭的贷款力度，在一定程度上促成了 40 年后的次贷危机。

（五）“储蓄和贷款”危机中的制度评价

20世纪70年代政府对“储蓄和贷款”的限制导致了整个行业业绩严重下滑。1980年《存管机构放松管制和货币管制法》和1986年《税收改革法》等一系列法律，引发了全行业的破产危机。直到1989年《金融机构改革复原和执行法》，彻底重组了“储蓄和贷款”的监管机构，由国家承担了行业损失。

1986~1995年美国3234个“储蓄和贷款”机构中的1043个失败，国家和纳税人承担了超过1万亿美元的巨大损失。

20世纪70年代政府对“储蓄和贷款”的政策过于死板，很大程度上忽视了基本的经济规律。而80年代的政策却发生了180度的大转弯，大幅度放松对行业的监管，鼓励其参与高风险业务，在行业处于经营不善的状况下，使其铤而走险将风险最大化。而1989年“金融机构改革、复原和执行法”用国家财政清偿了行业破产，在一定程度上促成了次贷危机。另一方面，1989年立法改革对恶意风险扩大化提出问责机制，这在次贷危机后被实施，一定程度上提高了金融系统的自律性。

（六）次贷危机后的制度改革

危机发生时的紧急措施的效果在学术界存在争论。应急措施虽在一定程度上稳定了市场情绪，但是房地产价格直到2012年中期才走出谷底。而以长期为目标的制度改革推进缓慢。

次级贷后的立法改革使“联邦住房管理局”在住房抵押贷款融资上的作用增加。然而由于许多高风险的借款人被该产品担保，“联邦住房管理局”目前已经无力保证法律规定的现金资本。另一方面，政府对金融机构的监管进一步加强，使得机构运行成本进一步增加。

这次立法改革目前仍然有很大争议。银行业并不认为危机的根本矛盾得到了解决。最明显的例子就是“联邦住房管理局”已经处于严重经营不善的境地。同时，此次改革将耗费国家和纳税人大量财政资源。

五、美国房地产制度借鉴与启示

（一）政策满足时代需求的同时也需要尊重经济规律

政府难以回避民众对政策目标的期望，然而违背经济规律，政策必然无法成功。对于少数民族和低收入家庭住房的政策上，一味要求金融企业为他们提供廉价的住房抵押贷款，而忽视这类人群具有巨大的违约风险，一定会使金融机构被迫承担更多的风险。

（二）长期固定利率抵押贷款的作用与风险

长期固定利率抵押贷款是美国市场特有的一种贷款方式，在世界其他房地产金融发达国家并不多见。这种贷款降低了还款的波动性，给购房带来了极大的便利，同时由于美国政府的隐性担保，贷款成本被降低，这使美国的住房自有率一直处在较高的水平。另一方面，固定利率贷款存在利率风险。在一级市场上，抵押贷款者直接承担了贷款的利率风险。在二级市场上，这种风险又被传导给投资者。

（三）短期目标手段和中长期目标手段结合

房地产制度变迁可以考虑通过不同手段相结合的方式来达到。在短期，通过财政政策和货币政策可以较快达到政策目标。在次级贷危机中，这些政策手段被频繁使用来进行紧急救险。为了实现长期目标，立法是必然的，也是最稳定的手段。立法改革虽然时间漫长，但影响力也很持久。

（四）万能的政策是不断适应时代的政策

美国近现代的房地产制度每10～20年左右就要进行一次大的改革。政策永远都具有时效性和历史局限性，不能一成不变地看待。在80年的漫长历史里对房地产业起到巨大推动作用的"联邦住房管理局"和"联邦储蓄和贷款保险公司"，可能在80年后就成为次贷危机的推动力量。从制度经济学的角度，我们不能单纯用好坏来看待一项政策，而是应该积极地审视一项政策是否符合当下的经济社会形势。

参考文献

[1] Historic documents，Bureau of Labor Statistics

[2] Historic documents，Census Bureau

[3] Historical Statistics of the United States Millennial Edition Online

[4] http://financialservices.house.gov/news/documentsingle.aspx?DocumentID=400307

[5] Leo Grebler，David M. Blank，and Louis Winnick，Capital Formation inResidential Real Estate: Trends and Prospects（Princeton: NBER and Princeton University Press，1956），p. 350

[6] Marc A. Weiss，"Real Estate History: An Overview and Research Agenda，" Business History Review 63（1989）: 241～282

[7] The Forgotten Real Estate Boom of the 1920s，Harvard Business School

专题报告十三

英国房地产制度、政策的演进与借鉴

英国全称为大不列颠及北爱尔兰联合王国，位于欧洲大陆西北面，面积 24.41 万平方公里，总人口超过 6400 万，是世界上第一个工业化国家，也是当前欧洲四大经济体之一。英国分为英格兰、威尔士、苏格兰和北爱尔兰四部分。英格兰划分为 43 个郡；苏格兰下设 32 个区，包括 3 个特别管辖区；威尔士下设 22 个区；北爱尔兰下设 26 个区。从二战后至今，英国房地产经历过住房供应不足、房价飙升、住房市场波动等阶段。

一、英国房地产制度演进和住房建设回顾

（一）英国住房制度演进回顾

英国住房制度演进整体上可以分为五个阶段。

1. 住房政策的起源阶段（1915 年以前）

工业革命以后工人住房问题突出，但英国政府不愿干预房地产市场，也不愿承担供给住房的责任和提供补贴，认为补贴会助长居民对

政府的依赖。国内动乱的威胁和保持有效劳动力的供给影响了住房政策的发展，英国制定了一系列政策支持工人解决住房问题。1851 年英国制定了《劳工阶级房屋租赁法》，这是第一个允许地方政府供应住房的法律；1853 年制定《工人阶级住宅法》，允许地方政府和样板房房屋公司以低利率从公共项目贷款委员会贷款；1890 年和 1900 年，英国对《工人阶级住宅法》进行了修订。19 世纪城市公共卫生设施缺乏引发的社会关注，是影响英国住房政策的最大因素。1875 年制定《公共卫生法案》，设立地方政府购买土地总则和各地制定房屋法律细则的框架（Malpass and Murrie，1999）。1909 年，英国制定了《住房和城镇规划法》，赋予地方政府编制城市发展规划的权力。

2. 住房政策发展时期（1915 ~ 1945 年）

一战后大量复员军人需要住房，1919 年大选提出“让英雄住下来”的口号，成为战后社会住房建设的直接原因。1915 年以后工人运动兴起，社会各阶层中还存在不断增长的要求地方政府建设更多住房的情绪，基于对工人运动的忧虑，英国进入了一个通过若干立法来大幅扩大公共住房供应的时代。政府对住房政策进行了调整，包括实施租金管制、建设社会住房、贫民区拆迁改造和资助贫困家庭。

在住房法规方面，英国政府自 1915 年起实行私房租金管制，保护租户利益。1919 年的《住房和城镇规划法》要求地方当局必须评估当地的住房需求并制定住房供应规划；1923 年《住房法》（《张伯伦法》）引入了一种从中央政府（国库）获得补贴的新形式，给为工人阶层建设住房的地区政府和私人提供固定金额的住房补贴；1924 年的《住房（金融供给）法》（又称《惠特利法》）增加财政补贴数额，并将还款日期从 20 年延长到了 40 年，地方政府拥有销售所建住房、进行住房供应和以其作为抵押担保物的权力。1930 年颁布的《住房法》

提出促进贫民区改造，标志着住房政策焦点从住房短缺向居住环境转变（见表 13-1）。

表13-1　两次世界大战期间英国住房相关法规

年份	颁布法律	内容
1919	《住房和城镇规划法》	为各地政府住房建设提供补贴，使各地能维持隔夜拆借债务，其余负债由财政补贴弥补，1921年取消
1919	《住房法（附加法）》	政府对为工人建设住房的私人建筑商提供补贴
1923	《住房法（张伯伦法）》	规定财政补贴的派发须与相应的财政义务联系在一起，鼓励私人建筑商建筑住房
1924	《住房（金融供给）法（惠特利法）》	引入新的、更高额度的财政补贴。1933年取消
1930	《住房法》	促进贫民区的清理改造，补贴按照改造区所需要重建住房的人数来计算。允许政府实行租金折扣
1933	《住房（金融供给）法》	除平民区改造，取消对其他所有房屋建设的补贴。要求所有政府制定为期5年的改造计划

资料来源：莫林斯等著，陈立中译：《英国住房政策》，中国建筑工业出版社，2012年。

在社会住房建设方面，两次世界大战期间公共和私人部门建设了大量住房，1925 年后年均住房建设量超过 10 万套，其中 1934–1938 年超过 25 万套。1925 ~ 1926 年社会住房建设目标显著地扩大至 19 万个单元，1928 ~ 1929 年达 25.5 万个单元，1931 ~ 1932 年达 36 万个单元，1934 ~ 1935 年达到 45 万个单元。1932 ~ 1939 年，地方政府每年通过贫民区拆迁项目新增住房数量从 2400 套上升到 74000 套，总共建设了 26.55 万套住房。

3. 住房政策成熟时期（1945 ~ 1979 年）

二战期间，英国住房建设量急剧下降，全国约有 71 万套住房遭受战争破坏或毁灭，其中炸毁 20.8 万座，轻度损坏 25 万座，重度损坏 25 万座，战争期间人口净增长 100 万人（Titmuss，1950）。二战期间，威廉·贝弗里奇调查并提交了《社会保险和相关服务》（也称《贝弗里奇报告》），该报告指出贫困、疾病、无知、脏乱和懒惰是英国存在的“五大弊病”，认为消灭贫困意味着需要规划城乡并建设更多更好的住房。这份报告设计了整套“从摇篮到坟墓”的社会福利制度，对住房建设产生了直接影响。英国政府加大财政投入资助地方政府兴建大批公共住宅，鼓励和支持社会力量兴建住宅。1944 ~ 1953 年，英国通过《住房法》赋予中央政府将住房补贴配额和建设完成量挂钩的权力，通过增大财政补贴的方法充分调动各地区政府建设社会住宅的积极性（王兆宇等，2012）。1954 年开始，政府财政补贴从一般需求建设转移到贫民区清理，地方政府建设的住房数量下降，私人开发商建设的住房数量上升。20 世纪 60 年代，由于加勒比海和南亚大量人口向英国迁移，移民住房问题突出。1961 年，英国修改《住房法》，重新对公共住房进行补贴以增加社会住房建设量。1964 ~ 1968 年，英国住房建设量大幅上升，但维持时间不长。1968 年英国发表住房白皮书——《旧住房变新住房》，标志着大规模住房建设结束，20 世纪 70 代社会住房建设量继续下降。从 60 年代开始，住房协会成为住房建设的“第三只手”，逐渐成为地方政府住房供应的补充（见表 13–2）。

表13-2　　1945 ~ 1979年英国住房相关法规

年份	颁布法律	内容
1946	《住房（财政拨款和其他住房供给）法》	提高了补贴和资金贡献率水平
1949	《住房法》	取消了对工人阶级供给住房的限制，并提高了补贴金额
1952	《住房法》	提高了政府补贴金额
1954	《住房修缮和租金法》	重新开始贫民区住房拆迁项目，鼓励私人住房改善
1956	《住房补贴法》	减少公共住房的补贴，取消租金贡献率的限制，增加对高层住宅的资金补贴
1958	《住房（财政拨款）法》	对财政相关条例进行巩固
1959	《住宅购买和住房法》	进一步对补贴体系进行完善，鼓励地方政府抵押贷款
1961	《住房法》	重新提出对公共住房的补贴制度，但仅提供2%的补贴额度

续表

年份	颁布法律	内容
1967	《住房补贴法》	成立新的住房补贴制度，为地方政府提供更多资金
1969	《住房法》	提高补贴水平，强调住房条件改善，提出了“总体改善区域”
1977	《住房（为无家可归者而设立）法》	要求地方政府为那些无家可归者和需要优先考虑的要你提供住房

资料来源：http://www.legislation.gov.uk/

从住房建设量来看，1945 ~ 1979 年英国建设住房 980.4 万套，其中地方政府和房屋协会建设住房 524.18 万套，私人部门建设住房 452.22 万套，社会住房比例为 53.47%。英格兰和威尔士数据显示，1945 ~ 1959 年地方政府共建造住宅 2013488 套，1960 ~ 1978 年共建造住宅 2296453 套，英格兰和威尔士 1945 ~ 1968 年共拆除和关闭贫民区住宅 877091 套，迁移贫民区居民 2548919 人。

4. 社会住房私有化阶段（1979 ~ 1997 年）

受石油危机、经济增长停滞、结构性失业等国际宏观经济背景，以及住房开支负担沉重等因素影响，撒切尔政府大幅度减少公共住宅建设投资，成功推动和实施住宅私有化。1979 年保守党发表“帮助家庭”为主题的宣言，强调促进自有住房部门发展、社会住房出售和私人租赁住房振兴。1980 年，英国提出“购屋权”计划，规定社会住房租户购买住房的权利，实施社会住房补贴新制度，消减公民援助补贴额。1982 年，保守党政府改革补贴制度，从以总房产为基础进行补贴转变为以家庭收入为基础发放个人补贴。政府不再定位为社会住房的直接供给者，而是充分发挥市场调节作用，通过放松住房金融管制和租赁住房管制促进住房供应。1989 年以后，由于经济危机和房价下降，英国政府通过金融等手段振兴住房市场。

从住房建设量来看，1978 ~ 1982 年住房建设量显著下降，其中社会住房建设量下降最快；1983 ~ 1988 年住房建设总量上升，其中私人住房建设量上升最为显著；1989 ~ 1996 年私人住房建设量下降，房屋协会住房建设量上升。

5. 住房政策调整阶段（1997 年至今）

1997 年后英国政府继续已有的住房政策，包括继续“购屋权”计划，继续促进自有住房发展，支持住房转让。英国政府重视住房重建和更新，通过促进住房转让解决部分住房低劣的问题。这一时期，英国政府受新自由主义影响，减少在房地产市场的干预，针对房地产市场的周期性波动，英国发挥政府和市场的协同作用，促进房地产市场平稳发展。

2000 ~ 2007 年，英国房地产市场呈现量价齐涨的态势，2003 年英国政府针对房价上涨实施可持续社区计划，加强可负担住房（Affordable Housing）建设。受经济危机影响，2008 年以后英国私人住房建设量迅速下降，2009 ~ 2014 年是二战后英国住房建设量最低时期（见图 13-1）。2015 年以来，英国政府为促进住房自有率和平抑房价，计划在未来 5 年新建 100 万套住宅，其中 2015 年新建住房增长率达到 20.5%，为 1964 年以来增长最快的年份。

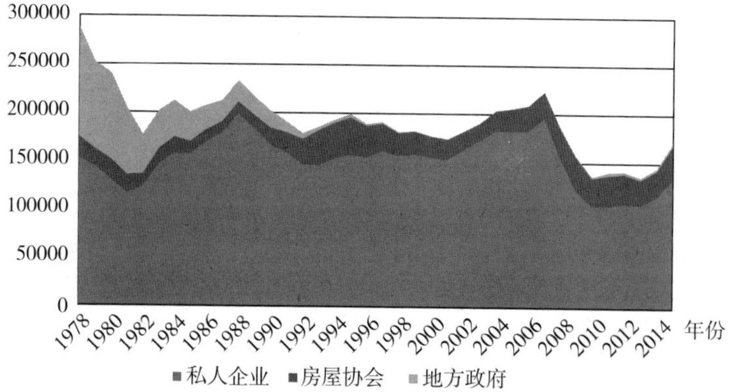

图13-1 英国1978 ~ 2015年新建竣工住房构成情况图

（二）二战后英国住房建设历程回顾

从 1945 ～ 2015 年住房建设量来看，1949 ～ 1968 年是英国住房量的显著上升期，住房建设量从 1949 年的 20.53 万套上升到 1968 年的 42.58 万套。1968 ～ 1982 年是住房建设量下降期，1982 年住房建设量仅为 18.285 万套。1983 ～ 2008 年，英国住房建设量总体上较为平稳，但受房地产市场的强烈影响。其中 1989 年和 2008 年受经济危机影响，住房建设量大幅下降（见图 13-2、表 13-2）。

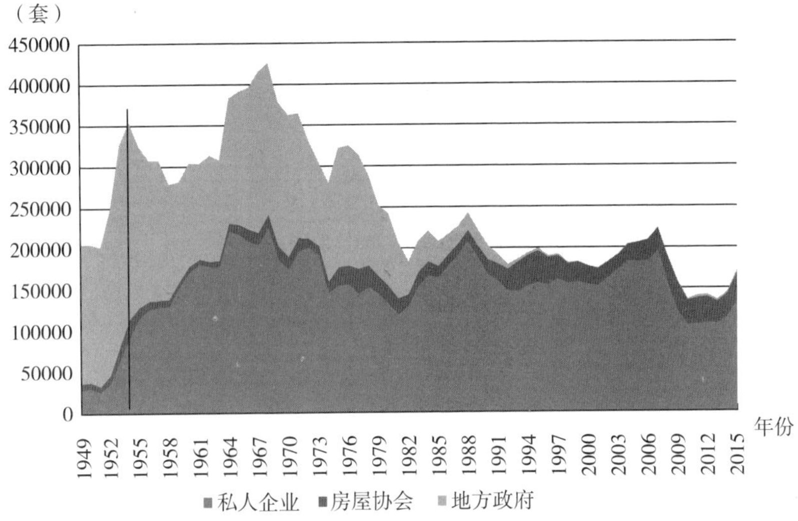

图13-2　英国1946 ～ 2015年竣工住房构成情况图

从新建住房构成情况来看，1958 年以前社会住房建设量远大于私人住房，1959 ～ 1977 年社会住房和私人住房建设量基本接近，1978 年以后社会住房建设量急剧下降，私人住房成为新建住房主体。自 1990 年起，地区政府住房建设量下降，房屋协会住房建设量上升并成为社会住房供应主体。直到 2010 年以后，地方政府住房建设量才有所增加（见图 13-3、表 13-2）。

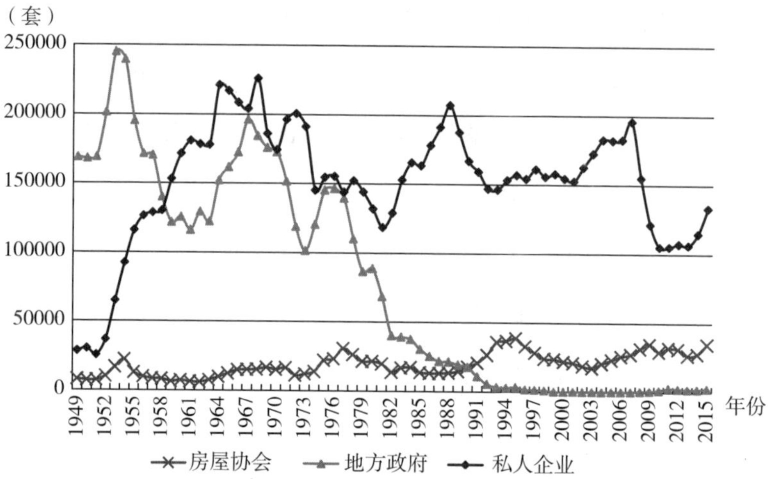

图13-3 英国1946～2015年各类新建住房竣工量

表13-2 **英国1949～2015年房屋建设量** 单位：套

年份	私人企业	房屋协会	地方政府	所有房屋	年份	私人企业	房屋协会	地方政府	所有房屋
1949	28460	8020	168780	205260	1968	226070	15320	184450	425830
1950	30240	7290	167900	205430	1969	185920	16660	175750	378330
1951	25490	7350	169020	201860	1970	174340	15210	172670	362230
1952	36670	10130	201520	248320	1971	196310	16490	151670	364480
1953	64870	16800	245160	326820	1972	200760	11220	118960	330940
1954	92420	22120	239580	354130	1973	191080	12130	101430	304640
1955	116090	12850	195480	324420	1974	145230	13870	120540	279630
1956	126430	9850	171390	307670	1975	154600	22050	145360	322000
1957	128780	8520	170290	307590	1976	155300	23100	146440	324840
1958	130220	8220	140200	278630	1977	143970	30650	139540	314160
1959	153170	6520	121880	281570	1978	152230	26290	110170	288690
1960	171410	7240	125620	304260	1979	144120	21390	86320	251820
1961	180730	6320	116140	303190	1980	131990	21480	88530	242000
1962	178210	6030	129410	313640	1981	118590	19700	68330	206630
1963	177790	7550	122380	307710	1982	129020	13740	40090	182850
1964	221260	9790	152140	383190	1983	153040	16820	39170	209030
1965	217160	12360	161710	391230	1984	165560	17290	37570	220410
1966	208650	14890	172470	396010	1985	163400	13650	30420	207470
1967	204210	15070	196180	415460	1986	178010	13160	25380	216540

续表

年份	私人企业	房屋协会	地方政府	所有房屋	年份	私人企业	房屋协会	地方政府	所有房屋
1987	191250	13150	21830	226230	2002	162770	18940	250	181960
1988	207420	13490	21450	242360	2003	172620	17620	250	190490
1989	187540	14600	19320	221460	2004	182700	20660	130	203490
1990	166860	17930	17710	202500	2005	182180	23330	230	205740
1991	159140	20820	11060	191020	2006	182700	25980	290	208970
1992	146940	26500	5660	179100	2007	195870	27430	280	223580
1993	146380	35910	3360	185650	2008	155100	31590	630	187320
1994	153270	36860	2880	193000	2009	121490	34790	840	157120
1995	156930	38760	3430	199120	2010	105230	29380	1360	135960
1996	154340	32950	1740	189030	2011	105390	32190	3100	140660
1997	161230	28340	1540	191110	2012	107620	31400	2510	141520
1998	155830	24100	1100	181020	2013	106510	26750	2080	135330
1999	157930	23730	330	181990	2014	114910	27930	2150	144980
2000	154580	21990	280	176850	2015	133360	34910	2730	170990
2001	152650	21080	360	174080					

资料来源：英国统计局。

（三）英国存量住房构成变迁

欧洲住房统计数据显示，2014 年英国有各类住房 2807.3 万套，社会住房所占比重为 18%，私人租赁住房占 18%，自有住房占 64%。英国社会住房总量为 404.5 万套，在欧洲仅次于法国（Scanlon etal., 2015）（见表 13-3）。

表13-3　欧洲各国不同产权类型存量住房：社会租赁住房由高到低排序

类别	国家和地区	年份	住宅数量（千套）	社会住房比重（%）	前十年变化率（%）	私人租赁住房（%）	业主自有住房（%）	其他（%）
高	荷兰	2010	2300	32	–4	9	59	
	苏格兰	2011	595	24	–6	12	64	
	奥地利	2012	880	24	1	16	50	10
	丹麦	2011	541	19	1	17	49	18
	瑞典	2008	795	18	–3	19	41	22

续表

类别	国家和地区	年份	住宅数量（千套）	社会住房比重（%）	前十年变化率（%）	私人租赁住房（%）	业主自有住房（%）	其他（%）
中	英格兰	2011	4045	18	-2	18	64	
	法国	2011	4472	16	-1	21	58	5
	爱尔兰	2011	144	9	1	19	70	3
	捷克	2011	3126	8	-9	10	65	18
低	德国	2010	1054（a） 1000（b）	5	-3	49	46	
	匈牙利	2011	117	3	-1	4-8	88-92	1
	西班牙	2011	307	2	1	11	85	2

注：德国住宅数量a法律上，b事实上。

资料来源：欧洲的社会住房（2015）。

二战结束到20世纪70年代初，英国社会住房所占比重上升，私人租赁住房比重下降。1971～2014年英国住房构成变化趋势显示，自有住房和住房协会住房比重显著提升，地方政府供应住房比重下降，私人租赁房比重呈“U”型变化（见图13-4）。

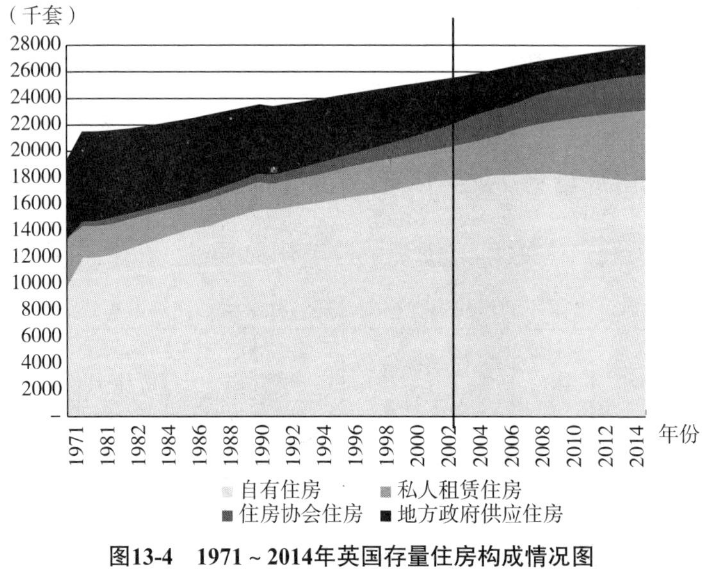

图13-4 1971～2014年英国存量住房构成情况图

英国住房自有率从 1971 年的 50% 上升至 2005 年的 69%，2008 年金融危机以后住房自有率下降，2014 年住房自有率下降为 63.1%。私人租赁住房所占比重从 1971 年的 19.5% 下降为 2000 年的 9.4%，2014 年上升至 19.0%。1980 ~ 2014 年，社会住房所占比重从 33.1% 下降为 2014 年的 17.6%，其中地方政府的住房比重从 31.2% 下降至 7.7%，住房协会的住房则从 1.9% 上升至 9.9%（见图 13–5）。

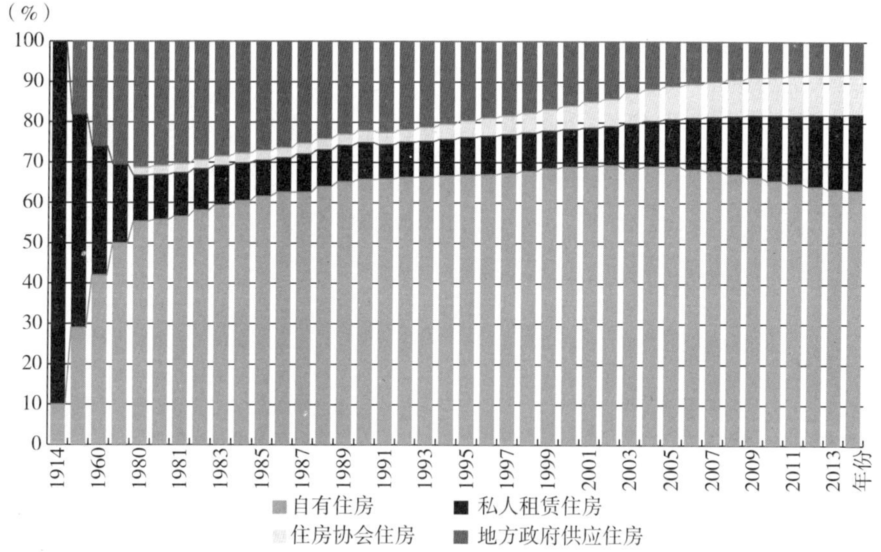

图13-5　1914 ~ 2014年英国存量住房构成比例图

二、英国房价变动趋势及原因分析

（一）二战后英国房价增长情况

二战以后英国房价长期保持高速增长。1946 ~ 1970 年，英国房价均值从 1459 英镑上升至 4975 英镑；1970 ~ 1989 年房价保持快速增长，房价均值在达到 1989 年 61495 英镑的高点后开始大幅回落，1990 ~ 1995 年英国住房价格下跌了近 20%。1996 ~ 2007 年房价进入新的上升期，房价均值从69889英镑上升到213807英镑，其中英格兰和威尔士住房销售价格中位数增长了259%，人均收入中位数仅增长了68%。2008 ~ 2009年受金融危机影响，英国房价下降，2010年起房价逐渐恢复。2015年，英格兰和威尔士住宅价格中位数为207500英镑，比2014年上涨12500英镑，增长6.4%，其中英格兰增长率为7%，威尔士增长2%。

2007年以来，英国地区房价分化加剧。2007 ~ 2015年，英格兰和威尔士最贵10%住宅的价格中位数增长了37.6%，房价最低地区住房价格则下降了3.9%。从房价收入比来看，2007 ~ 2015年英格兰和威尔士房价收入比从8.65增长至9.19，伦敦威斯敏斯特地区从14.11上升至23.13，威尔士的伯恩利则从4.71下降至3.86（见图13-6）。

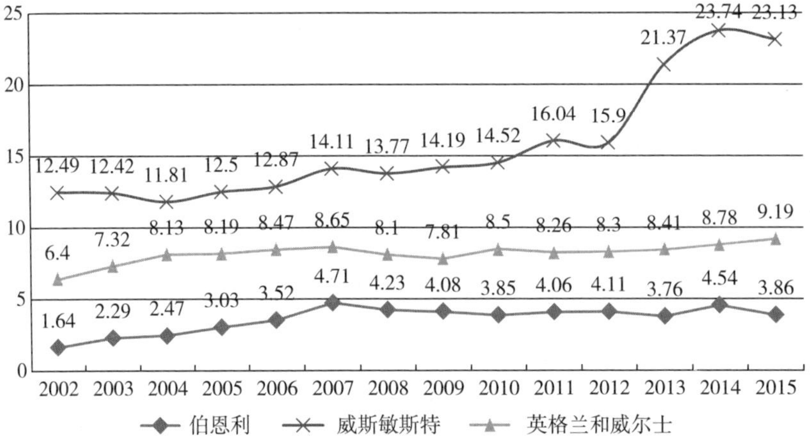

图13-6 英国2002 ~ 2015年房价收入比最高和最低地区比较

资料来源：英国权威统计数据。

英国不同地区房价收入比变化趋势显示，在房地产市场区域分化起步阶段（1983 ~ 1995年），经济发达地区房价呈现波动大、恢复快的特点，在市场上行阶段房价收入比上升更快，市场下行阶段房价下降更快。在房地产区域分化阶段（1997 ~ 2016年），大城市房价呈现易涨抗跌的趋势。如图 13-7 所示，1997 ~ 2007 年伦敦房价上涨幅度大于全国平均水平，2008 ~ 2009 年下降幅度小于全国平均水平，2010 年以后房价上涨幅度远大于全国平均水平。

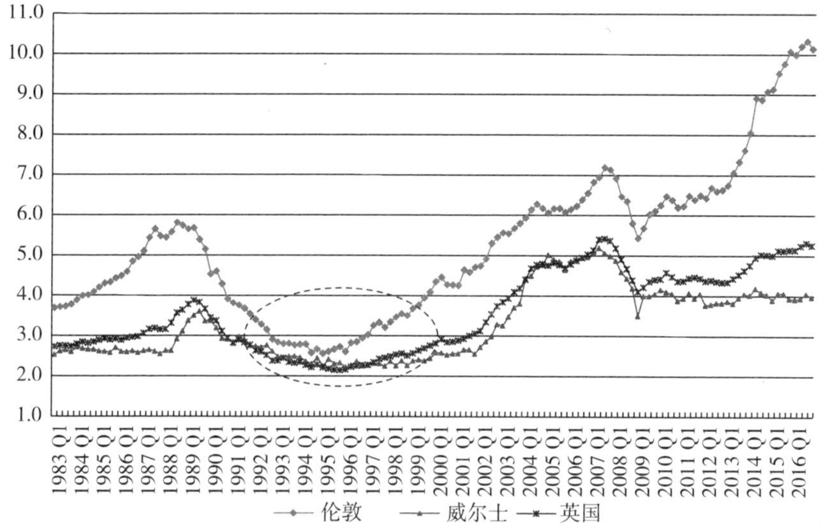

图13-7　1983 ~ 2016年英国各地区首次置业房价收入比

资料来源：http://www.nationwide.co.uk/。

（二）英国房价波动影响因素分析

1. 土地与住房供应不足是英国房价上涨的重要原因

受土地利用规划多目标性的影响，用于新住房开发的土地供给控制很严，并且批准过程中存在延迟，造成住房供给不足。英国房价和住房建设量增长情况如图 13-8 显示，1970 ~ 2010 年的大部分年份房价增长率均大于住房建设量增长率。

土地供应减少以及由此引发的地价上涨是房价上涨的另一个重要原因，土地供给减少主要是受《城乡规划法》的影响。英国 1947 年颁布的《城乡规划法》规定所有土地的发展权均归国家所有，任何人欲开发土地，均须申请并取得开发许可，以获得土地发展权。1990 年修订后赋予地方政府更大的终止土地开发的权利，有建筑许可的土地变得越来越少并且价格昂贵。1992 ~ 2002 年土地成本占住房成本的比例由 15% 猛增至 34%（李进涛、孙峻，2013）。1981 ~ 2002 年，英国房价上涨了 4 倍，地价上涨了 8 倍，伦敦地价上涨了近 25 倍（见图 13-9）。2008 年，英国土地单价达到巅峰值，有建筑许可的住宅用地单价为 400 万英镑 / 公顷，受金融危机影响 2009 年住宅用地单价下滑到 270 万英镑 / 公顷（李进涛、孙峻，2013）。

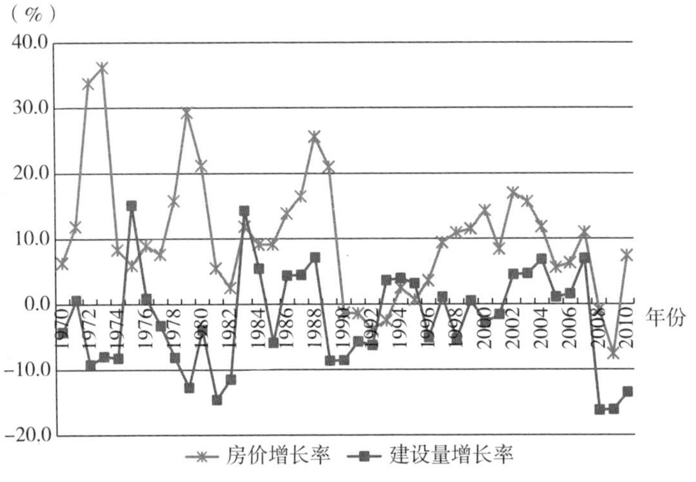

图13-8　1970 ~ 2010年英国房价和住房建设量增长情况图

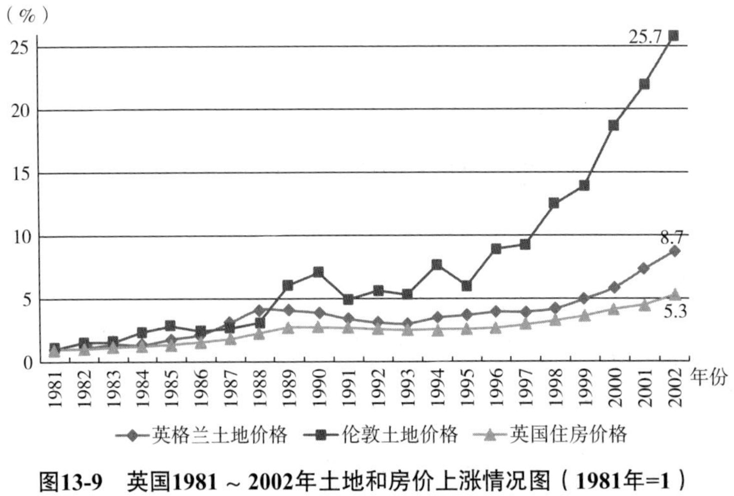

图13-9　英国1981 ~ 2002年土地和房价上涨情况图（1981年=1）

2. 房价与居民收入增长具有一致性，还贷比重过高是房价下跌主要原因

从英国房价和收入增长变化情况看，大部分年份房价增长率高于收入增长率，但从长远趋势来看，房价增长与居民收入增长具有一致性。1982 ~ 1988 年和 1994 ~ 2004 年房价增长很大程度上是由居民收入增长推动，1979 ~ 1982 年房价增长率下降与居民收入下降密切相关。房价增长背离收入增长超过一段时间，必然会引发房价下跌（见图 13-10）。

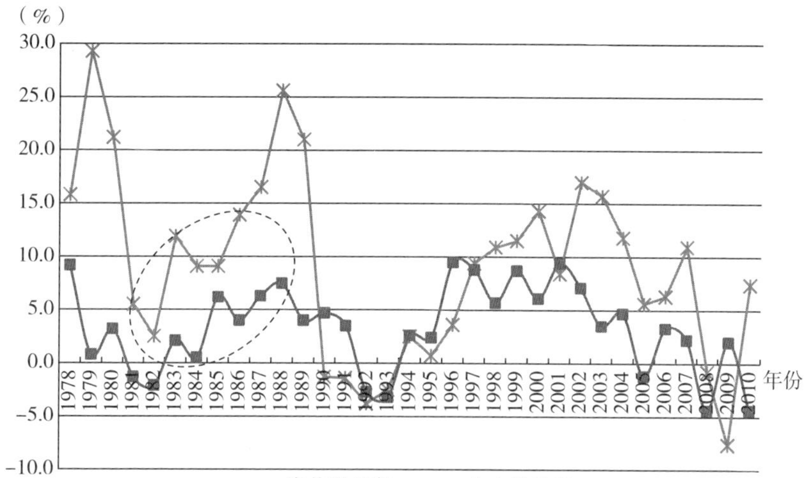

图13-10　1978 ~ 2010年英国房价和收入增长情况图

英国房价分别于 1989 年和 2008 年有两次较大幅度下跌，这也是英国房价收入比最高的两个时间点。1983 ~ 1989 年房价收入比从 2.7 增长至 3.9，1995 年继续下降至 2.1，1996 ~ 2007 年底房价收入比从 2.2 上升至 5.4，2009 年初下降至 4.1。2009 ~ 2015 年，英国房价收入比从 4.1 上升至 5.3，其中英格兰和威尔士从 8.65 上升至 9.19（见图 13-11）。

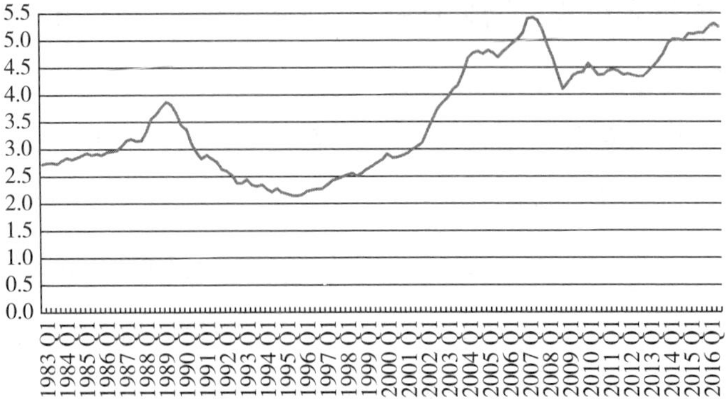

图13-11　1983～2016年英国房价收入比变化情况图

从家庭抵押贷款还款额占家庭收入比重情况看，伦敦等全球城市住房抵押贷款还款比重更高（见图 13-12）。从全国范围来看首次置业家庭抵押贷款还款额占家庭收入比重超过 50% 时，房地产价格因缺乏支撑而容易产生波动。

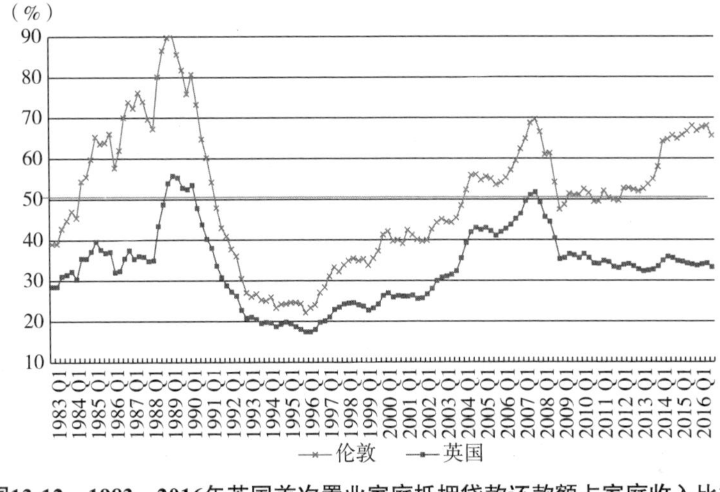

图13-12　1983～2016年英国首次置业家庭抵押贷款还款额占家庭收入比重

资料来源：www.communities.gov.uk。

房地产价格波动受住房供应、贷款利率和地价等多种因素影响。住房供应不足和地价上升是影响英国房价长期上涨的主要因素，利率提升是引起房价短期下降的重要因素（见图 13-13）。

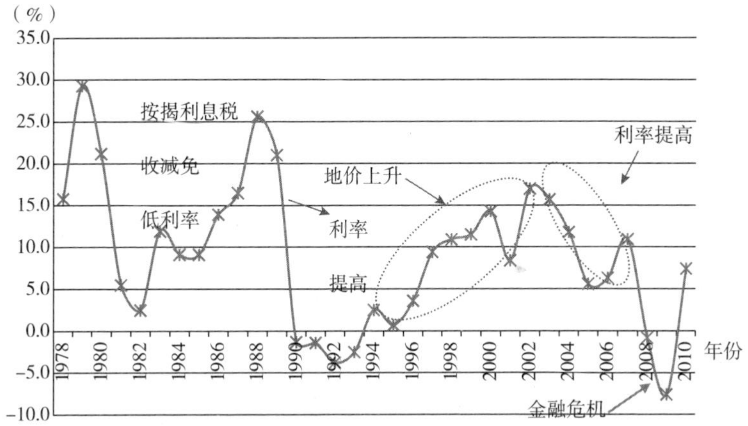

图13-13　1978～2010英国房价增长率与金融政策调整关系图

（三）英国房地产市场区域分化因素分析

2008 年次贷危机以后，英国房地产市场分化趋势明显。房地产市场分化趋势与经济发展和人口迁移趋势具有一致性（Wilcox, S. etal.，2016）。英国国际永久性移民人数在 2006 ~ 2007 年度达到 27.3 万人后有所回落，2015 年上升到 33.2 万人。2010 年以后英国国际移民数量分化趋势更为明显，英格兰国际移民人口净流入量占 90%。在英格兰内部，国际移民向伦敦等大城市集中。2007 年以后，北爱尔兰国际人口净迁入量呈下降趋势（见图 13-14）。

英国国内人口迁移情况也呈现分化趋势。以北爱尔兰为例，2007 年以后北爱尔兰净人口迁入数量下降，2011 年以后成为净人口流出地（见图 13-15）。北爱尔兰官方统计数据显示 2016 年地区人口净增加量几乎为 0。

1996 年以来，英国人口向较发达地区商业与工业中心城市迁移趋势明显，房地产市场区域分化进一步加剧。与小城市相比，大城市房价涨幅更大，在遭遇经济危机以后恢复得更快（见表 13-4）。

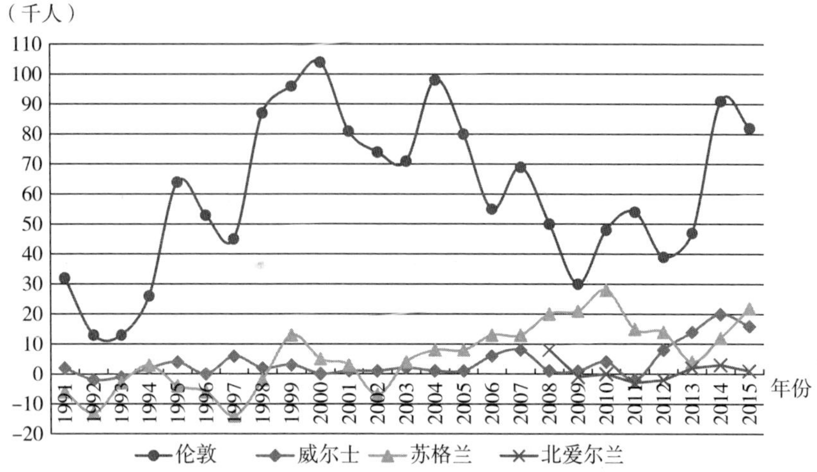

图13-14　英国国际永久性移民净人口迁入情况图

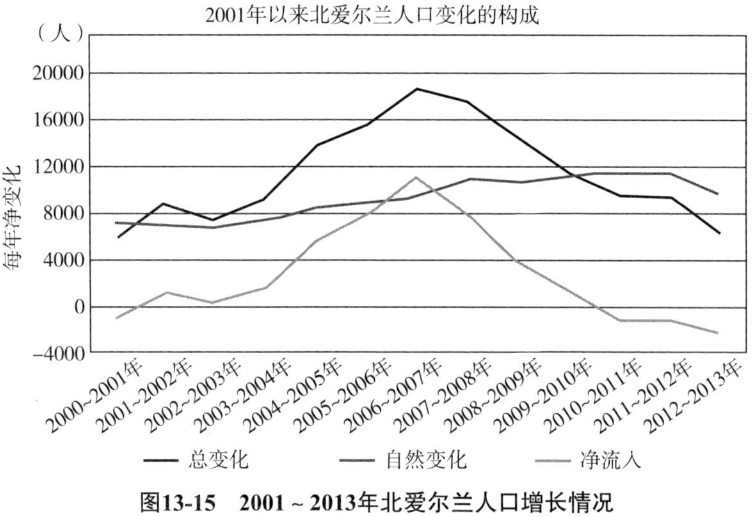

图13-15　2001～2013年北爱尔兰人口增长情况

表13-4　　　　英国不同地区国际移民净流入情况表　　　　单位：千人

年份	英联邦	英格兰	伦敦	威尔士	苏格兰	北爱尔兰
1991	44	49	32	2	−6	
1992	−13	6	13	−2	−13	
1993	−1	6	13	−1	−3	
1994	77	75	26	2	3	
1995	76	80	64	4	−4	
1996	55	61	53	0	−6	

续表

年份	英联邦	英格兰	伦敦	威尔士	苏格兰	北爱尔兰
1997	48	60	45	6	–14	
1998	140	145	87	2	–2	
1999	163	148	96	3	13	
2000	158	154	104	0	5	
2001	179	166	81	1	3	
2002	172	157	74	1	–7	
2003	185	145	71	2	4	
2004	268	237	98	1	8	
2005	267	194	80	1	8	
2006	265	174	55	6	13	
2007	273	209	69	8	13	
2008	229	135	50	1	20	8
2009	229	178	30	1	21	–1
2010	256	220	48	4	28	0
2011	205	204	54	–2	15	–3
2012	177	158	39	8	14	–2
2013	209	189	47	14	4	2
2014	313	278	91	20	12	3
2015	332	293	82	16	22	1

资料来源：https://www.ons.gov.uk/。

三、英国社会住房私有化改革回顾和评价

（一）社会住房私有化改革背景

一战以后，联邦政府通过财政补贴的形式支持地方政府为工人阶层建设住房，到 1939 年，英国已经新建了上百万套社会住房，约占全国总住房量的 10%。1945 ~ 1965 年，英国地方政府新建社会住房超过 290 万套，比私人部门新建住房多近 100 万套。政府直接投资建造大量社会住房使英国政府背上了沉重的财政负担（见表 13–5）。在 20 世纪 60 年代，社会住房租金相当于住房价值的 1.1%，租金低于成

本租金，居民房租支出仅占收入的10%，差额由中央政府的财政补贴和地方政府的税收共同弥补，中央政府承担了主要部分。在政策、政府住房负担加重和其他因素相互作用影响下，政府采取了住房私有化改革。

表13-5　　1952～1977年英国住房津贴开支　　单位：百万英镑

	中央政府津贴		地方政府津贴	总计
	对地方政府	住房协会		
1949～1950年	34	2	14	50
1964～1965年	89	9	35	150
1973～1974年	299	44	89	432
1976～1979年	987	171	185	1343

（二）社会住房私有化改革措施和成效

撒切尔夫人执政以后，英国政治经济的指导思想从强调国家干预的凯恩斯主义变为强调市场调节的货币主义。货币主义提倡“自由放任”和自由竞争，反对国家干预和福利主义。政府住房政策的理念是在不考虑总需求的情况下，减少公共投资范围和补贴，增强私人部门作用，住房政策目标在于援助低收入者。1980年的《住房法》是英国住房政策转型的拐点，“购屋权”政策规定凡是租住公共住房满3年以上的住户，均可向地方政府申请购买该住房。“购屋权”计划在价格上享受优惠，总的优惠幅度在33%～50%，最高达2.5万英镑，其中独幢住宅的价格折扣率起点为32%，租期每增加1年，折扣率增加1%，折扣率以30年为限；单元住房折扣率起点为44%，按2%递增，折扣率上限为15年。1984年的《住房及建筑控制法》进一步把最高减价比例提高到60%～70%，但最高不超过3.5万英镑。英国在住房抵押贷款、上市流通时间期限、房价优惠政策等方面不断完善相关配套政策。

英国国家统计局数据显示，1979 ~ 1997 年存量住房增加了 300 万套，大约 200 万套社会住房通过“购屋权”计划转为自有住房。1979 ~ 1989 年英国地方政府公房出售收入达 159.76 亿英镑，销售收入占政府财政收入的 15% 以上（徐松明、陈峰，2009）。1999 ~ 2015 年，英格兰和威尔士社会住房存量达 418572 套（包括新建社会住房和存量住房）（见图 13-16）。住房私有化改革以后，通过“购屋权”计划出售的社会住房数量远高于新增量，1980 ~ 2004 年超过 230 万套社会住房被出售，占英国住房总量约 10%（郭敏等，2013）。1999 ~ 2015 年英国出售社会住房 555875 套，其中英格兰出售 523610 套，威尔士出售 32365 套。

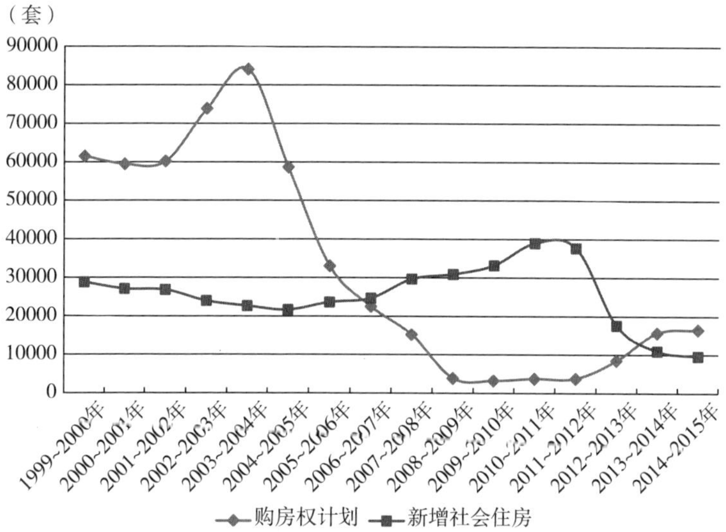

图13-16　英格兰购屋权方案下的房屋销售数量和新增社会住房租赁数量比较

（三）社会住房空置情况

2015 年，英格兰和威尔士社会住房总量为 4374090 套，空置住房 59374 套，空置率为 1.4%。2015 年，英格兰和威尔士社会住房空置率最高的地区是东北林肯郡（North EastLincolnshire），空置率达 6.5%（见图 13-17）。从整体上看，有更多空置住宅的地区通常是购买住房比较实惠的地方。如果更多居民有能力购买自有住房，那么社会住房的需求就会减少，反过来则会增加社会住房空置率。

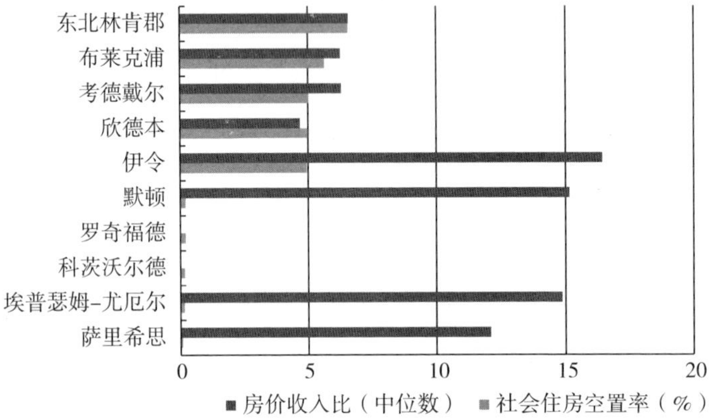

图13-17　英国2015年社会住房空置率最高和最低5个地区的房价收入比

（四）社会住房剩余化问题

在“购屋权”计划实施过程中，大部分高质量社会住房被出售给租户，剩下的社会住房大部分是平房和非传统类型的住房，导致地方政府住房结构出现失衡。在 1996 年的社会住房中，地方政府拥有 53.88% 的住房，住房协会拥有 47.61% 的住房，其质量低于“合宜”标准。

公共住房的剩余化和低收入人群在社会住房逐渐集中，使得居住问题很难单独通过住房干预来解决（莫林斯等，2012）。2015 年，居住人群中有 16% 的人为少数族群。此外，英国住房租赁业受到新建社会住房数量下降的影响，并且住房协会新建住宅量很少，无法弥补缺口。2004 年，社会住房的邻里环境不满意率达到 21%，几乎是私人租赁住房、自有住房邻里环境不满意率的 2 倍（汪文雄等，2010）。

（五）住房协会发展与社会住房趋势

英国社会住房的起源可以追溯到维多利亚慈善事业时代甚至更早时期，但现代住房协会与近代住房团体之间不存在直接关联，大部分现代大型住房协会建立于20世纪60年代。从发展过程来看，19世纪末自愿性部门是工人住房的主要供应者，20世纪中期地方政府成为主要的住房供应机构，20世纪后期住房协会又重新成为英国社会住房的主要供应者（莫林斯等，2014）。20世纪60年代末，为了给城区改造融资，英国政府力图改革共有产权和住房成本租金。1974年《英国住房法案》出台，住房协会得到政府大量资助，1974～1984年政府资助数额占住宅协会建房基金的80%，住房协会建设的社会住房开始占据主导地位。在20世纪70～80年代，住房协会的住房供给仅仅是地方政府的补充，其经营范围仅局限于城区改造、福利住房和特殊群体的住房供给。1988年《英国住房法案》规定，住房协会可以在不违反政府公共部门借款条例的情况下，向私人市场借贷。住房协会成为新租赁住房的主要供应者，住房市场份额不断增加。1989～2004年，住房协会新建了37.3万套住房，其中位于英格兰的有28.5万套。此外，住房转让对住房协会的形成和发展有重要影响，当前拥有大量存量住房的大型住房协会都是在社会住房转让过程中逐渐成长起来的。1979～1997年，超过50个地方政府将其住房转让给住房协会，地方政府供给住房比重从开始的1/3下降到不足1/5。到2000年末，存量社会住房中有392万套由地方政府管理，147.5万套由住房协会管理（汪文雄等，2010）。

住房协会在运作中面临一系列困境，在融资时需要宣称自己是私人部门，在需要合作时是自愿团体，在面临关键性审查时声称自己是公共部门。1974年，《英国住房法案》规定住房协会的经费全部由政府承担；1988 年规定部分开发费用由私人提供，经营风险由协会自担，住房协会开始转变为私人部门。由于住房协会的新财政制度导致高住房租金的产生，新住房协会租客拥有的权利变得更少。

四、住房金融政策及影响

（一）英国住房抵押贷款政策

英国抵押贷款总额在 1997 年约为 770 亿英镑，2006 年上升至约 3450 亿英镑，数千种产品现在可供消费者使用。英国住房抵押贷款市场仍然属于比较宽松的市场，贷款首付比例和贷款利率基本不受限制，由银行等贷款机构根据市场环境确定。英国住房抵押贷款首付比例较为灵活，1981 年以前首付为 20% ~ 30%，1982 ~ 1998 年为 10% ~ 22%成，1998 ~ 2007 年为 20%（住房抵押贷款价值比小于 80%），2008 年以后为 20% ~ 30%（见图 13–18）。

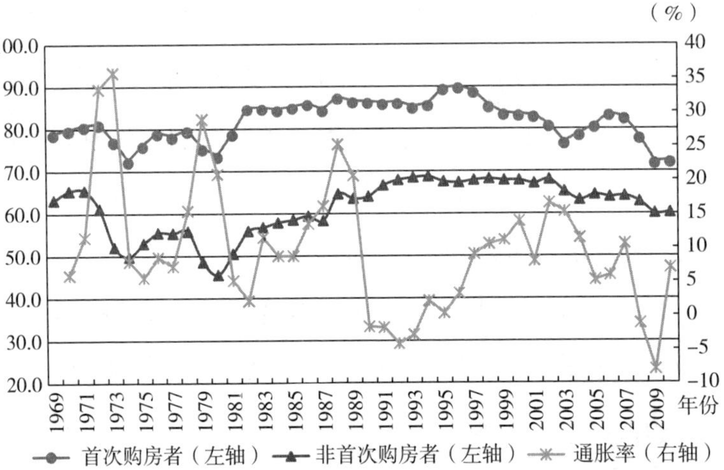

图13-18　英国住房抵押贷款价值比

英国住房抵押贷款利率较为灵活，较少受到政府或监管部门干预，借款人可根据自身情况灵活选择固定利率、浮动利率以及介于二者之间的封顶固定利率等。英国的绝大多数抵押贷款是可变利率或两年期固定利率。为了提高首次购房者的购房能力，英国也在探索帮助购房者融资抵押贷款的方法，包括更实惠的长期固定利率抵押贷款。2007年住房绿皮书调查显示，在利率较高时期很少有人采取长期的固定利率抵押贷款。政府和独立金融服务管理局（FSA）做了很多工作，以改善抵押贷款市场的运作方式。住房抵押贷款的适用性将取决于利率水平、借款人自身情况、未来变化的可能性以及购房者的风险态度（见表13-6）。为了做出这些选择，借款人必须能够依靠高质量的信息和建议。借款人可从长期固定利率产品中受益，这有助于使借款成本在抵押贷款期限内更加可预测，但仍然存在影响长期固定利率抵押贷款需求及其供应的问题。

表13-6　中英房地产金融调控政策比较

	英国	中国
首付比例	首付比例较为灵活，放贷机构根据借款人资信情况等决定，金融危机前可提供零首付按揭；金融危机后普遍要求25%以上比例	央行确定首付比例，调整灵活性较差，首套和二套首付差异大
开发商融资渠道	除银行融资外，债券和股权等直接融资方式逐步成为最重要融资工具	主要从银行和信托渠道借入资金，以债券等直接融资工具融入资金较少
银行贷款结构	个人住房抵押贷款为主，房地产公司开发贷款比例较低	房地产公司开发贷款为主，个人住房抵押贷款比例较低
房地产金融调控	调整利率，征收房屋空置税	控制房地产信贷规模、提高二套房首付比例、限制第三套房贷
利率	固定利率、浮动利率以及介于二者之间的封顶固定利率等	浮动利率

注：已有研究显示，在房价下跌时期，浮动利率贷款违约率是固定贷款违约率的2倍。

资料来源：郭敏，覃琪，秦义春：《英国住房金融政策演变、现状及启示》，《区域金融研究》，2013年。

2000～2010年住房抵押贷款利率和首付具有“相向而行”的特点，即贷款利率上升时，首付比重下降（见图13-19）。2011年以后首付比重和贷款利率均呈下降趋势。

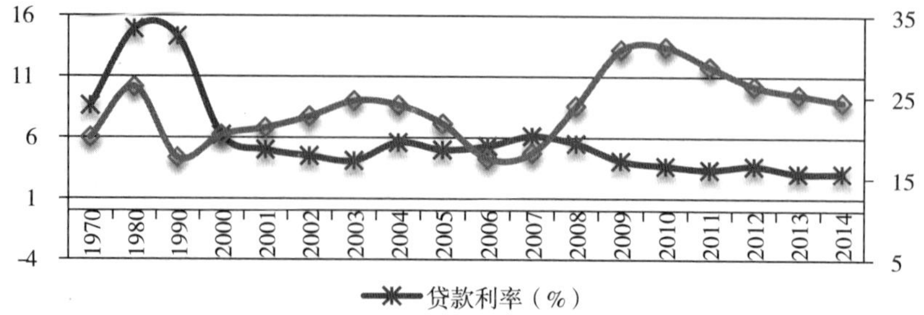

图13-19　1970～2014年英国住房抵押贷款利率和首付比例图

注：其中贷款利率是左轴，首付比例是右轴。

（二）住房金融政策调整对房地产市场的影响

英国购买自有住房者可以获得一些税收方面的优惠，例如免除住房资本利得税、租赁税、新建住房增值税，用于修缮住房的贷款利息优惠等。2002～2008年，每个财政年度针对住房自有者的税收减免达237亿～284亿英镑，受经济衰退影响，2008～2009财政年度税收减免降至159亿英镑。

按揭利率税收减免制度是20世纪英国自有住房增长的主要推动因素，促使英国拥有住房的家庭比例在20世纪最后25年里从53%增长至69%。1974年英国政府设定了按揭利率税收减免上限，有资格享受该优惠的最大借款额为2.5万英镑，1983年调整为3万英镑。根据1986年颁布的《建筑协会法》，解除了对个人住房金融的限制，使得更多家庭有资格按揭贷款买房。住房协会可以发放贷款并与其他金融机构竞争，导致金融机构对购房者工作保障和付款能力评估有限的情况下，给还款额高于收入的购房者发放贷款。1988年，英国财政大臣对房地产税收政策进行了调整，废除两个联合购买住房的人都能享受3万英镑贷款金额利息抵税的权利。许多人为了享受双重税收优惠匆忙购房，导致了住房贷款规模空前膨胀，并引发了房价上涨。利率税收减免政策在 20 世纪 90 年代逐步停止执行，直到 2000 年被取消。

1980 年，英国保守党为帮助人们提高住房自有率，撤销了对金融市场（住房抵押贷款）的管制，实施“购屋权”（RTB）、“低成本住房自有”（LCHO）计划。由于长期实行低利率政策，刺激了房价快速上涨，住房供给短缺也加剧了供需失衡。信贷规模扩大和房价上涨带来了房地产市场的短期繁荣，1990 年英国通货膨胀压力达到极点，不得不通过调整利率以使经济降温。英国信贷部门开始增加借贷利率，2 年期固定贷款利率从 1988 年的 9.5% 调整至 1990 年的 15.4%，1990 年 10 月下降为 14.5%，在 1989 ~ 1990 年利率上涨 14% 以上。利率上升使购房者还款额快速上涨，1989 年后住房销售价格和成交量大幅下降，直到 1997 年才恢复到 1989 年的价格水平。由于住房价格下降到低于按揭贷款的账面价值，导致负权益出现。1989 年，英国有 23 万户家庭处于负权益状态，1992 年上升到 176.8 万户，到 1996 年才下降到 100 万户（Malpass，2000）。

政府在房地产领域主要通过利率和资金流动性的调整控制整体融资规模。如为抑制 2003 年房价快速上涨的局面，英国政府于 2003 年 11 月到 2004 年 8 月之间连续 5 次上调利率；2012 年提出通过出借短期国库券的方式改善金融机构流动性。2009 年利率下调后，抵押贷款已经下降至近 20 年来的最低点，仅为家庭收入的 16%。英国的低利率政策对房地产市场的恢复起了较大作用，2010 年房价恢复到金融危机前的水平（见图 13-20、表 13-7）。

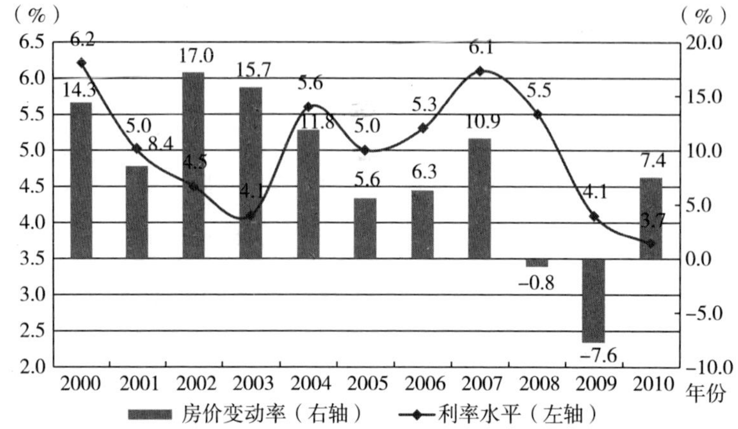

图13-20　英国2000～2010年房价增长率和利率变化对比图

表13-7　　　　英国1970～2014年抵押贷款相关数据表

年份	1970	1980	1990	2000	2001	2002	2003	2004	2005	2006	2007	2008	2009	2010	2011	2012	2013	2014
首付（%）	20.0	26.2	17.5	20.3	21.2	22.6	24.5	24.0	21.7	17.4	18.1	23.9	30.8	31.1	28.7	26.3	25.3	24.4
抵押贷款价值比	80.0	73.8	82.5	79.7	78.8	77.4	75.5	76.0	78.3	82.6	81.9	76.1	69.2	68.9	71.3	73.7	74.7	75.6
贷款收入比	1.96	1.67	2.19	2.30	2.35	2.51	2.87	3.08	3.08	2.98	3.12	2.99	2.80	2.85	2.93	2.99	3.06	3.19
贷款利率（%）	8.6	14.9	14.3	6.2	5.0	4.5	4.1	5.6	5.0	5.3	6.1	5.5	4.1	3.7	3.4	3.7	3.1	3.1
月还款额占收入比	15.1	19.0	26.9	18.4	16.7	16.9	18.6	23.2	21.9	21.8	24.6	22.3	18.1	17.7	17.6	18.5	17.8	18.5

五、房屋租赁市场管理和规划政策

（一）房屋租赁市场管理

一战以前，英国私人租赁房占主导，1914 年有 90% 的居民租住私房。英格兰和威尔士 1914 年有 80% 的居民租住私房，1939 年仍高达 46%，1950 年达 53%。1915 年，由于英国格拉斯哥市（Glasgow）

的集体抗租运动和国内动乱的威胁，政府临时采取了租金管制措施以遏制房东牟取暴利的行为（莫林斯等，2012）。英国政府出台《租金上涨和抵押贷款法》，规定了私人房东收取房租的上限，该项法案开创了政府干预住房市场的先河。租金管制一旦被采用，就很难再次取消，勉强为之会带来租金的大幅上升。1923年，英国空房的租金管制得到解除，1933年和1938年颁布的法律进一步放松了租金管制，1939年颁布的《租金限制法案》加强租金管制。1957年，英国修订《租赁法》，取消了伦敦私人住宅租金不得超过40英镑、英格兰和威尔士私人住房租金不得超过30英镑的管制（莫林斯等，2012）。20世纪80年代以后，政府继续放松租金管制。2004年以后房价上涨使居民购房更为困难，英国私人租赁市场发展较快（见表13-8、表13-9）。

表13-8　英国租金管制相关法律

年份	颁布法律	内容
1915	《租金和按揭利率（战争时期限制）增长法》	租金和按揭利率维持在1914年8月的水平
1920	《租金和按揭利率增长法（战争限制条例）》	延续1915年条例规定的管制条款，允许一定程度上升
1923	《租金和按揭利率限制增长法》	规定放松租金管制
1939	《租金和按揭利息现值法》	重新提出对除高价值房产外的所有住房实行租金管制
1956	《住房补贴法案》	允许公共部门住房租金上升至合理水平
1957	《租赁法》	取消对私人出租房屋的租赁管制
1965	《租赁法》	引入“公平”租金条例，对私房出租重新制定了租金控制，以阻止私房出租者获取高额租金，还设立了专门负责租金事务的法庭审理房租案件
1972	《住房融资法》	提高市政租赁住房的合理租金水平，降低财政补贴
1974	《租赁法》	增加了保护租户的条例，并扩大了租金法庭权力和租户权益

续表

年份	颁布法律	内容
1975	《住房租赁和补贴法》	废除市政租赁住房市场租金制度，暂时安排新的补贴制度以取代1972年法案的相关规定
1980	《住房法》和《租户权益法》等法案	规定社会住房租户购买住房的权利，公共和私人住房租户租赁房屋的新制度安排，削减社会住房补贴
1988	《住房法》	放松私人租赁住房管制
1993	《租赁改革、住房和城市发展法》	赋予承租人取得财产收益的权利，对租金实行租金转按揭购屋计划

资料来源：莫林斯等著，陈立中译：《英国住房政策》，中国建筑工业出版社，2012年。

表13-9　　英国社会住房相关规定

	资格条件	数量
租金	根据具体物业的租金，家庭收入和特征确定	适合大小单位的最高租金和合格服务费用的100%，私人租赁行业的额外限额
抵押贷款利息资助	涵盖高达20万英镑的两年期固定利息贷款	根据英格兰银行平均按揭利率计算

（二）规划政策及调控

英国自 20 世纪后期开始形成了一套以规划手段为基础的住房保障措施，成为西方住房规划调控的典范之一。1980 年英格兰的调查显示，大多数住房部门官员认为规划是抑制房价、提供可承担住房的最有效方法（朱晨等，2007）。英国当前的住房规划调控主要着眼于住房供给和需求的综合调控，形成了一系列政策措施，其中抑制需求的主要措施有所有权控制和使用变更控制，增加供给的主要措施有贡献与义务机制和规划特例机制。（1）所有权控制即对房屋产权所有者的属地进行限定，禁止或者有比例地控制外来人口购房，该措施与住房政策类似，只是实施的手段由房产许可变为规划审核。（2）使用变更控制即由对主要住宅进行限制变更为对第二住宅进行限制，在变更前进行严格的规划审查并得到规划许可。（3）贡献和义务机制是通过规划要求（通常采用协商方式）开发商在房地产开发时提供一定数量或者比例的社会住房，以解决低收入者居住问题。1990年，英国通过《城乡规划法》，要求开发商在项目开发地区周边投资当地的科教文卫事业和基础设施，或者配建一定数量的保障房。（4）规划特例机制是对原规划拟定的非建设用地允许建设社会住房，以增加社会住房的有效供给数量。

在市场调控方面，英国政府通过土地规划许可证的签发，要求房地产开发商负担起建设保障住房的任务，保证了保障性住房的质量和数量（Helen，2013）。英国政府利用城市开发公司等国有控股机构或者地方性的行政审批机构以及公共性机构所掌握的资源来平抑地价，在此过程中的损失由政府承担（王晓颖，2011）。

六、英国房地产基础制度的启示

英国房地产基础制度和长效机制对我国房地产发展具有重要启示。

（一）建立市场保障协同发展、租售并举的房地产供应体系

英国住房制度演进历程表明，房地产市场发展过程中政府干预不能缺位，否则普通居民将面临严重的住房问题。英国解决住房问题的主要方法，一方面以政府为主导大规模建设保障房，另一方面通过土地、金融、税收和法律等手段促进房地产市场的健康发展，从而实现“高端有市场、中端有支持、低端有保障”的目标。英国在私有化改革以后仍然保留了一定数量的公共租赁住房，维持了运转有序的房屋租赁市场。典型国家建立了租赁双方责权利对等的、长期稳定的租赁关系，

使之成为销售市场的重要补充，实现租售互补是住房市场健康发展的重要特征。

（二）确立房地产发展的长远目标

英国战后较为有效地解决了住房短缺问题，就是在贝弗里奇报告指导下确立了福利社会目标，并在此基础上制定了住房建设目标。从长远来看，为实现房地产业可持续发展应确立清晰明确的住房发展目标，避免住房政策的随意性和多变性，使社会对房地产业的发展有清晰的预期。

房地产业发展目标应根据住房发展阶段适时进行调整。我国在住房短缺严重时期启动住房私有化改革，房地产业发展过程中过多赋予拉动经济增长的职能，城市住房不平等现象突出。我国已经形成了多产权房阶层、有产权房阶层和无产权房阶层在内的住房分层体系，房价持续上涨加剧了基于住房的社会财富不平等。英国在住房短缺时期大规模建设社会住房，鼓励房地产市场发展；在实现“有房住”目标后启动私有化改革，促进居民“有房产”。

（三）建立房地产长远发展的基础制度

在确立房地产长远目标基础上，建立土地、金融、税收、投资和立法等房地产基础制度。

二战后英国房价变动趋势显示，土地供应不足和地价上涨是英国房价长期上涨的重要原因。土地供应不足的原因在于《城乡规划法》对土地开发许可的严格规定。应根据城市规模、城市人口迁移、产业发展情况制定建设用地供应计划，保证住宅建设用地供应数量；调整现有建设用地比例构成，提高大城市商品住房建设用地比重，降低中小城区商业用地比重，保证房价平稳增长。

房地产金融政策是房地产市场平稳发展的重要因素，英国经验表明房地产泡沫的形成和破灭与金融政策密切相关，房地产市场短期波动与利率和首付调整有关。为防止我国房地产金融出现系统性风险，应严格限定房地产开发自有资金比例和贷款比例，防止房地产开发商绑架金融业。应建立住户按揭贷款利率和首付对冲调整机制，防止房地产违约风险。

建立房地产投资预警机制，严控房地产开发投资占固定资产投资和 GDP 比重，防止地方经济过度依赖房地产。

完善房地产税收制度，改变我国以流转税为主的房地产税制，建立以物业税（或房产税）为主的持有环节税种。房产税征税对象应包括存量和增量，征税基础为增值额，提高大面积住宅、别墅和多套住宅的税率，降低普通商品住房和自住住房税率，要考虑土地使用年限到期后的衔接问题。

（四）房地产市场调控应考虑长远目标与短期目标的衔接

制定与城市经济发展水平相适应的近期和远期发展目标是房地产可持续发展的重要措施。由于长远目标与短期目标往往存在冲突，应在坚持长远目标基础上调整短期住房目标，实现平稳过渡。

应根据住房财富不平等的现状，通过限购等措施限制大城市住房的集中化趋势；通过提高首付比例和信贷利率等金融手段，通过放宽大城市建设用地指标、加大居住用地供应等措施缓解供需矛盾，遏制房价过快上涨。

参考文献

[1] Andrew, Mark, Allmendinger, P.etal., （2005）. Affordability targets: Implications for Housing Supply. London: The Office of the Deputy Prime Minister

[2] Department for Communities and Local Government, （2007）. Housing Green Paper: Housing Green Paper – Homes for the future: more affordable, more sustainable

[3] Malpass, P.（2000）.Housing Associations and Housing Policy: A Historical Perspective（Basingstoke: Macmillan）

[4] Malpass, P.（2004）. Fifty Years of British Housing Policy: Leaving or Leading the Welfare State?, European Journal of Housing Policy, 14（2）, pp. 209 ~ 227

[5] National Statistics, （2017）. Housing affordability in England and Wales:1997 to 2016, pp.1 ~ 11.

[6] National Statistics, （2016）. Housing summary measures analysis: 2015, pp.1 ~ 31

[7] Scanlon, Kathleen, Fern ά ndez Arrigoitia, Melissa and Whitehead, Christine, M. E.（2015）, Social housing in Europe. European Policy Analysis, （17）. pp. 1 ~ 12

[8] Wilcox, S.（2004）. UK housing review 2004/05（Coventry: Chartered Institute of Housing Council Mortgage Lenders）

[9] Wilcox, S. Perry, J. Stephens, M. and Williams, P.（2016）. UK Housing Review 2016 Briefing Paper（Coventry: Chartered Institute of Housing Council Mortgage Lenders）

[10] http://www.ukhousingreview.org.uk/ukhr16/acknowledgements.html

[11] Helen X.H.Bao. 英国土地规划政策与房地产供给分析[J]. 中国土地科学，2013（9）:60 ~ 63

[12] 郭敏，覃琪，秦义春. 英国住房金融政策演变、现状及启示[J]. 区域金融研究，2013（9）:60 ~ 66

[13] 李进涛，孙峻. 住房政策变化与市场背景策应:观照英国做法[J]. 改革，2013（5）:97 ~ 105

[14] 刘玉亭，何深静，吴缚龙. 英国的住房体系和住房政策[J]，城市规划，2007（9）54 ~ 63

[15] 莫林斯等著. 陈立中译. 英国住房政策[M]，北京：中国建筑工业出版社，2012

[16] 王晓颖. 英国土地管制经验对完善我国土地制度的启示[J]. 西部论坛，2011，21（2）:89 ~ 94

[17] 汪文雄，李进涛. 英国的住房政策实践及启示[J]. 城市问题，2010（03）:87 ~ 92

[18] 王兆宇. 英国住房保障政策的历史、体系与借鉴[J]. 城市发展研究，2012（12）:134 ~ 139

[19] 徐松明，陈峰. 英国住房问题求解路径解析与中国借鉴[J]，华中师范大学学报（人文社会科学版），2009，48（5）:56 ~ 65

[20] 朱晨，岳岚，陈小华. 英国住房规划调控研究及对我国的启示[J]. 城市问题，2007（11）:91 ~ 96

专题报告十四

瑞典的住房制度与政策

在欧洲国家中，瑞典的工业化起步相对较晚。1880 年，仍有 68% 的瑞典人以农业为生，直到 1910 年这一比例才下降到 50% 以下（安德生，1972[①]）。二战以后，瑞典已经基本进入稳定的工业化和城市化社会，并跻身于世界上最富裕的国家之一。

强大的工会力量与社会民主主义下高福利制度的施行，使得瑞典成为一个高度发达的“合作社会”（corporatist society），反映到其住房制度设计中，一个显著特征是“悠久且持续的公共住房体系”。并且，由于要兼顾左右两极的政治精英，其住房再分配制度非常复杂。本报告将对瑞典住房的基本情况进行历史回顾，并着重介绍并评述其公共租赁住房体系，在此基础上分析瑞典房地产政策的得失，为我国住房制度尤其是公共租赁住房制度的完善提供有益的参考。

① 安德生：瑞典史[M]. 商务出版社，1972年，第567～568页。

一、瑞典住房制度基本情况

2013 年，瑞典共有 463 万套住宅，其中，43% 为独栋或联排住宅，50% 为高层住宅，另还有约 2% 的其他住宅和 5% 的特殊住宅[①]，如表 14–1 所示。相对于瑞典 980 万的总人口来说，住房总量早已不是问题，人均有 1.7 个房间。

表14-1　　瑞典2013年住房存量

住宅类型	数量	比重（%）
独栋或联排住宅	1999964	43.16
高层住宅	2332253	50.33
特殊住宅	222334	4.80
其他住宅	79127	1.71
总计	4633678	100.00

数据来源：Bengs C. The housing regime of Sweden: Concurrent challenges – Part A: Aims，effects and interpretations[J]. 2015。

需要说明的是，在瑞典住宅类型与所有权类型是紧密相关的，自有住宅仅指独栋或联排住宅，高层住宅多为租赁或合作住宅，住在里面的人往往并没有所有权。

与之对应，在瑞典买房可分为买居住权和买所有权两类。买居住权（bostadsr • tt 瑞典特殊的房屋所有权形式），多数是买一套公寓单元的居住权，实际上是参加一个居住权协会，这个协会可以是一个联合体，也可以是某一房产公司，房子产权属于这个协会。买居住权时，买方交一笔投资款后，每个月还需交一定费用，包括开发商建房贷款利息、维修费、供暖费等。

① 包括学生宿舍，集体宿舍等。

买所有权，主要指买城市外围的独栋或联排别墅，购房者除了要缴纳买居住权房屋后每月应缴纳的各种费用外，还需要每月偿还按揭贷款、缴纳房产税（年税率为 1.5% ~ 3%）等等。除按揭贷款外，各种费用要占到房屋评估价的 3% 左右。

从产权结构的变迁来看，二战以来瑞典的自有住宅比重是相对稳定的，1945 年为 36%，到 2013 年的 68 年间仅增长了 7 个百分点。在此期间，租赁住宅的比重从 57% 下降到 43%，合作住宅的比重则从 4% 上升到 20%。上述产权结构的一个突出特征是，租赁住宅与合作住宅的比重非常高，特别应该指出的是在此期间合作住宅的比重上升幅度最大，增长幅度达 16%。这与瑞典的合作社会传统与发达的公共住宅租赁体系紧密相关，但也与 20 世纪 90 年代以来部分租赁住宅出售产权变成了合作住宅的做法密切相关。

其中，合作住宅多为高层公寓。合作住宅是瑞典住房制度的特色，甚至被认为是高福利的“瑞典模式”的一个重要组成部分。合作住宅的住户，并不拥有其所住公寓的完整产权，而是在合作组织中占有相应的股份，合作住宅的产权归合作组织所有。新住户需要付费购买股份，居住时间并不受限制，也就是说，想住多久就住多久。搬走时可以卖掉自己的股份（Ruonavaara，2005[①②]）。合作住宅的历史渊源是合作化运动和工业化进程中强大的工会组织，但是直到两次世界大战期间才正式制度化（Christophers，2013[③]）。两部标志性的法规是 1930 年的《租户所有法案》（Tenant-Ownership Act）和 1942

① 这种出售出租住宅的做法可以视为是瑞典住房制度向私有化的倾斜。

② HannuRuonavaara. How Divergent Housing Institutions Evolve: A Comparison of Swedish Tenant Co - operatives and Finnish Shareholders' Housing Companies[J]. Housing，Theory and Society，2005，22（4）:213 ~ 236.

③ Christophers B. A Monstrous Hybrid: The Political Economy of Housing in Early Twenty-first Century Sweden[J]. New Political Economy，2013，18（6）:885 ~ 911.

年的《租户所有控制法案》（Tenant-Ownership Control Act）。一些合作组织的合作住宅规模很大，例如，拥有 31 个分会和 3900 个合作组织的瑞典租户储蓄和建设协会（HSB，Hyresg • sternassparkasse-ochbyggnadsf • rening），负责合作住宅的管理、维护和整修，并在国家层面设有相应机构。目前，约 44.5 万成员（即住户）都住在合作住宅中，合作住宅的市场交易已经不受管制完全开放。住户可以在市场上自由买卖住宅的居住权，价格完全由市场供需关系决定。从这个意义上来讲，这种居住权交易与产权交易没有什么区别。尽管居住权的交易最后要得到住户合作协会的认可，这通常只是走个形式。但是如果住户要出租自己的住宅的话，住户合作协会对出租时间甚至租金都有权进行严格管制。住户要向合作住宅组织提出申请，申请被批准住户方可出租。住户出租必须要有特殊理由。通常住户出租的理由是临时职业变化（如临时调动工作，包括被派到国外，或外地任职、上大学、服兵役等），家庭变化（结婚、离婚、分居）需要搬家，需要短期内把闲置的住房出租。因此，被批准的出租是暂时的、短期的行为。有的合作组织要求超过一年的出租必须每年申请一次。合作组织成员如未经批准出租自己的住房，合作组织有权强制该成员出售其住房。这个特别的机制有效地抑制了瑞典住房市场上对非自用性住房的需求。这样，就有效地实现了合作住宅是用来住的，不是用于盈利性出租的政策目标。

租赁住宅中，公共租赁住宅与私营租赁住宅的比例大致相当。私营租赁住宅由专门的住宅租赁公司运营，因此，瑞典的私营租赁住宅的所有权也是非常集中。

二、瑞典的公共租赁住宅

公共租赁住宅是瑞典住房体系中的一个重要组成部分，也是瑞典对可支付住房（affordable housing）的重要保障手段。公共租赁住房是瑞典住房制度的主要政策工具（Hedman，2008[①]）。瑞典的公共租赁住房与我国的公租房和廉租房不同，并非仅能提供给中低收入群体，而是面向全社会的。

瑞典的公共租赁住宅兴起于20世纪30年代大萧条时期，经济停滞、失业非常严重，政府组建了住宅公司，由市政当局所有并控制，但作为独立的非盈利企业运营。到1945年，公共租赁住宅占瑞典住宅总量的6%（Christophers，2013）。

20世纪40年代末以来，住房供应已经成为瑞典政府的基本职责之一。瑞典内阁每年确定全国的住宅建设总量，并将建设指标摊派到各个地区，市政部门选择特定的开发商来承包建设。政府通过划定地块位置等限制开发商之间的竞争。在此期间，市政住房租赁公司得到快速发展。

20世纪50年代到70年代中期，瑞典建设了大量用于出租或合作住宅的高层公寓。其中，1965～1974年间，瑞典实施了“百万住宅计划”（The Million Programme）。仅1970年就建成了110000套，如图14-1所示。这一时期被称为瑞典公共租赁住房的“黄金时代”。1970年，公共租赁住宅占到瑞典住宅总量的23%。

公共住宅建设过程中，由于政府大力补贴超过1000套住房的建设项目，这些项目大多由大开发商建设，缺乏市场竞争，导致瑞典建

① Hedman E. A history of the Swedish system of non-profit municipal housing[J]. 2008.

筑业集中度非常高。

关于租赁住宅应由政府运营还是私营部门运营，一定程度上反映了瑞典的政治生态。一般来讲，公共租赁住房和合作住宅受左派社会民主党人（Social Democrats）支持，而右翼政党支持私营部门租赁住宅。例如，瑞典建筑工人工会在20世纪20年代就拥有了自己的开发商，并不断发展壮大。应该指出的是，与合作住宅一样，不论公共租赁住房还是私营租赁住宅，租赁住房都是不能再出租的。这样的政策杜绝了住户把租来的住宅，再到市场上二次出租的寻租行为。

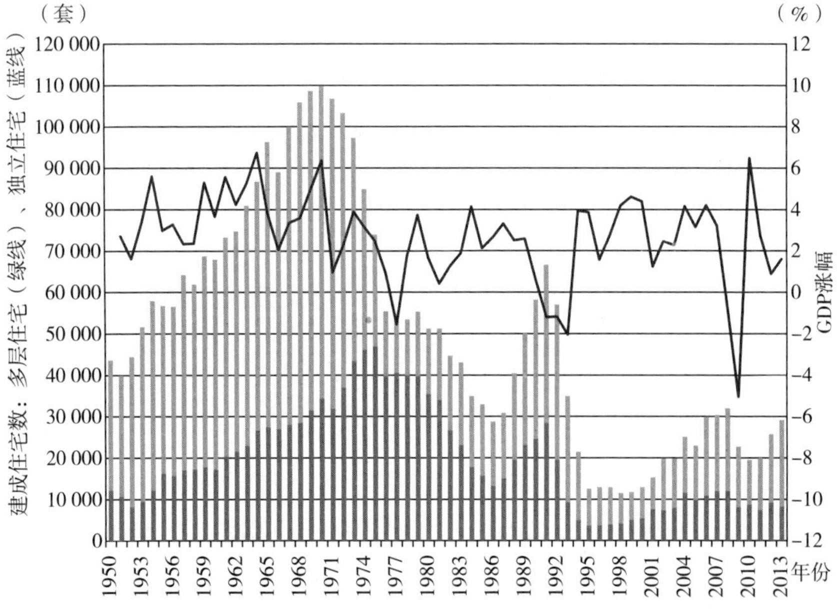

图14-1 瑞典不同类型住房的建成规模和GDP变动情况：1950~2013

由于住宅供应趋于饱和，住宅建设趋缓，20世纪80年代中期的年住宅建设量仅为鼎盛时期的1/3左右。之后有所回暖，90年代后维持在年15000 ~ 30000套的规模。

三、房价、租金与居民债务

（一）房价

在瑞典，房价主要是指独栋或联排住宅的价格。与受到管制的租赁住宅市场不同，独栋或联排住宅的价格完全由市场来决定。由于住宅市场已经趋于饱和，经济周期对房价的影响最大。1982～2013年间，名义房价上涨了142%。20世纪80年代中后期到90年代初期，瑞典出现了严重的房地产泡沫，并引发了金融危机。期间，90年代初受瑞典金融危机的影响，有10年的时间住房价格是下降的，其中降幅最大的一年达到了14%。

值得注意的是，在过去最近的10多年中，瑞典合作住宅的价格经历了较快上涨，2003～2013年，合作住宅的名义价格上涨了138%，上涨速度较自有住宅快得多。究其原因，一方面，是因为合作住宅有向基础设施完善的大都市区集中的趋势，随着信息等新兴产业的不断发展，近一二十年来瑞典的就业有不断向大都市集中的趋势，导致都市房源紧张。另一方面，是因为合作住宅由少数具有垄断性质的机构或组织运营，房源的供给缺乏有效的竞争。

以首都斯德哥尔摩为例，“欧债危机”爆发后，瑞典居民纷纷向更容易找到工作的斯德哥尔摩迁移。创纪录的移民、繁荣的创业氛围和人口出生率的提升，加之难民的涌入，让斯德哥尔摩在7年内人口激增了25万，在一个百万人口的都市，对房屋的需求大大增加。瑞典总人口，最近10年内增长了约80万，2015年底达到了985万。大城市人口流入等诸因素，造成住房供需的严重失衡，这导致了2014年斯德哥尔摩市区公寓价格比去年同期涨了10%，比

10 年前的 2004 年涨了 2 倍多。位于西海岸的瑞典第二大城市哥德堡比首都的房价涨得还要多，上涨了 61%。第三大城市马尔默上涨了 29%。

处于城市外围、自然环境好的别墅，价格涨幅不如公寓那么大，但过去 10 年也一直在上涨。今年以来，随着人口流入快速增加，大斯德哥尔摩地区人口达到全国人口的近 1/4，别墅价格也开始快速上涨。2015 年一季度，大斯德哥尔摩地区别墅套均房价为 480 万克朗（每克朗相当于 0.75 元人民币），比上年上涨 11%。另外两大城市，哥德堡和马尔默，套均房价分别为 370 万克朗和 320 万克朗，均同比上涨约 7%。由于购买别墅的初始投资和每月费用较高，年轻人或单身购买者案例很少。因此，即便房价快速上涨，过去 10 多年，瑞典居民租房购房比例过半开的局面没有变化。

虽然以社会平等著称，瑞典也有价格昂贵的豪宅区，比如斯德哥尔摩滨海大道两旁历史悠久（400 多年）、名人聚集的豪宅区（价格在每平米 10 万克朗以上），以及哈马碧滨水新城（价格在每平米 5 万 ~ 6 万克朗）。这些年，尽管斯德哥尔摩房价在上涨，但瑞典居民的居住形态没有发生变化，年轻人租房、结婚成家买房，没有钱租房的可以申请免费的廉租房，多层次住房需求都得到了较好的满足。

（二）租金

1969 ~ 2013 年间，瑞典的租房租金（按照实际价格计算）上涨了 1 倍左右，如图 14–2 所示。

就每年的涨幅来看，1970 ~ 2013 年的 44 年中，有 35 年租金是上涨的，还有 9 年租金是下降的，如图 14–3 所示。

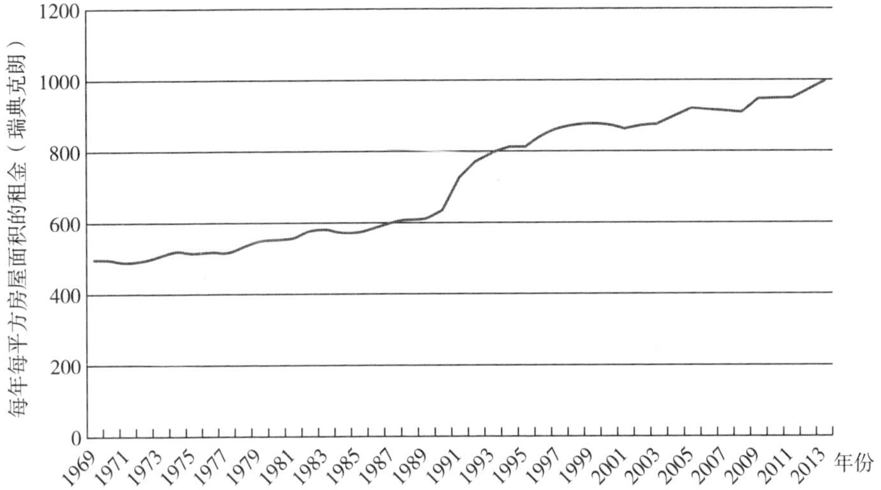

图14-2　瑞典的住房租金（1969～2013，按照实际价格计算）

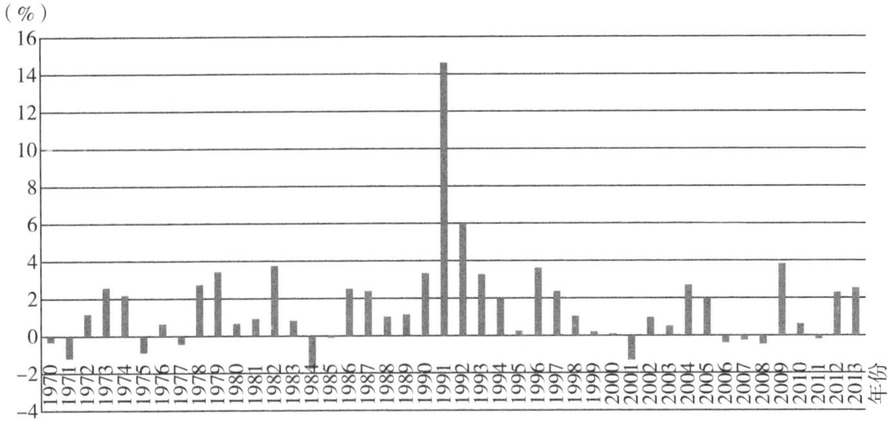

图14-3　瑞典住房的租金涨幅（1970～2013年）

公共租赁住房与私人住房租赁公司的租金都受到管制，但是私人租赁公司的住房平均租金还是更高一些。强大的公共租房租赁体系实际上起到了延缓租金上涨的作用。公共租赁住房的租金涨幅决定了瑞典整个国家房屋租金的变动趋势。开始的一段时间内，公共租赁住宅的租金根据“历史成本”（historic costs）来确定，即房屋的建造成本、运营管理与维护成本。上述定价方式导致越是市中心的、越是古老的房子租金反而越低（Kemeny，1993[①]）。后逐渐采用使用价值定价方法。

尽管瑞典房价快速上涨，但老百姓购房比例并没有增加。目前，全国租房购房比例基本对半开，与 10 年前的情况差不多。瑞典年轻人或单身者基本都在租房，直至结婚成家时，才会考虑购房。年轻人之所以选择租房，一方面，是由于他们工作变动频繁，不希望因房子影响再就业。另一方面，买房除了要交数十万元的初始投资（相当于首付）以外，还要每月偿还银行贷款、物业费、维修费、供暖费、房产税等等，这些费用一般占购房者收入的 30% ~ 50%，对于不“啃老”的瑞典年轻人来说，很难负担。

近年来受欧洲经济危机影响，经济不景气、外来人口流入，瑞典三大城市市区公寓租赁需求增长更快，租金价格也一路上扬。2016 年，斯德哥尔摩的公寓（40 ~ 70 平方米）每月租金在 5000 ~ 8000 克郎之间，与购买同类居住权房屋后每月费用相差只有 1000 克郎。因此，考虑到收回投资的增值，结婚成家的瑞典居民选择购买居住权房屋的比例在增加。

为了保护租房者的需求，政府在指导租金水平（低于买房后每月费用）的同时，严格限制购买公寓使用权。因此，城区出售型的公寓减少，且仅限于永久居留权居民、仅限于一套，这就倒逼购房需求向城外价格较高、税收贡献更高、没有套数和居留权限制的别墅市场转移。

从供给方面看，为了解决住房短缺问题，当前瑞典政府已经开始增加土地供应和加大住房建设的力度。但是瑞典土地政策的限制和繁琐的住房建设许可制度，很难在短时间内大幅度增加住房的供应量。

---

① Jim Kemeny. The significance of Swedish rental policy: Cost renting: Command economy versus the social market in comparative perspective[J]. Housing Studies，1993，8（1）:3 ~ 15.

（三）居民债务

近年来，瑞典家庭住房债务规模呈现快速上涨态势，2001 ~ 2010 年的 10 年间，住宅债务占家庭年收入的比重从 40% 上升到 125%。居民住房债务规模的攀升是瑞典住房金融政策尤其是零首付，30% 的利息支出可以用减免所得税的方式得到政府补贴，和贷款人可以只支付利息不还贷等住房贷款鼓励政策的结果[①]。2011 年，66% 的家庭均有住房贷款。目前，政府已经对零首付和只支付利息不还贷的政策做出调整。零首付被取消了，从 2016 年 6 月起，贷款额在房价 70% 以上的年还贷率不能低于 2%，贷款额在房价 50% 以上年还贷率不能低于 1%。

四、对瑞典的住房政策体系的评价与启示

瑞典的住房政策总体上取得了良好的效果。住宅市场的区域差距不是很大，价格是可负担的。“所有的居民都应以合理的价格享有高质量的住宅”是瑞典住房政策体系的宗旨。瑞典《宪法》中规定，“居者有其屋”是和就业、教育并列的三大居民基本权利之一。瑞典住房政策体系“一碗水端平”（non-selectivity），即不偏向任何特定的社会群体。公共租赁住房实行全社会覆盖，并不仅仅针对低收入群体。强大的公共租赁住房体系可以起到抑制房地产投机、稳定租金水平以及平滑经济周期的作用。政府对租赁住房的租金管制，对抑制房地产投机的作用尤为明显。合作住宅是瑞典住房政策的另一大特色。它用限制出租的机制有效地实现了房子是用来住的，而不是用来炒的或用

① 为支持居民购房需求，瑞典政府曾经推出的按揭贷款利息抵税、只偿还利息不偿还本金的贷款政策，降低了购房者的入市门槛和实际支出费用。

来出租盈利的政策目标。这两个政策共同发力，既使租者有其屋，又有效地控制了房市的炒作行为，因而达到了全社会的支付能力内的居者有其屋的政策目标。

瑞典的经验表明，通过公共租赁住宅和合作住宅等方式租房也可以获得稳定而体面的居住权。他山之石，可以攻玉，瑞典的住房政策体系对于我国构建房地产市场长效机制，保障房子是用来住的，而不是用来炒的，具有重要的借鉴意义。目前，我国的住房租赁市场整体规模偏小，发展也极不规范，尚无国家层面的住房租赁法规，租户的权益也得不到很好的保障。子女就学难等不平等的政策安排，使租房者“低人一等”，住房需求者更愿意“买房”而不是租房。在投机存在的情况下，房价比租金的波动要大得多。发展住房租赁市场，可以从以下三个方面着手。

一是加快租赁住房立法。瑞典 20 世纪 30 年代就出台了两部相应的租户法案，保障租户利益。随着城市化进程加快和租房需求快速上涨，我国亦应加快《住房租赁法》立法，配合现有的《城市房地产管理法》，在法律层面明确住房的居住属性，保障居住权，抑制房地产投机。与此同时，构建保障租房者权益的长效机制，明确租房者的相关权利和义务。对于基本的居住需求，根据各地的不同情况，定期制定政府指导价格（基准价格）体系。

二是通过集体土地入市与盘活低效工业用地加大租赁住房土地供应。土地供应是住房供应的基础。在效率优先的土地出让中要适当兼顾公平。价高者得，是市场经济的核心法则，但土地的社会属性使得保障公民的基本居住权也非常重要。可通过试点的方式，探索可行的保障房、廉租房甚至市场化租赁住房的土地供应模式。2017 年 8 月，国土资源部、住房和城乡建设部联合印发《利用集体建设用地建设租赁住房试点方案》，第一次从中央层面，鼓励利用集体建设用地建设租赁房，加大租赁住房土地供应。集体建设用地入市为新的租赁住房建设用地提供了来源，这将缓解城市供地压力，促进城市租赁住房结构逐步调整。此外，对于利用效率较低的工业用地，可以考虑采取包括空地闲置税、规划调整、政府与厂商合作开发等各种手段，推动政府与原工业用地者重新谈判，用盘活的闲置土地进行租赁住房建设。

三是可以考虑补缴“小产权房”与公益用地税费后逐步赋予大产权，提升既有租房者居住质量。目前，我国租房需求旺盛的大城市中存在着大量公共设施配套不足但能够解决流动人口基本居住问题的“小产权房”。未来可以考虑鼓励这些不需拆除重建的地段，通过自行改造或公私合作改造逐步降低建设密度，完善基础设施，同时在补缴部分土地出让金、缴纳部分公益事业与基础设施用地税费的条件下，也可以逐步赋予大产权。通过小产权变大产权调动城中村原住民的改造积极性，使其能够继续为流动人口提供租赁住房的同时，基础设施与公共服务也得以完善，既有租房者的居住质量得以提升。

专题报告十五

三大国际大都市住房市场与住房政策变化

由于影响住房市场长期发展的因素主要是人口，目前我国的特大城市正处于人口快速增长的阶段，因此，我们考察了伦敦、纽约和东京三个国际化大都市住房市场和住房政策的历史演变，重点研究了这三大都市人口快速增长时期的住房政策，以期为我国建设住房市场长效机制提供参考和借鉴。

一、伦敦的住房市场与政策

（一）人口变化与城市发展基本情况

1. 人口变化阶段的阶段特点

18 世纪末，伦敦受产业革命影响，人口激增，至今大约经历了五个变化阶段：第一阶段，1801 ~ 1851 年的 50 年内，从 210 万增加至 270 万，增长 60 万，年均增长 1.2 万人；第二阶段，1851 ~ 1901 年的 50 年间，从 270 万增加至 652 万，增长 382 万，年均增长 7.6 万人；第三阶段，1901 ~ 1939 年的 38 年间，从 652 万增长到 861 万，增长

209 万人，年均增长 5.5 万人；第四阶段，1939 ~ 1983 年的 35 年间，从 861 万减少至 680 万，减少 181 万，年均 4.1 万人；第五阶段，20 世纪 90 年代开始，伦敦的人口呈现增长的趋势，这其中主要是流动人口的增加，20 世纪 90 年代每年伦敦人口的综合增长为 5.1 万人，至 2006 年，伦敦人口达 751 万人（见图 15-1）。

从人口发展的阶段变化看，其 1851 ~ 1939 年面临的住房市场形势与我国特大城市当前的形势比较相似，这一时期的住房制度和政策更具借鉴意义。

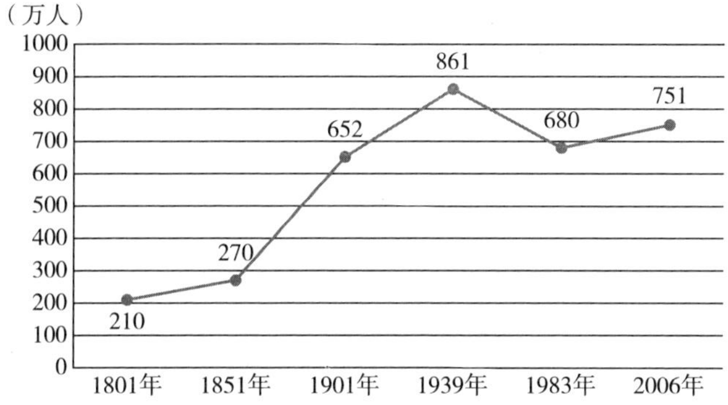

图15-1　伦敦市主要年度人口变化情况

数据来源：Wikipedia。

2. 城市发展变化

为解决伦敦市由于人口集聚带来的“大城市病”，20 世纪以来，伦敦的城市发展经历了以下阶段变化。

（1）二战前的田园城市和卫星城发展阶段。主要措施：第一，进行田园城市与城郊居住区的建设，主要是在伦敦附近建设农业与居住混合的城市，1903 年和 1919 年建造了两个田园城市；第二，1918 ~ 1945 年的建设卫星城，在大都市附近，并在生产、经济和文化生活等方面受中心城市的吸引而发展起来的城市或工业镇，是城市聚集区或城市群的外围组成部分。田园城市和卫星城建设并未真正解决大伦敦地区工业与人口的疏散问题。

（2）20世纪40年代的同心圆封闭式发展阶段。1942年编制大伦敦规划，在距伦敦中心半径约48公里的范围内，由内到外划分内圈、近郊圈、绿带圈与外圈四层地域圈，结构为单中心同心圆封闭式系统，来疏散伦敦中心区工业和人口。但是，同心圆封闭式的城市发展模式，使得城市中心与外围之间的差距不断加大。

（3）20世纪50年代以来新城运动发展阶段。主要是通过远距离的扩散，在伦敦城市周围建设新城，将人口从大都市中疏散出来。每个新城都有完善的基础设施，由若干个居住社区和工业区构成，设有中心区，中心区由商业区、行政管理区和社会活动区组成，工业区基本上位于新城的边缘地带，工业区、居住区和中心区之间依靠公共交通连接。

新城的建设对伦敦的人口和产业疏散取得了巨大成功。到70年代中期，英国建立了33个新城，其中11个分布在伦敦外围129公里范围内，总人口180万。伦敦地区人口从1951～1971年间外迁了157万；伦敦100人以上的工厂约有70%迁移到了新城。但是也带来一些争议，新城从英国其他地区吸收了70多万人，造成人口向伦敦周围集聚。

为控制城市规模，伴随着新城的建设，伦敦实行了“三大搬迁”。一是工厂搬迁。1945～1968年，伦敦地区3270个工厂中近一半进行了搬迁，其职工数约占全伦敦工厂职工数的36%，搬迁工厂中约60%是搬在离伦敦市中心32公里范围内，30%在伦敦市区本身变动。二是中介服务业企业搬迁。伦敦对法律、会计等服务业企业进行了搬迁，但不成功，迁出去的仅占较小比例，一些事务所迁出的同时又有许多事务所不断设立。三是政府机关分散办公。1972年，英国69万国家公务员中，35.6万在离伦敦市中心32公里范围内工作。政府机关实行过三次疏散，第一次是 1940 年，将国防部迁到郊区；第二次是 1963 ~ 1972 年，分散了 2.25 万种政府业务到郊区；第三次是 1974 ~ 1984 年，分散了 3.1 万种政府业务。政府机关搬迁取得一定成功，但没有彻底解决分散办公带来的问题。

3. 伦敦都市圈的形成

随着新城数量和人口的增加，在伦敦周围形成了不属城市当局管辖，但同城市经济高度联系的行政区划。整个大伦敦地区的城市结构形成由里到外的“中心 – 边缘”模式，它由中央商务区、内城区、外城区、郊区和大都市圈内圈五个圈层构成。另一方面，伦敦的城市产业体系在不断变化，伦敦地区的城市结构也进行重组，目前已经形成了以伦敦为核心的都市圈，以伦敦 – 利物浦为轴线，包括大伦敦地区、伯明翰、谢菲尔德、利物浦、曼彻斯特等大都市，以及众多小城镇的城市带（见表 15–1）。

表15-1　“伦敦”的空间范围界定

名你	范闹界定	面积（平方公里）	人口（万人）
伦敦城（CityofLondon）	历史上的旧城区	2.7	
内伦教（InnerLondon）	相当于历史上的伦敦郡， 在伦敦城的周围，共12个区	331	300
外伦教（OuterLondon）	在内伦敦外围的20个区	1263	457
大伦教（Greater London）	包括伦敦城和内外伦敦的32个区	1584	757
“大伦敦规划”区域（theGreaterLondon PlanningRegion）	包括大伦敦及其外围的绿化坏带，即1944年作“大伦教规划”的规划区域界线	6731	1000
伦敦区域（theLondon Region）	包括以“伦敦城”为中心、半径达79公里 范围内的建成区以及众多的小城镇	13800	1395
伦敦城布群（theLondon Megalopolis）	包括伦敦–伯明翰–利物浦–曼彻斯特城市群	45000	3650

资料来源：人口数据来自 Mid–Year Estimate and GLA Projection 2006。

（二）解决住房问题的历史阶段变化

英国的住房政策受其自由主义的政治传统影响深远，认为住房问题应交给市场来解决，在城市化快速发展阶段，尽管住房问题非常突出，但是政府基本上不干预。19 世纪 50 年代起，政府开始干预住房市场，但并不是基于住房问题本身，而是由于住房引起的公共卫生、社会安全等问题。其后，政府对市场的干预力度不断加大，到 20 世纪 50 ~ 70 年代达到顶峰，无论是工党还是保守党，都坚持了这一基本方向，其后有深刻的社会和政治背景，与当时全世界的社会运动有关。80 年代，政策方向发生了急转弯，自由主义重新抬头。伦敦是英国住房市场与政策的代表，其阶段性的变化是整个国家政策的风向标。具体来看，经历了以下阶段变化。

1. 1850 年之前，基本不干预阶段

不干预住房问题的原因，主要是小政府的政治理念。政府并不愿意承担供给住房的责任及其花费，也不愿意干预住房或者提供补助，认为补助会助长人们对政府的依赖性，并削减人们对家庭和工作所应该承担的义务。

2. 1850 年至一战，弱干预阶段

这一时期政府开始干预住房问题的原因，主要是人口聚集导致住房拥挤，带来不卫生问题，导致流行病的传播，影响公共安全，并且拥挤影响劳动力的供给，还导致工人运动。

主要手段如下。

（1）规范和提高住房质量。在 1855 年，政府出台了《城市管理法案》和《消除污害法案》，第一次对伦敦的住房建设提出了公共卫生方面的要求，并建立了新的地方机构体系。1868 年又颁布了《托伦斯法》，准许伦敦地方政府可以勒令住房卫生条件不过关的房主出钱

把房子拆除或加以修理；同年，政府通过《技术工人及劳工住房法》，赋予伦敦地方政府权力，拆除不安全的住房，并在原地重新修建合适安全的住房。1875年政府颁布了《劳工住房改善法》，要求首都工作委员会必须购买贫民窟区域的土地，并清除其上的建筑。1879年《克罗斯法》的颁布，为贫民租房建设组织申请低息贷款提供了便利，该法准许地方政府自己制定改善贫民区计划。

（2）少量提供公共住房。1885年《沙夫茨伯里法》出台，计划在法案中规定市政当局有义务向贫民提供住房用地，然而遭到了不少反对。1890年，议会通过了新的《工人阶级住房法》，“授权地方政府占有土地，建造或者改造一批住房，以适合工人阶级居住；公共工程借贷管理局被授权为此目的而垫款”。这标志着伦敦地方机构为工人阶级提供大范围租赁住房的开始。伦敦是所有地方中最为重视贫民住房问题的，1914年前，在伦敦市议会的主持下，为贫民总共提供了14428所住房或者公寓。

（3）民间组织提供社会住房。第一次世界大战前的25年时间里，提供社会住房的民间组织主要有两类：一是具有慈善性质的富人，自愿捐资建设贫民住房；二是，各种住房信托基金。1913年伦敦市议会的统计表明，各种民间组织20多年里为贫民提供了大约13000幢住房。这些统计并没有把所有的信托基金包括在内，住房信托基金为伦敦贫民提供的住房比市政当局提供的还多。

政府对贫民住房的关注并没有取得预期的成效，也没有根本解决伦敦贫民住房问题，政策效果并不明显。相关干预仅限于私人住宅领域，而对贫民区和新建房屋这些为解决房屋短缺和拥挤等问题的领域并没有涉及。根源在于自由放任主义的价值观占统治地位，认为住房困难是市场问题，政府不应该干预。

3. 1915 ~ 1945 年，较强干预阶段

背景是两次世界大战，带来两个契机，一是住房短缺问题更加严重；二是政府理念的转变以及干预手段的增加。战争时期相关措施的采取使政府以从没有过的方式介入住房政策改革，这一时期是住房政策和国家干预的转折点。

主要手段如下。

（1）建设公共住房。1919 年，受社会动乱的威胁，内阁提出在未来 3 年内建设 50 万套住房的方案。方案的执行者主要是地方政府部门，建设住房的成本与租金收入之间的差额最终是靠财政补贴来弥补。

（2）提高住房建设标准。1919 年，颁布的《住房和城镇规划法》要求各地政府对其辖区内的住房需求进行调查，编制住房供给计划，通过卫生部的审核后，进行住房建设。卫生部也被赋予租金审核的职责。

（3）租金管制。1915 年的租金和按揭利率（战争时期限制）增长法，要求将租金和按揭利率维持在 1914 年 8 月的水平，由各地方政府考虑住房质量和房客背景进行确定，并允许地方政府运用财政补贴来弥补由于相关税收超支而带来的损失。1923 年放松了租金管制，1939 年又重新提出对除高价值房产外的所有住房实行租金管制。

（4）租金补贴。1935 年通过《住房法》，要求发放租金的补贴，以缓解住房拥挤问题。要求各地政府成立住房收益账户，并允许地方政府归集租金和补贴。

这一阶段的政策效果是比较明显的。住房政策更多地关注了住房质量、数量和价格，政府从慈善机构手中接手对工人阶层的住房供给。从 1900 年到 1938 年，私人出租住房占住房比例从 90% 下降到了 58%。32% 的住房是户主自住住房，10% 的住房是政府所有。超过 50% 的户主自住住房是在 1919 年以前建设起来的，而大约 100 万套

的私人出租住房是在 1938 年以前销售给了自住户主的。住房短缺得到了有效缓解，住房条件由于社会住房、私人住房的建设和对不合格住房的改造得到了很大改善。

4. 1945 ~ 1979 年，强干预阶段

背景是第二次世界大战期间，英国住房建设急剧下降，加上战争的破坏，战后面临严重的住房短缺。战后，工党政府建立了更为复杂的福利制度，包括国民保险制度、国民医疗服务制度和国民教育制度，要求建设更多更好的房屋。

主要政策手段如下。

（1）大规模的公房建设。在两次世界大战之间的 20 年里，英国各地方政府建设了超过 130 万套房屋，不到私人部门建设住房的一半。但在 1945 年后的 20 年里，他们建设了超过 290 万套住房，比私人部门新建住房多了近 100 万套。

（2）住房协会发展成为住房政策的“第三只手”，并逐渐成为地方政府住房供应的补充，以满足特定人群的需求和对特定区域更新进行援助。

政策取得了预定的效果，但是也产生了一些问题，带来了很大的争议。住房条件得到了明显的改善，拥挤程度（超过 1.5 个人一个房间）从 1931 年的 18.6% 下降到 1971 年的 2.9%。同时，住房质量明显提升。

5. 1979 年以来的放松干预阶段

背景情况，一是住房问题得到了有效的解决，住房困难已经不是社会关注的焦点问题；二是大量的公房建设和维护，政府财政支出压力巨大；三是自由主义的思潮在全球范围内的重新抬头。

主要政策手段如下。

（1）在住房供应方面，通过减少政府公房的供应，鼓励居民购买住房。

（2）在法律上，英国政府采取了强硬措施，以法律形式确定居民的“购买权”。自1980年开始，英国相继颁布了《住房法》（1980年）、《住宅与建筑法》（1984年）、《住宅与规划法》（1986年）。这些法律为伦敦市政府出售公房和居民购买公房提供了法律依据。通过这些规定，把几乎所有的伦敦市政府的公房、国有机构或企业的公房以及住房协会的住房都列入可购买的范围内。住户只要符合居住期满两年以上、住房或公寓单元是可以分割的独立使用单元、所住房屋是租户唯一的或主要的居所这三个条件，就可以购买住房。

（3）在经济上，通过中央政府减少对地方政府的住房拨款，以减少地方政府建公房。

（4）在管理上，将市政府对住房的管理权限转移到房屋协会，中央政府拨款到房屋协会，通过房屋协会来买房或建房，并出租或出售。

（三）住房总量及住房租赁市场情况

1. 伦敦的住房总量情况

2001年3月，伦敦市住宅总量为306.7万套，占英国住宅总套数的12.08%。其中，业主自住的有177.3万套，占57.81%，私人出租的有49.1万套，占16.01%，房屋协会拥有27.1万套，占8.84%，公共部门拥有53.2万套，占17.35%。

伦敦市的业主自住房所占比例低于整个英国的业主自住房所占比例（69.41%），而私人出租、房屋协会和公共部门所拥有的比例都高于英国的平均水平。

2. 住房租赁市场情况

由于没有收集到伦敦历史的住房租赁数据，我们可以从英国全国的住房产权结构变化，来观察住房租赁市场。

英国的住房租赁市场，从占据住房市场主导地位，经过近90年的变化，变为被彻底“边缘化”。租赁住房的比重，从1914年的89%，降至1986年的10%，之后持续保持在该水平（见图15-2）。

英国住房租赁市场的“没落”，主要的原因：一是公共住房的发展，原来租住私人住房的家庭进入公共住房；二是人们对产权型住房的偏好，由于住房具有资产和消费双重属性，住房是一项重要的资产配置方式；三是收入水平的提升，人们购房支付能力提高；四是，缺乏政策的支持，对于机构或个人建设、持有租金住房的政策支持少；五是，社会观念的影响，英国传统认为，靠出租住房的租金生活，是一种不劳而获道德败坏的行为。

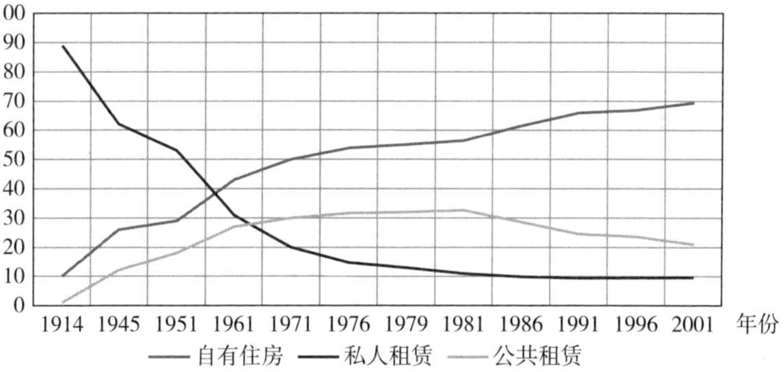

图15-2 英国住房产权结构变化情况

数据来源：根据Niilpass&Murie，1999以及英国住房统计网整理。

3. 租金管制

伦敦市从1915年开始对住房租赁实行管制，20世纪20年代中叶至30年代中叶有所放松，二战期间又加强了租金管制，20世纪50年代又放松。其中主要的内容：一是针对当时矛盾尖锐的高租盘剥而采取减租的措施，政府规定，出租住房的房租，由所在区的区政府或区议会来确定，出租住房的房主无权自行确定房租；二是出租住房的房主如不愿意再拥有住房，可以卖给政府成为公房，也可以卖给租住该住房的居民成为居民自有住房；三是新建住房主要由政府投资建设公房，然后将公房用合理的房价租给居民居住。

租金管制在当时具有合理性，但是该政策规定住房的房租由区政府或区议会决定，出于争取选票的需要，房租一再下降以后，最终导致房租不够用于维修房屋的费用。结果造成：一是住房出租率大幅下降，广大出租房屋的房主因出租房屋无利可图而纷纷出售住房，伦敦市的住房出租率由1914年的90%下降到1979年的10%左右；二是公房比例大幅增加，由于经营出租的私房主把住房卖给政府，加上新建住房主要由政府投资，公房比重迅速增加，最高时高达50%以上；三是市政府既要承担建新房的资金，又要购买居民出售的私房，还要补贴由于租金降低造成的公房维修费用的差额，给政府财政造成很大的压力。

（四）主要的住房政策手段

1. 住房金融政策

（1）通过抵押贷款优惠措施促进居民购房。伦敦的住房抵押贷款优惠措施主要有以下特点。

一是抵押贷款的偿还期较长，一般是15～25年，最长期限可达30年。

二是贷款率（贷款占房价的比率）高，一般为80%，高于许多发达国家的70%。在有保险公司担保的条件下，最高可达90%甚至100%。贷款率高一方面使得许多收入较低的家庭（特别是急需住房的年轻夫妇）能够从金融机构贷款购买自有住房；另一方面，贷款率高为居民购买住房提供了有利条件。据统计，伦敦市居民平均每7年就更换一次住房。居民换房率高，促进了住房交易市场的兴旺。

三是贷款利率较低。伦敦市的住房贷款利率较低，并且具有可变性。

政府对住房抵押贷款实行免税政策，因此金融机构可以用较低的利率向居民提供贷款，从而减轻了借款人的利息负担，刺激了居民贷款购房。住房抵押贷款的利率根据通货膨胀和市场利率的变化进行调整。

四是贷款方式灵活多样。各金融机构根据借款人的不同需要和收入状况，在贷款偿还期限、偿还方式、贷款利率的调整方式和贷款率等方面灵活安排，最大限度地满足购房人的需要。借款人还可以将住房抵押贷款与借款人的定期人寿保险相结合，在贷款偿还期内每月偿付利息，同时又缴纳人身保险费，到人寿保险到期时，用到期的人寿保险收入归还抵押贷款。

（2）大力发展住房金融机构。通过限制其他银行进入个人住房抵押市场，帮助住房金融互助会逐步占领住房金融市场。住房金融互助会的盈利又通过某种方式返给存款人和借款人，大大缓解了城市居民的购房贷款压力。

2. 住房财税政策

（1）由财政支持，实行产权分享方式推动居民分步骤买房。伦敦市采取产权分享的形式（也称为半租半买形式）推动居民分步骤买房。对于购买能力低、无力一次性贷款购买住房的居民，通过财政支持，由居民先购买部分产权，其余部分仍继续付房租，等将来经济能力提高后，再买下整套住房。购买部分产权的居民可以有三年的优惠购买权，三年之内购房的房价与其他优惠条款不变。通过这种房屋所有权归租户和房主（通常是政策性的住房协会）共有的过渡方式，推动租户最终买断房屋全部产权。

（2）由财政支持，通过房价优惠措施吸引居民购买其租住的由社会公共房屋管理部门提供的公房。对于居民租住的由社会公共房屋管理部门提供的公房，通过房价优惠措施吸引居民购买。房价优惠折扣按居住期计算，以两年居住期为起点，独栋房屋的起点优惠为32%，公寓中的单元房起点优惠为44%。以后每增加1年，独栋房屋可增加1%的优惠，以优惠金额占总房价的60%为限；公寓每增加1年可增加2%的优惠，以优惠70%为限。所有住房优惠金额的最高限度为5万英镑。

（3）对住房抵押贷款实行免税政策。1995 ~ 2000年，伦敦市免除居民住房抵押贷款利息税金额逐渐下降，但是在整个英国的比例保持稳定。2000年伦敦市一共免除居民住房抵押贷款利息税1.7亿英镑，占整个英国的10.6%。

二、纽约的住房市场与政策

（一）人口变化及城市发展基本情况

1. 纽约市的人口变化特点

（1）阶段性特点。从1800年开始，纽约市的人口变化，大致可以分为三个阶段。第一阶段，1800 ~ 1850年，高速少量增长时期。1800年，纽约市人口为7.9万人，到1850年为69.6万人，50年累计增长62万人，每年增长1.2万人，年复合增速为4.4%。第二阶段，1850 ~ 1950年，快速大量增长时期。1950年，纽约市人口达到789.2万人，100年时间累计增长719.6万人，每年增长7.2万人，年复合增长率为2.5%。第三阶段，1950年以来，低速增长时期。2010年，纽约市人口为817.5万人，60年时间累计增长28万人，每年增长0.47万人，年复合增长率为0.06%（见图15–3）。

从人口发展的阶段变化看，纽约市1850 ~ 1950年面临的住房市场形势与我国特大城市当前的形势比较相似，这一时期的住房制度和政策更具借鉴意义。

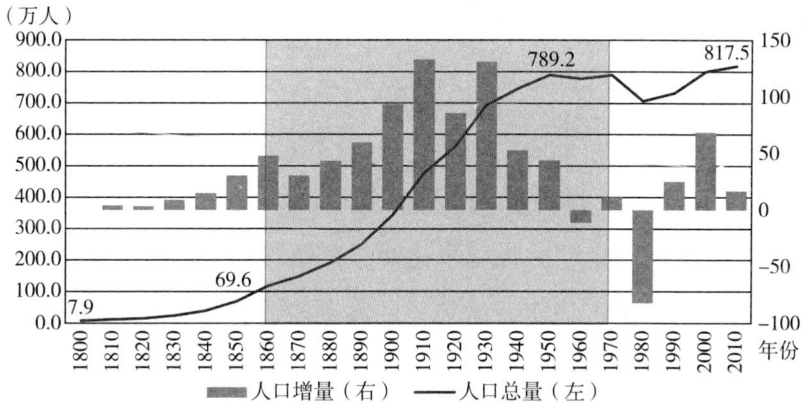

图15-3　1800年以来纽约市人口变化

数据来源：根据New York State Statistical Yearbook数据整理。

（2）结构性特点。纽约市人口增长的来源主要分为两个方面：一方面，受城市化影响，大量国内农村人口涌入纽约；另一方面，纽约市成功吸引大量外国移民的进入，其中欧洲移民占主要部分，还有少量亚裔、非裔移民（见表15-2）。在1820 ~ 1920年期间，全美入境移民3400万，其中2260万人是由纽约港上岸。尽管许多人继续前往美国各地，但有1130万人在此扎根。

表15-2　19世纪中后期纽约市总人口及外来移民比例

年份	纽约市总人口	外来移民所占比例（%）
1850	515547	45.7
1860	813669	47.1
1870	942292	50.0
1880	1206299	
1890	1515301	42.0
1900	3537202	34.0

数据来源：United States Bureau of Census，Table33. Race and Hispanic Origin for SelectedLarge Cities and Other Places: Earliest Census to 1990。

2. 纽约都市圈的发展

从20世纪50年代起，纽约市的人口总体上没有增长，主要原因是人口向纽约市周边的区域转移，纽约市与周边区域形成都市圈，是其城市发展的重要特点。其发展大致经历了三个阶段。

第一阶段，城市居住功能郊区化。1940 年前，人们工作生活主要集中在纽约市中心。随着纽约城市规模急剧膨胀，居住环境严重恶化，原住在纽约市内的中产阶级越来越愿意在纽约郊区购房或建房。20 世纪 50 ~ 60 年代是纽约实行城郊化的高潮阶段，大量居民由市中心移往郊区。

第二阶段，城市商业功能和产业功能郊区化。从 20 世纪 60 ~ 70 年代，纽约市郊区城镇建起了许多大型购物中心，郊区商业区的零售额也已超过整个社会零售总额的半数。自 20 世纪 70 年代开始，纽约郊区城镇与市中心之间存在的土地差价也使许多企业纷纷向郊区城镇迁移，新兴产业在纽约郊区城镇兴起，大规模的工业园和商业服务网点落户郊区，具有完善城市功能的中心区域在纽约郊区城镇逐步形成。由于人口大规模迁往郊区城镇，纽约市区人口出现负增长。1980 年，纽约市人口由 1970 年的 789 万人减少到 1980 年的 707 万人，降幅超过 10%。

第三阶段，建立边缘城镇。边缘城镇是在纽约市周边郊区基础上形成的具备居住、购物、娱乐等城市功能的新城镇。纽约四周有许多边缘城镇，其中包括被视为纽约卧室的长岛以及与纽约市相邻的新泽西州的一些城镇。这也就是人们概念中的大纽约地区。纽约周边的边缘城镇解决了传统城市面临的噪音、交通、住房、大气污染等方面的问题，为城市居民提供了良好的生活空间。这些边缘城镇都具有以下几大特点：一是大都有高速公路相通，距纽约只有一个小时左右的车程；二是基础设施齐全完善，除拥有足够的停车设施及大型商场外，还有影院、饭店、俱乐部、运动场等娱乐设施；三是自然绿化程度很高，大多数居民居住在由绿色草坪环绕的别墅型住宅中。

（二）纽约市政府解决住房问题的思路变化

1. 纽约在快速发展中面临的住房困难

自 19 世纪中叶起，纽约的城市住房建设开始逐渐滞后于移民的涌入速度。由于新增人口数量十分庞大，而他们大部分都没有多少经济实力去购买住房，住房问题因此变得非常突出。

早期进入纽约市的外来人口主要通过廉价的经济公寓（Tenement）来解决住房问题。1833 年纽约市内建起了第一栋经济公寓。由于租金低，是一般住宅区的 25% ~ 30%，所以它们非常适合于城市的工薪阶层居住。

随着越来越多的人涌入，出租房也变得供不应求。据调查，1865 年，接受调查的总计 70 万纽约市居民中（不包括布鲁克林），有 480368 人生活在 15309 幢低标准的经济公寓中，同期城市人口却将近 100 万（见表 15-3）。19 世纪 50 年代，纽约迎来了经济公寓住房建造的第一次高峰。1901 年纽约旧式经济公寓楼已达 8.2 万座，居民总数高达 150 万人，占纽约人口总数的近一半。

表15-3　19世纪后期纽约经济公寓住房数量及居住人口

年份	1869	1879	1888	1890
公寓房数量	14872	21000	32390	37316
人口	468492	500000	1093701	1250000

数据来源http://www.tenement.org/encyclopedia/housing_tenements.htm。

移民的大量涌入使得经济公寓供应从未满足过需求。为了容纳更多的租户，房东常常将狭小简陋的住宅再分割成多个单元出租。房客们为求节省，几个家庭合伙同租一个房间的情况比比皆是，经常是“一个 12 × 12 平方米的房间有 5 个家庭住在里面，包括 20 多个男女老幼，没有挡板分隔开来，没有桌椅，仅仅有两张床可以使用”。1890 年美国每套住宅的平均居住人数 5.45 人，而纽约市高达 18.52 人。

这些公寓设施简陋，卫生消防条件极差，有着共同的特点——小、脏、乱、差。随着时间的推移，这些房屋因为年久失修，室内环境急剧恶化，逐渐演变成为第一代城市贫民窟，导致了诸多问题，一是传染病的高发，二是火灾频发，三是经济公寓集中区域犯罪率奇高。

2. 解决住房问题思路的阶段变化

深受市场经济思维的影响，早期纽约市政府对于住房市场的干预很少。随着住房问题日益成为社会问题，政府不得不进行干预。根据面临的住房问题形势、采取的手段和干预的力度，大体分为如下四个阶段。

（1）1867 年之前，基本不干预阶段。基本上交给市场解决，政府不进行干预，有慈善机构、宗教组织进行零星的救助。

（2）1867 ~ 1934 年，弱干预阶段。主要通过规划进行引导，在 1867 年、1879 年和 1901 年通过了 3 个经济公寓法案，核心是对公寓的建设、规划进行限制，通过规定市场最低标准的住房条件，来改善居民的住房状况。

（3）1934 ~ 1960 年，强干预阶段。重要手段有三项：一是政府建设公共住房，二是强制改造贫民窟，三是通过限利公司建设提供低价的合作住房。这一时期的政府加大干预力度，有经历 1929 年经济大萧条后政府加强市场干预的因素，也有住房问题严重性的因素。

（4）1960 年以后，弱干预阶段。主要通过市场方式解决住房问题，这一时期的另一重要手段是租金管制。这一时期政府退出的原因，一方面是人口增长放缓后住房问题得到缓解，另一方面是战后自由主义思潮的影响。

纽约市对住房市场的干预，体现了很强的市场主导色彩，一是尽可能少的干预原则，二是在经济繁荣时期，市场有能力去消化和解决住房问题，以20世纪20年代最为明显。

（三）纽约的住房租赁市场与租金管制制度

1.住房租赁市场

（1）纽约市近2/3的住房为承租人居住。根据2005年纽约的住房和空置状况调查，住房存量当中，租赁住房的套数占64.2%，自有住房占31.0%（见表15-4）。2004年，美国住房存量中有69%是所有人居住，31%是承租人居住。纽约市有近2/3的租赁住宅，而美国平均约有1/3的租赁住宅，纽约市租赁住宅所占份额是美国全国平均水平的2倍。这种状况反映了纽约市作为国际性的大都市，高昂的购房成本使得以租赁方式获取住房占到了绝大部分的比例。

表15-4　　2005年纽约市自有住房和租赁住房比例

住房存量	自有住房数（万套）	自有住房比例（%）	租赁住房数量（万套）	租赁住房比例（%）
326.1	103.2	31.6	209.2	64.2

资料来源：US,Bureau of the Census，2005NYC：HVS。

注：另有不可租售的空置住房13.7万套，占住房存量的4.2%。

（2）约一半的租赁住房的租赁行为不同程度地受到政府的干预。根据2005年纽约市住房和空置调查，租金管制租赁住房的比例为2.1%；租金稳定住房占到约49.9%，其中1947年以前的占35.7%，1947年以后的占14.2%；私人非管制住房占33.3%。总体上看，有1/3的租赁住房为完全的市场租金，约一半的租赁住房的租赁行为不同程度地受到了政府的干预（见表15-5）。

表15-5　纽约市租赁管制下的租赁住房存量　单位：套

类　型	2002年	2005年
租赁住房总套数	2084769	2092363
租赁管制住房套数	59324	43317
租赁稳定住房套数	1042397	1043677
其中：1947年之前建成	775460	747332
1947年之后建成	266937	296345
私人非管制住房套数	672368	697363
其他	310680	308007

资料来源U.S. Bureau of the Census，2005 NYCHVS。

注: 其他包括所有RentStabilizedunits，包括因接受HUD资助而受其管制的租赁住房。

（3）住房租赁支出占家庭年收入的30%左右。根据2005年纽约市住房和空置调查显示，合同中位租金为850美元（见表15-6）。2004年纽约市居民平均家庭收入为40000美元，年租金占家庭年收入的25.5%；2004年纽约市全部租赁住房家庭的平均年收入为32000美元，年租金占家庭年收入的32%。纽约市居民居住消费支出约占其收入的30%以下，住房消费基本在可承受的范围之内。

表15-6　2005年纽约市合同租金中位数　单位：美元

	合同月租金中位数
所有租赁住宅	850
租赁管制住宅	551
租赁稳定住宅	844
其中：1947年之前建成	810
1947年之后建成	899
私有非管制的租赁住宅	1000

资料来源：2005NewYorkCityHousingandVacancySurvey，Table12。

（4）纽约的租赁住房空置率处于合理的范围内。2005年纽约市的出租住房的租赁空置率在3%左右，曼哈顿略高于全市的平均水平，达到将近4%。总体上看纽约市的租赁住房空置率处于合理的范围内。

（5）空置水平与租金水平呈正向关系。2005年，纽约市的出租住房的空置率，表现为随租金水平的提高而相应升高的特点，月租金水平低于 500 美元的净空置率为 1.38%，而月租金 2500 美元的空置率高达 9.14%。高端物业在租赁市场表现为供过于求。

2. 租金管制

纽约的租金管制经历了两大阶段：

（1）第一次租金管制。1920 年，纽约通过了《紧急租金法》，该法赋予了租户一定权利，让他们在面对不合理的租金要求或搬迁威胁时可向地方法院提起诉求。一般情况下，受到出租管制的住房租金比市场价格低 15%。一些公寓从 1926 年开始被解除管制，1920 年的《紧急租金法》在 1929 年 6 月不再适用。

（2）第二次租金管制。纽约当前的租金管制计划始于 1943 年，二战期间，美国实行了全面的物价管制，包括对单元住宅租金的管制。此后，又取消了租金管制，但仍允许个别城市继续实行租金管制。近年来麻省和加州已经取消或削弱了它们的租金管制法，但纽约市仍然是最后一个尚未取消的地方，而且，其标准高于其他城市。

隶属于纽约市政府的房租指导委员会每年都对纽约市的房租稳定公寓制定出一个房租调整大纲。如 2006 年 5 月 8 日，该委员会对下一个年度（2006 年 10 月 1 日至 2007 年 9 月 30 日）房租的涨幅提出一个初步计划：租约一年的房屋租金涨幅为 3% ~ 6.5%，两年租约的涨幅为 5% ~ 8.5%。

房租稳定委员会提出的管制租金的具体涨幅的依据，首先是该城市适宜的居住成本，标准是住房支出不超过低收入家庭月收入 30%。此项房租稳定制度仅在房屋空置率小于 5% 时生效。

政府通过对特大都市住房租金的涨幅进行干预，控制了城市的居住成本，同时使得低收入家庭的住房问题在一定程度上得以保障。与任何一种价格上限一样，租金管制引起租赁住房短缺。租赁住房的买者与卖者对市场状况反应差异较大。在供给一方，房东对低租金的反应是不建新公寓，也不维修现有的公寓。在需求一方，低租金鼓励人们去找自己的公寓（而不是与父母同住，或与室友同住），而且也引起更多的人迁居到城市。

（四）主要的政策手段

1. 规划引导

规划引导是纽约市最早采用的市场干预方式，主要是在 19 世纪后半期运用，代表是纽约市的三个经济公寓法案。

（1）1867 年经济公寓住房法案。1867 年，纽约市出台了《公寓住房法》，这是美国第一部综合性住房法案，标志着对低成本住房进行公共干预的开始。1867 年《公寓住房法》对公寓的卫生、消防等居住条件进行了基本的规定。然而，由于 1867 年法案对于经济公寓章节部分描述的不够精确，制造商对 1867 年《公寓住房法》的态度极其敷衍，加之政府执行效率低下，纽约市政府对住房问题未能有过多关注。而多数房主对此的态度也并不积极，一方面为达到利润最大化房主不愿意花费金钱在整修经济公寓房上，另一方面房主们认为，这些政府的干预是对其个人权利的侵犯。最重要的是很多租客自身也并不领情，很多人并没有意识到住房问题的危害，并且为了有个便宜的住处，他们宁愿居住在简陋的经济公寓内，以至于有的时候需要警察通过强制手段将他们从租房内拉出。因而，住房状况并没有得到改善。

（2）1879 年经济公寓住房法案。1879 年，纽约市对经济公寓法案进行了修订，通过了 1879 年《公寓住房法》，提出较为理想化的控制要求，但纽约出租公寓更多受到市场的左右，现实状况令监管机构不得不向房地产市场和经济利益妥协，一些理想化的规定无法得到执行。法案实施后，纽约出租公寓状况没有得到真正改善，且依据该法案形成的“哑铃式公寓”，后来成为大量的贫民窟。

（3）1901年经济公寓住房法案。1901年，纽约市对《公寓住房法》再次修改，形成1901年《公寓住房法》。其中无法执行的理想化的规定放宽，并进行了更为具体细化的规定。这部法案对住房改革影响重大。一是，不但要求新建住宅必须符合要求，并对老建筑实行部分改造。尽管执法过程步履维艰，新法案逐步清理了70%的低标准住房。二是，该法案的执行也让公众接受了政府对私有财产的干预，确立了公共安全和公共利益在城市发展和市场经济中的重要地位。因此，1901年《公寓住房法》被看作美国住房改革运动中的里程碑。三是，在以自由市场为基础的美国，政府的职能是规范市场，不是代替市场供给住房，因此，相关的住房立法没有要求公共资金投往住房建设，仅对居住环境改善做政策性的引导。

2. 公共住房

一战后，纽约市政府开始介入低收入阶层住房市场。繁荣时期，政府主要通过立法手段鼓励企业开发低成本住房；大萧条时期，政府开始直接资助房屋的开发建设。1929年美国爆发了严重的经济危机，纽约住房市场同样受到大萧条的沉重打击，一方面，约有1/4的人无家可归，1931年10月至次年6月间，有18.6万户家庭因付不起房租及贷款而被赶出家门，另一方面，纽约的“旧律”经济公寓空房率却高达20%，无人问津。由于经济公寓属于私人开发商，一部分开发商趁机调高房价，导致房租上涨，贫困人群根本支付不起；另一部分经济状况较好、能支付得起的人群又不愿意去住。

1932年，纽约市开始把住房纳入城市公共设施建设，他们吸取了欧洲在一战后解决房荒的经验，以欧为师开展公共住房建设。1934年，成立了纽约市住房局（NYCHA），标志着城市公共住房建设正式拉开了序幕，该机构是全美国首个州和地方一级的公共住房局，它确立了公共住房的两个核心要素，标准的住房环境和低廉的租金。住房局有两大任务，公共住房建设和贫民窟改造。

（1）建设。土地方面，一是购买，二是改造贫民窟征收土地。资金方面。从税收中拨付财政资金；发行债券，以租金还债，如纽约市第一个公共住房项目福斯特住宅区，大部分土地通过为期60年、年息3.5%的免税债券购买。此外，20世纪70年代末，纽约市尝试新的住房政策，在业主无法支付税金1年后（原规定3年），城市可以剥夺欠税房屋的物权。自1978年到1981年，大约有11.2万套住房转为市产。

（2）准入。由于公共住房严重供不应求，建立了一套准入体系，运用打分法，根据打分的高低来确定最终的租户。申请条件包括了收入状况、家庭状况、就业状况、当前住宅状况、之前的住宅状况、以往租金支付状况以及社会背景等7个要素。总之，公共住房的服务人群是那些“有着稳定收入的家庭”。住房局的工作人员对申请入住家庭进行调查，调查包括直接家访和由“租户选择委员会”安排的面试，申请公共住房面临多项基本要求，将许多真正有居住困难的低收入家庭排除在外。

（3）建设规模。到1976年，全市共有176185套公共住房，供57.6万人居住。但据学者保守估计，当时至少还存在43万套住宅单元的缺口。纽约市在这一时期虽然未能完全解决住房危机，可困难并没有那么严重，其中主要原因还得归因于经济状况的好转、民众收入水平的提高以及郊区化运动，通过市场的力量来解决住房问题。

（4）公共住房出售。1978年，住房和发展局开始推行DAM计划，尝试三种公共住房产权的转让。纽约通过过渡性出租（TIL）进行操作，一般先由住户组成联合会向政府申请购买租住的公房，并在11个月的过渡期中，住户联合会必须保证住房的正常运转，并参加相关培训课程。如果租户们通过政府的评审，就可以申请购买住房了。根据评估委员会的投票，每套住房的价格仅仅是象征性的250美元。1980年，最早的5栋TIL住房成功出售给住户，随后3年中，纽约共出现了2887套TIL公寓。这些住户合作社组织的运作并不顺利，最普遍的问题是需要提高租金以满足合作社的运营成本，经济问题让部分TIL项目半途而废。

3. 限利住房

早在19世纪末就出现了合作社内部产权的公寓，住宅合作社中的居民通常拥有股份，但是持有者不能以盈利为目的出卖，这是限利住房的雏形。

1926年，纽约通过《限利住房公司法》（*the Limited Dividend Housing Companies Law*），鼓励低成本住房的建设。法案规定，对于把利润控制在6%之内的微利房地产公司，纽约州将提供20年的免税政策，并且允许工会和工人合作社参与限利住房建设。这一法案为住房合作社发展开了绿灯，立刻取得了效果，合作住房大批出现。1921～1929年，纽约市建造了42万套公寓，约占1929年公寓总量的30%，这其中的大多数是限利合作住房。但是，随着大萧条降临，许多项目难以为继，一些合作社还贷困难，只得改为出租经营。

1955年，纽约又颁布了新的《限利住房公司法案》（*Mitchell-Lama Act*），为中等收入住房的开发提供低息抵押贷款。市政府还为一些大型中低收入住宅的项目建设提供资助，根据限利住房公司法案，纽约市政府为开发方UHF提供了长期低息抵押贷款、税收减免的优惠政策，附带要求UHF只能将住房提供给年收入低于一定水平线的家庭。

4. 财税政策

联邦政府的住房税收优惠政策：（1）对住房所有者的税收减免优惠，包括对利用抵押贷款购买、建造和大修自己房屋的家庭在征收个人所得税时减免抵押贷款的利息支出，对拥有自己住房的家庭减免所得税和财产税，对出租屋的家庭实行税收减免政策。（2）低收入者购房税收抵免，低收入者如需购房，可向州或者地方政府申请抵押信贷证书，拥有证书者可在10年内享受个人所得税的抵免。（3）对开发低收入阶层住房的税金信用计划，须满足：①税金信用仅针对供低收入阶层租住的住宅项目；②低收入家庭所支付的租金由HUD审定；③享受该计划的项目至少在18年内要执行租金管制的要求。

纽约市住房税收优惠政策包括421–a税收鼓励计划、J–51税收减免计划和针对产权公寓和合作公寓的减税计划。

（1）421–a税收鼓励计划。该计划对符合条件的房产基于其评估价值给予税收减免，必须是新建的多户住宅、改建前是空置的住宅或3年以上没有确定用途的住宅。如果为租赁公寓，则要接受租金稳定的限制，其优惠的幅度和期限受房产的位置、对中低收入家庭住房的保护、建筑周期、对政府的承诺等因素而定。该计划目的在于为中低收入家庭提供新住房，可以获得多达25年的税收减免。

（2）J–51税收减免计划。该计划意在鼓励定期更新纽约市存量住房，包括租赁住房和所有者自住住房，与421–a计划相似，其同样要求租赁住房满足租赁的相关规定。在许多高租金社区的公寓不允许进入该计划，因为在修缮完成后，每套公寓的税收评估不能超过38000美元。

（3）合作公寓和产权公寓减税计划。该计划给产权公寓的所有者和合作公寓的出租人股东减税，该计划要求产权公寓的所有者和合作公寓的出租人股东，在可适用征税的时期，不能拥有超过3套住宅。如果已经享受421–a、J–51等其他的地方税收减免，则不能再享受此项税收优惠。税收的减免幅度依建筑的评估价而不同，估值越高，减免越少。

5. 租金补贴

由联邦政府提供货币补贴，主要实现方式是发放“住房券”。1983年联邦政府实行了“住房券计划”，政府负担合理市场租金与家庭收入30%的差额，发放“住房券”，让低收入家庭在市场上自由选择住房。住房券是政府发给低收入家庭领取住房补贴的凭证。持券人可以自由选择居住地租赁房屋，只需交纳不超过家庭收入30%的租金，差额部分由房主凭券向政府兑取现金。

6. 低利率抵押债券

联邦政府把专项资金拨给地方公共住房管理部门，由地方为低收入家庭提供住房资助。为支持低收入居民购房，美国各州都发行了低利率抵押债券，并严格规定必须是第一次购买房屋，收入低于或等于当地收入平均水平的家庭，所购房价格低于或等于当地房价平均水平的90%才能使用这一资金。

三、东京的住房市场与政策

（一）人口变化与城市发展基本情况

1. 人口变化

1868年日本明治维新，改江户为东京，并定为首都。1932年，东京15个区与周边的82个市町村合并，建立了包含35个区的大东京市，面积从83.6平方公里扩展为550.8平方公里，人口从200万扩展为497万。1943年，大东京市改为东京都。

明治维新以来，东京的人口变化经历了四个阶段。第一阶段，二战之前，人口快速增长，1940 年达 735.5 万人。第二阶段，二战期间，人口锐减，1945 年仅为 348.8 万人，比 1940 年减少 386.7 万人。第三阶段，二战后至 1970 年，快速增长，1953 年东京城市人口已经恢复到战前的最高水平，1970 年达 1140.8 万人，从 1950 年到 1970 年，每年人口净流入 25 万人左右。第四阶段，1970 年以来，平稳阶段，东京都的人口比较稳定，新流入人口集中在东京都市圈。1955 ~ 1965 年，东京都市圈的人口从 1328 万增加到 1886 万，1970 年达到 2410 万，2000 年为 3290 万人，2010 年为 3561 万（见图 15–4）。

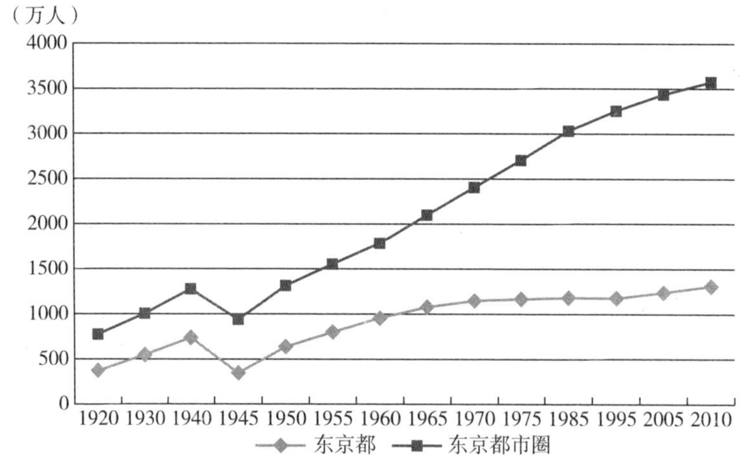

图15-4 东京都及都市圈人口变化情况

数据来源：《日本统计年鉴》《东京都统计年鉴》。

2. 东京疏解首都功能的做法[①]

东京分散首都功能主要是在内部建设“七大副都心”，在外部建设“三大新都心”，以及建设新城和筑波科学城等措施来实现为首都减负。

① 本部分内容参考《盘点各国如何为首都“减负”：东京设7个副都心》http://www.chinanews.com/gj/2014/04-15/6065697.shtml。

（1）“副都心”。为了分散“都心”的功能，东京先后建立了7个“副都心”。1958年，开始建设池袋、新宿和涩谷“三大副都心”；20世纪80～90年代又追加了4处副都心。1991年，东京都政府搬迁至新宿副都心。每个副都心的办公、购物、休闲、观光等功能一应俱全。

（2）“新都心”。为了将人口和产业进一步从东京中心区域分散到周围的卫星城市，日本还建设了位于东京都邻县的横滨、幕张、埼玉三大“新都心”。这些新都心利用原来的工厂旧址或者填海造地开发，吸引了不少大企业总部入驻。“埼玉新都心”分担了东京的部分行政功能，经过10年建设，2000年2月，位于东京的办公机构开始向这里搬迁，进驻这里的行政部门包括法务省、厚生劳动省、防卫省等几乎所有中央省厅的关东地区派驻机构。

（3）新城。20世纪50～80年代，日本还在东京等城市圈的郊外大力建设新城。首都圈的多摩新城、港北新城、千叶新城等都是代表案例。

（4）科学城。东京还向地方转移国立研究机构，最主要的是“筑波科学城”，位于东京都东北约50公里，1963年开始建设，至1980年基本完成。民间企业也跟随进入，这座21万人的小城是日本研究机构和人才最密集的地区，集中了日本30%的国家级研究机构。

3. 东京的范围界定

第一层，东京都心，指东京都中心区域的千代田区、中央区与港区3个区；第二层，俗称“东京23区”的东京都区部；第三层，东京都，包括23个区、26个市、5个町和8个村；第四层，东京都市圈，包含东京都和埼玉县、千叶县和神奈川县共“一都三县”；第五层，首都圈，包括东京都及周边的山梨县等“一都七县”，总面积3.69万平方公里。

（二）东京住房市场情况

1. 住房租赁市场情况

（1）以租赁为主。1998 年，东京都产权住宅住户 2051.3 千户，租赁住宅户 2743.3 千户，租赁比重为 57%，远高于日本全国 39% 的比重。20 世纪 70 年代以来，东京都的租赁比重基本上都在 57% 左右（见表 15–7）。

表15-7 东京产权住宅与租赁住宅对比 单位：千户

年份	产权住宅	租赁住宅				
		总量	公营公社	民营租赁（设备专用）	民营租赁（设备共享）	职工住宅
1978	1540.9	2231.2	370.7	1186.8	445.5	228.2
1983	1762.1	2238.3	392.6	1281.1	331.5	233.1
1988	1782.5	2331.1	410.2	1527.0	196.5	197.5
1993	1845.4	2547.4	422.4	1736.4	88.6	300.0
1998	2051.3	2743.3	448.1	1998.2	56.0	241.0

资料来源：东京都住宅局，《东京住宅总体规划》，2001。

（2）租金收入比处于合理区间。据链家研究院数据，2013 年东京的平均租金收入比为 21.8%，低于 30% 的租金困难标准，也低于其他国际大城市的水平，如香港为 40.8%。

2. 住房买卖市场

（1）泡沫时期东京的房价和房租上涨情况。与 1975 年的水平相比，到 1990 年为止，东京住宅的地价和城市型公寓的售价上涨了 3 倍多，其中住宅地价指数从 100 升到 433，公寓售价从每户 1530 万日元升到 6123 万日元；独立式住宅的售价上涨了约 2 倍多，从每户 2101 万日元上涨到 6528 万日元；非木结构住宅的平均租金从 1978 年到 1983 年上涨了约 3.1 倍，从每帖每月 3456 日元上涨到 14224 日元。这些速度明显高于同期 GNP 的增长速度以及工资、物价指数的上涨。

（2）房价和地价上涨的传导路径。从用途看，地价的上涨过程是从商业用地开始，然后波及住宅用地；从地域看，地价的上涨过程是大都市圈开始，然后波及地方圈，即东京都中心→东京都市圈→其他大都市圈（如大阪、名古屋等）→地方圈。在波及过程中，伴随着时间滞后，达到地价产高涨高峰用了很长时间。

（3）东京都市圈的住宅销售周期性波动。从20世纪后20年，东京都市圈的住宅销售量大致经历了3个周期波动，每个周期7年左右；谷值的成交量约为峰值的一半左右。但总体趋势是下降的。

（4）二手住房市场交易不活跃。东京的住房交易中，二手住房的比重为16.3%，远低于与其经济和社会发展水平相当的欧美城市的比重。

（三）二战后东京住房政策发展阶段

1. 高速发展期

时间范围为20世纪50至70年代，这一时期，由于人口快速增加，住宅供求矛盾突出，政策的重点是促进都营住宅的建设、供应。

1960年，东京都成立了住宅局，初步建立都营住宅建设、管理体制。这一时期东京都开发的公营住宅中主要以木结构住宅为主，没有浴室，居住面积较小，其他生活设施也较为简陋。

1966年，东京都成立了东京都住宅供应公社，制定了“住宅建设条例”，加大了都营住宅的建设和供应力度。配合在同一年颁布的“第一期国家住宅建设五年规划”，东京都将“每户一套住宅”作为住宅政策的主要目标，进一步大力推进各类住宅的建设和供应。

建设成果。数量方面，1967～1971年期间，都营住宅每年的供应量为1.4万～1.7万户。质量和结构方面，住宅防火、防灾性能提高，住宅建筑高层化，同时，以小区为单位的综合开发模式得到推广，在城市中心的周边地区和多摩等地区开发了一些大型都营住宅小区。

2. 泡沫集聚期

1973 年，东京都实现了“每户一套住宅”的政策目标，基本解决了由于数量不足导致的城市住房问题，但是普遍存在住宅面积狭小、居住环境差等问题。在此后的时期，住宅政策的目标开始从“保证数量”向“提高质量”转变。

20 世纪 80 年代，进入泡沫时期，随着地价的暴涨，城市中心区以及副都地区的商务办公类设施开发不断增加，但这些地区的住宅不断减少，人口持续流失，出现了城市中心的空洞化。这一时期采取的应对政策有，对住宅开发项目实施特殊的容积率放宽政策，并将环状 7 号线内侧地区指定为城市中心居住区，以促进高密度居住区的开发，促进人口向城市中心区回流。

3. 后泡沫时期

泡沫破灭后，政策重点转向解决中等收入阶层住房问题。1990 年建立了“都民住宅制度”，1991 年建立了“优良民营租赁住宅制度”，并不断制定、实施一系列政策，促进以中等收入阶层为提供对象的租赁住宅建设。

这些制度不仅通过提供建设费的利息补贴或介绍融资等服务，鼓励开发商建设家庭型租赁住宅，同时还由东京都政府为租赁者提供房租补贴。

（四）主要政策手段

1. 住房规划政策

（1）住房建设数量规划。日本制定了《住宅建设计划法》，为住宅建设确立了法律依据。住宅发展规划具有法律效力，不论社会经济怎么变化，都要在财力上保证目标实现，其实现程度99%以上。住宅建设五年计划，提出包括民间建设住房在内的所有住房建设的目标。在引导住房市场的同时，明确“依靠政府资金建造住房”的数量，以明确政府在住宅发展中的作用。到2005年，日本已经完成了八个住宅建设五年计划（见表15-8）。

表15-8`　日本住宅建设五年计划汇总表

五年计划	起止时间	目标
住宅建设十年规划	1955~1965年	为了解决272万户住宅短缺的问题
新住宅建设五年计划	1961年	根据收入增长计划，以一个家庭拥有一套住宅作为目标，以解决居住拥挤的问题
第一个五年计划	1965~1971年	目标670万套，实现一个家庭一套住宅目标
第二个五年计划	1971~1976年	目标:950万套，目标一人一室
第三个五年计划	1976~1981年	以提高住宅质量为重点，设定最低和平均居住水平标准的两类发展目标，建设860万套住宅
第四个五年计划	1981~1986年	目标:770万户
第五个五年计划	1986~1991年	目标:670万户。平均居住水平目标总体实现，制定导向性居住水平标准
第六个五年计划	1991~1996年	目标730万户，住宅平均居住面积约95平方米
第七个五年计划	1996~2001年	目标730万户，确保半数的家庭达到引导的居住水平，住宅平均使用面积达到100平方米的目标
第八个五年计划	2001~2005年	目标640万户。重视住宅品质、市场流通和老龄人口居住需求。决定住宅金融公库5年以内废止

（2）住房建设面积标准规划。总的思路是因地制宜，因人制宜，因房制宜。

在日本的每五年住房发展规划中，注重因地制宜，引导目标区分为都市型标准和一般型标准（都市型指都市中心区及周边地区住宅和公寓住宅，一般型指都市郊区以外地区住宅）。同时，按不同收入阶层分别确定对应的发展目标，分为基本保障型和引导型标准，并一直作为日本政府长远规划目标引导全国的住房建设标准。同时，根据每年规划的建设量确定每五年能达到基本保障型和引导型标准的比例。

根据家庭人口确定居室的数量及相应的面积标准，即以套为衡量标准，如一般规定单身、两口之家、三口之家以及多家庭人口对应不同的每套使用面积标准。

政府对于保障性住房有严格的面积控制限制，如面向低收入家庭，以出租为主的公营住宅、公团住宅，平均使用面积仅为40～50平方米，对于市场价商品房，则不做具体规定，只是通过国家的引导型标准，即政策鼓励标准进行指导。

2. 住房税收政策

（1）日本目前的住房税收政策。根据不同的环节，在取得与继承环节，有不动产取得税（评估额的3%）、印花税、登记许可税（评估额的2%）、继承税（评估额的5%～50%）；在持有环节，有固定资产税（评估额的1.4%）、城市计划税（评估额的0.3%）、地价税（评估额的1.4%，从平成十年开始停止征收）；在转让环节，有所得税（一般长期转让，持有期限超过5年，税率为20%，优良长期转让，持有时间超过5年、2000万日元以下部分，税率为14%；居住用财产转让，持有时间超过10年、6000万日元以下部分，税率为14%，6000万元以上部分，税率为20%；短期转让，即持有期限5年以内的，税率为39%。

（2）日本房地产税收政策的变化。从1950年以来，根据房地产市场形势，日本的房地产税收大致经历了“三松两紧”的五个阶段：

1950～1953年，减轻税收阶段。为了鼓励企业开发建设住房，弥补住房需求缺口，降低开发环节税收，同时降低购买环节税收支持居民购房。

1954～1975年，加重税收阶段。这一时期的背景是随着经济发展和城市化推进，住房需求旺盛，供应仍紧张，这一时期尚未达到户均一套住房的目标，房价也较快上涨，税收政策的主要方向是抑制住房需求（见表 15–9）。

表15-9　　1954年～1975年日本房地产税收政策的变化

年份	政策内容
1954	重新启用不动产取得税
1955	设立计划税
1964	对于个人转让住宅，3年以下的，全额综合纳税；3年以上的，按1/2综合纳税
1967	创设“住宅储蓄减税制度”《印花税法》《登记许可税法》
1969	个人长期转让（超过5年）减轻税赋、个人短期转让（5年以下）加重税赋
1973	对于短期持有的交易行为加重税收
1975	加大对个人转让税的征收幅度，同时加大长短的区别

1976 ～ 1986 年，减轻税收阶段。此一时期的政策背景是，已经达到户均一套房的水平，总体的住房供需基本平衡，住房问题的社会压力减轻，政府放松对市场的管制，包括税收政策方面的压制。

1987 ～ 1992 年，加重税收阶段。这一时期的政策背景是房地产市场泡沫，由于政策的放松，资金的大举进入，房价地价快速上涨，政府不得不再次收紧政策。在 1991 年，房价泡沫已经破灭，但仍出现了一次严厉的加强税收的政策，由于税收政策出台周期较强，对市场的反应存在滞后性（见表 15–10）。

表15-10　　1987～1992年日本房地产税收政策的变化

年份	税收内容
1987	法人超短期加重征税，缩短长短期区别为5年，提高登记许可税
1988	强化继承税（继承开始前3年以内取得的土地，按当时的价格征税等）
1989	实行消费税（税率3%）
1991	全面强化土地税制，创设地价税，提高固定资产税、继承税的评价额。强化特别土地持有税，创设空闲土地特别持有税，加重化个人普通长期转让，加重法人长期转让，对法人超短期交易加重征税
1992	实施地价税征税，法人一般加重征税

1993年以来，减轻税收阶段。由于房价泡沫破灭，市场陷入低迷，政府为了支持市场发展，重新放松政策限制。

3. 住房保障政策体系

东京的住房保障政策，一方面按照日本住宅金融公库、公营住宅和住宅公团三大体系，同时又根据自身的特点，建立了东京都民住宅制度。

“都民住宅制度”是东京都于1990年设立的，以改善中等收入阶层的居住状况。根据《东京都住宅基本条例》的定义，“都民住宅”是指以中间收入阶层为对象，为使其居住费用负担控制在适当的标准范围之内，通过利用各种住宅建设和房租制度，控制地价上升对房租的影响，由东京都政府自行建设，或部分参与住宅建设，或提供各种财政补助的形式进行建设。

都民住宅的开发模式共有四种类型，即东京都实施型、公社直接实施型、公社租借型和法人管理型。东京都实施型和公社实施型是由东京都政府和东京都住宅供应公社直接开发、供应的形式；公社租借型是由东京都住宅供应公社租借民间住宅（租借时间一般为10~20年），然后低价出租给市民的形式；法人管理型即是民营开发商和私人业主，将私有住宅委托给东京都指定的物业管理公司（租借时间一般为20年）管理，并出租给市民的形式。

都民住宅的供应对象也有相应的收入规定。入住者的收入阶层必须是在平均收入阶层的25% ~ 80%的中等收入者，按照2002年的标准，4人的核心家庭的标准年收入为510万 ~ 1058万日元。对于得到知事认可的都民住宅，入住者的收入标准可放宽到平均收入阶层的20%。都民住宅的规模一般控制在50~120平方米之内。

专题报告十六

德国住房租赁市场发展与政策演变

德国住房租赁市场的发展引人注目。很长时间以来，德国的住房自有率在发达经济体中一直偏低，选择住房租赁方式的家庭占比超过了 50%。发展程度较高的住房租赁市场，不仅较好地保障和改善了居住条件，而且促进了住房市场的稳定（Voigtlander，2012）。

对于德国住房租赁市场的发展机制，研究者已从不同角度开展了大量论述。Lerbs（2014）认为德国租赁市场的发展与两个时期的历史密切相关。一是 19 世纪下半叶工业化初期，当时德国一些大型企业（比如克虏伯公司和西门子公司等）为员工建造大量工人宿舍，工业生产的需要既影响了城市规划，也为后续住房政策奠定了基础；二是二战结束后，为了加快住房建设，推行了一种“公共住房管控体系”（a public housing control system），推动非营利的住房公司建设租赁住房。世界银行在一项研究中提出，德国住房租赁市场中的机构投资者和私人业主，都不是以租金收入最大化为目标（Peppercorn & Taffin，2013）。但这是相关政策的结果，而不是起始原因。凯梅尼（2010）从社会政策导向角度将德国住房租赁市场界定为一种“社会型市场”，与英美等国的“营利型市场”相对。Voigtlander（2009，2012）在研究中将住房租赁市场放在德国住房体系中开展了很有意义的考察。

一、租赁市场基本概况

2011 年，德国人口为 8052 万人，全国人口密度为 225 人 / 平方公里，人均 GDP 在 4.4 万美元左右，人均居住面积为 44 平方米。全国有家庭户 4148.9 万户，其中 43.46% 为单身户。2011 年，德国的住房自有率为 46%，一些大城市更低。比如，柏林和汉堡的自有率分别仅为 16% 和 24%，是州一级行政单位中最低的。全国住房空置率是 4.4%，柏林和汉堡的空置率分别为 3.5% 和 1.5%，在州一级行政单位中分别位列倒数第三和倒数第一[①]。

（一）租赁住房占比超过半数

2011 年，德国的住房总量是 3876.84 万套，其中自住住房占比为 43.61%，租赁住房占比为 51.44%，度假和休闲式住房占比为 0.56%，空置住房占比为 4.39%。相比而言，大城市租赁住房的占比更高。比如，柏林租赁住房的占比高达 81.36%，汉堡的占比也接近 75%。

2011 年，德国接受住房补助的家庭共有 78.28 万户，占所有家庭户的 1.9%。按补助方式分，接受租金补助的家庭有 72.16 万户，接受住房消费开支补助的家庭有 6.12 万户。按补助范围分，全部家庭成员接受住房补助的家庭有 69.01 万户，部分家庭成员接受住房补助的家

① 除非特别说明，德国住房数据都来自《德国统计年鉴2014》。由于德国在2011年开展了一次人口普查，因而德国联邦统计局在后面若干年的统计年鉴中有很多住房数据都是以2011年普查情况为基础。

庭有9.27万户。相比而言，柏林和汉堡这些大城市接受住房补助的家庭比例更低。比如，柏林接受住房补助的家庭共有3.21万户，占所有家庭户的1.6%，比全国平均水平低了0.3个百分点；汉堡接受住房补助的家庭共有1.55万户，占所有家庭户的1.5%，比柏林还要低0.1个百分点。

（二）租赁住房结构多元

1. 供应主体

德国租赁市场的供应者主要包括小规模私人房东（private small landlords）、私营住房公司（private commercial owners）、公共住房公司（public housing companies）、市政住房公司（communal housing companies）、住房合作社（housing cooperatives）、教堂（churches）等。其中，小规模私人房东是租赁市场最主要的供应者，占比约为61%。私营住房公司是一些市场化的机构投资者，包括金融机构、保险公司、基金公司等，在德国住房租赁市场的占比为18.48%。公共住房公司和市政住房公司都具有“公共性”，在住房租赁经营活动中有地域限制，但是它们与私营住房公司遵从相同的税收规定和租金法规，两者合计占比11%左右。住房合作社持有超过200万套的租赁住房，教堂等其他机构持有16万套租赁住房（见表16-1）。

表16-1　德国住房租赁市场供应主体结构　单位：%

供应主体	1987年	2011年	变动
小规模私人房东	61.02	60.73	-0.28
私营住房公司	14.88	18.48	3.60
公共住房公司	3.49	0.51	-2.99
市政住房公司	5.03	10.40	5.37
合作社	6.58	9.21	2.63
教堂等	9.00	0.67	-8.33

资料来源：1987年数据来自于Franz Hubert. Private rented housing in Germany，Netherland Journal of Housing and the Built Environment，Vol.13，No.3，1998，pp. 205～232；2011年数据来自于GdW. Wohnungswirtschaftliche Daten und Trends 2012/2013，Zahlen und Analysen aus der Jahresstatistik des Bundesverbands deutscher Wohnungs-und Immobilienunternehmen e. V. 2012。

2. 房型和面积结构

租赁住房的平均套型面积为 70.8 平方米，既低于自住住房的套型面积（117.5 平方米），也低于所有住房的平均套型面积（91.4 平方米）。租赁住房的平均房间数量为 3.6 间，低于自住住房的平均房间数量（5.5 间）和所有住房的平均房间数量（4.4 间）。

德国住房租赁市场中，主要的户型是三室和四室，两者合计占所有租赁住房的比例约为 63%。与之相比，所有住房中三室和四室房型的占比只有 48%，而自住住房中占比最高的房型是七室及以上。

面积分布方面，租赁住房中最主要的是 40 ~ 80 平方米，占比超过了 62%。与之相比，所有住房中 40 ~ 80 平方米的占比只有 42%，而自住住房中占比最高的是 140 平方米以上，这与户型分布状况相一致（见表 16-2）。

表16-2 德国住房的户型和面积结构 单位：%

户型	所有住房	自住住房	出租住房	面积	所有住房	自住住房	出租住房
一室	2.77	0.49	4.50	40平方米以下	4.87	0.63	8.03
二室	8.99	1.96	14.47	40 ~ 60平方米	17.93	3.98	28.92
三室	21.82	8.81	32.22	60 ~ 80平方米	23.94	12.29	33.29
四室	25.84	19.83	30.66	80 ~ 100平方米	17.26	18.06	16.67
五室	17.10	23.84	11.77	100 ~ 120平方米	12.21	19.02	6.84
六室	11.07	20.20	3.85	120 ~ 140平方米	10.55	19.66	3.39
七室及以上	12.41	24.87	2.52	140平方米以上	13.25	26.37	2.87
小计	100	100	100	小计	100	100	100

（三）租金较为稳定

德国租赁住房平均每月每平方米的租金为 6.37 欧元。按照租赁住房的平均套型面积 70.8 平方米计算，每套租赁住房每月的租金约为 451 欧元，租金支出约占家庭收入的 22.8%。

30多年来，德国房价的波动较小。从1970年到2007年，德国真实房价的季度标准差仅为0.81，同期荷兰房价的季度标准差为2.55，英国和西班牙分别为2.19和2.79。与房价走势相一致，德国住房租赁市场的价格变动也较小。以房价租金比为指标，可以看出，从1970年到2007年，德国房价租金比的季度标准差仅为2.09，同期荷兰、英国和西班牙的季度标准差分别为2.85、2.89和2.81（见表16-3）。

表16-3　　四个欧洲国家的真实房价和房价租金比

指标	时期	德国	荷兰	英国	西班牙
真实房价变动率	1970年1月至1980年1月	16.3	61.3	–	17.7
	1980年1月至1990年1月	–10.4	–25.3	–	72.9
	1990年1月至2000年1月	–1.3	115.5	9.4	5.3
	200年1月至2007年1月	–17.4	30.6	82.1	93.9
	季度标准差	0.81	2.55	2.19	2.79
房价租金比变动率	1970年1月至1980年1月	18	46.9	36.6	68.4
	1980年1月至1990年1月	–16.1	–37.8	22.4	93.3
	1990年1月至2000年1月	–20.2	73.6	–1.6	–17.1
	2000年1月至2007年1月	–14.1	28.4	51	80.5
	季度标准差	2.09	2.85	2.89	2.81

资料来源：Voigtlander，2009。

在2008年全球金融危机期间，德国的房地产市场也保持了相对稳定。“租金上涨了1%左右，由于其他商品价格有所下降，因而租金上涨幅度只比通胀率略高。相比经济危机前的时期，房价停滞甚至有所下降。”（Maenning，2012，p.20）这种情形与其他发达经济体形成了鲜明对比。因为，包括美国、英国、西班牙、北欧国家以及一些东亚国家，都在20世纪90年代出现了房价快速上涨，随后在2008年出现大幅下跌，房地产市场的波动触发并加剧了经济下行压力。

从住房市场平稳运行的角度看，德国在过去40年左右时间里的确创造了奇迹。

二、发展阶段

在《德国统计年鉴》中，对于战后住房建设的历史阶段一般划分为1949年以前、1949 ~ 1978年、1979 ~ 1990年以及1991年以后四个阶段（见表16–4）。

表16-4 存量住房的建筑年代 单位：%

建筑年代	所有住房	自住住房	租赁住房
1949年以前	24.36	22.62	24.72
1949 ~ 1978年	43.22	38.86	47.04
1979 ~ 1990年	13.17	14.95	11.73
1991年以后	19.25	23.57	16.51
小计	100	100	100

从存量住房的建筑年代分布看，接近一半的租赁住房是建造于1949 ~ 1978年之间。相比而言，自住住房的建筑年代分布更加均匀。

（一）增加住房供给（1949 ~ 1978年）

1. 发展背景

二战结束后，德国面临严重的住房短缺问题。当时西德有225万套住房被战争摧毁，相当于当时住房存量的20%左右。另外，还有200万 ~ 250万套住房被损坏。后来随着大量难民从东德涌入，西德的住房短缺状况更加恶化。据估计，“到1959年，西德要安置的难民、移民和无家可归者大约在123万人左右。仅1950年，住房短缺量就接近450万套”。（Voigtlander，2009）由于当时百废待兴，资本市场无法向市场提供足够融资，因而仅靠私营部门难以快速、大规模地建设供应住房。

2. 发展目标

德国制定《第一住房法》（1950年）的目的就在于推动建设“在

设施、面积和租金等方面都适合广大群众”的住房，并且提出6年内建设180万套社会住房的目标。这标志着德国社会住房或补贴型住房建设的开端。

这个阶段推动社会住房建设的措施主要包括直接补贴、公共部门提供融资担保、住房投资加速折旧、免缴房产税等。社会资本要获得这些补贴，投资者必须遵循相关标准和要求。而且，房东不能随意设定租金和选择租客。对于接受补贴而投资建设的租赁住房，如果政府设定了标准租金，房东只能按照建设成本收取租金。通常情况下，这种成本租金要明显低于市场租金。这些对社会资本的补贴措施取得了很好的效果。在20世纪50年代初，只有很少部分的新建住房是完全由私营金融机构或房东个人提供融资。到1959年，超过50%的新建住房由公共住房基金提供融资。

3. 发展效果

由于及时启动了社会住房的建设，而且相关措施取得了较好效果，因而德国在较短的时间内就大大缓解了住房短缺问题。到1956年，已经完成了230万套住房建设；到1962年，尽管家庭户数有较大幅度增加，但只剩下65.8万住房的缺口。

而且，由于承租人从社会住房中得益甚多，因而形成了一种有利于租赁市场发展的社会氛围，即相比建造或购买自有住房，租房更加合算。这为租赁市场的发展奠定了坚实基础。因而，尽管1956年的第二部《住房建设法》按照建造社会住房的相似原则鼓励自有住房建设，但是出租住房的新建数量总是远远大于自有住房的新建数量。其中原因可能在于，私人住房抵押贷款市场尚未成型，这意味着居民家庭必须筹集35% ~ 40%的资金。但是在二战结束后，私人财富还没有快速地积累，因而很少居民家庭能提供如此大额的建房资金。只有在农村地区，因地价相对较低，而且能获得近邻的帮助，自有住房的建设发展相对快一些。直到20世纪60年代中期，自有住房的新建规模才赶上社会住房的新建量（Voigtlander，2009）。

进入20世纪70年代，德国经济社会发展非常平稳。1970～1978年，GDP年均增速为2.66%，失业率平均为1.93%。住房方面，年均新增供应51万套左右，其中社会住房年均新增供应5万套左右。全国的住房紧张状况基本得到解决，居住条件得到明显改善。到1978年，德国的住房存量套数与家庭户数之比已达到1.02。

（二）鼓励社会投资（1979～1990年）

1. 发展背景

经过战后30年的发展，德国的住房体系基本形成，居住条件大为改善，住房短缺问题已基本缓解。但是，受国际政治经济的影响，德国发现在住房领域面临着许多新的问题。一方面，宏观经济运行出现了新的形势。在20世纪70年代末，德国的失业率逐渐上升，经济增长波动加大。1971～1975年，失业率平均为1.46%，同期GDP增速的极差为5.03个百分点，而在1976～1980年，失业率平均为3%，比前5年提高了1倍多，同期GDP增速的极差为7.12个百分点，比前5年提高了2.09个百分点。另一方面，德国联邦住房对社会住房建设的大力支持给联邦财政带来了不少压力。尤其是20世纪80年代初，包括英国和美国等国家开始推行新自由主义政策，在住房领域主要表现为减少政府对住房市场的干预，将大量公共住房私有化。这些施政潮流对德国重新审视住房政策产生了一些影响。

2. 发展目标

与英国和美国等国家相反，德国在这个阶段没有将提高住房自有率作为住房政策的首要目标，而是促进社会力量参与租赁住房的供应。这个阶段采取的主要措施包括减少政府对社会住房建设的投资，通过税收减免等手段鼓励各类机构投资建设租赁住房。

3. 发展效果

1970 ~ 1978 年，州政府和一些公共住房公司投资建设的社会租赁住房占住房供应总量的平均比重为 18.12%，而在 1979 ~ 1990 年，该比重降为 9.74%，几乎减少了一半。1970 ~ 1978 年，自住住房占住房供应总量的平均比重为 43.04%。1979 ~ 1990 年，该比重为 47.49%，只提高了 4.45 个百分点。由此可见，包括企业、机构和个人投资的租赁住房占比有所增加。

（三）保持市场平稳（1991 ~ 2010年）

1. 发展背景

1990 年 10 月，德国统一。随着经济社会发展，德国的人口结构、经济情况等方面发生了很大变化，给住房发展带来了一系列新的问题。

首先，人口总量呈减少态势，而且老龄化问题逐渐凸显。自 2003 年起，德国人口总量每年以 0.1% 左右的速度逐年减少，而且根据德国联邦统计局的预测，未来德国人口还将继续减少。另外，德国的人口老龄化问题越来越严重。1990 年，65 岁以上人口占总人口之比为 14.9%，2000 年上升至 16.6%，2010 年升至 20.6%，2012 年为 20.7%。

其次，经济运行波动较大。从 1991 年到 2008 年，GDP 增速的极差有近 4 个百分点。尤其在 2008 年遭遇全球金融危机之后，经济增速出现了持续下跌。另外，失业率在 1991 年以后长期保持在 10%

左右，2005 年甚至高达 13%。

2. 发展目标

在 20 世纪 90 年代，由于人口结构变化以及人口迁徙等原因，德国面临阶段性的住房供应紧张局面，因而着力加强住房供应。在 2008 年之后，由于受全球金融危机的影响，德国住房市场也受到了较大冲击，因而着力稳定住房市场。

3. 发展效果

20 世纪 90 年代，政府对住房建设提供建房补贴、税收优惠以及低息贷款，新房建设量快速增加。“1995 年，房屋建设完成数量从 1990 年的 25.7 万套激增到了将近 60 万套”（余南平，1999）。

2008 年前后，德国房价延续了稳定态势。有研究者对比了一些 OECD 国家从 1970 年至 2010 年的房价变动情况，发现无论是名义房价，还是实际房价，德国的波动幅度最小（见表 16–5）。

表16-5　　1970～2010年一些国家房价增幅的标准差

国别	名义房价的标准差	实际房价的标准差
意大利	4.22	3.60
爱尔兰	3.52	3.13
西班牙	3.05	2.78
丹麦	2.78	2.82
英国	2.70	2.85
加拿大	2.69	2.63
芬兰	2.65	2.74
荷兰	2.52	2.47
以色列	2.50	2.11
新西兰	2.39	2.57
挪威	2.27	2.41
希腊	2.20	3.77
澳大利亚	2.18	2.14
韩国	2.17	2.31
日本	2.06	1.69

续表

国别	名义房价的标准差	实际房价的标准差
瑞士	2.02	1.96
瑞典	1.94	2.09
比利时	1.80	1.84
法国	1.63	1.43
美国	1.24	1.19
德国	1.04	0.92

资料来源：Voigtlander，2009。

（四）应对新挑战（2010年以来）

1. 发展背景

受 2008 年全球金融危机的影响，欧洲部分国家陆续出现主权债务危机（简称为“欧债危机”）。尽管德国经济运行依然保持了相对平稳，而且成为欧洲应对债务危机的主导力量，但相关影响仍然较为明显。在房地产市场运行中的主要表现就是总体房价出现较大幅度上涨。根据德国联邦统计局公布的数据，自 2011 年以来，德国 370 个城市的新建住房价格连续 6 年保持上涨（图 16–1）。2015 年 3 月至 2016 年 3 月，全国平均房价上涨了 6%。其中，大城市房价的上涨幅度尤为明显，50 万人口以上城市在该时期内房价涨幅高达 9.4%，创下近 20 年来的最高纪录。

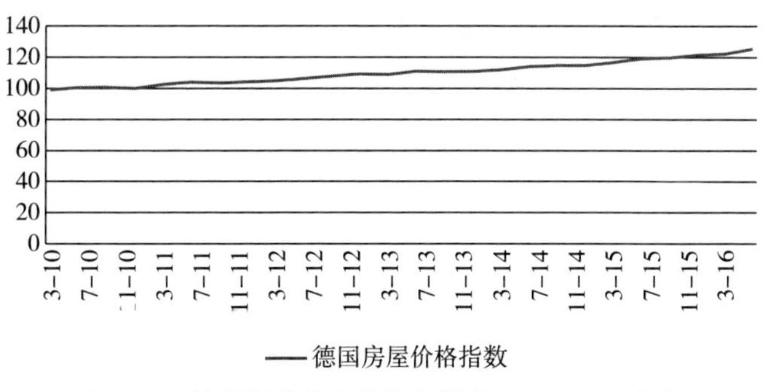

图16-1　德国新建住房价格指数（2010～2016年）

这段时期房价快速上涨的主要原因有三个方面：低利率、人口结构变动、外来避险投资。首先，欧洲央行的低利率政策在一定程度上刺激了贷款购房。为了应对欧债危机，欧洲央行不断降低利率，到2016年3月其基本维持在零的水平。由此，德国的贷款利率也逐渐降到历史最低点。2016年底，德国各年期的房贷利率均已下跌至2个百分点以下，10年以上贷款利率仅为1.66%。贷款利率不断下降有效地减少了贷款购房成本，从而在一定程度上刺激了购房需求。

其次，人口老龄化程度加剧以及外来移民增加，一方面提高了住房自有率，另一方面增加了住房需求。由于老年人口的住房自有率相对较高，因而随着德国人口老龄化程度不断提高，全国的住房自有率也有所提高。2012年，18 ~ 60岁的人口占德国总人口的比重为56.9%，比1990年下降了3.4个百分点；而60岁以上的人口占比为26.9%，比1990年提高了6.5个百分点。2012年和2013年，德国的住房自有率分别达到53.4%和53.3%。随后有所下降，2016年为51.9%（Statista，2017）。另外，随着人口老龄化加剧和劳动力短缺，德国通过放宽移民政策和大量接纳难民填补劳动力缺口，使住房需求有所增加。

再次，国外避险投资需求的增加对德国房价具有助涨效应。在金融危机以及欧债危机期间，德国房地产市场因其长期稳定以及风险较低等因素吸引了一部分避险资金，部分欧洲和亚洲的房地产投资资金转向了德国市场，在一定程度上推动了德国房价的上涨。

2. 发展目标

面对住房需求有所增加以及房价出现明显上涨的情形，德国的政策目标在于促进房地产市场平稳，抑制房价和租金过快上涨。

3. 主要措施

2015 年 4 月 21 日，德国通过了阻止住房紧张的市场中租金过快上涨的法律。规定，在住房紧张的市场中，租金不可以超过当地典型租金的 10%。如果租金增长过快，当地政府可以在住房紧张地区启动最长 5 年的“租金刹车”机制。而住房紧张市场的标准是：（1）当地租金涨幅高于全国平均水平；（2）当地租金与收入之比显著高于全国平均水平；（3）人口在增加，但住房供应不足；（4）空置率较低，而需求旺盛。

与此同时，德国加大了住房建设力度。2016 年，德国新建住房 27.77 万套，比 2015 年增加 12.1%，创下 2004 年以来新建住房数量的新高（彭睿婕，2017）。

三、政策沿革

梳理德国自 1949 年以来住房法律法规的变迁，可以初步总结出三个方面的轨迹：一是在住房短缺时期大规模建设社会住房，随着住房状况改变，逐步减少对社会住房建设的支持力度，到 2006 年全面取消对社会住房建设的支持；二是在住房短缺时期侧重保护承租人权益，在住房状况改变后，逐步转向平衡承租人与房东之间的权益关系；三是在住房短缺时期注重控制租金的绝对值，在住房状况好转后，逐步转变为控制租金的涨幅。

（一）社会住房建设

在二战结束后，为了尽快增加住房供应，缓解住房短缺状况，德国先后 3 次提出社会住房建设目标。1950 年提出在 6 年内建设 180 万套社会住房，采取的主要措施是政府提供低息或免息的资金支持，提供信贷担保，降低社会住房建设的土地成本等。1953 年，又将计划目标提高至 200 万套，并从联邦政府的预算中每年安排 5 亿马克用于支持社会住房建设。1956 年，再一次提出在今后 6 年建设 180 万套社会住房，并将联邦政府的支持提高至每年 7 亿马克。随后，虽然没有提出明确的社会住房建设目标，但联邦政府每年都安排相当规模的预算用于支持社会住房建设。到 2006 年，德国决定不再在联邦政府预算中对社会住房建设提供支持（见表 16–6）。

表16-6　关于社会住房建设的政策沿革

法律规定	发布时间	目标	措施	备注
第一部《住房建设法》	1950年4月24日	6年内建设180万套社会住房	（1）政府支持（低息或免息或补贴）；（2）信贷担保；（3）降低税负（土地税）；（4）以合适价格出售或出租土地；（5）豁免用于住房配给；（6）德国央行承诺提供1亿马克信贷支持	
第一部《住房建设法》修改和补充	1953年8月25日	1951～1956年，建设200万套社会住房	德国央行承诺提供1亿马克信贷支持	从1953年到1956年，联邦政府在预算中安排了5亿马克用于社会住房建设
第二部《住房建设法》	1956年6月27日	1957～1962年，建设180万套社会住房	（1）政府支持（低息或免息或补贴）；（2）信贷担保；（3）降低税负（土地税）；（4）以合适价格出售或出租土地；（5）豁免用于住房配给；（6）豁免租金管控；（7）其他优惠；（8）德国央行承诺提供5亿马克信贷支持	1957年德国联邦政府在预算中安排了7亿马克用于社会住房建设；1965年至1967年，联邦政府每年安排2.1亿马克用于社会住房建设；1968年以后，每年安排1.5亿马克用于建设社会住房

续表

法律规定	发布时间	目标	措施	备注
《房屋改革法》	2001年9月13日	无明确建设计划	（1）政府支持（贷款和补贴）；（2）信贷担保；（3）土地价格更低	从2002年开始，联邦政府每年安排2.3亿欧元用于社会住房建设
《2004年预算计划》	2003年12月29日	无明确建设计划	无	2004年，财政支持额度为1.1亿欧元，从2005年开始，额度为2.024亿欧元
《联邦改革实施法》	2006年9月5日	无	无	联邦财政不再投向社会住房建设

资料来源：作者根据埃格纳（2011）、Fitzsimons（2014）整理。

（二）保护承租人权益

在租赁关系的权益保护方面，德国从 20 世纪 40 年代末以来至少经历了几次政策调整。在 20 世纪 40 年代末，从政策规定看，对承租人权益的保护相对较弱。比如，在终止租赁合同关系的规定中，当时列举的几种情形更多是限制承租人，而房东的主动性更大。

从 1953 年的《住房管理法》以后，对房东终止租赁合同关系的限制开始增多。比如，当时规定房东即便出于自身原因要终止租赁合同，也需要取得房屋管理部门的证明才可以。根据当时住房短缺以及住房损坏严重的情况，允许房东出于改造、新建房屋的目的而终止租赁合同。

在住房状况好转后，终止租赁合同的理由主要包括三个方面：承租人实质性地违反了承租义务；房东由于自身或亲属的原因需要住房；租金不能让房东合理有效地利用住房。这三方面理由既包括承租人的原因，也包括房东的原因，还包括价格原因，表达了努力平衡房东与承租人权益的意愿（见表 16–7）。

表16-7　　关于保护承租人免受驱逐的政策沿革

法律规定	发布时间	主要内容	适用范围
第一部《住房建设法》	1950年4月24日	租赁合同可依据法院判决终止。终止租赁合同的理由：（1）承租人对房东或其他承租人造成严重干扰；（2）承租人不当使用设施设备并危及居住安全；（3）承租人未得到房东许可，擅自允许第三方租住；（4）承租人超过一定时期未付租金；（5）房东迫切需要住房	（1）不适用于1948年6月20日至1949年12月31日之间建设且未获得政府贷款和补贴的住房；（2）不适用于商业性的租赁住房
《住房管理法》	1953年3月31日	终止租赁合同的理由：（1）房东出于自身原因需要住房，而且房屋管理部门证明可以；（2）房东打算拆除战争中受损的房屋并进行新建；（3）临时房屋的房东打算新建住房	无
废除住房统制经济	1960年6月23日	终止租赁合同的理由是：如果租金不能让房东合理有效地利用住房	（1）不适用于大型居住用房；（2）不适用于住房合作社；（3）不适用于家庭户与住房套数之比低于1.03的区域。家庭户数与住房套数之比低于1.03的区域，应在1965年12月31日之前废除承租人保护的规定
第一部《住房解约保护法》	1971年11月25日	终止租赁合同的理由：（1）承租人实质性地违反了承租义务；（2）房东由于自身或亲属的原因需要住房；（3）租金不能让房东合理有效地利用住房	（1）不适用于临时租用住房；（2）不适用于房东配有家具和固定装置的房屋，并且没有让承租人永久租用
第二部《住房解约保护法》	1974年12月18日	终止租赁合同的理由：（1）承租人实质性地违反了承租义务；（2）房东由于自身或亲属的原因需要住房；（3）租金不能让房东合理有效地利用住房	（1）不适用于临时租用住房；（2）不适用于房东配有家具和固定装置的房屋，并且没有让承租人永久租用；（3）不适用于最多只有两个房间且其中一个由房东自用的住房

续表

法律规定	发布时间	主要内容	适用范围
修改《住房建设法》和《住房租赁条例》	1990年5月17日	终止租赁合同的理由：（1）承租人实质性地违反了承租义务；（2）房东由于自身或亲属的原因需要住房；（3）租金不能让房东合理有效地利用住房	（1）不适用于临时租用住房；（2）不适用于房东配有家具和固定装置的房屋，并且没有让承租人永久租用；（3）不适用于最多只有两个房间且其中一个由房东自用的住房
《投资便利化和促进住宅建设法律》	1993年4月22日	终止租赁合同的理由：房东因为自身或亲属而需要住房。但如果将租赁住房转换为自用，则此权利只能在转换后的10年有效。另外，要在承租人可接受的条件下，且不会对其造成不公正的困难，否则要由房东在合理情况下提供相应的租赁住房	无
《租赁改革法》	2001年6月25日	终止租赁合同的理由：（1）承租人实质性地违反了承租义务；（2）房东由于自身或亲属的原因需要住房；（3）租金不能让房东合理有效地利用住房	不适用于最多只有两个房间且其中一个由房东自用的住房

资料来源：作者根据埃格纳（2011）、Fitzsimons（2014）整理。

（三）租金管控

德国对住房租金的管控有以下特点：一是非常细致，对不同建筑年代的住房租金做出非常具体的规定；二是注重将租金管控与合理成本测算相结合，避免因租金管控而使租赁住房供应减少；三是区分获得政府支持的租赁住房与市场化的租赁住房，但是注重促进两类住房的竞争，而不是使两类住房完全隔离；四是在住房短缺时代更加注重控制租金的设定以及绝对值，而在住房供应相对充足后，更加侧重控制租金更新及其涨幅（见表16–8）。

表16-8　　关于租金管控的政策沿革

法律规定	发布时间	主要内容	适用范围与备注
第一部《住房建设法》	1950年4月24日	租金设定：（1）利用税收减免建于1949年12月31日以后的住房，租金上限是建设成本；（2）未接受政府补贴建于1949年12月31日以后的住房，租金没有上限	不适用于1949年12月31日以后未利用税收减免或接受政府补贴而建造的住房
《关于出租权的第71号法规》	1951年11月29日	1.租金设定：（1）建于1936年10月17日之前的住房，其租金不能低于当时的参考租金；（2）建于1936年10月18日至1945年9月8日之间未获得政府支持（贷款或补贴）的住房，租金取决于实际建造成本，但最高不能超过1936年10月17日建造成本的110%；（3）建于1945年5月9日至1948年7月20日之间未获得政府支持的住房，租金设定为1936年10月17日建造成本的110%；（4）建于1948年6月20日至1949年12月31日之间未获得政府支持的住房，租金取决于建造和土地开发成本，但最高不能超过1936年10月17日建造成本的150%；（5）建于949年12月31日以后并获得政府支持或享受税收减免的住房，按照参考租金。 2.租金更新：建于1936年10月17日之前的住房，如果其租金低于同区域相似住房的典型租金，则价格设定部门可以允许其提高至当地的通常水平	不适用于建于1948年6月20日至1949年12月31日之间未获得政府支持的住房
第一部《联邦租金法》	1955年7月27日	租金更新：（1）已有租约：建于1948年6月20日以前的住房，租金可以提高10个百分点。另外，还可依据设施情况提高15%；（2）新租约：建于1948年6月20日以前的住房，新议定的租金可以提高至法定租金的133.33%；（3）建于1948年6月20日至1949年12月31日且获得政府支持的住房，租金可以提高至能弥补当前开支的水平；（4）对于不受租金管控的住房，租金涨幅是有限制的（取决于成本）	不适用于建于1948年6月20日至1949年12月31日且未获得政府支持的住房

续表

法律规定	发布时间	主要内容	适用范围与备注
第二部《住房建设法》	1956年6月27日	租金设定：（1）获得政府支持的住房，租金应能弥补当前的开支；（2）享受税收减免的住房，租金可自由设定，但不能超过当前开支的水平；（3）未获得政府支持的住房，租金可自由设定	
废除住房统制经济	1960年6月23日	租金更新：（1）已有租约：1948年6月20日之前建造的住房，租金可以提高15个百分点；（2）利用政府补贴建于1948年6月20日至1949年12月31日的住房，租金可以提高至目前的开支水平；（3）利用税收减免建于1948年6月20日至1949年12月31日的住房，租金可以自由设定，但不能超过当前的开支水平	固定租金应在1963年7月1日至1966年1月1日之间放开；相关规定在1965年12月31日到期
租金调整规定	1963年7月25日	租金更新：（1）建于1948年6月20日以前的住房，租金逐步放开，但涨幅上限取决于房屋状况（在2万居民以下的区域，最高租金区间是0.75～1.65马克/平方米；在2万～10万居民的区域，最高租金区间是0.85～1.8马克/平方米；在10万居民以上的区域，最高租金区间是0.9～2马克/平方米）；（2）利用政府支持建于1948年6月20日以后的住房，合理租金应弥补相关成本	
《关于减少住房统制经济及变更租金的法律》	1965年8月24日	租金更新：（1）建于1948年6月20日以前的住房，租金逐步放开，但涨幅上限取决于房屋状况（在2万居民以下的区域，最高租金区间是0.75～1.65马克/平方米；在2万～10万居民的区域，最高租金区间是0.85～1.8马克/平方米；在10万居民以上的区域，最高租金区间是0.9～2马克/平方米）；（2）利用政府支持建于1948年6月20日以后的住房，合理租金应弥补相关成本，如果实际租金更低，可以提高至覆盖成本水平，但不能超过0.3马克/平方米。	租金放开推迟至1968年1月1日；《联邦租金法》于1967年12月31日到期
修改租金法律	1968年12月20日	租金更新：（1）建于1948年6月20日以前的住房，基础租金可以提高20%，（2）一些不安全、地下以及临时住房的租金不能提高	从1969年1月1日开始不适用于大型住宅（六室以上）

续表

法律规定	发布时间	主要内容	适用范围与备注
第一部住房解约保护法	1971年11月25日	租金更新：如果1年内租金没有变动，而且期望租金水平没有超过同区域内相似住房的典型租金水平，可以提租。 租金设定：禁止设定过高的租金或谋取过高的代理费用	
第二部《住房解约保护法》	1974年12月18日	租金更新：（1）如果1年内租金没有变动，而且期望租金水平没有超过同区域内相似住房的典型租金水平，可以提租。（2）如果房屋改造增强了使用功能，房东可以向承租人收取14%的改造成本；（3）如果利率提高，房东可以向承租人收取由此增加的成本；（4）在汉堡和慕尼黑等城市，六室以上的住房租金可以超过基础租金的10%	典型租金的测算：（1）由市政府或房东和租客协会的代表对同区域相似住房的租金进行调查；（2）专家提交的报告；（3）其他区域3幢房屋的租金
《租赁改革法》	2001年6月19日	租金更新：（1）下列情形可以提租：1.25年内租金未变动过；期望租金未超过相同区域相似住房的典型租金水平；3年内租金涨幅未超过20%；（2）可逐步提租的情形：最长10年的租约中，如果其中规定租金每年上涨一定幅度；（3）如果房屋改造增强了使用功能，房东可以向承租人收取11%的改造成本；（4）禁止设定过高的租金，应当在目前的开支水平以内。 租金设定：禁止设定过高的租金或谋取过高的代理费用	典型租金的测算：（1）由市政府或房东和租客协会的代表对同区域相似住房的租金进行调查，每2年应更新；（2）专家提交的报告；（3）其他区域3幢房屋的租金；（4）租金数据库
《阻止住房紧张的市场中租金过快上涨的法律》	2015年4月21日	租金设定：住房紧张的市场中，租金不可以超过当地典型租金的10%；住房紧张市场的标准是：（1）当地租金涨幅高于全国平均水平；（2）当地租金与收入之比显著高于全国平均水平；（3）人口在增加，但住房供应不足；（4）空置率较低，而需求旺盛	不适用的情形：（1）如果房屋一直在使用，而且在2014年10月1日之后首次出租；（2）房屋更新改造后首次出租

资料来源：作者根据埃格纳（2011）、Fitzsimons（2014）整理。

四、几点经验

租赁市场深深嵌入于各国政治经济和社会制度之中。从这种意义上说，租赁市场的发展是经济社会制度框架的体现和产物。尽管政策工具和手段相似，但在不同制度结构中的实施方式和效果会有明显差异。因而，在总结德国住房租赁市场的发展经验时，既不能脱离其历史背景，也不能脱离其制度结构。

（一）社会市场经济理念与住房供应体系

二战结束后，联邦德国建立了一种“社会市场经济体制”。这种体制及其理论的主要理念是：经济发展是社会发展的一部分，经济发展最终要为社会发展服务；市场机制是唯一的调控机制，供给和需求决定市场价格；对于市场机制，政府致力于促进和完善，而不是干扰市场机制；对于经济社会发展中的弱势群体，政府需要提供帮助，但同时要激励他们尽快通过自身努力走出贫困。凯梅尼将“社会型市场”的原则概括为，“对于市场的干预是必需的而且也是市场所需要的，但是这种干预必须是与市场原则相一致的”（凯梅尼，2010）。

艾克豪夫认为：“德国的住房政策，大体上也是按照以上的思路所制定，即市场机制解决大多数人的住房需求，针对贫困群体，政府则予以资助。”（艾克豪夫，2012）。

这种简单描述似乎适用于所有发达经济体在20世纪50年代以来的住房发展情况。但是，基于发达经济体不同的社会政策取向，凯梅尼提出了“营利型市场”和“社会型市场”两种概念，并认为这种区分在租赁市场上表现得最为清晰和持久。在以英、美为主要代表的营利型市场中，租赁市场的发展会经历这样几个步骤："公共政策鼓励发展不受限制的营利型租赁市场；其结果是一部分社会阶层的边缘化；这迫使政府出面帮助那些受影响的家庭；国家建立一个成本型租赁部门来解决这个问题；这个部门被与营利型租赁市场隔离；以避免其竞争威胁；但是这样不足以缓解对租赁住房的需求；随着公共成本型部门的增长与成熟，相对租金开始下降；国家控制变得更加严格；以阻止成本型租赁进一步发展；对于租赁住房的需求被迫转向了购买私有住房；政府进一步鼓励住房私有化。"（凯梅尼，2010）

在以德国、瑞典为主要代表的社会型市场中，鼓励成本型租赁住房与营利型租赁住房进行竞争，从而建立一个多样化、充满竞争的住房租赁市场。在这种市场中，存量规模较大的成本型租赁住房既可以避免过剩和短缺间的剧烈摇摆，又可以降低市场的租金水平，从而为各种住房所有形式提供一个公平的竞技场，既不压制租赁住房，也不鼓励私有住房。

在住房领域，不同的发展理念表现为差异甚大的住房供应体系。比如，英国的住房体系截然分为社会租赁市场和私营出租住房或自住住房两大部分，两大部分的投资建设主体、资金渠道以及供应对象都不同，因此也被凯梅尼称为"二元制"住房体系（见图 16–2）。与此相对，德国的住房供应体系虽然也有不同的供应主体，但其供应对象确实是混合的，私营机构和个人也参与投资供应社会租赁住房，这被凯梅尼称为"单一制"住房体系（见图 16–3）。

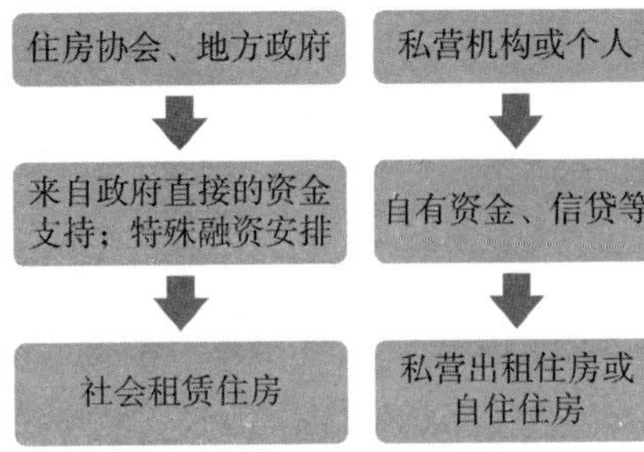

图16-2　英国的住房供应体系

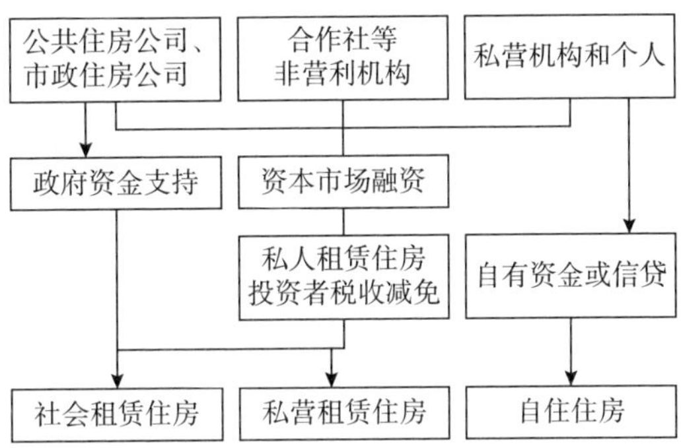

图16-3　德国的住房供应体系

（二）政府促进住房租赁市场发展

在不同发展时期，德国政府先后采用了不同措施推动租赁市场发展。主要特征有：（1）在住房短缺时期，政府通过资金支持、税收优惠、金融扶持等手段鼓励租赁住房供应，比如在20世纪50年代和60年代；（2）在住房供应相对充足后，政府通过调整法律法规，提高出租住房的品质标准，适当放松终止租赁合同的条件，平衡租赁关系当事人的权益；（3）在租赁市场发展相对稳定后，政府主要采取措施促进租金价格的稳定，避免大起大落。

比如，从1974年第二部《住房解约保护法》实施以来，德国逐渐形成了一套租金编制体系，在租赁市场的稳定方面发挥了重要作用。根据法律规定，各个城市的住房管理机构、租房者协会以及住房中介商协会等机构对住房情况进行综合评估后共同制定。这种租金在租赁市场中很有权威性，被称为“房租明镜”（Mietspiegel）。

租金编制主要参考的因素包括住房类型（如是否独立住房）、面积、设施设备、房龄、区位等。通过相应评估和计算后，形成租金一览表，对社会公布。房东可以参照当地相应类型住房的参考租金设定房租或提高房租，承租人对房租有异议，也以参考租金作为重要依据。

英国在1965年就引入了公平租金体系。在该体系中，租金水平由独立的租务专员（rent officer）设定。但是，租务专员往往按照市场理论，从市场运行的理想状态设定租金水平，因而不仅难以反映市场真实的供求状况和价格走势，而且不利于引导租赁市场发展。比如，“1981年54%的租金低于市场水平。从1970年到1986年，公平租金的增幅比消费价格涨幅少了18%。起初，租金管制只适用于没有家具的住房，有家具的住房直到1974年才被纳入管制范围”。（Voigtlander，2009）由此造成的结果就是，许多房东为了规避管制，都将自己的出租房配上家具或者以度假房的名义出租。本来希望通过设定公平租金引导租赁市场发展，带来的结果却是造成出租住房供应减少，使得本来要租赁的人由于难以寻找到合适的房源，只好去购房。

（三）对市场的柔性管理

基于社会市场经济的理念，德国在住房领域非常重要的政策出发点就是让居民家庭在自有和租赁之间有充分的自由选择权。由此，需要通过相应措施促进租赁住房的有效供应，同时避免租赁市场被扰乱，否则许多家庭就无法自由选择，最后只能被迫选择购买住房。

以租金管控为例，这是二战结束后许多欧洲国家都选择的政策。

毕竟，当时最主要的问题是住房短缺，如果放任市场不管，房价和租金都会快速上涨。因此，绝大多数欧洲国家不仅将老旧住房的租金固定在战前的水平，而且新建住房的租金也受到严格管控。但是，随着住房供应量不断增加，德国逐步选择放松对租金的管控。实际上，早在 1958 年，时任德国住房部长 Paul Lucke 就主张废除住房统制经济，解除对住房租金的严格管控。1961 年，他开始在“白区”解除对租金的管制。所谓“白区”是指住房短缺比重低于 3% 的区域。起初，只有 52 个这样的白区，但是到 20 世纪 60 年代末，除了少数像柏林这样的中心城市，其他所有区域都解除了租金管制。

在 1974 年第二部《住房解约保护法》实施后，德国推行了租金比较体系。在这种体系中，只有下列情形才能提高租金：前一年没有提高租金，并且房东通过“明镜租金”或类似的住房能证明其租金低于恰当水平。由于租金指数总是根据以往的租金而计算的，因而即便整体租金在不断上涨，但实际收取的租金总是低于市场的真实水平。所以，对于长期租住的承租人而言，重新租赁或购买住房的吸引力就不大，因为他们目前的住房成本低于市场价格。

这与一些自有率较高的欧洲国家的情况就大不相同了。比如，在西班牙，管制给投资者和房东带来了很严重的问题。直到 1994 年，西班牙才允许对 1964 年以前签订的租赁合同提高租金。由于西班牙允许将租赁合同传递给下一代，房东常常无法从其房产中得到任何经济利益。而且，在很长时间里，住房的维护和改造成本都不能转嫁给承租人。结果，越来越多的住房年久失修，直到最后退出市场或被买断。1985 年，西班牙开始对租金放松管制，但是 1985 年之前的租赁合同仍然受到严格管制。直到 2005 年，此类租赁合同在巴塞罗那的比重是接近 50%。而且，1994 年租赁法律规定，租赁合同的最低期限是 5

年。面对这些管制，许多房东宁愿空置等待新的买家，也不愿意出租。这样的结果是，西班牙住房市场的空置率高达 14%，远高于欧盟的平均水平（Voigtlander，2009）。

（四）增强社会支持

租赁市场的发展，无论是供应，还是需求，都需要社会广泛参与和支持。

首先，在租赁住房供应方面，德国鼓励社会主体广泛参与。德国住房租赁市场的供应主体非常多元，既有大量的个体房东（其中既有单独出租，也有与承租人合住的），也有种类多样的机构，包括公共性质的住房公司、私营性质的住房公司，还有非营利的机构（如合作社、教堂等）。凯梅尼认为，“德国的房屋租赁市场因此严格遵循奥多派（ordo）自由主义者的主张，即市场应当有多种多样的供应者，他们可以将对安全网式的社会保障体系的需求降到最低程度”，因此，德国“形成了一个如万花筒般丰富与复杂的住房租赁市场”（凯梅尼，2010）。按照其性质，将供应主体大致分为政府、企业和社会主体三类。由图 16–4 可见，从 1970 ~ 1993 年，社会主体对租赁住房的投资建设，始终发挥着重要作用。

其次，社会对租赁住房的认可是租赁需求较为稳定的重要原因。租赁市场平稳发展，需要以较为稳定的租赁需求为基础，否则不仅租赁住房的投资难以收回成本，还会造成大量租赁住房空置。以社会住房为例，一些国家在发展过程中虽然投入了不少支持，但由于在社会住房的成本和租金之间存在差距，建设投资机构被迫通过牺牲舒适度和居住空间来压缩成本，从而使社会住房与私人住房在质量上存在较大区别，由此导致社会住房的承租人感觉低人一等。

但是，德国的社会住房广受欢迎，原因在于其相对较高的质量标准，无论是面积，还是设施设备。随着时间的推移，质量标准越来越高，直到无法区别社会住房与私人住房。由于这个原因，在其他国家经常出现的“将社会住房等同于低劣住房”的现象在德国没有发生。相反，德国的社会住房吸引了很多来自中层阶层的承租人。因为社会住房的对象较广泛，而且只有在入住时才核对其收入状况，因而收入方面的准入门槛较为宽松。如果在承租期的收入增加了，承租人不会受到任何影响。所以，新兴的中产阶层特别愿意租赁此类住房，这也就抑制了购房的潜在需求。

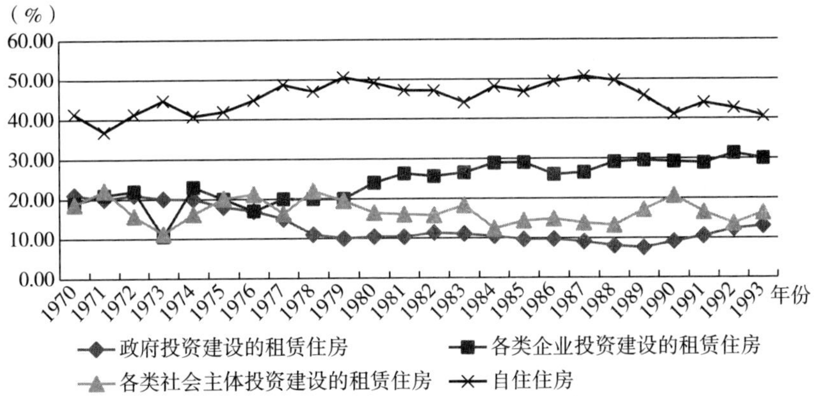

图16-4　德国住房供应分类（1970～1993年）

数据来源：Golland，1998。

（五）租赁住房与自住住房相互补充

基于促进市场而不是扰乱市场的社会市场经济理念，让租房与购房所得到的住房服务能相互替代，充分发挥市场配置资源的基础性作用，让居民在租房与购房之间享有充分的自主选择权，由此形成了租赁住房与自住住房相互补充的状态。

首先，根据不同时期面临的突出问题聚焦发展重点。《德国统计年鉴》中将住房主要分为自住住房、租赁住房、度假住房和空置住房四大类。从不同年代各类住房的占比及其变化情况可以看出，不同时代各有侧重，但总体是促进自住住房与租赁住房形成相对平衡（见表 16–9）。

表17.9　按年代划分的各类住房占比情况　单位：%

建筑年代	自住住房	租赁住房	度假住房	空置住房	小计
1919年以前	38.68	53.11	0.64	7.57	100
1919 ~ 1948年	42.77	51.04	0.44	5.75	100
1949 ~ 1978年	39.20	55.99	0.54	4.26	100
1979 ~ 1986年	49.15	45.92	0.81	4.11	100
1987 ~ 1990年	50.33	45.53	0.53	3.61	100
1991 ~ 1995年	43.73	53.47	0.46	2.35	100
1996 ~ 2000年	51.21	46.40	0.47	1.92	100
2001 ~ 2004年	67.35	30.90	0.49	1.26	100
2005 ~ 2008年	66.87	31.38	0.54	1.21	100
2009年以后	58.73	37.07	0.54	3.66	100

其次，小户型住房以租赁住房为主，而大户型住房以自住住房为主。在 40 平方米以下以及 40 ~ 60 平方米的住房中，租赁住房占比分别为 84.81% 和 82.98%；在 80 ~ 100 平方米的住房中，租赁住房和自住住房的占比基本相当；而在 120 ~ 140 平方米以及 140 平方米以上的住房中，自住住房占比分别为 81.24% 和 86.79%。自住住房与租赁住房相互补充，形成了一种较为均衡的结构（见表 16–10）。

表16-10　按单套住房面积划分的各类住房占比情况　单位：%

单套住房面积	自住住房	租赁住房	度假住房	空置住房	小计
40平米以下	5.64	84.81	1.41	8.15	100
40 ~ 60平米	9.69	82.98	0.91	6.42	100
60 ~ 80平米	22.38	71.53	0.58	5.51	100
80 ~ 100平米	45.64	49.70	0.45	4.21	100
100 ~ 120平米	67.94	28.81	0.35	2.90	100
120 ~ 140平米	81.24	16.52	0.27	1.98	100
140平米以上	86.79	11.16	0.28	1.77	100

再次，住房负担较为合理。《德国统计年鉴》中对部分家庭开展了住房负担情况的抽样调查。2013 年，总体上有 18.1% 的家庭户觉得住房负担较重，57.4% 的家庭觉得有一定压力，另有 24.5% 的家庭觉得没什么压力。从购买和租赁两种居住选择的情况看，都是接近 1/4 的家庭觉得没什么压力，但在觉得压力较大的选项中，租赁住房家庭比自住住房家庭高出 4.1 个百分点，而占比更多的自住住房家庭觉得有一定压力（见表 16-11）。总体看，德国居民家庭在购买和租赁的两种选择上面临的负担情况较为均衡，这既是德国租购并举住房体系建设相对较为完善的结果，也是进一步促进租购并举住房体系发展的重要基础。

表16-11　　不同居住类型家庭的住房负担状况　　单位：%

住房负担情况	总体	自住住房家庭	租赁住房家庭
觉得压力较大	18.1	16	20.1
有一定压力	57.4	59.2	55.6
没什么压力	24.5	24.8	24.3
小计	100	100	100

参考文献

[1] Golland，Andrew. Syetems of housing supply and housing production in Europe，Aldershot: Ashgate，1998

[2] Fitzsimons，Jonathan. The German private rented sector，The Knowledge Centre for Housing Economics，2014

[3] Maenning，Wolfgang. "Size and impact of real estate sector and its role for business cycles and growth"，in Tobias Just，Wolfgang Maenning（eds.）. Understanding German real estate markets. Berlin: Springer，2012

[4] Lerbs，Oliver. Germany' s rental property sector: a cornerstone of housing market resilience? Housing Finance International，2014，pp.38 ~ 45

[5] Peppercorn，I. Gary，Claude Taffin. Rental Housing: lessons from international experience and policies for emerging markets，Washington，DC: The World Bank，2013，p.97

[6] Voigtlander，Michael. The stability of the German housing market，MPRA Paper，2012，http://mpra.ub.uni-muenchen.de/43315/

[7] Voigtlander，Michael. Why is the German homeownership rate so low? Housing Studies，Vol.24，No.3，2009，pp. 355 ~ 372

[8] [德]比约恩・埃格纳.德国住房政策：延续与转变. 德国研究，2011（3）

[9] [德]约翰・艾克豪夫. 德国住房政策. 毕宇珠等译. 北京：中国建筑工业出版社，2012

[10] [瑞典]吉姆・凯梅尼. 从公共住房到社会市场. 王韬译. 北京：中国建筑工业出版社，2010

[11] 彭睿婕. 德国去年新建房屋数量创12年来新高. 新华网，2017-05-24

[12] 余南平. 欧洲社会模式. 上海：华东师范大学出版社，2009

参考文献

[1] 费孝通. 小城镇四记[M]. 北京：新华出版社，1985

[2] 殷红. 我国房地产金融的过去、现在和将来[J]. 城市金融论坛，1998（2）：24～27

[3] 侯淅珉. 为有广厦千万间：中国城镇住房制度的重大突破[M].桂林：广西师范大学出版社，1999

[4] 刘志峰. 建立以市场为主导的住房新体系有效推动住房发展[J]. 北京房地产，2000（8）：5～7

[5] 田莉. 美国区划的尴尬[J]. 城市规划汇刊，2004（4）：58～60

[6] 罗佩，毛蒋兴. 城市规划与房地产开发互动探析——以广州为例[J]. 上海城市管理职业技术学院学报，2005，14（6）：41～45

[7] 周安平. 公民财产权与国家行政权之法治关系——以房屋拆迁为分析背景[J]. 华东政法学院学报，2006，9（1）：16～24

[8] 梁绍连，杜德斌. 我国住房保障政策公平性的缺失[J]. 城市问题，2007（11）：67～70

[9] 李美芳. 论我国现行房地产立法存在的问题及对策[J]. 沿海企业与科技，2007（11）：66～67

[10] 付月. 海外国家房地产市场调控经验对我国的启示[J]. 工业技术经济，2007，26（10）：131～134

[11] 冯邦彦. 香港地产业百年[M]. 东方出版中心，2007

[12] 陈永涛. 城市规划对房地产开发的调控作用与影响[D]. 武汉理工大学，2007

[13] 楼建波. 房地产法前沿. 第2卷.第1辑[M]. 中国法制出版社，2008

[14] 郭永庆. 集体土地所有权制度改革之路径选择[J]. 中国不动产法研究，2008

[15] 高圣平.《物权法》背景下的《城市房地产管理法》修改——兼及部门法的立法技术[J]. 中国人民大学学报，2008，22（2）：122～129

[16] 闻媛. 我国税制结构对居民收入分配影响的分析与思考[J]. 经济理论与经济管理，2009，V（4）：43～48

[17] 刘民. 浅析我国房地产立法存在的问题及其对策[J]. 法制与社会，2009（3）：356

[18] 华晨，张康建，葛丹东. “四区五线”与区域空间管理[J]. 城市问题，2009（11）：85～89

[19] 杜雪君，黄忠华，吴次芳. 中国土地财政与经济增长——基于省际面板数据的分析[J]. 财贸经济，2009（1）：60 ~ 64
[20] 张文艳，郭号林. 论维护公共利益原则在房地产立法中的确立及意义[J]. 河北广播电视大学学报，2010，15（1）：30 ~ 32
[21] 刘德吉，胡昭明，程璐等. 基本民生类公共服务省际差异的实证研究——以基础教育、卫生医疗和社会保障为例[J]. 经济体制改革，2010（2）：35 ~ 41
[22] 凯梅尼王韬. 从公共住房到社会市场#：#租赁住房政策的比较研究[M]. 北京：中国建筑工业出版社，2010
[23] 郭士征，张腾. “三元到四维”：住房保障体系的构建[J]. 探索与争鸣，2010（8）：47 ~ 51
[24] 戴锏，金广君. 美国容积率激励技术的发展分析及启示[J]. 哈尔滨工业大学学报（社会科学版），2010，12（4）：76 ~ 82
[25] 陈玉岩. 我国房地产信贷监管现状和对策研究[J]. 开放导报，2010（5）：99 ~ 102
[26] 周珺. 美国住房租赁法的转型：从出租人优位到承租人优位[M]. 北京：中国法制出版社，2011： 164 ~ 171
[27] 甄辉，吕萍. 我国城镇化进程中的城市住房租赁体系建设研究[J]. 建筑经济，2011（2）：66 ~ 70
[28] 杨勤法. 房地产宏观调控政策与法律[M]. 北京：北京大学出版社，2011
[29] 王华. 房地产税收监管问题探析[J]. 财政监督，2011（36）：31 ~ 32
[30] 邱艳. 中国房地产法律规则研究[M]. 北京：人民出版社，2011
[31] 满燕云，隆国强，景娟. 中国低收入住房：现状及政策设计[M]. 北京：商务印书馆，2011
[32] 廖俊平. 论房地产经纪行业的监管[J]. 中国房地产，2011（1）：15 ~ 16
[33] 李曦，李海鹏. 中国房地产市场监管研究[M].北京： 科学出版社，2011
[34] 胡金星，陈杰. 荷兰社会住房的发展经验及其启示[J]. 华东师范大学学报（哲学社会科学版），2011，43（2）：147 ~ 151
[35] 冯海波，刘勇政. 多重目标制约下的中国房产税改革[J]. 财贸经济，2011（6）：24 ~ 30
[36] 周丽. 中国房地产法律制度的经济学分析[D]. 吉林大学，2012
[37] 周克清. 税制结构与居民消费关系的实证研究[J]. 消费经济，2012（5）：3 ~ 8
[38] 张晓东. 住房金融法律制度研究[D]. 西南政法大学，2012
[39] 薛德升，苏迪德，李俊夫，等. 德国住房保障体系及其对我国的启示[J]. 国际城市规划，2012，27（4）：23 ~ 27
[40] 徐光科. 德国房地产立法对中国的借鉴意义[J]. 现代商贸工业，2012（24）：198
[41] 望晓东，魏玲. 土地政策参与房地产调控的机制研究——理论、实证、问题及建议[J]. 河南城建学院学报，2012，21（5）：61 ~ 69

[42] 王兆宇. 英国住房保障政策的历史、体系与借鉴[J]. 城市发展研究，2012，19（12）：134～139
[43] 沈玲. 新中国城市住房供给制度的变迁及思考[D]. 中共中央党校，2012
[44] 申明锐，罗震东. 英格兰保障性住房的发展及其对中国的启示[J]. 国际城市规划，2012，27（4）：28～35
[45] 刘祖云，吴开泽. 香港公屋管理出现的问题及对内地的启示[J]. 中南民族大学学报（人文社会科学版），2012，32（3）：92～97
[46] 刘佳，吴建南，马亮. 地方政府官员晋升与土地财政——基于中国地市级面板数据的实证分析[J]. 公共管理学报，2012，09（2）：11～23
[47] 刘红沙. 论我国房地产行政监管制度的完善[J]. 湖南工业大学学报（社会科学版），2012，17（1）：89～92
[48] 宫汝凯. 分税制改革、土地财政和房价水平[J]. 世界经济文汇，2012（4）：90～104
[49] 德国房地产价格监管培训报告[J]. 中国价格监督检查，2012（3）：52–55
[50] 周珺. 住房租赁法的立法宗旨与制度建构[M]. 北京：中国政法大学出版社，2013
[51] 王笑严. 住房权保障法律问题研究[D]. 吉林大学，2013
[52] 汪晖，陶然. 中国土地制度改革难点、突破与政策组合[M]. 北京：商务印书馆，2013
[53] 邵挺. 土地供应制度对房地产市场影响研究[M]. 北京：中国发展出版社，2013
[54] 李宏彪. 我国房地产税制发展回顾及其分析评价[J]. 东华理工大学学报（社会科学版），2013，32（2）：129～134
[55] 洪霞，刘奕博，梁粱. 我国与美国容积率奖励制度的比较研究： 城市时代，协同规划——2013中国城市规划年会，中国山东青岛，2013[C]
[56] 辜胜阻，李洪斌，吴学丽. 完善租房市场. 构建多层次住房体系[J]. 理论学刊，2013（1）：59～63
[57] Bao Helen X. H. 英国土地规划政策与房地产供给分析[J]. 中国土地科学，2013（9）：60～63
[58] 周克清，毛锐. 税制结构对收入分配的影响机制研究[J]. 税务研究，2014（7）：24～29
[59] 雨山. 用互联网思维创新房地产监管模式[J]. 上海房地，2014（11）：4–5
[60] 田传浩，李明坤，郦水清. 土地财政与地方公共物品供给——基于城市层面的经验[J]. 公共管理学报，2014（4）：38～48
[61] 孙秀林，周飞舟，Wanping Lin. 土地财政与分税制：一个实证解释（英文）[J]. Social Sciences in China，2014（3）：40–59
[62] 尚毅. 创新监管方式 推进房地产市场平稳发展[J]. 中国房地产，2014（9）：52～54
[63] 刘祖云，吴开泽. 住房保障准入与退出的香港模式及其对内地的启示[J]. 中南民族大学学报（人文社会科学版），2014（2）：83～87

[64] 刘守英. 中国城乡二元土地制度的特征、问题与改革[J]. 国际经济评论，2014（3）：9～25
[65] 刘守英. 直面中国土地问题[M]. 北京：中国发展出版社，2014
[66] 侯一麟，任强，张平. 房产税在中国：历史、试点与探索[M]. 北京：科学出版社，2014
[67] 崔军，朱晓璐. 我国税制结构转型改革的目标框架与基本思路[J]. 公共管理与政策评论，2014，3（3）：25～35
[68] 崔军，杨琪. 新世纪以来土地财政对城镇化扭曲效应的实证研究——来自一二线城市的经验证据[J]. 中国人民大学学报，2014，28（1）：55～64
[69] 叶剑平，李嘉. 完善租赁市场：住房市场结构优化的必然选择[J]. 贵州社会科学，2015（3）：116～122
[70] 徐跃进，刘洪玉. 我国住房租赁市场发展机构出租人之探讨[J]. 中国房地产，2015（33）：3～9
[71] 甘犁. 中国家庭金融调查报告[M]. 西南财经大学出版社，2015
[72] 樊丽明，李昕凝. 世界各国税制结构变化趋向及思考[J]. 税务研究，2015（1）：39～47
[73] 常世旺，韩仁月. 经济增长视角下的税制结构优化[J]. 税务研究，2015（1）：54～57
[74] 安体富. 优化税制结构：逐步提高直接税比重[J]. 财政研究，2015（2）：41～44
[75] 赵燕菁. 城市规划与房地产监管[J]. 城市规划，2016，40（2）：78～84
[76] 张平，侯一麟. 房地产税的纳税能力、税负分布及再分配效应[J]. 经济研究，2016（12）：118～132
[77] 武向阳，陈云景. 房地产市场监管机制思考[J]. 经营管理者，2016（6）
[78] 吴翔华，於建清，刘聪. 房地产预售资金监管制度完善路径研究——基于开拓预售险的构想[J]. 建筑经济，2016，37（3）：70～73
[79] 楼继伟.《深化财税体制改革》[J]. 理论与当代，2016（6）：54
[80] 梁占强. 城市增长边界的国际经验及对中国的启示[D]. 河北师范大学，2016
[81] 侯一麟，马海涛. 中国房地产税设计原理和实施策略分析[J]. 财政研究，2016（2）：6578
[82] 高富平，黄武双. 房地产法学.第4版[M]. 北京：高等教育出版社，2016
[83] 范子英. 土地财政的根源：财政压力还是投资冲动[J]. 党政视野，2016（2）：58
[84] 储德银，吕炜. 我国税制结构对价格水平变动具有结构效应吗[J]. 党政视野，2016（3）：63
[85] 曹伊清. 房地产经纪监管的问题与对策[J]. 中国房地产，2016（25）：19～22
[86] 刘金东，丁兆阳. 我国城镇家庭的房产税支付能力测算——兼论房产税充当地方主体税种的可行性[J]. 财经论丛，2017，221（6）：20～28
[87] 曾国安，从昊，雷泽珩，等. 促进中国住房租赁市场发展的政策建议[J]. 中国房地产，2017（15）：3～14
[88] Hamilton，B. W.，Zoning and Property Taxation in a System of Local Governments[J]. Urban

Studies, 1975, 12（2）: 205 ~ 211

[89] Hamilton, B. W., Capitalization of Intra-Jurisdictional Differences in Local Tax Prices[J]. American Economic Review, 1976, 66（5）: 743 ~ 753

[90] Hamilton B W. A Review: Is the Property Tax a Benefit Tax? [M]// Local Provision of Public Services: The Tiebout Model after Twenty-five Years, edited by George R. Zodrow. New York: Academic Press. 1983: 85 ~ 107

[91] Hilber C A L. UK Housing and Planning Policies: the evidence from economic research[J]. 2015

[92] Malpass P. Housing and the welfare state. The development of housing policy in Britain[M]. Palgrave Macmillan, 2005

[93] Netzer D. Economics of the property tax.[M]// Economics of the property tax. Brookings Institution, 1966: 145 ~ 160

[94] Oates W E. The Effects of Property Taxes and Local Public Spending on Property Values: An Empirical Study of Tax Capitalization and the Tiebout Hypothesis[J]. Journal of Political Economy, 1969, 77（6）: 957 ~ 971

[95] Simon, H A. The Incidence of a Tax on Urban Real Property[J]. Quarterly Journal of Economics, 1943, 59（3）: 398 ~ 420

[96] Torgersen U. Housing: the wobbly pillar under the welfare state[J]. Scandinavian Housing and Planning Research, 1987, 4（supl）: 116 ~ 126

[97] White M, Allmendinger P. Land-use planning and the housing market: A comparative review of the UK and the USA[J]. Urban Studies, 2003, 40（5 ~ 6）: 953 ~ 972

[98] Waddell P. A behavioral simulation model for metropolitan policy analysis and planning: residential location and housing market components of UrbanSim[J]. Environment and planning B: Planning and Design, 2000, 27（2）: 247 ~ 263

[99] Yinger J. Capitalization and the theory of local public finance[J]. Journal of Political Economy, 1982, 90（5）: 917 ~ 943